中国红十字运动知识丛书（第三辑）

池子华　总主编

中国红十字会先师

——吕海寰的故事

傅　亮　著

合肥工业大学出版社

总　序

中国红十字会诞生于1904年，至今已走过110多年的风雨历程，“是国内历史最悠久的人道组织”（习近平语），被称为“百年老店”。百余年来，中国红十字会秉持人道、博爱、奉献精神，救死扶伤，扶危济困，谱写出一曲曲人道赞歌，在中国近代史和中华人民共和国史上留下了闪光的足迹。正如习近平总书记所说的，“中国红十字会在重大灾害救援、保护生命健康、促进人类和平进步等方面发挥了重要作用。”

可是，对中国红十字会所建立的丰功伟绩，知道的人并不是很多。为弘扬红十字精神，“讲好红十字故事”，中国红十字基金会委托红十字运动研究中心，组织编写了这套“中国红十字运动知识丛书”。该丛书通过对重要历史人物、重大历史事件的挖掘，为读者呈现一幅幅丰富饱满、多姿多彩、跌宕起伏的红十字历史画卷。

丛书虽然是“讲故事”，但不是“编”故事，没有无中生有的猜想，没有胡编乱造的粉饰，没有“标题党”的故弄玄虚，没有添油加醋的天马行空，更没有虚构的文学情节，而是依据历史事实，用通俗易懂、朴实无华的文字娓娓道来，再配上老照片，图文并茂，客观再现历史的场景。虽然少了点舞文弄墨的精彩，但确是信史。不求梦笔生花，但求“告诉你一个真实的红十字会”！

池子华

2018 年 1 月 9 日

目　录

引 子

吕海寰是中国红十字会的创始人之一，虽然他不是中国红十字会首任会长，但是他是公认的“中国红十字会先师”。吕海寰自担纲钦差商约大臣时在上海开始与红十字结缘，辛亥革命期间临危受命为清政府官派的会长，又在1912年民国建立之后经常议会推选为公选会长；1914年青岛发生战事，他又组织开展战地救护以及灾民救济；1920年辞去中国红十字会会长一职安享晚年。可以说，吕海寰从一个外交官员成为“中国红十字会先师”，这既是时代的发展影响了他的人生轨迹，也是他个人对红十字精神不懈追求的结果。

一、“穷人的孩子早当家”

山东掖县（今莱州市）位于胶东半岛、渤海之滨，与潍坊昌邑、青岛平度相邻。掖县从西汉时期就开始设县，到了清朝时期，掖县属于莱州府。吕海寰就是成长于这样一个物产丰富、风景秀丽的海滨之地。

1842 年 7 月 12 日的早晨，山东掖县西南隅村的吕晋陟迎来了一件大喜事，一个小男孩降生到了吕家。这是吕晋陟的第二个儿子，他给这个儿子起名为吕海寰。吕家在掖县并不算是一个富裕人家，吕海寰的祖父吕书城因参加科举考试屡次不中，只能外出给人做幕僚、教书，聊以糊口。吕晋陟是吕书城最小的儿子，也长期在外教书，借此谋生。在吕海寰之前，吕晋陟已经有了一个大儿子，叫吕曦寰。吕海寰出生后，家里又多了一张嗷嗷待哺的小嘴，吕晋陟不得不在吕海寰 3 岁的时候外出到江西给人做幕僚，此后又辗转于浙江、广西、陕西等地，“足迹几遍天下”。在外游幕多年，吕晋陟常常扶危济困，所以并没有留下多少积蓄，但父亲的言传身教，给了吕海寰很好的家庭教育。

吕海寰自幼患“气厥之症”，所以到8岁的时候才开始读书，算是很晚才开始发蒙。10岁的时候，祖父回到掖县，望孙成龙，开始严厉督促吕海寰兄弟读书，希望他们在科举考试上能够取得好成绩。吕海寰因聪明伶俐，读书渐有长进，也很得祖父的喜爱。但正值吕海寰14岁准备科举考试的关键时候，祖父病倒了。此时，吕海寰父亲在外，又很不如意，家里只靠吕海寰的母亲苦心操持，因此家庭生计非常困难。吕海寰虽然年幼，也感觉到生活的艰辛，无法全心全意地继续学习。

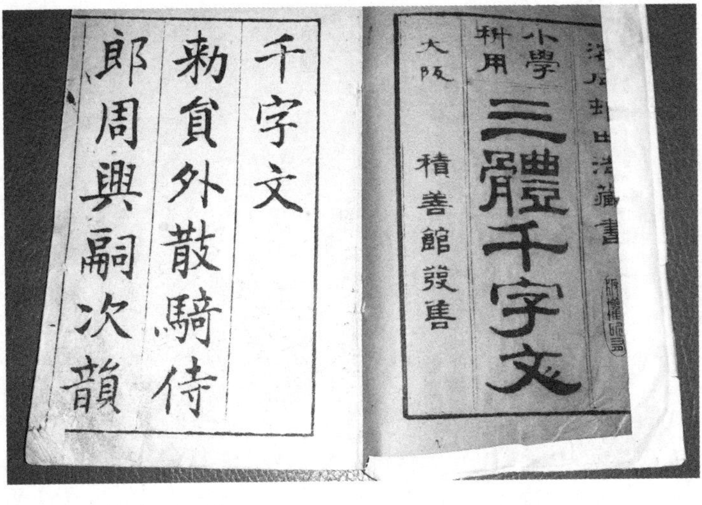

清代童蒙书《千字文》

第二年，祖父的病情没有好转，“穷人的孩子早当家”，吕海寰和哥哥不得不开始自己挣钱养家，扛起生活的重担。吕海寰的哥哥吕曦寰开始给小孩子做蒙学老师，吕海寰自己也去帮着在青罗观的族舅教义学，以此来补贴家用。吕海寰的母亲担心吕海寰两兄弟的功课落下，专门请先生考校兄弟俩的功课并加以训导。

16 岁那年，吕海寰的祖父因痢疾医治无效去世。吕海寰后来回忆自己的祖父时说道：“吾祖平日为人正直，然诺不欺。邻里有疑难之事，咸来取决，故人皆信之。”吕海寰的祖父曾经置薄田二十余亩，本来预计作为养老之用，但没想到的是吕海寰的三伯将田亩盗卖，吕海寰祖父因此困顿不已，只能以酒解闷，不幸染上痢疾，最后去世。

清代的私塾

祖父去世之后，吕海寰一家的生活更为困难。母亲只能依靠做针线活挣点生活费，哥哥继续做蒙学教师，吕海寰也开始在家设立私塾教学，兄弟两人以此支撑家庭开支。吕海寰19岁的时候，母亲因常年生活困顿、忧虑过甚，痨疾发作去世。慈母的去世以及父亲一直在外，不仅使吕海寰兄弟丧失了家庭的依靠，而且对吕海寰兄弟精神上也是非常大的打击。吕海寰后来常常悲伤地感叹不能奉养母亲，自称“不肖子”。

吕海寰母亲李氏本是地方上的名门望族出身，19岁嫁入吕家之后，将家务料理得井井有条，妯娌和睦。李氏针线活做得很好，常常以此补贴家用。由于旧社会女子几乎没有读书的机会，所以李氏的文化水平不算高，但她仍常给吕海寰口授《三字经》、唐诗，并以自己不能教吕海寰四书五经而愧疚。李氏一生为人正直和蔼，待人以诚，常接济村民。李氏讲究礼节，言行举止一定要求周全，不愿惹人笑话。当李氏娘家有什么争论无法解决时，大家都说只要请“吕家大姐”来主持就好。李氏只言片语就能将事情调解清楚，在当地被人称为“女圣人”。吕海寰母亲的言行举止，对吕海寰影响很大，这也是吕海寰后来从事慈善事业的缘由之一吧。

母亲去世之后，吕海寰兄弟悲痛不已，哭诉母亲没有享受到一天的奉养。吕海寰兄弟只能东拼西凑，勉强料理母亲的丧事。本想在百日后的“佳期”将亡母好生

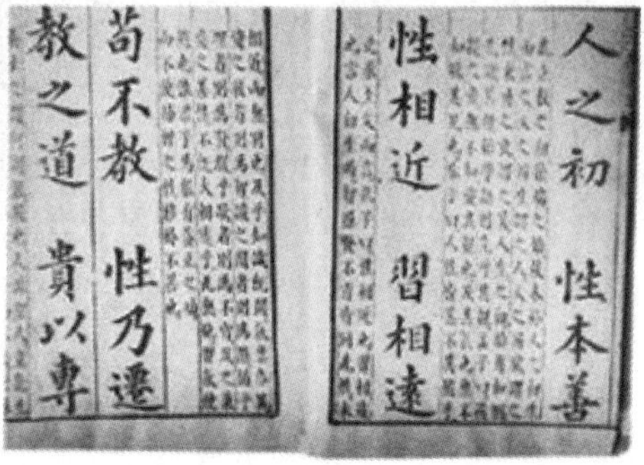
人之初 性本善
性相近 習相遠
苟不教 性乃遷
教之道 貴以專

清代的《三字经》

安葬，但不料遭遇捻军袭扰掖县。捻军（捻是淮北方言，“一股、一伙”的意思）是1853年起开始活跃在江苏、安徽、山东、河南部分地区的反清农民武装势力，后来被左宗棠、李鸿章等平定。

被捻军伏击后的清军

当时传言捻军所到之处，为了搜罗珍宝，常常像摸金校尉一样掘坟掏金，损坏尸体。吕海寰兄弟二人担心祖父、母亲的棺椁遭到捻军的破坏，故都停放在屋内。后兄弟俩不得已，只能另找坟地将棺椁下葬。当时，吕海寰家徒四壁，只能向亲友借钱，乘着半夜天黑将棺椁转移，匆匆下葬，以免被人发现坟地的具体地址。为此，两兄弟唏嘘不已，痛哭未能尽孝！

捻军进犯的时候，吕海寰与哥哥作为青年劳动力，参加了地方官绅兴办的团练，加入巡城队伍当中。在那段时间，吕海寰昼夜操劳，脚底板都磨起了泡，但幸好可以领一份微薄的薪水，赖以生存。捻军过后，掖县一片狼藉，十室九空，吕家屋内也是空荡荡的。吕海寰因劳苦过度，心力交瘁，右腿长了一个大疮，幸好有大嫂照顾，才得以痊愈。兵荒马乱之时，很多人都逃走了，读书的小孩也大为减少，吕海寰哥哥的学馆在兵乱中被毁，只得重新在家开馆授学，聊以谋生。吕海寰无所谋生，只能前往京城另寻他路，从此开始了他的“新生活”。

二、科举考试初露锋芒

1862 年过完农历新年后，虚岁 21 岁的吕海寰乘车来到京城，开始成为一名“北漂”。此时吕海寰的父亲吕晋陟正在京城开馆授学，但学生只有七八人，仅仅够糊口而已。吕海寰向父亲谈及母亲去世、家里生活的艰难，不禁流下了眼泪，说到动情处，父子俩抱头痛哭。京城居，大不易。吕海寰正在为生计发愁的时候，吕父曾经教过的学生伸出了援手。吕晋陟曾经教过一个叫刘建斋的学生 2 年，这个学生非常热心，代为张罗，将吕海寰引荐到东四牌楼四条胡同的齐宅教书。齐家一共有 3 个小孩，每月给吕海寰十串铜钱作为工资。虽不算很优厚，但也足够吕海寰在京城的生活支出了。吕海寰可以一边在齐家教书，一边复习功课，再次准备科举考试。吕海寰在齐宅教书尽心尽力，齐家又帮忙招到几个学生，这样每个月给吕海寰的工资就达到了二十串铜钱。吕海寰将大部分工资都交给父亲贴补家用，余下一点钱作为

东四牌楼

自己的日常花销。

明清时期的科举考试，每个府、州、县通过童生试录取的生员（俗称“秀才”）都有一定的名额，这就是“学额”。“学额”的多少是按照文化水平高低、纳税人口的多少来确定的。但因为中国幅员辽阔，各地学生的文化水平不一，各地学额的数量相差较大，故常发生考试竞争激烈地区的考生通过冒籍的手段，进入考试竞争相对不太激烈的地区来参加科举考试，相当于我们今天所说的“高考移民”。因此，明清时期，对考生的资格审核非常严格，首先要有当地户口，尤其是乡试、会试、殿试，要求考生“各具年甲、籍贯、三代”。尤其是清朝，规定得更为详细，为了防止冒籍，要求参加乡试的读书人的祖父入籍 20 年以上，并且“坟墓田宅俱有的据”，“的据”就是要有开立户籍之后官府的登记。

吕海寰本来出生于山东掖县，应该在掖县参加童生试，但此时他已经到了京城生活，最方便的应该是在顺天府参加科举考试，这样就不用再回掖县老家。1863 年，通过各种办法，吕海寰入顺天府大兴籍并参加县试（县试是科举考试的第一步）。考完之后，吕海寰的成绩非常不错，但因为是用大兴籍参加县试，不敢尽展所长，只能名列第十七名，父子俩对这个成绩都不是很满意。

清代的科举考试分为童生试、乡试、会试、殿试，只有通过童生试里面的县试、府试、院试，才有资格参加正式的科举考试。为了准备接下来的府试，吕海寰成了“拼命三郎”，每天晚上看书到凌晨一两点，早上四五点就起床开始写文章，然后再给学生上课，三个月下来天天如此。不料“心急吃不了热豆腐”，由于学习太过拼命，吕海寰差点把身体给累坏了，抬头就会头晕。后来在父亲的强烈要求下，吕海不得不改变作息习惯，正常学习、休息。

经过这样刻苦用功的复习，当年夏天，吕海寰参加府试，发挥出了一名“学霸”的正常水平，最后成绩名列第一。顺天府尹卞宝第（后来官至闽浙总督）对吕海寰大加褒奖，但因为当地人的反对（因为吕海寰是冒籍大兴县），只能将吕海寰降为第三名，但吕海寰也从此

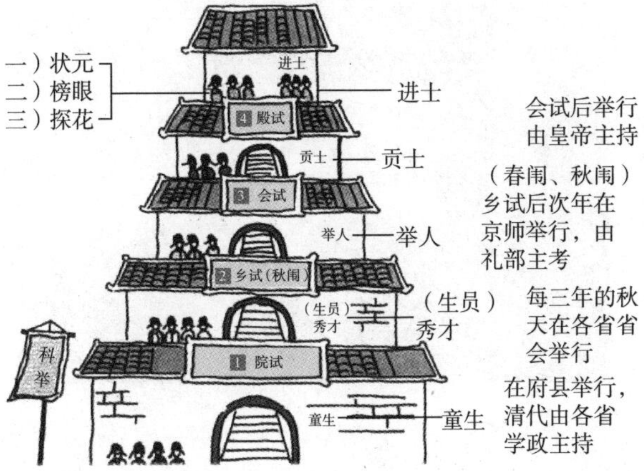

明清科举考试制度示意图

有了“读书种子”的称号。通过了府试，吕海寰就正式成为一名童生。清代，读书人只有通过县试、府试两级考试，才能成为童生，表明其具备了基本的文化知识和写作能力。

1863年冬天，吕海寰参加院试，最后名列第五名，成为一名秀才。考官在评卷的时候，称吕海寰“出语不凡，定是大器”。在清代，秀才已经是具备功名的读书人了，除了有资格免费进入县学读书之外，还享有一些政治、法律上的特权。很多人读书白了头，所谓“皓首穷经”，可能都没有通过考试成为秀才。吕海寰县试、府试、院试上的成功，说明在那个时代他已经是一位非常优秀的读书人了。

顺天府大堂旧址

1864 年，吕海寰本想再接再厉，一举通过乡试，从而成为一名举人。在考试的时候，每个考生只有一个一两平方米的小房间（号舍），吃喝拉撒、考试做题都在这个号舍里面，考完一场（三天）才能出来休整，然后再回去接着考下一场考试。初次参加乡试的吕海寰对京城贡院考场的规矩不是很熟悉，也没有熟人指点，他以为考场会提供米饭饮食，而且以为不能携带复习材料等，但实际上是考生的饮食需要自己携带，复习书籍也可以带进考场。

由于没有饭吃，吕海寰的第一场考试完全没有准备好，饿了三天。而且，在第一天考试的时候，吕海寰隔壁号舍的考生竟然突然“中魔”而死，考场突然喧闹异常，影响到其他考生的发挥。这场“非正常死亡事件”

也影响了初次参加乡试的吕海寰，使得他战战兢兢，吕父也担心不已。等到吕海寰出了考场，父亲不免责备，吕海寰也不敢分辩。到了第二、三场考试，吕海寰才携带食物和书籍进场。但木已成舟，第一场的考试总归没有取得好成绩。最终，此次乡试，吕海寰未能上榜，但考官看过吕海寰的试卷后，认为他的水平具备了推荐候补的资格。

初次乡试不顺之后，吕海寰改在京城外炭儿胡同的潘居停家教书，一共三个学生。虽然潘家对他礼数周全，但潘家经济情况并不是很好，学费很多时候都不能按月发给吕海寰。吕海寰见潘家经济较为困难，也没有太过

北京贡院的考棚

计较。1866 年，潘家经济更为紧张，甚至到了无米下锅的境地。1867 年，潘家终于无力承担老师的费用，吕海寰只能停止授学。此后，吕海寰又到一位谢姓家里帮忙做誊抄的工作，但工资很低，仅仅够糊口。

吕海寰通过院试成为一名秀才后，已经有资格进入县学学习。在 1865 年县学岁考（每年县学评判生员优劣的考试）中，他取得一等第二十名的好成绩，被增补为增广生（即增生）。增生是地位仅次于由国家提供衣食的廪生的县学生员。因为在谢家的工作只能勉强维持温饱，吕海寰听闻廪生有候补的名额，作为增生，他是有资格通过考试成为国家提供衣食的廪生的。但那时候想要成为廪生的增生很多，需要通过各种公关贿赂才有可能成功。吕海寰由于手头困难，无法承担交际费用，只能放弃。

1867 年，吕海寰 26 岁的时候再次参加乡试，因复习努力，且已经有了考试的经验，吕海寰发挥出了正常水平，名列第二百六十六，得以高中举人。不过，吕海寰在第三场考试誊写的时候，出了点小岔子，差点断送了中举的希望。吕海寰第四道题答案末誊写“添注涂改（拾捌字）”7 个字，而该卷尾只剩 5 字之空。根据考场规则，只有将数目字注明才不算犯规。有其他考生劝他在试卷框外跨边标注“添注涂改”字样，但如果在试卷边框之外填写，很可能违反考试纪律，也会被判作犯规，那可就惨了。吕海寰正不知所措的时候，忽然想到了祖父，他认为这是中举的吉利兆头，于是绞尽脑汁，将“添注”二字旁写，格中写“无”“改”“拾捌字”，恰好是5字。收卷的时候，考官提醒说：请放心，这并不是犯规。最后，吕海寰得中举人，自感有祖父冥冥之中的庇护。清代为了避免科举考试舞弊，考中的举人需要另外参加保和殿的复试，在复试中，吕海寰表现优异，被评为一等第七名。考中举人后，吕海寰以后在科举上没有更大的进步，但是作为封建时代的读书人，能够高中举人已是一件非常了不起的事情。

1868年，吕海寰返回老家与表妹李氏结婚，前来恭贺的宾客络绎不绝。因在科举考试上没有更进一步，

北京贡院明远楼

1869年，吕海寰以举人资格捐纳主事。捐纳，即官府将一些官职公开出售，也就是俗话说的“卖官鬻爵”。捐纳制度是和科举制度相补充的一种选官途径，在历朝历代都发挥了其应有的作用，但在清朝末期，为了解决财政困境，捐纳官职逐渐泛滥，所以即使捐纳也很难获得真正的实际官职，只能等待候补，或者有大官保荐，才可能出任实际的官职。1870年，吕海寰被分派到兵部任事，在车架司做事，不过是“做一天和尚撞一天钟”，每天点卯应名。

从1863年到1870年，这是吕海寰人生转折的关键时期。吕海寰入籍大兴，随后参加县试、府试、院试、乡试，凭借自己的努力，勤奋苦读，终于得以高中举人，在中举之后又捐纳主事成为兵部官员。可以说，吕海寰通过自己的勤奋努力，在老师、同学的帮助、扶植下，逐渐改变了自己的经济、社会地位，这也成为他以后在政界施展才华的重要转折点。

三、京官历练攒经验

1870 年，吕海寰通过捐纳成为兵部的一名低级职员，开始了在政界的历练。吕海寰所在的兵部车驾司，负责掌管全国的马政和文书传递工作。在冷兵器时代，马匹是非常重要的军事物资，除了作战之外，平时还作为驿站传递文书的交通工具。在兵部车架司锻炼了 3 年之久，因表现优秀，吕海寰通过考核，获得了留任的资格，正式成为一名京官。不过，吕海寰仍在积极准备科举应试的功课，试图在科举上再有所斩获。但可惜的是，吕海寰科举上的运气似乎已经用光了，此后在科举考试上他一直未能如愿。

吕海寰在兵部，虽然也想进一步升迁，但由于只是举人且系捐纳出身，很难通过候补获得实缺而成为一名有实际职务的清朝官员。清代的官员，要么是通过科举考试成为进士后成为清朝政府的官员，在京城历练最后外放成为一方大员，这是最好的升迁途径；要么通过捐

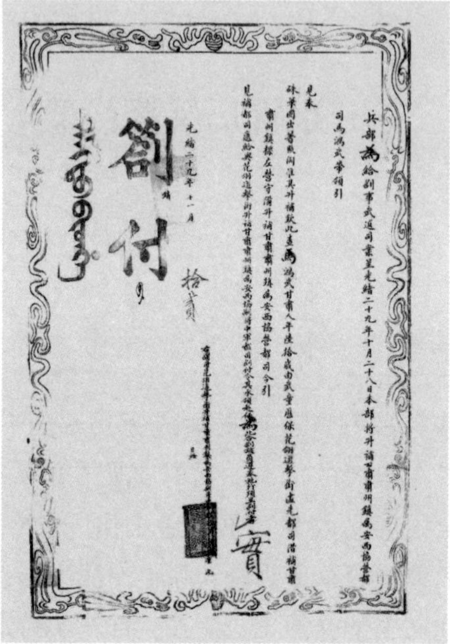

兵部為給劄事武選司案呈光緒二十九年十月二十八日本部將升補甘肅肅州鎮屬安西協營都
司馬鴻武帶領引
見奉
硃筆圈出着照例准其升補欽此查馬鴻武甘肅人年陸拾歲由武童歷保花翎遊擊銜儘先都司留補甘肅
肅州鎮標左營守備升補甘肅肅州鎮屬安西協營都司今引
見補都司應給與花翎遊擊銜升補甘肅肅州鎮屬安西協營都司中軍 [illegible]
光緒二十九年十一月
劄付
拾貳
實

兵部车驾司文书

纳成为候补官员，等候有空缺的职位出现，才能从候补一跃而成正式官员。但候补的官员实在太多，有很多人等了十几二十年都没有成功。吕海寰也面临这个困境。为了能够获得更好的升迁机会，1882 年，吕海寰参加了清政府选拔军机处章京的考试，但也没有成功。章京是清政府军机处、总理衙门等中枢权力机构的中等官员，成为章京是很多中下层官员最好的出路。

鸦片战争之后，清政府的外交逐渐开始了向近代化

军机处

的转变，设立了总理衙门，作为专办外交和洋务的机构。总理衙门下设英国、法国、俄国、美国、海防五股，另有司务厅、清档房、电报处等机构。总理衙门由王公大臣或军机大臣兼领，并设立大臣、章京两级官员。总理衙门的王公大臣都是由亲王，军机大臣，各部尚书、侍郎兼任，章京则是通过考试从各部中下层官员中选拔。这无疑给了一直无法升迁的吕海寰一个机会。

1883 年，吕海寰参加了总理衙门章京的选拔考试，因曾熟读记诵《洋务大全》一书，这次考试对他来说得心应手。《洋务大全》一书是和吕海寰同年中举的裘叔和赠给他的，里面详细记载了各种外国史地及风俗习惯的知识。吕海寰拿到这本书之后是爱不释手，经常翻阅，记诵研究，眼界大开。章京考试的题目是恭亲王奕䜣所出，题目是“惟断乃成”，整个考场之中，只有吕海寰和袁昶对这个题目有很好的了解。袁昶（1846—1900），字爽秋，浙江桐庐人，1876 年中进士，担任户部主事，后与吕海寰一道考选总理衙门章京，成了一名熟悉外交事务的官员。1900 年，袁昶因直谏反对用义和团排外而被清廷处死。

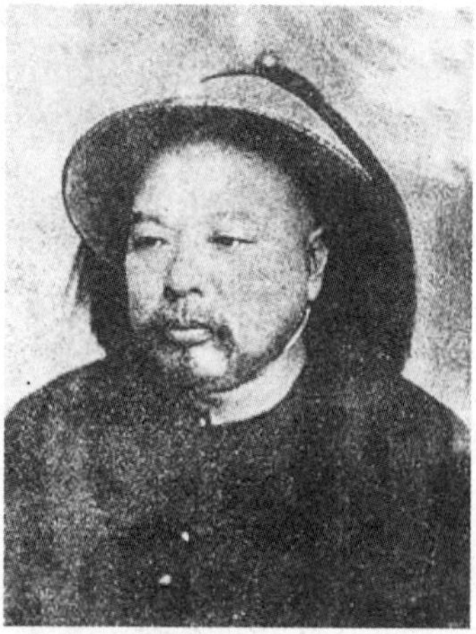

袁昶

因为熟读《洋务大全》一书，考试对吕海寰来说简直是小菜一碟，最后他获得第一名，从此成为总理衙门的一名章京。随后，吕海寰被派充总理衙门司务厅差使并兼管美国股事务。从原来兵部车驾司的一名低级职员，一跃而成为总理衙门章京，其中的困难和辛苦，常人很难想见。正是在兵部勤勤恳恳，又一直努力复习科举考试内容，熟读四书五经，吕海寰才有机会通过考试成为总理衙门官员，这里面虽然有运气的成分，但与吕海寰个人的勤奋努力是分不开的。

进入总理衙门之后，吕海寰一开始负责的是司务厅并兼管美国股事务，这算是一件不错的差使，因为一般来说汉人进入总理衙门后很难一下就进入各股办事。第二年，吕海寰转调俄国股办事。俄国股的事务最为繁重，难度也很大。吕海寰兢兢业业，并在同人袁昶的协助下，

总理衙门

将各项事务办理得井井有条，逐渐得到总理衙门大臣的赏识。1886 年，吕海寰又被派任总理衙门所办的外文学校——同文馆帮提调，成为同文馆的二把手。在总理衙门章京任上三年期满，按惯例可以得到保荐，遇到空缺的职位，随时可以出任。吕海寰在总理衙门任职多年，逐渐从普通章京升迁到总办章京，并经历次保荐，经军机处批准以海关道员任用，只要有空缺的职位，即可出任海关道员。

1894 年，清政府发布上谕："江苏常镇通海道员缺，着吕海寰补授。钦此。"常镇通海道，驻地在镇江，管理镇江府、常州府、通州、海门厅并兼镇江关监督，管理镇江关税。海关道台在当时的清朝官场中来说，待遇非

京师同文馆开学

常优渥，属于非常抢手的职位。从此，吕海寰从一名艰苦打拼的“北漂”正式成为一名海关道员。依照晚清官场的惯例，能够获得“记名以海关道员用”的资格是非常不容易的，很多中下层京官，在京城默默耕耘十几二十年，都很难获得此资格，而获得此资格之后，能够真正获得实际官职的又更为难得。尤其是海关道员在晚清属于肥缺，当时有说法“三年清知府，十万雪花银”，而海关道员的丰厚待遇比知府更甚，不知道让多少京官眼红。吕海寰能够获得补缺的资格，在两年后就获得常镇通海道的实际官职，实在可以说是破天荒的好事情。

按照惯例，京官外放地方任职，都需要向皇帝觐见拜谢。觐见的时候，吕海寰向皇帝汇报：“新授常镇通海道臣吕海寰叩谢皇上天恩。”并向皇帝三叩首。光绪

光绪皇帝画像

皇帝询问了吕海寰的年龄、籍贯、总理衙门任职的情况等，吕海寰一一作答。光绪皇帝还问吕海寰是否了解清政府即将与日本爆发战争的事情，吕海寰如实回答。因常镇通海道需要管理镇江关（洋关）与扬由关（常关）的关税，光绪皇帝勉励吕海寰到镇江后努力整顿关税，好好做官。吕海寰一一应诺。

随后，吕海寰与京城的官员、同学、好友一一拜别，整理好行李，起行前往镇江任职。出京后，吕海寰在天津拜谒了直隶总督兼北洋大臣李鸿章。到江苏后，吕海寰先去南京拜见了两江总督刘坤一，后去苏州拜见了江苏巡抚奎乐峰，随后前往镇江衙署开始新的政治生涯。

四、初办慈善事业

吕海寰到了镇江后，随即开始了常镇通海道台的为官生涯。当时中日甲午战争正酣，镇江属于东南沿海地区，为防止日本从海路侵略中国，军事输送以及防务必然成为此时的重要事情。吕海寰到镇江上任之后，守土有责，积极筹划镇江的各项防务，做出了应有的贡献。1894 年 9 月 29 日，吕海寰接到电报称日本一共派遣三路大军，一路指向黄海，剩下的两路军队不知道开往哪个地方，因此沿海各地需要密切防范。吕海寰接到电报后，立即通知所属各地一律戒严，注意防范。

战争时期，北方地区米粮价格昂贵，从南方运往北方的粮食必然经过镇江。清政府命令芜湖、镇江各海关对运往北方的大米凭执照免税放行，不得为难。如果有天津商人携带执照经过镇江北上，也一并免税放行。吕海寰作为镇江关监督，自然遵照办理，为南方粮食北运做好协助工作。

晚清镇江老码头

正在战事紧张之际，镇江却发生士兵闹事。清政府从南方抽调军队前往北方增援，络绎不绝的士兵须经过镇江被运往京津一带。没想到有五个士兵私自闯到镇江大闸口装运粮食的米船上，手持马刀威胁船员开船北上，差点酿成事端，幸好被闻讯赶到的巡查士兵阻止。得知这件事情后，吕海寰考虑到以后由镇江转往北方的士兵将越来越多，必须严加约束，以免发生冲突。于是，吕海寰发电报向署理两江总督的张之洞请示，建议以后北上物资用船运输，而士兵人员登陆后步行。之后，吕海寰多次发电报给张之洞，建议士兵由镇江对岸登陆北上，所带的物资由镇江设法装船运往北方。最后，张之洞与吕海寰商量出一个可行的办法：运往北方的士兵到达镇江后，在瓜洲登陆北上，沿途各省雇用船只、车辆，将

镇江关税务司署门前码头

士兵运往北方。

吕海寰作为常镇通海道台，除了管辖镇江府、常州府、通州、海门厅，办理地方外交事务之外，还要兼管镇江的关税。1858 年，第二次鸦片战争之后，清政府与列强签订《天津条约》，镇江开埠，正式成为通商口岸。英、美在镇江开始设立领事馆，镇江开始设立洋关，办理与列强通商事宜。镇江洋关设立之后，由外国人担任税务司，负责向洋商收税，常镇通海道台派遣委员与税务司会同征收，所有税款全部交给清政府的常镇通海道台，再统一汇交给清政府。镇江关原来每年征收关税在七八十万两白银，吕海寰任职后逐渐增加到每年百万两左右。镇江关每个月的经费只有两百几十两，但需要花费的地方实在太多，需要由扬由关补助一部分才能维持正常开销。而由于洋关设立之后，扬由关的常关税都达不到清政府规定的足额，款项亦比较紧张。

镇江关税务司署照片

在镇江的任上，作为地方大员，吕海寰着手推动和发展地方的慈善事业，践行“为官一地，造福一方”的信念。首先，创办育婴堂。传统中国社会，一直有重男轻女的观念，所以一直存在比较严重的弃婴现象。育婴堂是收养弃婴的善堂，相当于我们今天所说的孤儿院。在鸦片战争以后，外国传教士逐渐来到中国，并创立了育婴堂等慈善机构。到了 19 世纪 70 年代至 90 年代，外国人创办的育婴堂引起了中国人的误解，并成为反洋教斗争的冲突之一。镇江开埠之后，英美教会创办了育婴堂并从事修建埋婴义冢等慈善事业，但由于教案频发，民众对此一直疑虑重重。在吕海寰之前，署理常镇通海道的蔡钧曾提出设立中国人自己的育婴堂和义冢，但未来得及实施。吕海寰上任之后，发现社会上关于育婴堂和埋婴义冢仍然有很多谣言流传着，他认为，中国人应该创建自己的育婴堂，不应该由洋人独办。于是，吕海寰与镇江的绅士们商量，决定创办育婴堂，由道台衙门派人直接经手，吕海寰又筹集到开办经费，最后在镇江

丹徒育婴堂

创建了育婴堂，保全了很多孤苦无依的婴孩。

其次，规范清节堂。清节堂是清代兴起的专门收养孀居家贫妇女的慈善机构，因“保全节操至意”，故名曰“清节”，也被称为保节堂等。清代江浙一带的清节堂数量最多，救济寡妇众多。光绪十五年（1889），镇江也兴办了清节堂，收养保全寡妇甚多，但也存在一些问题。吕海寰到任之后，重新给清节堂订立章程，并将救济规模扩大，除了孀居贫妇之外，她们的女儿也准许入堂生活。在吕海寰的主持下，清节堂将这些女孩抚养成人之后，为她们寻找合适的对象，并准备好相应的嫁妆，让这些女孩开启新的生活。

最后，修缮文庙。吕海寰到任的时候，镇江的文庙已经坍塌多处，大成殿的屋顶已经破败不堪，成为露天的了。为了修复文庙，吕海寰连续几日与镇江的绅士商量，并率先垂范捐银一千两，委托府学官员进行募捐，筹集资金购买砖料。在吕海寰的主持及关心之下，镇江文庙修复一新，重新恢复了往日的荣光。

除了这些之外，吕海寰还恢复京口救生会，为其筹措到固定经费。凡是遇到地方公益善举，吕海寰必身先士卒，捐款倡办并为慈善机构积极筹措固定经费，订立妥善的章程，为慈善事业的长期持续发展奠定了基础。可以说，从1894年成为常镇通海道台开始，吕海寰逐渐从一个勤勉谨慎的京官过渡为一个地方大员。在镇江任上，吕海寰开始推动当地慈善事业的发展，为近代镇江的慈善事业作出了贡献，这为他以后参与、从事慈善事业打下了坚实基础。虽然这一时期，吕海寰所从事的慈善事业大都仍然属于传统慈善事业范畴，但也说明了吕海寰对慈善事业的关心和热忱。

五、从海关道台到驻德公使

常镇通海道台，除了管理地方事务之外，还要负责处理地方的外交事务。吕海寰曾在总理衙门担任章京，对外交事务比较熟悉，算是一个“外交通”，因此他在镇江处理这方面的事务比较得心应手，赢得了地方官员与百姓的赞扬。光绪二十一年（1895）、光绪二十二年（1896），江苏相继发生泰州、江阴教案，镇江的英、美领事调派军舰，威胁镇江官府，要求赔偿损失数十万两白银。面对英、美领事的咄咄逼人，吕海寰坚持原则，顶住压力，不为所动，最后只以八千两银子了结此事。同时，吕海寰还声明禁止英美海军登陆，并亲自上舰与其交涉，最后英美不得不答应不登岸。

镇江设有英国租界，洋商住在租界的江滨，由于江边不断涨出很多滩地，所以这些滩地的归属权就成为中外交涉的焦点。英国领事和洋商要求缴纳地价，从而谋夺这些滩地的归属权。吕海寰驳斥不予受理，而是将江边滩地拨予京口救生会、镇江南濡学会，由其缴纳地价领地收租，以租金作为两会的经费。

镇江英国领事馆旧址

在镇江处理对外事务的时候，吕海寰都应对有方，处理得当，在一定程度上维护了国家主权和经济利益，因此得到两江总督、江苏巡抚的嘉勉，认为吕海寰办理外交事件应对得法，是不可多得的交涉人才。

1896 年 3 月，李鸿章奉旨出使欧美，路经上海的时候，吕海寰专门前往上海给李鸿章送行，并向他请示如何办理外交事务。吕海寰以门生礼仪侍奉李鸿章，并奉上自己的门生帖，这使得李鸿章非常高兴。很快，在李鸿章的助力下，吕海寰被调往上海署理苏松太道道台。苏松太道因兼管江海关，被称为天下第一肥缺。但吕海寰认为苏松太道待遇太过优厚，肯定有很多人眼红，尤其在上海处理的事务比较繁重，还不如调回镇江原任。在署理苏松太道两个月零七天之后，吕海寰接获调回原任的命令。

李鸿章

在上海期间，吕海寰做了几件影响很大的事情。一是抓捕流氓头目张桂卿。张桂卿是上海著名的流氓，其借着帮会势力结党聚徒、横行霸道、无恶不作。吕海寰得报之后，命令属下逮捕张桂卿，张桂卿闻讯之后逃到租界内躲藏起来。吕海寰一面向上海的领事团交涉抓捕事宜，一面重赏张桂卿的党徒，以相邀赴宴为名，将张桂卿诱出租界，最终将张桂卿抓捕归案。最后，经过审讯，张桂卿犯罪事实无误，被判死刑。

二是驳回洋船船主索取赔偿金的无理要求。甲午战争期间，中国军舰听闻有美国商船夹带军火接济日本之事，根据国际法准备进行检查，但船主拒绝查验。随后，双方进行交涉，因停船时间很久，船主声称货物受损以及船身受伤，要求中方赔偿。最后，中方只能息事宁人，赔给船主数万两银子了结此事。但是，没有想到的是，其他外国商船也想趁机敲一笔竹杠，纷纷声称货物损坏价格吃亏，要求索取赔偿金。双方之间一直进行交涉，问题也没有得到解决。吕海寰到任之后，检查外国商人索赔的账目，查明账目里面有洋商代华商运到上海的货物，发现华商实际上是按照原价付给货款，既然没有折价自然不能照赔。吕海寰借此驳斥洋商故意冒开单据索赔，最后删减到只需赔银数百两。至此，各国领事与洋商知道不可能从中取利，自然无话可说，从而彻底了结此事。

三是协助解决浙江黄岩教民与学界冲突案件。浙江黄岩县教民与学界发生冲突，法国传教士偏袒教民，百般刁难民众，交涉濒于决裂之际，浙江巡抚廖寿丰请吕海寰去浙江协助调停。吕海寰到了浙江之后，发现传教士是受到翻译人员的挑拨，所以偏袒教民。于是，吕海寰将实情告知法国主教，晓之以理，动之以情，并劝说

晚清时期的江海关

他不要轻信不实的传言，以免发生损害中法邦交的事情。最后，法国传教士自然不再偏袒教民，冲突得到解决。

光绪二十三年（1897），李鸿章保荐吕海寰担当出使外国重任。光绪皇帝亲自召见吕海寰，并询问外国各项情况，吕海寰因一直对洋务比较熟悉，所以对答如流，光绪皇帝非常高兴。随后，清政府正式任命吕海寰以四品京堂充出使德国（兼荷兰）大臣，并给吕海寰一个月的假期回老家祭扫。

吕海寰回到老家之后，亲友都来祝贺，只有一个族叔吕十担心吕海寰记起曾经的嫌隙，不敢来见他。吕海寰却专门登门拜访，并取出二百两银票相赠，对族叔说："如果没有老叔当年的教训，我绝不会有今天。"由此，掖县人都说吕海寰"以德报怨"，是一个忠厚的人。

在吕海寰准备出行的时候，正碰上山东曹州教案发生，德国传教士被杀。德国遂派多艘军舰强占胶州湾，武力威逼清政府赔款、租借胶州湾。此时的中德关系非常紧张，吕海寰作为清朝驻德国使臣，又不得不前往德国。在临行前，很多亲友和随员都劝他暂时不要出行，他表示："我已经奉了皇帝的命令出使德国，生死不移。"

山东巨野教案发生地——曹州张庄教堂

1897 年 11 月 18 日，吕海寰乘坐的船只抵达德国，德国政府专门派员前来接待。吕海寰在觐见德皇威廉二世并呈递国书之后，德皇赠予其头等冠冕宝星，以示友好，这在当时是非常罕见的。

吕海寰上任前一天，中德已签订《胶澳租借条约》，但德国军队仍在胶州一带肆意妄为，并酿成邱朝林、董彦方两命案。吕海寰据理力争，严词诘问德方，德国不得不允诺从优抚恤邱朝林的家属，并允许在犯事地方处决杀害董彦方的凶手，此事才告一段落。可以说，吕海寰的交涉为中国争取到了一定的权益，虽然这是弱国的外交。除了酿成血案之外，德国士兵在山东拆毁文庙、侮辱孔子像、盘踞贡院、焚毁经籍等事，尤其使得读书人愤恨不已。吕海寰援引德国崇拜耶稣的行为据理力争，德方也自知理亏，不得不禁止损毁儒家文化的行为。

吕海寰认为德国的种种乖谬行为皆出自德国驻华公使海靖的唆使，因此必须先扳倒海靖这个阻碍，中德交

德国军舰强占胶州湾

涉才有可能成功，德国军队才有可能撤回。于是，吕海寰屡次向德国外交部痛斥海靖的无中生有、捏造谣言、破坏中德邦交等种种无理行为，并一一举出例证证明海靖的不端。吕海寰特别指出，海靖擅自拆毁北京武昌郡馆院墙，扩充驻华使馆建筑，引起清朝官民的一致愤慨。其种种不法行为，实在不符合德国驻华公使的体统。吕海华还将海靖的不法行为在报纸上广为宣传，以期引起德国及欧洲舆论界的注意。

德国驻华公使海靖

在这种情况下，德国政府害怕舆论界的指责，迫不得已只能将海靖调回国内并不再任用。吕海寰还苦口婆心地劝告德国外交部应首先撤兵，以示中德友好，如果不撤兵，反而对德国不利。在吕海寰的努力下，德国外交部开始向各国提出限制各国使馆驻兵的倡议，但这被后来发生的庚子事变所打乱。

六、身在海外，心系中国

1900年，吕海寰被派为赴德专使，祝贺德国太子加冕。未料，北京发生义和团运动，德国驻华公使克林德在北京崇文门大街被杀害，德国朝野震动，派出瓦德西统帅前往中国，指挥八国联军侵华。德国首都的民众也非常愤怒，群起攻击清朝驻德使馆及其人员。中国驻德使馆的处境非常困难，使馆差点遭到德国民众的焚毁。在这种危急情况之下，吕海寰只能严令随员、翻译等关闭大门，足不出户，以避免冲突。

当时，清政府为了避免德国出兵，命令吕海寰前往德国外交部道歉。在去外交部的路上，德国民众看到吕海寰，都义愤填膺地对他指指点点，甚至唾骂。到达之后，德国外交部给他吃了一个闭门羹。在吕海寰的解释下，德国外交部官员对吕海寰说："我和你的交情一直都很好，但今天我不能见你，除非以私人的身份和你见面。"随后，吕海寰向他说明："克林德公使不幸被杀，

德国驻华公使克林德

是乱民所为，清政府也没有想到会发生这样的事情，我特来向贵国道歉。”德国外交部官员说：“公使代表国君，伤害公使等于伤害国君，这是非常野蛮的行为。”

吕海寰随后解释道，克林德公使也有不对的地方。德国外交部官员对此表示非常愤怒。吕海寰只能再次向对方解释，当时北京的局势非常混乱，中国官员都有死伤，克林德公使既没有照会政府，又没有带护卫，所以才不幸被害。吕海寰着重说明，清政府平日对克林德公

庚子事变时期德国驻华公使馆的防御工事

使非常照顾，绝对不会为难他，他的不幸遇害也是清政府不愿意看到的。吕海寰还表示，就像现在他在德国的处境一样，许多德国民众来到使馆外面叫骂威胁，每天都有好几起这样的事情。德国外交部官员似乎有所触动，许诺会将吕海寰的解释向德国政府说明。德国政府考虑到吕海寰等使馆人员的安危，随即增派警察，保护吕海寰等使馆人员的安全。

吕海寰除代表清政府向德国政府道歉之外，还积极向国内传递德国及欧洲的信息，并在外交谈判中极力为中国争取权益。1900 年6 月21 日，吕海寰致电两广总督李鸿章，表示德国皇帝盼望他北上收拾残局。6 月 26 日，吕海寰致电两广总督李鸿章、两江总督刘坤一、湖广总督张之洞等，告知如果能够确保长江流域局势的稳定，德国可以不派兵南下，为东南互保局面的形成奠定了基础。

在李鸿章被清政府授予全权议和大臣之后，德国外交部告诉吕海寰，首先要确保慈禧和光绪皇帝仍然保有权力，才可以和清政府所派的官员进行谈判，并要求清政府先停止仇视洋人的行动。随后，吕海寰将德国政府的意思电告清政府。1900 年 9 月 30 日，吕海寰等出使德国、俄国、日本、英国、美国等大臣电奏清政府，请求严惩李秉衡、毓贤、徐桐、刚毅等，以挽救危局。10 月 13 日，清政府授庆亲王奕劻为全权大臣，会同直隶总督兼北洋大臣李鸿章与八国商量议和事宜。10 月 27 日，各国驻华公使一致通牒清政府，要求严惩载漪、载勋、载澜、毓贤、董福祥、刚毅、赵舒翘、英年等 11 人。11 月 13 日，清政府下令严惩纵容拳匪的载漪、赵舒翘等人，并命令奕劻、李鸿章切实向各国使臣商量，要求立刻开始议和。11 月 14 日，清政府电令吕海寰向德皇呈递国书，并告知酿成祸端的这些大臣都已经分别被严惩，希望能够早日议和。

《辛丑条约》约定清政府向各国赔款白银 4.5 亿两，这对清政府和中国民众来说都是非常巨大的负担。清政府要求驻外公使向所在国递交国书，请求各国能够减少赔款数额，并宽限年限。吕海寰向德国外交部表达清政府的意思，希望能够将赔款年限延长，但德国外交部通

晚清重臣张之洞

知吕海寰说，八国联军能否撤离中国，根据偿还赔款的多少来确定。

列强要求严惩祸首，里面涉及赵舒翘。赵舒翘与吕海寰本来都是张之万的门生，两人关系很好。因张之万已经去世，赵舒翘之子赵瑞荫求李鸿章设法挽救，并电请吕海寰向德国政府斡旋保留赵舒翘一命。吕海寰多次往返德国外交部，据理力争，终于说动了德国政府，德国外交部已答应发电给清政府挽救赵舒翘的性命，但电报抵达北京的时候，赵舒翘已经自尽身亡。

由于德国公使克林德被杀，《辛丑条约》专门规定

赵舒翘

清政府派遣醇亲王载沣为头等专使大臣前往德国道歉，但德国对于醇亲王载沣道歉一事又提出许多附加条件，例如要求醇亲王随带的参赞、随员在觐见德皇时行跪拜礼，这实在是对清政府和中国人的羞辱。吕海寰就此屡次与德国外交部争辩，并提出如果这样要求的话，他就辞职离开德国。吕海寰还多方疏通柏林的多家媒体，在新闻舆论上占据了上风，新闻媒体都认为这种要求是没有道理的。最后，德方终于放弃了这个要求，吕海寰的争取获得了成功，一定程度上维护了清政府的尊严。

1901 年 9 月 7 日，奕劻、李鸿章在北京与德国、奥地利、比利时、西班牙、美国、法国、英国、意大利、日本、荷兰、俄国十一国代表签订了《辛丑条约》十二款。至此，吕海寰的交涉事务暂告一段落。11 月 3 日，清政府命令吕海寰署理外务部左侍郎，到任前由那桐署理。在离开德国之前，吕海寰向德皇递交国书，德皇与之谈了很长时间。回国前，德皇专门赠送一座红鹰宝星给吕海寰，表达自己对吕海寰的谢意和敬意。

《辛丑条约》签订

1901 年 12 月 27 日，吕海寰卸任回国，第二年初抵达上海。吕海寰将在德国期间的有关事务写成了《庚子海外纪事》一书，希望国人能够“毋忘此耻”。此书对国人了解庚子事变期间的时事有所裨益。此外，吕海寰还将周朝以至元、明时期使臣的事迹编为《奉使金鉴》

一书，前后共一百二十卷，主要内容是讽刺很多出使人员不谙本朝典章国故和外国军政内情，导致时常发生贻笑天下的事情。实际上，吕海寰是根据出使德国的经历来说明一个优秀的使臣需要具备的能力，这为当时中国的外交官员提供了非常宝贵的经验。

七、商约谈判中的唇枪舌剑

1902年年初，吕海寰抵达上海，回到了阔别五年之久的祖国，想必他的心情非常复杂。清政府与列强签订《辛丑条约》后，中国彻底沦为半殖民地半封建社会。李鸿章去世之后，袁世凯任直隶总督兼北洋大臣，全盘接收了北洋系势力，成为炙手可热的权臣。当时，奕劻、袁世凯与湖广总督张之洞关系不睦，而吕海寰曾经与张之洞在江苏共事过，两人关系密切。尤其是，吕海寰对《辛丑条约》的条款颇为不满，私下表示在拜见慈禧太后的时候要进行密奏，因此奕劻、袁世凯等人竭力阻止吕海寰入京，千方百计让吕海寰滞留在上海。这时候，清政府与外国的商约谈判为阻止吕海寰进京创造了机会。

《辛丑条约》第十一款规定，清政府与各国关于通商、行船的条约可以进行商议改订。在条约正式签署前，清政府就已经命令两江总督刘坤一、湖广总督张之洞以及盛宣怀为修改通商行船条约做准备。正值吕海寰卸任回国之时，清政府下令吕海寰为工部尚书，任办理商约大臣，留在上海与会办商约大臣盛宣怀一起，办理商约谈判事宜。

d'Italie.
Son Excellence le Marquis Salvago Raggi;
du Japon.
Son Excellence M. Jutaro Komura;
des Pays-Bas.
Son Excellence M. F. M. Knobel;
de Russie.
Son Excellence M. M. de Giers;
et de Chine.
Son Altesse Yi-K'ouang, Prince du premier rang K'ing, Président du Ministère des Affaires Etrangères;
et
Son Excellence Li Hong-tchang, Comte du premier rang Sou-yi, Tuteur de l'Héritier présomptif, Grand Secrétaire du Wen-houa-tien, Ministre du Commerce, Surintendant des ports du Nord, Gouverneur Général du Tcheli;

大義欽差駐紮中華便宜行事全權大臣世襲侯爵 薩爾瓦葛
大日本國欽差全權大臣 小村壽太郎
大和欽差駐紮中華便宜行事全權大臣 克羅伯
大俄欽差全權大臣內廷大夫 格爾思
大清欽命全權大臣便宜行事總理外務部事務 和碩慶親王
欽差全權大臣便宜行事太子太傅文華殿大學士北洋大臣直隸總督一等肅毅伯 李鴻章
會同聲明核定

《辛丑条约》部分

盛宣怀，1844 年出生在江苏武进，早年在李鸿章幕府，协助其办理洋务，得到李鸿章的赏识。1884 年，盛宣怀署理天津海关道，1886 年任职山东登莱青道兼烟台海关监督，后又专任天津海关道。在任职期间，盛宣怀对中外交涉以及关税事务非常熟悉，这培养和锻炼了他在商业经营方面的才能。1896 年开始，盛宣怀开始督办铁路总公司事务，先后接办汉阳铁厂、大冶铁矿，创设南洋公学（交通大学前身）。1897 年，盛宣怀在上海创办了中国通商银行，这是中国人创办的第一家现代银行。可以说，盛宣怀在当时是一个洋务奇才，不管是海关、铁路、银行等洋务事业，还是在教育、慈善等领域，他都做成了中国的“第一人”。

盛宣怀

盛宣怀对海关税则以及厘金等事务非常了解，1899 年至 1900 年，他参与了修改海关税则与裁厘加税的外交谈判；义和团运动期间，盛宣怀联合两江总督刘坤一和湖广总督张之洞，策划东南互保，一面积极与英国、美国、日本等国驻华领事积极交涉，一面联络东南督抚参加互保，最终促成了清政府部分地区免受战火的荼毒。1901 年，清政府任命盛宣怀为会办商务大臣，管理中国商务。因此，清政府与列强进行商约谈判时，盛宣怀被清政府任命为会办商约大臣，是一件非常自然的事情。

1902 年 1 月 10 日，中英商约谈判在上海正式开始，中英双方全体人员出席。英方代表马凯单方面提出了二十四条条款，要求吕海寰、盛宣怀讨论。此后，中英双方共举行了七次正式会议，双方就保护商标，整顿珠江、川江航道，统一币制，推广关栈等几款达成协议。随后，中英双方之间的谈判集中在裁厘加税方面，双方为此经过了多次会谈。

1902 年 3 月 20 日至 6 月 30 日，吕海寰、盛宣怀与马凯举行了一系列会议，双方争论的焦点主要是“裁厘加税”。双方就加税的额度达成一致，一致同意进口税值百抽十二五，出口税值百抽七五，但是在裁厘问题上，双方又发生分歧，马凯坚持要求完全裁掉厘金，湖广总督张之洞则坚持必须保留征收厘金的权利。吕海寰和盛宣怀夹在其中，充当调停者，最终马凯同意中方可以征收销场税，但必须限定货物的种类。随后，马凯分别与刘坤一、张之洞进行会谈。

谈判代表合影

1902 年 7 月 26 日至 9 月 5 日，吕海寰、盛宣怀和马凯在上海继续进行谈判，双方争论的焦点是裁厘加税之后如何拨补地方督抚的开支。马凯要求清政府切实担保地方不能因无款可用重新开征厘金。1902 年 9 月 5 日，中英双方正式签订《中英续议通商行船条约》，因马凯是该条约的英方签字人，所以这个条约又被称为《马凯条约》。

毋庸讳言，盛宣怀对商务、税收的了解程度在当时来说可称为中国“第一人”，所以在整个商约谈判中，盛宣怀是中英谈判的“主角”，吕海寰可以说是“配角”，但在商约谈判中，吕海寰也发挥了重要作用。

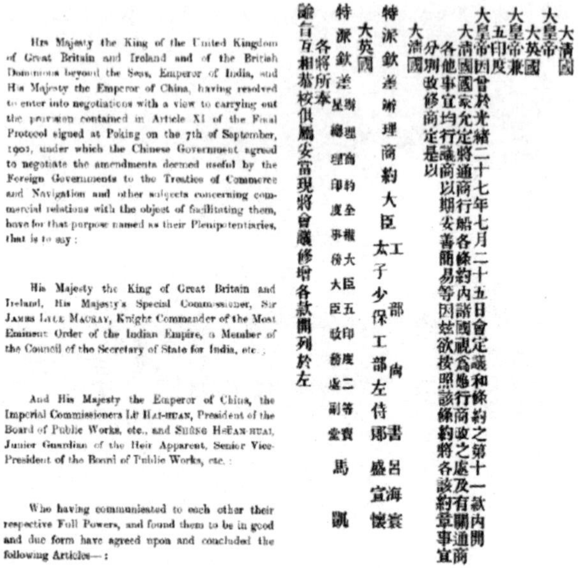

His Majesty the King of the United Kingdom of Great Britain and Ireland and of the British Dominions beyond the Seas, Emperor of India, and His Majesty the Emperor of China, having resolved to enter into negotiations with a view to carrying out the provision contained in Article XI of the Final Protocol signed at Peking on the 7th of September, 1901, under which the Chinese Government agreed to negotiate the amendments deemed useful by the Foreign Governments to the Treaties of Commerce and Navigation and other subjects concerning commercial relations with the object of facilitating them, have for that purpose named as their Plenipotentiaries, that is to say:

His Majesty the King of Great Britain and Ireland, His Majesty's Special Commissioner, Sir James Lyle Mackay, Knight Commander of the Most Eminent Order of the Indian Empire, a Member of the Council of the Secretary of State for India, etc.;

And His Majesty the Emperor of China, the Imperial Commissioners Lü Hai-huan, President of the Board of Public Works, etc., and Shêng Hsüan-huai, Junior Guardian of the Heir Apparent, Senior Vice-President of the Board of Public Works, etc.:

Who having communicated to each other their respective Full Powers, and found them to be in good and due form have agreed upon and concluded the following Articles—:

大清國
大皇帝 大英國
大皇帝兼
五印度
大皇帝因曾於光緒二十七年七月二十五日會定議和條約之第十一款內開
大清國國家允定將通商行船各條約內諸國視爲應行商改之處及有關通商
各他事宜均行議商以期妥善簡易等因茲欲按照該條約將各該約章事宜
分別改修商定是以
大清國
特派欽差辦理商約大臣工部尚書呂海寰 太子少保工部左侍郎盛宣懷
大英國
特派欽差辦理商約全權大臣五印度二等寶星總理印度事務大臣政務處副堂 馬凱
各將所奉
諭旨互相恭校俱屬妥當現將會議修增各款開列於左

《马凯条约》（部分）

首先，吕海寰作为工部大臣，是商约谈判中的中方首席代表，代表了清政府的权威。从官职上来说，吕海寰是工部尚书，盛宣怀是工部左侍郎，所以商约谈判中的历次会奏，吕海寰都列名于盛宣怀之前。不过，在实际谈判过程中，吕海寰也自谦不懂商务，需要仰仗盛宣怀，基本上是盛宣怀在主持谈判的具体细节，这也体现了吕海寰的谦虚谨慎、主动放权的作风。

其次，在盛宣怀生病期间，吕海寰独自承担了商约谈判的重任。1902 年 3 月 20 日，吕海寰与马凯会议讨论米谷出口问题。马凯一直强调按照《天津条约》的规定，中国没有禁止米谷出口的权利。吕海寰则驳斥马凯，按照《天津条约》的规定，洋商运米出口需要纳税，中国有权禁止米谷出口，且禁止的期限延长了。而且，《天津条约》签订后数十年期间，中国常常禁止米谷出洋，英国没有抗议过，这是现实层面的事实依据。吕海寰还强调，如果遇到地方灾荒，地方官府有权禁止米谷出口，这也是长期以来惯常的做法。米谷出口问题，涉及一国的民食问题。该条款的谈判，最终明文确定了中国有禁止米谷出口的权利，重新收回了以往损失的部分权利，这是难能可贵的。

《马凯条约》签订之后，清政府又与美国、日本继续谈判。吕海寰又马不停蹄地开始与美、日进行谈判。1902 年 6 月 27 日，吕海寰等与美国公使康格就修改商约问题在上海举行第一次会议。不过，由于吕海寰、盛宣怀等人正忙于和英国代表进行谈判，中美间的谈判尚未完全开始。1902 年 9 月 9 日，在中英商约签订之后的第 4 天，吕海寰、盛宣怀与美方代表在上海举行第二次会议。不过，由于商约大臣盛宣怀丁忧开缺，清政府于 10 月 16 日任命驻美公使伍廷芳为商约大臣，继续进行谈判。不过由于美方代表在等待美国政府的指示，中美之间的谈判停顿到 1903 年 2 月 28 日才继续开始。1903 年 10 月 8 日，吕海寰、伍廷芳等与美方代表分别在商约上签字，正式达成《中美续议通商行船条约》。同日，《中日通商行船续议条约》也正式签订。

总体来说，中国与英、美、日签订的关于通商行船方面的条约，虽然仍然是不平等条约，侵犯了中国的主权，但从另一方面来说，它们又在不少地方比以往的中外不平等条约有所改善，比如裁厘加税实际上是符合中国的利益的。可以说，外交如战场，正是吕海寰、盛宣怀等官员在这个没有硝烟的战场上的唇枪舌剑，才辛辛苦苦为中国争取到了不少的权益。

八、筚路蓝缕创办红十字会

除了与英、美、日之外，清政府还与其他国家继续进行商约谈判。因此，吕海寰也继续留在上海操心此事。在进行商约谈判的过程中，吕海寰逐渐与上海官绅建立了比较密切的联系。

鸦片战争以后，沙俄通过不平等条约攫取了大量的中国领土，并逐步把魔爪伸入中国东北，逐渐与后起的日本发生矛盾。日俄两国都想独占整个东北，双方互不相让，剑拔弩张。1904 年 2 月 8 日，日军偷袭旅顺的俄国军队，随后俄日双方互相宣战，日俄战争爆发。

奇怪的是，一场日俄之间的战争，战场既不在日本，也不在俄国，而是在中国的东北；更奇怪的是，软弱的清政府竟然宣布“局外中立”，将辽河以东的地区划为交战区，放任日俄军队在中国的领土上肆意蹂躏，这是国际关系史上的一桩怪事。

战争的爆发，引发了东北的难民潮。在战争中，日

日俄战争漫画

本、俄国的红十字会救护队可以救护伤兵，但中国东北的难民呢？清政府由于宣布中立不能插手，传统慈善组织也难以深入战地。怎样保护、救济战争地区的东北民众，成为当时清朝官府和民间都极为关注的事情。正是在这种紧急的情况下，中国红十字会应运而生。

日俄战争中的日本赤十字社

在中国红十字会成立之前，为了救济东北的民众，上海的慈善家沈敦和、施则敬等人仿照1900年庚子事变中陆树藩创立中国救济善会的做法，创建了“东三省红十字普济善会”，这个善会成为中国红十字会的前身。这里我们有必要介绍一下沈敦和与施则敬。

沈敦和（1857—1920），字仲礼，浙江宁波人。沈敦和在他父亲的悉心培养之下，很小就跟随家庭教师学习英语，后来去英国的剑桥大学专门学习法政。沈敦和留学归国之后，受到清朝官员刘坤一、李鸿章、张之洞等人的赏识，历任山西大学堂督办、江南水师学堂提调、江南自强军营务总办、淞沪铁路总办、上海记名海关道

沈敦和

等职。他是一个具有国际眼光的社会活动家，被誉为“外交界、慈善界、企业界出类拔萃的人物”。沈敦和平常就热心参与慈善事业，尤其是曾经在山西创办山西大学堂，与传教士李提摩太结下了深厚的友谊，这成为他日后创建红十字会的重要基础。

施则敬（1855—1924），字临之，号强斋，又号子英，江苏吴江人。施家在吴江震泽是闻名乡里的望族，其父亲施善昌是有名的社会慈善家。在父亲潜移默化的影响下，施则敬也逐渐走上了慈善之路。施则敬小时候熟读四书五经，曾参加科举考试，1875 年高中举人，获得知县的资格。后跟随父亲办理赈灾事业，勤勤恳恳，

施则敬

得到了很多锻炼，获得了李鸿章的赏识。李鸿章专门委派他办理赈务，在这个过程中，施则敬积累了办理慈善事业的丰富经验，同时也赢得了社会声誉，可以说是江南有名的社会慈善家。

东三省红十字普济善会成立之后，虽然聚集了一批寓居上海的绅商，具有雄厚的经济实力，但由于它不是统一的红十字组织，无法获得交战双方的认可，不能前往战地救济东北难胞。而且，它仍然具有非常浓厚的传统善堂的色彩，弄得有点不伦不类。在这种情况下，沈敦和想到寻求一个人的帮助，那就是英国传教士李提摩太。李提摩太在回忆录中叙述此事说："沈敦和前来拜访我，问我是否愿意同他一起筹集救济金，帮助东北的中国难民。我高兴地表示赞同。"

李提摩太（1845—1919）出生于英国南威尔士的法尔德普林（Faldybrenin）的小村庄，从小受到家庭的影响，10 余岁开始信奉基督教。1870 年 2 月 12 日，经过近 3 个月的航行，李提摩太抵达中国上海，开始了新的旅程。李提摩太到达中国后，先是被派往山东烟台传教。在山东的时候，李提摩太开始"以前所未有的精力和毅力学习中文"，并努力入乡随俗，穿上中国式的衣服，甚至戴上了一条假辫子。在传教的过程中，李提摩太深入中国内地，足迹遍及山东、天津、直隶、陕西等地，甚至还去过东北。

李提摩太

19 世纪 70 年代中后期，华北地区发生严重的旱灾，史称“丁戊奇荒”。李提摩太先是在山东积极发起赈灾活动，筹集大量银两，后在李鸿章派遣士兵保护的情况下，将这批银两运往山西，这批银两对于当时的山西来说不啻于雪中送炭。李提摩太还专门实地考察山西的灾情，亲自安排赈灾款的发放，杜绝了地方官员劣绅的贪污。山西民众非常感谢李提摩太的赈灾，并索要他的照片，表示要供奉在神庙里。山西巡抚原本对于洋人来山西赈灾非常生气，但也被李提摩太的赈灾行动所感动，特别给李提摩太写了一封充满赞美的书信，表示对他的感谢。

李提摩太在山西

1886 年，李提摩太移居北京，被曾纪泽（曾国藩之子）聘为家庭教师，教授曾家子侄英文。在北京的时候，李提摩太积极在报刊上发表文章，呼吁清朝进行改革。1891 年，李提摩太来到上海任“同文书会”督办（“同文书会”后改为“广学会”），主持翻译出版了很多著名书籍，对近代中国的思想启蒙起到了一定的推动作用。戊戌变法的时候，康、梁策划邀请李提摩太出任光绪皇帝的顾问，但戊戌政变的发生使得这个想法无法实现。

1902 年，李提摩太前往山西参与创办山西大学堂，从此与沈敦和有了交集。沈敦和时任山西大学堂督办，在此期间，沈敦和与李提摩太配合默契，两人成为志同道合的朋友。李提摩太是在华传教士的代表人物，在中国国内和国外都具有非常重要的影响力，有了他的帮助，中国成立红十字会的设想终于变成了现实。

山西大学堂开学典礼合影

为了救助东北难民，1904 年 3 月 10 日，中、英、法、德、美五国代表在上海英租界公共工部局集会，正式宣布联合组建红十字会，暂时称为“上海万国红十字支会”（3 月 17 日正式定名为“上海万国红十字会”）。

会上，李提摩太以及其他西人共45名组成董事会，办事董事有9名，其中西董7人，华董2人（沈敦和、施则敬）。

虽然上海万国红十字会在中外绅商的倡议下成立了，但其成立的背后离不开吕海寰、盛宣怀、吴重熹“三大臣”的鼎力支持。清政府对于加入国际红十字组织一直都非常积极，早在1899年，清政府就授权公使杨儒在《关于日内瓦公约原则推行于海战的海牙公约》上画押。虽然清政府在该条约上画押签字，但由于清政府尚未来得及补签《日内瓦公约》，故没有成为真正的红十字会成员国。日俄战争爆发后，清政府限于“局外中立”，不能直接参与红十字会的创设。但吕海寰、盛宣怀和驻沪会办电政大臣吴重熹在清政府的指示下，积极与沈敦和、施则敬等保持联系，是红十字会成立的幕后元勋。上海万国红十字会成立之后，清政府立刻致电驻英公使张德彝补签《日内瓦公约》，真正完成入会的手续。

上海万国红十字会成立之后，吕海寰、盛宣怀、吴重熹三大臣直接从幕后走向台前，积极为红十字会的各项事业奔走。1904年3月20日，吕海寰、盛宣怀、吴重熹就联名发电给总理衙门，汇报上海万国红十字会成立的经过，并请求清政府与日、俄两国驻华公使商量，希望日、俄两国政府承认上海万国红十字会。

但是，吕海寰等人的电报中并没有详细讲清上海万国红十字会的具体宗旨，清政府在与日、俄交涉的时候，也没有将此事捋清楚，导致日、俄两国产生误会，认为上海万国红十字会准备前往战场救护。日本政府表示上海万国红十字会在战场外附近尚可商量，言外之意即上海万国红十字会不能进入战地进行救护。在了解到日、俄两国可能反对之后，清政府寄希望于上海万国红十字会的洋人董事，希望他们向各自国家寻求承认，遂发电给吕海寰等人询问洋人董事联络各自政府的结果怎么样。

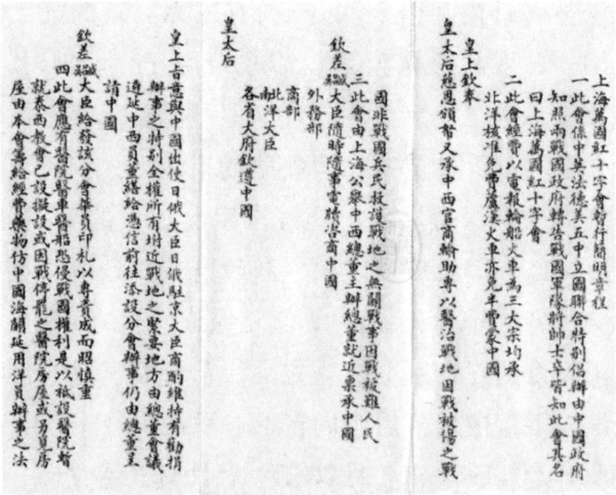
上海萬國紅十字會暫行簡明章程
一此會係中英法德美五中立國聯合特别倡辦由中國政府
知照兩戰國政府轉告戰國軍隊將帥士卒皆知此會其名
曰上海萬國紅十字會
二此會經費以電報輪船火車為三大宗均承
北洋核准免費廣漢火車亦免半費蒙中國
皇上欽奉
皇太后慈恩頒帑又承中西官商輸助專以醫治戰地因戰被傷之戰
國非戰國兵民救護戰地之無關戰事因戰被難人民
三此會由上海公舉中西總董主辦總董就近稟承中國
欽差商約大臣隨時隨事電牘咨商中國
外務部
商部
南北洋大臣
各省大府欽遵中國
皇太后
皇上旨意與中國出使日俄大臣日俄駐京大臣商酌維持有勸捐
辦事之特别全權所有附近戰地之緊要地方由總董會議
遴延中西員董繕給憑信前往添設分會辦事仍由總董呈
請中國
欽差商約大臣給發該分會華員印札以專責成而昭慎重
四此會應有醫院醫車醫船恐侵戰國權利是以祇設醫院暫
就泰西教會已設擬設或因戰停罷之醫院房屋或另覓房
屋由本會籌給經費藥物仿中國海關延用洋員辦事之法

《上海万国红十字会暂行简明章程》（部分）

吕海寰等人立刻询问华董沈敦和、施则敬、任锡汾（增补为董事），这才发现这是一场误会。清政府作为中立国，没有权利前往战场救护，只能在战场外进行救护与救济。尤其是，上海万国红十字会短时间内很难完成战场医院、医疗车的准备工作，因此只能在战场外设立医院，收治伤病兵民，救护难民出险。吕海寰等人赶紧电告清政府，总理衙门再告知日、俄两国驻华公使，将此事解释清楚。这样，日、俄两国才解开了疑虑，允许上海万国红十字会前往东北救济难民。

吕海寰作为工部尚书、办理商约大臣，在政府以及民间都有很大的影响力，这对于劝募捐款自然事半功倍。在上海万国红十字会的八条办事章程中，其中一条就是“各省督抚，由吕钦差领衔，电请分别捐助款项”。吕钦差，指的就是吕海寰。

1904 年 7 月 12 日，上海万国红十字会制定出台的《上海万国红十字会暂行简明章程》的第三条载明：“此会由上海公举中西总董主办，总董就近秉承中国钦差吕（海寰）、盛（宣怀）、吴（重熹）大臣、随时随事，电牍咨商中国外务部、商部、南北洋大臣、各省大府，钦遵中国皇太后、皇上旨意，与中国出使日俄大臣、日俄驻京大臣商酌维持，有劝捐办事之特别全权。”这实际说明，上海万国红十字会的所有救护、筹款等事务都需要听从三位钦差大臣的指挥，三大臣实际上是红会的特别领袖。吕海寰自然成为中国红十字会的创始人。

九、苦心孤诣谋自立

上海万国红十字会成立之后，红会人员克服重重困难，前往东北成立各分会，救助日俄战灾，救护出险、收治伤病、救护伤兵、留养资遣、赈济安置总人数达到46.7万人，在近代中国留下了浓墨重彩的一笔，建立了不朽的功勋。1905年日俄战争结束之后，上海万国红十字会仍然继续存在了2年，并在救济战后难民、旧金山地震、海参崴华人等事件中发挥了重要作用。不过，虽然上海万国红十字会是由中国主办、吕海寰等人全权负责的中国红十字会，但毕竟仍有着中、英、美、法、德“五国合办”的名义。因此，怎样使中国红十字会从上海万国红十字会中独立出来，就成为吕海寰等人考虑的头等要事。

从红十字会启蒙者孙淦等人开始，国人就一直构想成立自己的红十字组织。日俄战争爆发之后，清政府无法直接参与救助东北的难民，更是刺激了国人成立红十

上海万国红十字会救死扶伤图

字组织的念头。吕海寰等人早就试图成立中国红十字会，只是囿于清政府的局外中立，不得不借助“五国合办”的名义。上海万国红十字会宣告成立没多久，1904 年 6 月 13 日，吕海寰等三大臣向直隶总督袁世凯报告，对于清政府所拨给的 10 万两帑银的使用办法，明确提出拨出 5 万两作为“开办中国红十字会经费”。吕海寰等还嘱咐沈敦和、施则敬、任锡汾起草《中国红十字会章程》，提出建立中国红十字会的实体组织。沈敦和、施则敬、任锡汾等人向吕海寰等三大臣的呈文中称，将来拟定中国红十字会章程的时候，将在参考日本和欧洲各国章程之后，“再行拟议，呈请核奏”。这说明吕海寰等人早就有成立中国自己的红十字会的想法，不过由于上海万国红十字会是五国合作，吕海寰等人并没有直接打破这种局面。

1907 年 7 月 21 日，上海万国红十字会成立三年之后，吕海寰等人联名上奏《沥陈创办红十字会情形并请立案奖叙折》。在这份奏折中，吕海寰、盛宣怀陈述了上海万国红十字会办理情形及善后持久事宜。吕海寰、盛宣怀指出“今中国红十字会成立”，并称他们已经命令沈敦和、施则敬等人仿照各国红十字会佩章式样，拟定中国红十字会佩章，以及各地设会办事情形，刊印成册，送交政府审核，由此“以结万国红十字会之全局，即以巩固中国红十字会之初基”。应该说，我们现在没有直接的证据表明中国红十字会在这个时候正式宣告成立了，但我们可以理解为，吕海寰、盛宣怀所称的“今中国红十字会成立”，指的就是中国红十字会从上海万国红十字会脱离出来，正式独立存在了。从这个意义上说，上海万国红十字会的终结，自然就是中国红十字会自立之始。

清政府对于吕海寰等人奏折中提出的有关中国红十字会的发展设想并没有异议。按照吕海寰等人的计划，中国红十字会自立的根本就是要以筹款为基础，在上海购地设立医院、医疗船、医疗车等，并设立医学堂。这些具体的事务基本上是由上海的沈敦和、施则敬、任锡汾进行操办。很快，1908 年，沈敦和等人就在《申报》上刊登招收医学生的广告，宣告中国红十字会进入了实质性的实践阶段。1909 年，沈敦和在上海徐家汇购地十余亩，设计建造了一所医院作为中国红十字会总医院。

1910 年，总医院落成，设备非常齐全，时人誉“为沪之冠”（上海第一）。正是有了这些基础，吕海寰等不断思考如何制定正式的红十字会章程，以进一步巩固中国红十字会的基础。

中国红十字会总医院

早在 1904 年，吕海寰等就要求沈敦和等人另行制定中国红十字会章程，不过囿于上海万国红十字会的五国合办，此章程并没有真正出台。1910 年 2 月 27 日，吕海寰、盛宣怀、吴重熹联衔会奏《酌拟中国红十字会试办章程请旨立案折》，正式抛出了中国红十字会的章程。这份章程的大概意思如下：

（1）上海为通商口岸，交通便利。以前在上海创办上海万国红十字会，现在仍然在上海徐家汇设立中国红十字会总会、医院、学堂，设有办公室。应由中国总董参照日本赤十字社章程拟定规则核准施行，并制定集资入会的章程。

（2）现在创设中国红十字会，请铸造中国红十字会大印一枚，由会长执掌。

（3）中国红十字会按照《日内瓦公约》使用白地（底）红十字标识，在会人员衣袖上缝有白地（底）红十字标识，并参照日本等国的会章，制定红十字勋章，第一等金质，第二等银质，第三等铜质，请会长审核，请朝廷批准施行。以上会旗、会衣、勋章，不是在会人员，不得滥用。

（4）在上海徐家汇设立中国红十字会总医院，按章施医。设立学堂，招收学生学医。

（5）中国红十字会遵守《日内瓦公约》的规定，参照有关章程，因时因地以制宜，开展救护工作。

（6）以上是现在的组织大纲，各项文件，中国自相往来，均用中文，对外交涉用英文。未尽事宜，由总董禀报会长处理。

中国红十字会的章程出台后，中国红十字会有了可供遵循的规章制度，中国的红十字事业进入了新的征程。那么，既然中国红十字会已经独立存在了，自然就需要一个会长，这个会长到底由谁来担任呢？

十、错失首任会长

中国红十字会自立之后，自然要选任会长，制定规章制度。1910 年 2 月 27 日，吕海寰将《酌拟中国红十字会试办章程请旨立案折》的奏稿上奏朝廷，并请求政府“可否简派大臣作为会长”。随后清政府发布谕旨：“着派盛宣怀充红十字会会长。”那么，为什么清政府会任命盛宣怀而不是吕海寰担任中国红十字会首任会长呢？

上海万国红十字会成立的时候，实行的是董事制度，并没有设立会长，但吕海寰、盛宣怀、吴重熹三大臣是总揽上海万国红十字会全局的官方代表，吕海寰是工部尚书、商约谈判大臣，官场的位次在盛宣怀、吴重熹之前，所以三大臣在联名奏折中，排在首位的自然是吕海寰。正是这种局面，造成此前一直有说法认为吕海寰会是中国红十字会的首任会长。那么，为什么是盛宣怀成为中国红十字会的首任会长呢？

首先，盛宣怀长期从事赈济活动，有着丰富的慈善

吕海寰

活动经验。盛宣怀从 1871 年开始就参加民间救灾活动，1878 年又奉李鸿章之命前往河北赈灾，此后几乎每年都会参加赈灾活动。可以说，盛宣怀在赈济、救灾方面经验丰富。其次，盛宣怀在上海经营多年，与沈敦和、施则敬、任锡汾等人都有长期的合作与交往。盛宣怀在洋务事业上的成功以及他在慈善界人士中的声誉，使得其更容易得到沈敦和等人的支持。最后，盛宣怀此时仍然留在上海，由他出任会长也是近水楼台先得月。

吕海寰错失首任会长之职，也与他此时在官场的遭遇有关。吕海寰在上海以工部尚书身份，相继与英、美、日、葡萄牙、德等国进行商约谈判。1906 年 1 月 6 日，吕海寰调任兵部尚书，仍留沪办理商约。1906 年 10 月，清政府开始厘定官制，改兵部为陆军部，吕海寰改任正黄旗蒙古都统，仍留沪办理商约。

1907 年“丁未政潮”之后，奕劻、袁世凯在清政府中可谓呼风唤雨、如日中天。为了平衡政局，1907 年 6 月 18 日，清政府下令吕海寰补授外务部尚书兼会办大臣，后又因为要给袁世凯腾缺，吕海寰又改任会办税务大臣。1908 年 1 月 21 日，吕海寰调任津浦铁路大臣。1909 年 8 月 3 日，吕海寰因津浦铁路北段总办李德顺舞弊营私案，被给事中高润生参劾“容隐私人，败坏路政”，清政府下令开去吕海寰津浦铁路大臣差使，仍然保留尚书俸禄。从 1907 年吕海寰进京之后，受到以袁世凯为首的北洋派系的多次打压与排挤，到最后被开缺去职，吕海寰也有些心灰意冷，暂时不愿意再出任任何官职。

吕海寰与盛宣怀是姻亲关系，两人交往非常密切，吕海寰也乐于支持盛宣怀担任首任会长。吕海寰的女儿嫁给了盛宣怀的儿子盛昇颐。吕海寰与盛宣怀两人在商约谈判中配合默契，在创办中国红十字会的事情上也互相扶持，两人都愿意支持对方担任首任会长。因此，吕海寰在奏折中请求清政府“派会长以符名实”，明眼人一看就知道其实就是在推荐盛宣怀。吕海寰曾写信给盛宣怀称，在《酌拟中国红十字会试办章程请旨立案折》呈递给清政府之前，吕海寰已经与奕劻、载洵、载涛以

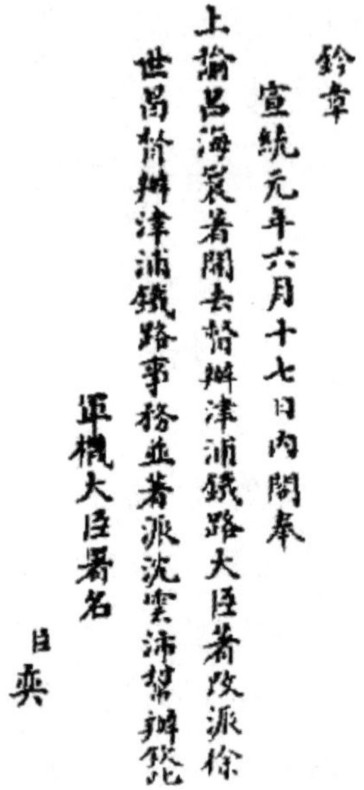
欽奉
宣統元年六月十七日內閣奉
上諭呂海寰著開去督辦津浦鐵路大臣著改派徐
世昌督辦津浦鐵路事務並著派沈雲沛幫辦欽此
軍機大臣署名
日
奕

吕海寰被开缺津浦铁路大臣职务的上谕

及军机处大臣世续、那桐、鹿传霖这几位朝中大佬沟通过，且他们都很赞成，大概很快就会任命盛宣怀担任中国红十字会会长了。

对于盛宣怀来说，这时候他曾经创办的洋务事业被袁世凯所夺走，而袁世凯又被摄政王开缺回籍，盛宣怀正希望能够有机会重新将被袁世凯夺去的洋务事业尽数夺回来。中国红十字会会长虽然没有实际的官衔，却是盛宣怀复出的敲门砖，尤其是在加强与清朝贵族的联络方面，有着独特的作用。

十一、大清红十字会

虽然中国红十字会的首任会长一职，盛宣怀比吕海寰更有优势，但是盛宣怀成为中国红十字会会长之后，并没有打牢中国红十字会的初基，反而使得红十字会陷入了纷争之中。盛宣怀担任首任会长后，很快就抛弃了中国红十字会这块金字招牌，而是将中国红十字会改名为大清红十字会。为什么盛宣怀这么迫不及待地要改名呢？

（1）担心捐款难办。在清政府任命盛宣怀担任中国红十字会会长的前一天，盛宣怀曾致电吕海寰，表示因为最近各国都称中国为“大清”，如果会长大印使用“中国”字样可能对募捐有所妨碍。如果从外交和劝捐的角度考虑，盛宣怀的担忧也不无道理。当然，这不是最重要的理由。

（2）最重要的是盛宣怀急于迎合清政府的满汉之防理念。1908 年，慈禧太后、光绪皇帝先后去世，溥仪继位，摄政王载沣总揽朝政。载沣当政期间，实行了一系列加强中央集权的措施，并将清政府的权力集中在少数满族亲贵的手中，妄图恢复所谓“满主汉从”的旧式政治格局，这对清政府的朝政格局造成非常不良的影响。正是在这种情况下，盛宣怀主动抛弃“中国”字样，将中国红十字会改为大清红十字会，就是向满族亲贵示好。1910 年 3 月 13 日，盛宣怀向礼部奏请添铸“大清帝国红十字会”大印（一般称大清红十字会），最后，朝廷下发的大印正是这一枚。

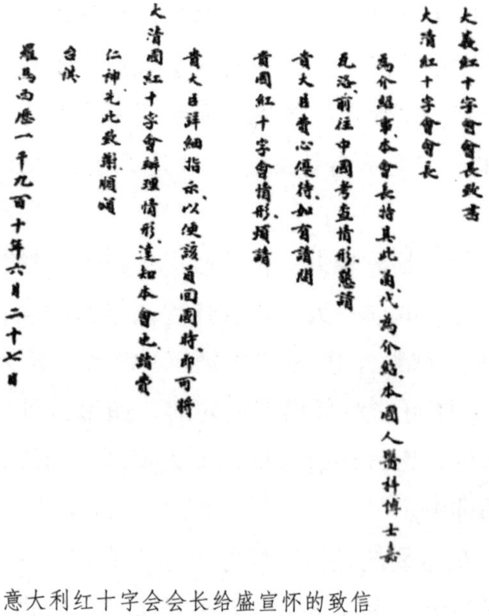

大義紅十字會會長致書
大清紅十字會會長
為介紹事、本會長特具此函、代為介紹、本國人醫科博士嘉
瓦洛、前往中國考查情形、懇請
貴大臣費心優待、如有請關
貴國紅十字會情形、頒請
貴大臣詳細指示、以便該員回國時、即可將
大清國紅十字會辦理情形、達知本會也、諸費
仁神、先此致謝、順頌
台祺
羅馬西曆一千九百十年六月二十七日

意大利红十字会会长给盛宣怀的致信

中国红十字会改名为大清红十字会一事，引起了上海的沈敦和等人的强烈不满。沈敦和表示，改名大清红十字会，那就得归清朝陆军部领导，如果遇有战事，也只能跟随本国军队后救伤，这与红十字会的中立宗旨完全不同。沈敦和无力扭转变局，只得以不合作的态度加以抵制，从而产生了所谓的“京会”“沪会”之争。这不能不说是非常大的遗憾，如果是吕海寰担任首任会长，很可能他不会这么激进地改名。

从 1910 年 6 月 5 日大清红十字会关防正式启用，到 1911 年 10 月 26 日盛宣怀被革职，大清红十字会很快成为过眼云烟。

十二、中国红十字会第二任会长

宣统三年四月初五（1911 年 5 月 8 日），清政府颁布《内阁官制》，宣布废除军机处，成立内阁。第一届内阁名单中有 9 人为满族官员（其中 7 名是皇族），只有 4 名汉族官员（包括邮传部大臣盛宣怀），此内阁被称为“皇族内阁”。就在“皇族内阁”出台的第二天（5 月 9 日），清政府颁布铁路国有政策，宣布“铁路干线国有”。5 月 20 日，邮传部大臣盛宣怀与英、美、德、法四国银行签订 600 万英镑的《粤汉川汉铁路借款合同》，将粤汉铁路、川汉铁路筑路权出卖给帝国主义，激起了中国各阶层人民的愤慨，酿成了“铁路风潮”，这成为辛亥革命的导火索之一。

1911 年 10 月 10 日，辛亥革命爆发，武汉战事焦灼，兵民皆受痛楚。在这种危难时刻，不少官员提出仿照中国红十字会章程，设立救济会，派人前往武汉救济难民。1911 年 10 月 23 日，给事中涂国盛上奏请求朝廷派遣盛

油画《保路运动》

宣怀迅速设立救济会前往湖北进行救济，清政府随即谕知盛宣怀。1911 年 10 月 25 日，盛宣怀上奏叙述救济难民的办法。在奏折中，盛宣怀追述创办上海万国红十字会的事情，但他认为武昌起义属于内战，而红十字会章程中并没有关于内战救护的规定，因此他建议此次前往湖北救济，可以使用慈善救济会的名义，“仍按照红十字会宗旨，以救难及医伤两事为切实办法”。盛宣怀这样的变通做法是因为此前军谘府认为红十字会不能用于内战，所以“只可用红十字之办法，不便用红十字会之名义”，但盛宣怀于 10 月 26 日被革职，其想法并没有付诸实施。

辛亥革命爆发后，清政府将邮传部大臣盛宣怀作为辛亥革命爆发的替罪羊。10 月 26 日，清政府发布上谕，革除盛宣怀邮传部大臣、红十字会会长在内的一切职务，以此来消除“铁路国有”政策的不良影响，但这并没能平息革命的怒火。就在盛宣怀被革职的同一天，清政府发布上谕，称此前盛宣怀奏请设立慈善救济会赴湖北救济难民、派沈敦和等人办理救济、在京师设立会所等事宜现交给尚书吕海寰去办。

吕海寰被开去津浦铁路大臣之后，仍赏食尚书俸禄，一直留在京城。接到清政府的上谕之后，吕海寰即开始行动，但救济之事首在筹款，吕海寰盘点了一下现在的情况，发现留给他的大清红十字会不过是一个空壳子，既没有款项，又没有办事人员。吕海寰只能寻求与上海的沈敦和等人的合作。

吕海寰在给清政府的奏折中说得比较直白：之前盛宣怀在奏折中说派遣沈敦和、福开森前往湖北救济，现在沈敦和他们都在南方，若先来北京面授机宜，然后再前往武汉，则耗时费日。不如我在北京稍微布置好之后，直接去上海将朝廷的旨意传达给他们。

随后，吕海寰发电报给上海的沈敦和，表示现在一切事务尚无头绪，希望能够借重沈敦和等人的力量前往武汉开展救护，故表现得非常客气。但沈敦和并未理睬。吕海寰不得不又发电给任锡汾打听情况，任锡汾透露说，现在上海的红十字同人不可能再按照盛宣怀上奏的那样前往战地救护。沈敦和已经直接抛开“大清红十字会”，成立了“中国红十字会万国董事会”。

10 月 30 日，沈敦和终于回复吕海寰，告知中国红十字会万国董事会成立以及救护安排，并表示愿意“独担责任”，同时建议，既然“公奉命筹办慈善救济会”，是否应该前往战场外救护军民，弥补红十字会的不足。沈敦和有此建议，是因为慈善救济会不是红十字会，不能进入战地进行救护。任锡汾也致电吕海寰，表示慈善救济会不可能进入战地救护，如果要进行战地救护，只能使用红十字会名义。如果吕海寰办的仍然是慈善救济会，沈敦和是不敢过问的，但如果吕海寰办的是红十字会，双方仍有合作的可能。

迅速賜寄中西醫院劉崇惠稟歉

上海沈道敦和來電

呂尚書鑒養電敬悉滬川滙兑不通川紳存款五萬兩借本會暫用弥增銘感漢地積屍五 急待掩埋需款甚鉅擬 五萬到後轉滙漢口正金一萬為掩埋費四萬存滬正金行推廣醫隊指撥有軍務之地從事拯救沈敦和叩漾

又

615

沈敦和与吕海寰商量战地救护函电

在此情况下，吕海寰只能上奏清政府，提出慈善救济会不能前往战地救护，而红十字会得到交战双方承认，可以前往战地，朝廷应该一视同仁地对待子民，按照各国红十字会章程来办理慈善救济会，而不是抛弃红十字会名义，另办慈善救济会。在奏折的末尾，吕海寰还委婉地表示，清政府应该任命新的红十字会会长，以此来统合上海沈敦和等人的力量。清政府发布上谕表示同意，并要吕海寰另外推荐红十字会会长的人选。

其实，吕海寰作为中国红十字会的创会元勋，在盛宣怀被革职之后，应该是会长的不二人选，但因为吕海寰曾被开缺，不便再接任会长，可事情紧急，不得不有所变通。11 月 13 日（农历九月二十三日），御史史履晋上奏认为：虽然清政府同意慈善救济会按照红十字会章程推广办理，但“若不特派会长，以重事权，恐各国不肯承认”，请求清政府派吕海寰接任中国红十字会会长。当日，清政府谕令吕海寰充任中国红十字会会长仍兼办慈善救济会事宜。至此，吕海寰成为中国红十字会的第二任会长。

11 月 16 日，中国红十字会万国董事会在上海工部局议事厅召开“特别大会”，宣布正式成立“中国红十字会万国董事会”，决定成立红十字事务所，组织救护医疗队开赴战地救护，在汉口设立养病医院，募捐以及采办药品、食物等。至此，中国红十字会实际上形成两

985

鈐章

欽奉

諭旨著派呂海寰充中國紅十字會會長仍兼辦慈

善救濟會事宜欽此

九月二十三日

臣奕

臣那

臣徐

清政府上谕吕海寰担任中国红十字会会长

个部分，一个是北京的吕海寰统属的中国红十字会，一个是上海沈敦和主持的中国红十字会万国董事会，两者并不统属，为以后的京会、沪会之争埋下隐患。

客观地说，虽然京会、沪会之争是在吕海寰任职会长的时候全面开始的，但这种冲突并不是吕海寰引起的，而是盛宣怀将中国红十字会改名为大清红十字会导致的。对于京会、沪会之争，吕海寰一直试图彻底解决这个问题，将沪会纳入京会的系统之中，并派遣冯煦驻沪办理

（中国红十字会万国董事会与鄂军都督黎元洪合影）

相关事宜。但由于沈敦和的抵制，京会、沪会一直并行不悖，双方各自前往战地独立展开救护工作。

十三、辛亥战地救护功绩

辛亥革命爆发后，在清政府土崩瓦解之际，吕海寰能够重新扛起中国红十字会的旗帜，成为第二任会长，为中国红十字会事业的发展，为救护军民、救济难民做出不朽的功绩，实属难能可贵。在吕海寰的主持下，京会成立了救护医队，于12月初开赴战地进行救护，“统计全治活者，千有余人”。

1912年1月1日，北京的饭店、茶馆等人群集聚之地，人们议论纷纷，因为今天是中华民国临时政府成立的日子。孙中山从上海乘专列到南京，宣誓就任中华民国临时大总统，黎元洪为副总统。这一天，吕海寰仍在北京的中国红十字会忙于救济事务，想起还在上海奔忙于施救难民的外国人福开森，他心生赞佩，破例给福开森发了一封仅为贺年的电文：“上海新闻报馆转福开森博士，恭贺新年，大喜。”

吕海寰给福开森发贺年电文，是为了特别感谢福开

福开森

森在辛亥革命期间的辛劳。福开森，加拿大安大略省人，1886 年毕业于美国波士顿大学，1886 年来华；1896 年出任南洋公学监院，先后在上海创办《新闻报》《英文时报》等报刊。他长期生活在上海，曾经与刘坤一、张之洞、端方等地方大员非常熟悉，往来密切。后帮助盛宣怀办理邮政、铁路事务的文案，与盛宣怀成为很好的合作伙伴。

因为福开森熟悉中国情况，又是外国人，且“急公好义”，所以在辛亥革命爆发后，盛宣怀向清政府提出派遣沈敦和、福开森带领救护队员前往武汉救护。虽然盛宣怀很快被革职，但吕海寰就任中国红十字会会长后，继续任命福开森办理红十字会事务，京会的很多事务都有福开森的身影。福开森曾长期在上海，与沈敦和等沪会的红十字人非常熟悉，自然也成为沟通南北的渠道和桥梁。

沈敦和组织的沪会成绩更为突出。1911 年 10 月 25 日，沪会派出以总会英国医生柯师为领队的中国红十字会救护医队 30 人，分编为甲、乙、丙三组于 30 日抵达武汉汉口。在柯师的带领下，沪会在汉口建立医院，救护伤兵、难民。受伤士兵人数太多，救护医队忙得焦头烂额。而且，此次战地救护在战场之内，危险系数大大增加，救护队员为流弹所伤就不可避免了。另外，由于短时间内救护事务过于繁重，年仅 35 岁的峨利生医生积劳成疾，不幸于 12 月 12 日逝世。

上海万国红十字会医疗队伍

武汉战地救护持续了一个多月，总计救治伤病员3 375名，掩埋尸体2 200余具。除了武汉，中国红十字会还在南京、上海、镇江、杭州等革命战事激烈的地方展开救护，他们的战地救护成绩，足以彪炳史册。

十四、政府立案确地位

1912年1月11日，南京临时政府决定以红、黄、蓝、白、黑五色旗为中华民国国旗，以武昌起义的军旗为陆军旗，改进青天白日旗为海军旗。随后，临时政府又相继颁布了《修正中华民国临时政府组织大纲》《中华民国临时约法》，很快组建起了临时政府的政治体制。历史走入了中华民国的新纪元，中国红十字会也迎来了事业发展的新时期。

中华民国新建不久，中国红十字会便迎来了好消息。我们都知道，自1904年上海万国红十字会成立后，吕海寰等人便积极筹备加入国际红十字组织。辛亥革命中，中国红十字会的救护工作成效显著，引起各界关注。1911年12月26日，日本赤十字社社长松方侯爵一度致函红十字国际委员会，推荐中国红十字会加入国际红十字组织。功夫不负有心人，1912年1月12日，瑞士日内瓦的红十字国际委员会会长阿铎尔发来函电，告知中国红十字会已成为红十字国际委员会这一大家庭中的一员。中国红十字会获得红十字国际委员会的认可，既对中国红十字会自 1904 年以来在人道主义领域的工作成绩的嘉奖，又是对中国红十字会在民国发挥更大作用的勉励。与此同时，从事红十字事业的各界人士备受鼓舞，这也为中国红十字会向民国政府提出维持原有的合法地位增加了“筹码”。

中国红十字会虽然始建于晚清，但孙中山任大总统后并未将其革除，而是对中国红十字事业予以积极支持。当沈敦和向黎元洪提出立案请求后，黎元洪于 1912 年 2 月 21 日亲自致电孙中山，为红十字会美言，恳请准予立案。殊不知，孙中山与红十字会的缘分由来已久。对于红十字会，孙中山早有关注，在 1897 年便翻译了英国伦敦红十字会柯士宾医生所著的《红十字会救伤第一法》，并在序言中以“恻隐之心，人皆有之”介绍红十字会的公益性，成为“华文的第一部关于红十字会的书籍”，使国内民众对红十字会有了初步的认识。红十字会的核心思想——“博爱”在孙中山的人生观中生根。由于之前对红十字工作便有了解，故与其他政要相比，孙中山对红十字事业有更深的体验，所以，2 月 23 日，他便告知黎元洪准许红十字会立案。2 月 28 日，内政部为中国红十字会办理各项立案事宜，由此确立了中国红十字会牢不可破的地位。

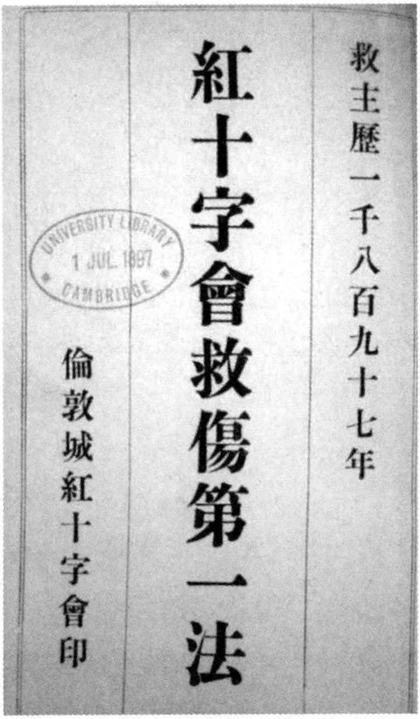

《红十字会救伤第一法》封面

可以说，孙中山不仅是资产阶级革命的先驱，也是慈善事业的先驱。《中华民国临时约法》特别规定，在文化教育方面，提倡以自由、平等、博爱为主要内容的公民道德教育。而且，孙中山在任职的三个月内，就批复了一系列文件，致力于推动建立慈善团体和机构。他主张国家财政收入除了用于行政开支，还应用于“兴办教育、慈善事业”，大力支持国内民间慈善组织的发展。他推崇“博爱”，跟红十字会有着密不可分的关系。

正所谓政治风云，变幻莫测。好景不长，1912 年 2 月 12 日，清政府颁布皇帝退位诏书，中国历史上最后一个封建王朝——清朝至此宣告结束。袁世凯在帝国主义的支持下，一面进行武力威胁，一面进行政治欺骗，迫使资产阶级革命派交出政权。孙中山在内外压力的逼迫下不得不妥协，让位给袁世凯，袁世凯就任临时大总统。庆幸的是，政界对中国红十字事业的肯定是始终如一的。

十五、“发出了中国的声音”

1912年5月7日到17日，红十字国际委员会在美国华盛顿召开第九次大会。国际红十字大会是国际红十字与红新月运动的最高审议机构，每4年召开一次。通常情况下，召开国际大会会提前半年以上的时间通知各会员国。由于受辛亥革命的影响，北洋政府外交部在3月下旬才把通知转告中国红十字会。虽然时间仅剩一个多月，准备参会事宜略显仓促，但刚被红十字国际委员会承认的中国红十字会当然不想错过这个难得的参与国际交流的机会。

在选择参会人员时，京会、沪会产生重大分歧。沪会选派留美学生监督黄鼎代表红十字会参加会议，沈敦和同时以中国红十字会会长身份向第九次国际大会会长发去函电《致美京万国红十字会第九次大会会长函》，介绍中国红十字会工作；京会则打算派驻美参赞容揆代表吕海寰到会，并由福开森担任顾问。

说起黄鼎、容揆，我们有必要介绍一下他们。黄鼎，1873 年左右出生，福建同安人（今福建厦门），1895 年至 1897 年在美国弗吉尼亚大学学习，1902 年在上海山西大学堂译书院从事翻译工作，1911 年担任驻美游学监督；因曾经在上海山西大学堂译书院工作，与沈敦和有了交集。他还是最早将英国小说中侦探家“Holmes”翻译成“福而摩司”（福尔摩斯）的翻译家。

黄鼎、张在新和郭凤翰合译的《世界名人传略》

容揆，生于1861年，广东新会人，是容闳的族弟，在容闳的鼓励下成为第二批留美幼童，1873年赴美留学，后被哈佛大学录取。后清政府决定撤回留美幼童，故勒令容揆归国。好在容揆在容闳的帮助下，后重新回到美国进入耶鲁大学学习，1884年毕业。他历任驻美国使馆二等翻译官、商务随员、三等参赞官，驻美国、墨西哥使馆二等参赞官。他在美期间写了很多关于中国文化的文章，后来一直在中国驻美大使馆工作，1943年去世。

容揆与子女合影

对此，沈敦和发电报给吕海寰，他在电文中说，如果京、沪两会各自派代表参加会议，则不免会被别的国家看笑话，也会成为中国红十字会的污点，鉴于沪会的外国董事逐渐退出，沪会打算推举吕海寰为总裁，沈敦和为总董，京会、沪会本来就该合并行事。对于沈敦和“苦口婆心”的话，吕海寰并不理会，在他看来，沈敦和派黄鼎出席此次会议的做法是“独树一帜”，所以他告诉外交部门，沈敦和之前并没有告诉他关于选派黄鼎参会的事。当然，对于沪会派人参会的问题，吕海寰认为与京会派人参加会议不冲突，可以一同出席。与此同时，他告诉沈敦和关于北京总会对这次会议的人选安排，还说北京总会打算向大会报告总会办事处办理情形、各地分会的情况等。

沈、吕二人之间的沟通显然是失败了，双方仍坚持各自的选派人选，相持不下，无法协调。最终，外交部门只好接受双方的意见，决定派当时的驻美大使张荫棠、参赞容揆、留美学生监督黄鼎以及中国红十字会顾问福开森一同出席，如此阵容也在一时之间引起了国际上其他会员国的关注。

而京会、沪会关于此次大会的矛盾并未就此结束。大会召开期间，阿铎尔将沈敦和递交的报告发给参会人员阅览，这份报告署名的中国红十字会会长是沈敦和，而黄鼎代表沪会宣读的报告中关于京会、沪会之间交涉

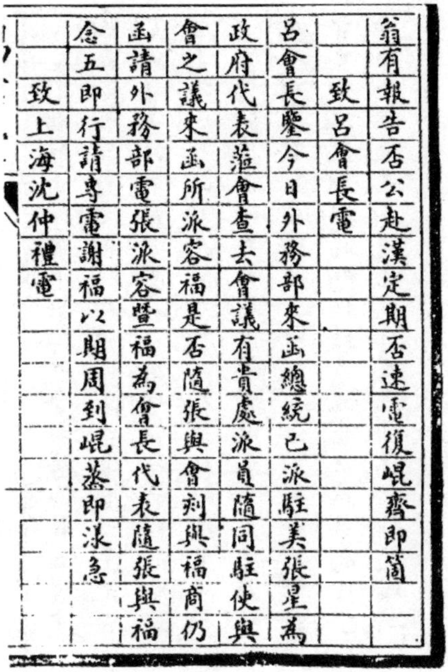

翁有報告否公赴漢定期否速電復岷齊即簡

致呂會長電

呂會長鑒今日外務部來函總統已派駐美張星為政府代表莅會查去會議有貴處派員隨同駐使與會之議來函所派容福是否隨張與會剋與福商仍函請外務部電張派容暨福為會長代表隨張與福念五即行請專電謝福以期周到岷蒸即漾急

致上海沈仲禮電

吕海寰与沈敦和商量出席代表的问题

的诸项事宜也存着一些争议。这就给参加会议的四位中方代表出了个难题，京会、沪会究竟哪一个是中国红十字会的合法代表呢？最后他们达成一致意见，联名报告阿铎尔，声明中国红十字会总会、总会办事人员都在北京，总会长是吕海寰，所有关于红十字会会务的函件都应寄送到北京，由吕海寰会长核办，巧妙化解了难题。

中国红十字会代表团首次亮相国际大会，表现令人瞩目：首先，“中国代表座在前一排，故地位较优”；其

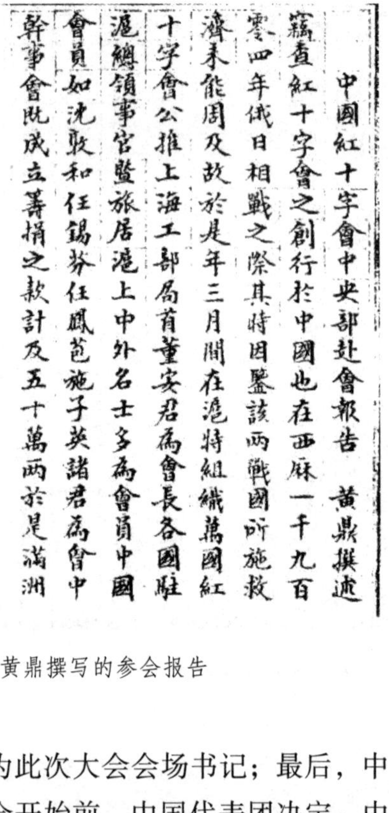
中國紅十字會中央部赴會報告　黃鼎撰述
竊查紅十字會之創行於中國也在西厤一千九百零四年俄日相戰之際其時因鑒該兩戰國所施救濟未能周及故於是年三月間在滬特組織萬國紅十字會公推上海工部局首董安君爲會長各國駐滬總領事官暨旅居滬上中外名士多爲會員中國會員如沈敦和任錫芬任鳳苞施子英諸君爲會中幹事會既成立籌捐之款計及五十萬兩於是滿洲

黄鼎撰写的参会报告

次，黄鼎成为此次大会会场书记；最后，中国代表的表现出色。大会开始前，中国代表团决定：中国红十字会呈交给本次大会的报告应该由黄鼎宣读；如果有需要特别讨论的事情应由福开森来解释，因为福开森一直在操办红十字事务，比较熟悉；各国代表审查特别事件的时候，也由福开森代表。

黄鼎在用英文宣读中国红十字会报告的时候，非常流利，声音清亮，与会众人都非常赞叹。看到中国红十字会在辛亥革命期间的救护照片，各国代表都敬佩不已，并纷纷索要传阅。福开森的几次发言，非常有针对性，福开森认为各国红十字会在平时也应办理慈善事业，例如中国红十字会所办的救荒事务，战时则可积极救护，得到与会代表的一致认同。可以说，中国红十字会代表第一次亮相国际舞台，取得了极大的成功，“发出了中国的声音”。

十六、从官派会长到公选会长

吕海寰在安排部署中国红十字会代表参加国际红十字大会的同时，也在考虑为中国红十字会建章立制，尤其是辛亥革命期间设立的各地分会，需要统一在中国红十字会总会的领导之下。吕海寰认为急需召开一次会议讨论这些重大问题。先不论亟待解决的中华民国环境下中国红十字会何去何从的问题，单就京会、沪会矛盾而言，如果再不解决，那么很可能会导致中国红十字会四分五裂，所以召开会员大会势在必行。

很快，召开第一次会员大会的事情就确定下来了，《申报》上也发布了广告，通知会员以及告知民众中国红十字会将在1912年9月15日召开第一次会员大会，但“因各种印刷赶办不及”，推迟两周，即9月29日举行。9月29日，中国红十字会第一次会员大会在上海隆重开幕。大会共有1352位总会、分会及各方代表参加，最后选举产生了34名常议员，并且通过了中国红十字会史上第一部正式会章——《中国红十字会章程》，中国红十字会运行机制顺利完成了从董事会制向常议会制的转变。原本矛盾重重的京会、沪会，在这次大会通过了《京沪合并章程》后，也化干戈为玉帛，实现了“合并”，彼此相安无事。至此，中国红十字会的对内和对外工作在经历了辛亥战火的洗礼后重新走上正轨，从晚清跨越到民国，各项工作正待有条不紊地展开。

在此前的各项工作中，虽然清朝覆亡，北京的中国红十字会工作大多也是吕海寰在主持大局，但吕海寰毕竟是在盛宣怀被革职后受清政府之命而出任红十字会会长的。按理说，红十字会不是清政府体制内完全意义上的官僚机构，如果红十字会还存在且担任会长的新的人选还没有出现，那么即便清政府土崩瓦解，吕海寰还是可以继续出任中国红十字会会长的；但是，沪会的沈敦和等人不这么认为，在他们看来，清王朝灭亡，意味着吕海寰的中国红十字会会长身份已经“过期”，自动作废，应当重新选举会长。

10 月 6 日，中国红十字组织召开第一次常议员会议，按照会章的规定选举会长、副会长等人选。最终，吕海寰众望所归，被推举为会长，沈敦和被推举为副会长兼常议会议长。10 月 18 日，临时大总统袁世凯正式发布大总统令，任命吕海寰为中国红十字会会长，沈敦和为副会长。正居住在青岛的吕海寰知道自己被选为会长后，也是颇感荣幸。吕海寰就此成了中国红十字会历史上第一次通过公选并经由政府任命的会长。

会员大会结束后，统一大会的筹备工作也被提上议事日程，由内务部和中国红十字会联合实施，落实具体工作。1912 年 10 月 30 日，中国红十字会统一大会在上海大马路黄浦滩汇中旅馆五楼大会堂召开。遗憾的是，会长吕海寰由于生病，未能照常出席。即便如此，他还是心系会务，特地委派了秘书长冯伯岩代表自己宣读了开会词。在开会词中，他说，中国红十字会成立后取得了令人瞩目的成绩，但还是有缺点的，各个分会的行事办法大多是临时拟订的，规则不统一，总会对分会的统一管理也就没办法实施，这次开会就是要制定办事章程并且商讨需要筹备、推广的各项事情。吕海寰的这份开会词一语中的，直接点明了本次开会的主旨所在。实际上，在组织第一次会员大会时，他便注意到了辛亥革命期间各地分会建会手续不一的情况，有些新设立的分会并没有在总会登记备案。因此，召开大会解决这一问题，刻不容缓，这次统一大会的重要内容之一就是制定办事章程。

经过各参会人员的努力，大会制定并通过了《中国红十字会分会章程》，共 5 章 16 条，统一分会名称为“中国红十字会某处分会”，并规定“分会所用旗帜袖章，均由中国红十字会总会给发”等。另外，这次大会还讨论了《红十字会筹款方法》《分会组织法》《禁止滥用红十字会记章旗帜及袖章》等，使今后的红十字会工作有了更多规范化的指导，这在中国红十字会历史上有着里程碑性的意义。

十七、日德青岛战事救护

1912年2月28日晚间，大总统袁世凯为了不去南京任职，授意曹锟上演了一场史称“壬子兵变”的闹剧，北京东城燃起熊熊大火。东城的街巷里，兵匪烧杀抢掠，第二天，这场灾难又蔓延到西城，商铺、富裕人家大多被抢掠一空。位于喜鹊胡同的中国红十字会总会门外，也来了一群想要冲进去的人。这时，吕海寰义正词严地对这群人说：“这里是中国红十字会总部，为救死扶伤拯难济贫而设。即便是你们这些人伤亡了，也会为你们医治伤病，掩埋尸首。”听完吕海寰的话，又看到门上的“中国红十字会”标识，这群人便去其他地方了。3月2日，在北京治安部队的弹压下，城内秩序方才稍微稳定下来。虽然北京外城还会传来兵与兵相互起哄的消息，但北京红十字会总部仍照常办公，会长吕海寰逐个询问家在北京的红十字会员是否家宅平安。一些分会听说北京受灾，总会被烧成灰烬，纷纷发来电文询问情况。

吕海寰一面告诉他们北京总部平安，工作照常；一面安慰各地分会，希望各地分会安心工作，不要听信谣言。

政局动荡，作为国都的北京都难保安定。吕海寰一家二三十口人多是羸弱妇孺，都要吕海寰来保护。无奈之下，吕海寰萌生了离开北京的想法。因为之前出使过德国，与德国政府有一定的交情，于是吕海寰选择举家迁往德国租借地青岛。3 月 14 日，吕海寰一家离开北京，21 日抵达青岛，最初安顿在河南街大兴栈，后又移居芝罘街。

虽然身居青岛，但吕海寰借助于往返电报，指挥安排各地红十字会的工作。例如 1912 年 3 月 28 日，苏州发生兵变，阊门遭劫，吕海寰即刻联络安排，将湖北赈灾余款就近划拨苏州应急。又鉴于中国红十字会创建以来，恤兵赈灾等各项活动都需要经费，而红十字会本身经费短缺，所以会长吕海寰与副会长沈敦和联名在《人道指南》创刊号上（作者经多方努力仍未查找到《人道指南》创刊号的封面，故下面展示的是《人道指南》第二期封面）发起募捐启事，鼓励海内外热心慈善事业的人士慷慨解囊，支持中国红十字事业和红十字会工作。

1914 年 7 月，以英、法、俄为代表的协约国和以德、意、奥为代表的同盟国在欧洲大动干戈，拉开了第一次世界大战的序幕。两大军事集团忙于应战，无暇东顾，这就为日本实施“大陆政策”，进一步侵犯和占领

《人道指南》第二期封面）

中国创造了契机。

日本觊觎山东半岛之心，路人皆知。1898 年德国强租胶州湾后，日本仍对这块富饶肥沃的土地垂涎欲滴。1914 年德国陷入“欧战”后，日本随即于 8 月 15 日以“日英同盟”“确保东亚和平”为借口，向德国政府发出最后通牒，要求德国解除驻华武装，将胶州湾租借地转交给日本，如果 8 月 23 日日本没有收到满意答复，将会采取军事行动。德国收到日本的通牒后，同意将青岛归还给中国，但前提条件是日本将台湾交还给中国。德国的这个答复显然不是日本想要的。8 月 23 日，日本正式对德宣战，派海军封锁胶州湾，并从海上攻击德国在青岛的驻军。面对日本的进攻，德国总督瓦尔得克一面驱使中国人修筑炮台、挖掘壕沟、运送物资，一面紧急召集中国的预备役部队到青岛参战，并把驻扎在青岛以外的如北京、上海、天津、武汉等地区的德军调往青岛。

战争一触即发。中国红十字会自当早做准备，随时准备投入救援工作。8 月初时，中国红十字会便已意识到青岛一战不可避免，组织救护医队、募集救护经费成为当务之急。作为中国红十字会会长的吕海寰本就是山东掖县（今莱州市）人。1912 年，山东登州战火兴起后，吕海寰获悉济南中西医院刘荔孙已率队出发救护后，一面即刻联系陆军部，让陆军部保护刘荔孙救护队的安全；一面以红十字会名义派出医疗队，展开救护工作。此次日德战事日紧，孱弱的北洋政府眼看着外国人为争夺中国领土而在中国厮杀，却无力扭转局面，严守所谓的“中立”。以救死扶伤为天职的中国红十字会自然扛起了人道的大旗，虽然寓居于青岛的吕海寰已是 72 岁高龄，但实在不忍目睹故土受灾、同胞受难。吕海寰还打算在青岛组织红十字医院，以备战争爆发后能够就近救护伤兵。

9 月 2 日，日军主力在山东龙口强行登陆，向青岛逼近，日德青岛之战正式打响。9 月 18 日，日军又一部队在崂山湾登陆，数日后，英军 2000 余人也在仰口湾登陆，加入日本进攻青岛的行列。9 月 26 日，日军向青岛发动进攻，随后占领德军在孤山、楼山、罗圈涧、浮山等德军外围阵地，然后向德军堡垒线发起全面攻击。正所谓“福无双至，祸不单行”，日德战争已使胶东半岛民众惨遭池鱼之灾，战争持续期间山东又逢几十年难遇的大水灾，真是雪上加霜。9 月以来，潍县、高密、即墨、胶县等地河流溢水，冲塌民房，淹死无数人，造成的生命、财产损失都很大。

德国守军与日军激战

兵灾、水灾使当地的百姓陷于水深火热之中。战火导致国土阴云密布，9月1日，中国红十字会总办事处陆路救护队先行从济南出发前往胶州，但受大雨影响，行至半路又折回。9月13日，中国红十字会水、陆两路救护队合二为一，搭乘“新济”号轮船经接近青岛的海阳于9月16日抵达烟台，此时距离战争爆发已经过去两个星期了。在这整整14天里，吕海寰坐镇山东，临危不乱。

吕海寰本打算在青岛设立临时医院，因青岛为战地，只好移往潍县（吕海寰不久离开山东进京），同时扩建战地各分会，推定陈绮垣为烟台分会理事长，尉礼贤为青岛分会理事长，傅稚谷为莱州、平度理事医长，艾体伟为黄县分会理事医长，顾林森为海阳临时分会医长，庄钰为济南分会理事长，其余在战线接近之处，由各该分会分驻救护医队。尉贤礼在记述这一经历时曾说：“经过德国当局的批准，我和几个朋友组织了一个红十字机构，它的主要工作是帮助非战斗成员躲避到安全地方。”在吕海寰的统筹部署下，各地分会有条不紊地负责各自临近战线地区的救护工作。

9月16日，中国红十字会总办事处派出的救护医队到达山东后，救护力量大增。9月19日，救护医队由烟台乘小轮至虎头岸登陆，开往平度，设立临时医院，在地方分会的配合下，实施救护，但战线太广，救护力量

青岛分会同人合影（前排中间为尉礼贤）

仍十分紧张。于是沈敦和副会长另外派王培元医生为临时监察员，带领 4 名医学生，携带药料、医疗器械，于 10 月 31 日前往增援。

11 月 7 日，德军战败投降，日德战争结束。英、日两协约国与德、奥两同盟国为争夺青岛的控制权，上演了海、陆、空三位一体的立体作战，战况惨烈，造成大量伤残病死。吕海寰主持中国红十字会及地方分会，不辞辛劳，为挽救伤兵、难民贡献了自己的力量。

日德青岛战争中中国红十字会的救护工作

十八、各地赈灾奔波忙

日德战争尚未结束时，吕海寰因故不得不离开山东，赶赴北京。但吕海寰的心里，还是无比牵挂山东故土上正在受苦受难的黎民百姓。1914 年9 月30 日，大总统袁世凯任命吕海寰督察办理山东赈务。鉴于山东灾荒实属罕见，10 月中旬，吕海寰联合京、津地区绅商，共商对策。大家都认为，灾区范围较广，急需散粮放款，但是所需经费数额太大，即便各界绅商想方设法垫补以及发布募捐启事，恐怕也很难应付。而且，山东地区受灾害影响，交通不便，向当地运送物资较为艰难。所以，吕海寰等人决定在天津设立筹赈处，再到山东济南与当地巡按使蔡儒楷、将军靳云鹏协商设立赈局，两地赈济机构相互策应。吕海寰积极发挥自己的影响力，为解救山东灾民劳心劳力。

日德战争结束之后，吕海寰虽然居住在天津，但对全国各地红十字会工作的关心始终如一，并且尽己所能地为战灾、旱灾、水灾等多项救灾活动提供帮助。

1917 年夏秋之际，直隶、天津等多地遭遇大雨。7 月 8 日，吕海寰在天津红十字会考察水灾救济队的时候，当场认捐大洋二百元，以资赞助。

与此同时，“复辟之役”的炮声响起。1917 年 6 月，张勋以调停“府院之争”为名，率“辫子军”进入北京，7 月 1 日，拥护废帝溥仪，复辟帝制，激起民愤。被黎元洪总统罢免的国务总理段祺瑞在天津近郊的马厂组织“讨逆军”，兵分两路，与“辫子军”展开激战。战事兴起，北京中国红十字会总会、天津分会、山东及津浦铁路沿线各分会即开始筹备救护工作。7 月初，天津分会便组织起救护医队，向廊坊出发，实行救护。“复辟之役”维持时间不长，北京总会会同天津分会从事救护，成绩显著。黎元洪为表彰天津分会的业绩，特地颁给分会一方匾额，并于 7 月 13 日召集吕海寰及各分会负责人相聚于分会会所，参加匾额的悬挂仪式。8 月 27 日，因天津分会拯救伤兵工作得力，而且天津当地绅商为此也是热心捐款，吕海寰以会长身份发给特别会员、正会员每人一面徽章，作为纪念。

1918 年年底到 1919 年，广东发生大水灾，吕海寰、沈敦和以及天津红十字会会长徐华清等人在天津组织广东水灾筹赈会，筹募捐款，并委托直隶省银行代收善款，用以救济广东灾黎。

1920 年春夏之际，直鲁豫等省大旱，灾情非常严重。一时间盗匪为患，有积蓄的人家大多被洗劫一空，当地官绅虽然竭尽全力救济，但还是难以解救危局。吕海寰与何宗莲、张英麟等发起组织山东灾赈公会，吕海寰任会长（后又被推举为直鲁豫义赈联合会会长）。山东灾赈公会发起募捐，筹措款项，并购买粮食运往灾区，使旱灾得到了一定的救济。

山東災賑公會會長呂海寰等呈　大總統瀝陳籌辦賑務情形文

呈爲瀝陳籌辦賑務各情形仰祈

鈞鑒事竊海寰等前以魯省災區廣大聯合各界組織山東災賑公會業將大概情形電達

聰聽茲將從前現在將來籌賑各節爲我

大總統縷晰陳之本會自九月二十日成立首派幹事分赴各災區切實調查繼假公園開游藝會藉資觀感通電全國詳述災情并派員分赴青島烟台京津滬寧浙鄂贛等處勸募截至十月三十日止僅得現款十三萬六千八十九元饑民待哺嗷嗷急賑勢不容緩惟收入無多難遍普及爰就調查員報告被災最重之臨清無棣樂陵德縣堂邑平陰陽信武城恩縣館陶濟陽平原清平邱縣濮縣德平陵縣冠縣夏津霑化范縣等二十一縣先予救濟按災民多寡定賑救等差電囑各縣派員領放由會派人監察計共支配十六萬八千五百元不足之數設法借墊其災情較輕之臨邑齊東禹城長清茌平商河東阿齊河博平高唐觀城等十一縣暫行從緩商請督軍電准交通部撥車兩列運輸賑糶糧食派員押送以期迅捷擬訂運糧辦法施賑簡章函請督省兩署備案此從前辦理之情形也十月三十迄今十日中續募二萬八百四十五元本省除被災三十三

公牘　七

吕海寰汇报山东灾赈公会的情况

何宗莲，字春江，1861 年生，山东平阴县平阴镇南门村人。其幼年家贫，父母早亡，19 岁投奔淮军统领吴长庆部，辛亥革命后为中央陆军第一师师长、大总统府侍从武官、将军府弼威将军，后闲居济南，做慈善活动。1920 年，何宗莲参加吕海寰组织的山东灾赈公会，负责山东省的具体赈灾事宜。他联络各界名流募捐款项，例如向华洋义赈会争取到救灾款 6 万元，并据理力争要求北京政府调派车辆运输粮食到灾区。在何宗莲的努力下，山东的灾情稍微得到一定的缓解。何宗莲还创办了中国红十字会济南分会，由于劳苦功高，被推举为第一任会长。

何宗莲

除此之外，吕海寰还以博爱之心为拯救外国受灾民众而劳心劳力。如一战时期，由于受到欧洲战场影响，西伯利亚地区难民群集，总计有50多万，正值寒冬，这些人却衣不蔽体。吕海寰听说后于1919年1月，和副会长沈敦和联名发布启事，希望绅、商、学各界无分中外，积极捐款捐物，拯救灾黎。

民国以还，吕海寰高举民族大义、人道主义大旗，领导中国红十字会开展各项救济工作，向国内外受灾民众积极伸以援手，其精神足以为后人所铭记！

十九、请辞

辛亥革命时期，吕海寰扛起了中国红十字的旗帜，为中国红十字事业的发展作出了巨大的贡献。民国建立之后，吕海寰从原来清政府的官派会长转变为常议会公选的会长，继续为红十字事业奔波忙碌。然而，1842 年出生的吕海寰，在民国成立时已经是 70 岁的高龄了，毕竟年事已高，常常力不从心，所以，他在任会长期间，多次请求辞职。

1913 年 10 月，吕海寰发了一封电报给副会长兼常议会议长沈敦和，请求辞职。对此，沈敦和并没有直接把吕海寰的辞职报告交给常议会，而是给吕海寰写了一封回函。在函电中，沈敦和认为，吕海寰辛苦创办中国红十字会，如今战事多发，伤兵救护工作繁重，各界人士能够慷慨解囊、中国红十字会会员能够团结一致、其他国家对中国红十字会心悦诚服，正是有赖于吕海寰的声望和威名。沈敦和表示，此时国内灾民众多，疮痍满目，心怀仁慈善念的吕海寰断然不会舍得离开红十字会。沈敦和同时表示，自己虽然身体不好，也愿意追随吕会长，继续为红十字会工作。

在收到沈敦和这份诚意满满的函电后，吕海寰即刻发送电报给予答复。在这份复电中，吕海寰称，现在的中国红十字会有多项工作有待展开，且各项工作必须筹备周全，才能保证红十字事业的持久发展。我作为会长，主要负责与政府接洽和联络外交，近期感觉自己年老体衰，心力俱疲，长期居住在青岛，遇有灾事时，与外界沟通也不太顺畅。所以这次战地救护工作，我感到十分愧疚，多亏了你们的尽心竭力。今后，中国红十字会还有很多事情需要办理，而时局艰难，经费短缺，办理过程中稍有不慎便会影响到红十字会的声誉。我并不是要推卸责任，实在是觉得自己精力有限，即便得到大家的鼎力辅佐，恐怕也很难胜任会长一职。最后，吕海寰恳切希望沈敦和能理解自己，尽早将自己的辞职报告递交给常议会。

吕海寰的拳拳赤子之心从这份电文中可见一斑。沈敦和在收到吕海寰的电文后，只好将他的辞职报告交给常议会。常议会成员施则敬、江绍墀等人都觉得吕海寰德高望重，断然离开红十字会必然会影响红十字事业发展的大局，现在红十字会工作渐渐有所起色，中外人士都对中国红十字会工作表示信服，所以，希望吕海寰在

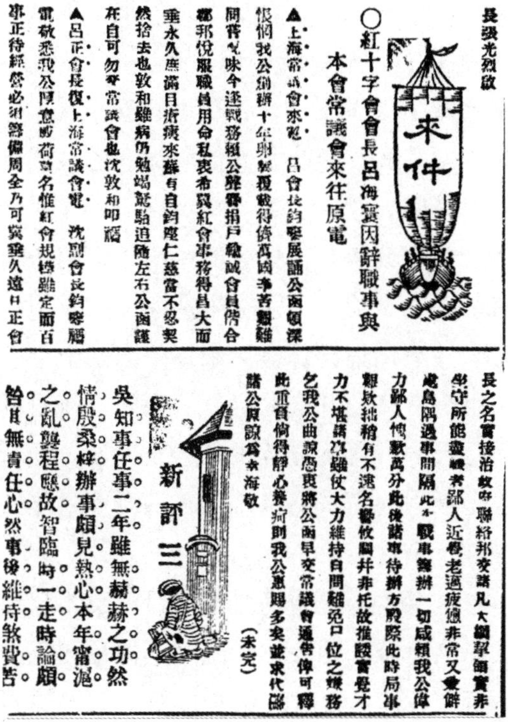

長發光烈啟

○紅十字會會長呂海寰因辭職事與本會常議會來往原電

▲上海常議會來電　呂會長鈞鑒展誦公函領深悵惘我公創辦十年卿[illegible]覆載得僑萬國事著艱難同胥味今逢戰務賴公辦籌捐戶繼誠會員偕合鄰邦悅服職員用命私衷希冀紅會事務得呂大而垂永久無滿目瘡痍來蘇有自鈞座仁慈當不忍契然捨去也敦和雖病仍勉竭駑駘追隨左右公函謹在自可勿寄常議會也沈敦和叩稿

▲呂正會長復上海常議會電　沈副會長鈞鑒稿電敬悉我公隆意備荷寵名惟紅會規模雖定而百事正待經營必須籌備周全乃可冀垂久遠日正會長之名實接洽故本聯絡邦交諸凡大綱挈領實非[illegible]守所能盡職者鄙人近年老邁疲憊非常又兼僻處島隅過事間隔此本戰事籌辦一切咸賴我公偉力鄙人愧歉萬分此後諸事待辦方殷際此時局事艱款絀稍有不慎名譽攸關并非托故推諉實覺才力不堪請准雖仗大力維持自問雖免尸位之嫌務乞我公曲諒愚衷將公函早交常議會通告俾可釋此重負倘得靜心養痾則我公惠賜多矣並求代謝諸公原諒為幸海敬

（未完）

新評三

吳知事任事二年雖無赫赫之功然情殷桑梓辦事頗見熱心本年當滬之亂襲程慨故智臨時一走時論頗咎其無責任心然事後維持煞費苦

吕海寰与常议会之间的往来函电

这一时局艰难的时候不要辞职，敦请他顺应大家的意思，继续任职。常议会还打算派人亲自拜谒吕海寰。

沈敦和与常议会议员们的极力挽留让吕海寰感谢不已，但他再次声称，时局艰难，稍有不慎便会影响大局，自己年老体衰，难负重任，能享誉盛名全仰仗于红十字会各位职员的鼎力相助，希望由更加年轻、精强力壮的人出任会长，带领红十字会更好地发展。他认为沈敦和专职担任红十字会副会长一职，在上海负责统筹一切，为红十字会做了很多工作，各项事宜安排妥当，推举他为会长是名副其实，必能和其他职员一起共同推进红十字事业发展昌盛。

吕海寰对沈敦和及常议会的函电予以耐心答复，言辞都很恳切，力辞会长职务。他身在青岛，心在上海，对中国红十字会用情颇深。后来，中国红十字会上海总办事处又组织常议会开会，议员们深知吕海寰的地位和影响，还是希望吕海寰继续出任会长一职，加上黎元洪副总统也是极力挽留，盛情难却，吕海寰只能勉力继续担任中国红十字会会长。

1914 年，历经日德青岛之战的吕海寰不仅要统筹布置山东的赈灾事宜，还要忙于应对其他地区各项灾害救济活动，奔波劳碌。转眼时至 1915 年，吕海寰再次向袁世凯大总统递交报告，呈请辞职。在报告中，一方面，对于辛亥革命以来的中国红十字会工作，他总结道：救护措施尚有不完备的地方，与民众的期望相比不无遗憾，幸亏有沈敦和副会长竭力扶持，不辞辛劳。他觉得自己作为会长，能力有限，即使别人不嘲笑自己，自己内心也会觉得惭愧。另一方面，他认为，辛亥革命后，分会各立门户，而有些分会打着“慈善”的名号为自己谋权夺利，不听从总会的统一管理和节制，导致救济工作的开展有失妥当。现在虽然颁布了《中国红十字会条例》，中国红十字会也正处于整饬纲纪的阶段，可自己已是老朽之人，规划会务难免疏忽，如果继续勉强任职，恐怕会被其他国家看笑话。总之，鉴于以上情况，恳请辞职。

袁世凯大总统认为吕海寰担任会长职务多年，现在《中国红十字会条例》已经颁布，相关实施办法也正处规划中，会中各项事务仍需要吕海寰继续维持。所以，大总统让吕海寰不要辞职。显然，吕海寰这次的辞职申请又没有被允许。

二十、名誉会长

民国成立以来，中国红十字会工作一直是由吕海寰和沈敦和合作办理。1919 年 4 月，北洋政府直接任命蔡廷干为中国红十字会副会长，沈敦和只能辞去副会长的职务。1920 年 7 月，沈敦和因病去世。北洋政府去沈的举动，让吕海寰有兔死狐悲之感。

在沈敦和辞职的一年多的时间里，吕海寰、蔡廷干尽力维持红十字会的运行，虽然各地捐款不太踊跃，但两人对会务不敢有丝毫松懈。即便如此，两人还是觉得灾区范围太广，而赈济又需要大量经费，可眼下的红十字会劝捐工作实在太难。吕海寰觉得自己已至耄耋之年，遇到事情的时候能力欠缺，蔡廷干则是资历尚浅，也不能胜任。想到自己办理救济工作不力，不仅有负于国家所托，而且还无力拯救成千上万的灾民，两人不免心中有愧。

吕海寰在红十字会工作已有十几年，担任会长一职也已快满10年，按照《中国红十字会条例》中会长任期不能超过3年的规定，不应该继续任职。思忖之下，吕海寰、蔡廷干于1920年9月一起向大总统递交辞呈，希望大总统重新选贤用人，以免红十字会工作被耽误。

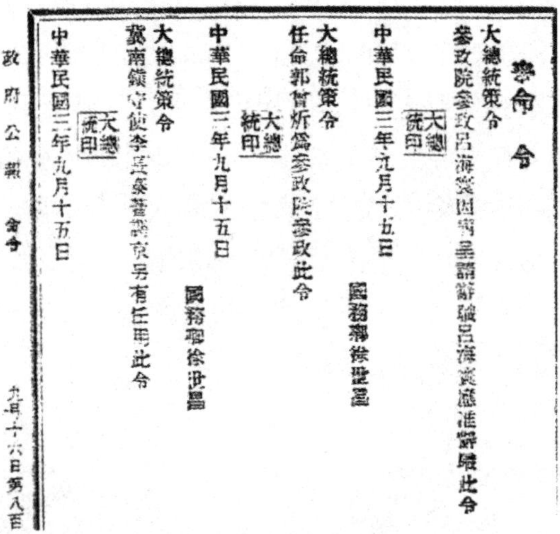

命令

大總統策令

參政院參政呂海寰因病呈請辭職呂海寰應准辭職此令

大總統印

中華民國三年九月十五日

國務卿徐世昌

大總統策令

任命郭曾炘為參政院參政此令

大總統印

中華民國三年九月十五日

國務卿徐世昌

大總統策令

冀南鎮守使李[illegible]著調京另有任用此令

大總統印

中華民國三年九月十五日

政府公報 命令

九月十六日第八百

北洋政府正式准许吕海寰辞去会长职务

这一次，78岁的吕海寰终于辞去了会长职务。不过，因为他功绩卓著，所以又被推选为名誉会长，直到他去世。

辞职后的吕海寰一直在天津定居，儿孙绕膝，尽享天伦之乐。1926年6月初，家人给他筹备85岁的生日，时间就在7月14日（阴历六月初五）。吕海寰却说“六月初五的生日不过了”，因为这一年是他中举60周年，所以他决定把今年的生辰改在九月九日重阳节。九月九日当天，亲朋好友都赶来祝贺。在闲聊的时候有人提到沈敦和曾派人前往红十字国际委员会捣乱，吕海寰纠正说：“不能这样说，他实际上做了不少工作，还是有贡献的。”可见吕海寰对沈敦和的才干和工作能力是很赏识的。

1927年1月10日，因病症严重，吕海寰不幸离世，他走得安详平静，享年85岁。后来山东同乡会赠予这个人品和功绩都给家乡带来光耀的老人一个私谥——贞懿先生。前清遗老、书法家华世奎致挽联，伤心称道：“闭户闲居，多看几出文明新戏；趋朝行右，又少一个忠荩老臣。”

莱州吕海寰雕像

尾　声

在中国近代慈善事业史上，中国红十字会占据着不可忽视的地位，而中国红十字事业的推进和发展，离不开吕海寰的关心和支持。他是中国红十字会的创始人之一，对红十字事业倾注了大量心血。吕海寰曾经对家人说：“我只想做中国红十字会的会长。”晚年的吕海寰还把自己位于北京崇文门喜鹊胡同的住宅分出一半捐给红十字会，作为中国红十字会总会的会址。吕海寰为中国红十字会所作的贡献，历史永远都会铭记。他所开创的红十字事业也将在中国大地上演绎绚烂多彩的华章。

图书在版编目(CIP)数据

中国红十字会先师:吕海寰的故事/傅亮著. —合肥:合肥工业大学出版社,2022.5

(中国红十字运动知识丛书. 第三辑)

ISBN 978-7-5650-5416-7

Ⅰ.①中… Ⅱ.①傅… Ⅲ.①吕海寰(1834—1927)—传记 Ⅳ.①K827=6

中国版本图书馆 CIP 数据核字(2021)第 179410 号

中国红十字会先师

——吕海寰的故事

傅 亮 著

责任编辑	孙南洋
出版发行	合肥工业大学出版社
地　　址	(230009)合肥市屯溪路 193 号
网　　址	www. hfutpress. com. cn
电　　话	人文社科出版中心:0551-62903200 营销与储运管理中心:0551-62903198
开　　本	889 毫米×1194 毫米 1/32
总 印 张	21.875 **总 字 数** 386 千字
版　　次	2022 年 5 月第 1 版
印　　次	2022 年 5 月第 1 次印刷
印　　刷	安徽联众印刷有限公司
书　　号	ISBN 978-7-5650-5416-7
总 定 价	120.00 元(共 5 册)

如果有影响阅读的印装质量问题,请与出版社营销与储运管理中心联系调换。

中国红十字运动知识丛书(第三辑)
池子华　总主编

战火中的人道

——清末民初红十字会战地救护的故事

池子华　著

合肥工業大學出版社

总　序

中国红十字会诞生于1904年，至今已走过110多年的风雨历程，“是国内历史最悠久的人道组织”（习近平语），被称为“百年老店”。百余年来，中国红十字会秉持人道、博爱、奉献精神，救死扶伤，扶危济困，谱写出一曲曲人道赞歌，在中国近代史和中华人民共和国史上留下了闪光的足迹。正如习近平总书记所说的，“中国红十字会在重大灾害救援、保护生命健康、促进人类和平进步等方面发挥了重要作用。”

可是，对中国红十字会所建立的丰功伟绩，知道的人并不是很多。为弘扬红十字精神，“讲好红十字故事”，中国红十字基金会委托红十字运动研究中心，组织编写了这套“中国红十字运动知识丛书”。该丛书通过对重要历史人物、重大历史事件的挖掘，为读者呈现一幅幅丰富饱满、多姿多彩、跌宕起伏的红十字历史画卷。

丛书虽然是“讲故事”，但不是“编”故事，没有无中生有的猜想，没有胡编乱造的粉饰，没有“标题党”的故弄玄虚，没有添油加醋的天马行空，更没有虚构的文学情节，而是依据历史事实，用通俗易懂、朴实无华的文字娓娓道来，再配上老照片，图文并茂，客观再现历史的场景。虽然少了点舞文弄墨的精彩，但确是信史。不求梦笔生花，但求“告诉你一个真实的红十字会”！

池子华

2018 年 1 月 9 日

目 录

引　子

红十字会起源于战地救护，于是战地救护成为近代中国红十字会的首要任务。在中国红十字会诞生后的历次战争中，红十字人置生死于不顾，在炮火硝烟中穿梭，救死扶伤，谱写出一曲曲可歌可泣的人道赞歌。在这里，我们选取清末民初（从 1904 年中国红十字会诞生至 1927 年南京国民政府成立）战事救护的若干侧影，再现中国红十字会光彩照人的风姿，涉及的战争有催生中国红十字会“出世”的日俄战争、“改朝换代”的辛亥革命以及二次革命、护国战争、护法战争、江浙战争、北伐战争，等等。通过战地救护，我们感悟着人道的力量，也更加了解近代中国的国情。

一、红十字走进中国

红十字会并不是中国的土特产，而是舶来品。国际红十字运动的创始，通常来说，与“三个一”分不开：一个人、一本书、一场战争。一个人是被称为红十字运动之父的亨利·杜南；一本书是《索尔费里诺回忆录》；一场战争是索尔费里诺之战。

亨利·杜南（Henry Dunant，1828—1910 年），1828 年 5 月 8 日出生于瑞士，是一个热心公益的慈善家、社会活动家和商人。1859 年 6 月 25 日，他在意大利一次商业旅行中，途经索尔费里诺，目睹了一场惨祸——法、意联军和奥地利军队的鏖战刚刚在这里结束，4 万多名死伤士兵被遗弃于战地。杜南见此惨状，立即组织当地的妇女、儿童、医生，进行力所能及的救治。10 天后，杜南回到日内瓦。那段“不愉快的往事”激发他去“完成一项圣洁的有助于人类未来发展的事业”。他开始撰写《索尔费里诺回忆录》。

亨利·杜南

1862年11月，《索尔费里诺回忆录》在日内瓦出版后，引起轰动。书中对那场血淋淋的屠杀细节的真实描写，不能不在人们心灵深处产生强烈的震撼。在该书中，杜南提出两个设想：第一个设想是“在和平安定的时期成立一些救护团体，让那些热心、忠实并完全可以胜任的志愿者为战时的伤兵们服务”；第二个设想是“制定一些国际准则，由一个不可侵犯的公约批准”，对战争救护加以保护，组建伤兵救护组织，同时确立国际公约加以保护。第一个设想的实现标志着国际红十字组织的诞生，第二个设想为国际人道法的形成奠定了基础。

杜南的设想得到了上层社会的支持。1863 年 2 月 9 日，“伤兵救护国际委员会”成立，杜福尔将军任主席，委员有莫瓦尼埃律师、阿皮亚医生、莫诺瓦医生和杜南（兼秘书），史称“五人委员会”（1875 年五人委员会改称为红十字国际委员会）。“伤兵救护国际委员会”的成立，标志着红十字的诞生。该委员会成立后，即筹备召开一次国际会议。1864 年 8 月 8 日至 22 日，由瑞士联邦委员会和法国政府共同发起，在日内瓦召开由瑞士、比利时、丹麦、西班牙、荷兰、意大利、葡萄牙、法国、美国、英国、瑞典、撒克逊 12 国全权代表参加的外交会议（另有日耳曼 4 个邦国——巴顿、海西、普鲁士、乌登堡的代表出席），通过了《1864 年 8 月 22 日改善战地陆军伤者境遇之日内瓦公约》（简称《日内瓦公约》）。

《日内瓦公约》的一个核心就是“伤病员不分国籍必须被接收，并受到照顾”。为了表示对瑞士的敬意，会议选择了与瑞士国旗颜色颠倒的白底红十字符号，作为救护及保护性标志。这就是“红十字”标志的由来。红十字运动由此蓬勃开展起来。1901 年，亨利・杜南因其为国际红十字运动做出的巨大贡献而成为诺贝尔和平奖首位得主。这项崇高的荣誉，他当之无愧，正如国际红十字委员会的赠言所说的：“没有人比您更配得到这一荣誉，因为是您在 40 年前发起了在战场上救护伤兵的国际组织。没有您很可能永远也无法取得‘红十字’这个19世纪最至高无上的人道成就。”1910年10月30日，亨利·杜南于瑞士康斯坦斯湖畔的海顿小镇逝世，享年82岁。而此时，他开创的红十字事业已在20多个国家开花结果，其中包括中国。为了纪念这位“国际红十字运动之父”，1948年国际红十字协会把他的生日正式确定为世界红十字日。这是世界红十字日的由来。

1859年国际红十字运动兴起，15年后，也就是1874年，红十字的理念开始在中国传播，当时在上海的《申报》《字林西报》就曾撰文介绍红十字会战地救护规则，并盛赞红十字会的救治善举，希望中国能够效仿。不过，《申报》《字林西报》的讨论都没有直接提“红十字”这三个字。当时的中国人，还不可能知道“红十字”究竟是什么。

1888年，英国医师梅威令召集台湾、福建“聪慧子弟数十人”，进行救护培训，组织红十字医疗队，在上海演习后航海至天津，表示“愿赴军营效力”，没有得到允许。梅威令的红十字医疗队是在国人没有任何心理准备的情况下突然“冒”出来的，太过新奇，国人一时难以接受，也是情理之中的事情。

《字林西报》《申报》的讨论以及梅威令红十字医疗救护队的上海演习，如过眼云烟，并没有给人们留下多么深刻的记忆，但影响中国历史进程的甲午战争，让中国人大开眼界，真正认识到红十字的魅力。

从 1894 年甲午战争发生至 1895 年战争结束，这期间，在华外国人尤其是传教士先后在牛庄、营口、烟台、天津等地开办红十字医院，收治伤兵。而在上海的各国领事、传教士、外国银行董事也发起成立了红十字会，借助《申报》等大众传媒，筹款募捐。成千上万的赤十字社（日本红十字组织之谓）志愿者不辞艰险，远道而来，深入战地，救死扶伤，不分敌我。但中国官兵并不了解红十字会的中立性，竟有“伤害红十字会人者”，引起外国人的嘲笑。两形相较，实在让中国人难堪。立足上海的《申报》开始反思，由此正式拉开红十字启蒙

威海刘公岛甲午战争博物馆

运动的序幕。

总之，甲午战争中在华外国人和日本赤十字社的救援行动，在凸显国人对红十字无知的同时，也使国人从直接的“观摩”中受到刺激与启发，认识到红十字在战争救护中的重要性和弥补这一“缺陷”的必要性、紧迫性。这样，以甲午战争为嚆矢，中国红十字的启蒙运动开始兴起。有识之士以《申报》等报纸为载体，传播红十字，如鳜生在《申报》发表《中国宜入红十字会说》《创兴红十字会说》，孙淦的《红十字会说》，还有《红十字会历史节译》《红十字会条约》《中国亟宜创兴红十字会说》，等等。仁人志士的宣传，为红十字会在中国的诞生创造了条件。

二、中国红十字会“出世”

历史往往有惊人的相似之处。国际红十字运动的诞生源自战争的强力推动，那场战争就是上面所说的索尔费里诺之战。中国红十字会的诞生，同样源自战争的强力推动，这场战争就是发生在中国东北的日俄战争。

日俄战争漫画

19世纪中后期，俄国通过逼迫中国签订《瑷珲条约》《北京条约》《勘分西北界约记》等不平等条约，将中国北方150余万平方千米的领土划入俄国版图；日本则通过《马关条约》获取白银2亿两的战争赔款，并取得对台湾群岛等地的殖民统治。可是欲壑难填，两国处心积虑，都想独占中国东北进而扩大殖民统治范围，为此不惜一战。

1904年2月8日，日军偷袭驻守旅顺的俄军，对俄国不宣而战；9日，俄国对日宣战；10日，日本正式对俄宣战。日俄战争爆发。

战火燎原，生灵涂炭，可是懦弱无能的清政府不仅无力阻止在中国领土上展开的这场战争，还在日本、俄国和西方列强的蛮横干涉下，宣布“局外中立”，并将

日俄战争中的难民

辽河以东划为交战区，放任两军蹂躏践踏，堪称世界战争史上的“奇闻”。

战争的直接后果除了造成重大的生命财产损失外，还使许许多多无辜百姓流离失所，无家可归，引发“难民潮”。

战争在激烈进行之中。日本、俄国都有自己的红十字救护队，救治本国伤兵，但对遭受池鱼之殃的中国民众，清政府宣布“中立”欲救不能，当清政府派出船只准备救助难民之时，就遭到日本、俄国方面的坚决阻挠。中国民间也有一些善会、善堂之类的慈善组织，但势单力薄，有心无力。

沈敦和肖像

施则敬肖像

按照国际公约，战地救护只有红十字会才有资格去做，可是中国没有红十字组织，如何是好？情急之下，以沈敦和、施则敬为首的上海绅商奔走呼吁，1904 年 3 月 3 日发起成立了“东三省红十字普济善会”，希望借助“红十字”的名头，救助东北同胞。

问题是，“红十字”的名头不是能随便使用的，必须有全国统一的红十字会组织，得到红十字国际委员会的承认方可。况且加上“普济善会”的后缀，又好像善会善堂的翻版，更显得不伦不类。

毫无疑问，凭借“山寨版”的红十字会，无法取得

李提摩太肖像

交战双方的认可。东三省红十字普济善会刚一成立就遇到了自身无法克服的难题。

东北同胞等待救援，刻不容缓，新成立的东三省红十字普济善会爱莫能助。面对如此尴尬的局面，沈敦和等不得不改弦更张，另谋对策。他向英国传教士李提摩太求助。李提摩太欣然答应。

李提摩太是有名的“中国通”，有着广泛的“人脉”。在他的积极周旋之下，1904 年 3 月 10 日，中、英、法、德、美五国代表在上海英租界公共工部局集会，郑重宣布联合组建红十字会，名字暂定为“上海万国红十字支会”（3 月 17 日正式定名为“上海万国红十字会”）。“万国”就是“国际”的意思。除此之外，中国没有统一的红十字组织，成立红十字会也不是简单的事情，只能临时抱佛脚，“中国向无红十字会，仓猝不能成立，故用万国红十字会之名义”。取名“上海万国红十字会”，实属无奈，情非得已。

“上海万国红十字会”虽然是五国合办，但因为“在中国地方创始承办，中国遂永有红十字会主权”。因此，它的成立，同时宣告了中国红十字会的诞生——1904 年 3 月 10 日，历史将永远记住这一天。

三、在白山黑水间

上海万国红十字会成立时，清政府没有出场，对外传达出一个信号，就是表明它坚守了“中立”承诺，但对战争难民的逃亡，清政府绝对不是见死不救、“袖手旁观”，而是“幕后”指挥。史书记载，当时担任驻沪商约大臣吕海寰、盛宣怀和会办电政大臣吴重熹，就按照清政府的旨意，与上海绅商沈敦和、施则敬保持密切联系，促成五国合办红十字会。上海万国红十字会成立后，清政府立即从幕后走到台前，公开支持红十字会的活动：一方面，5 月 24 日，清政府拨出白银 10 万两（其中 5 万两为创建中国红十字会的专款），资助上海万国红十字会的人道行动；另一方面，清政府命出使英国大臣张德彝赴瑞士补签《日内瓦公约》。1904 年 6 月 29 日，张德彝前往瑞士，完成补签手续，中国被接纳为会员国，取得了创办红十字会的资格。那时清政府国库空虚，民穷财尽，居然如此慷慨地划拨巨款，实属难能可

慈禧太后肖像

贵。同时以吕海寰、盛宣怀、吴重熹三位大臣为钦差大臣，全权负责东北的救援行动。

救人如救火，刻不容缓。但上海距离东三省遥遥数千里，远水救不了近火，怎么办？按照国际惯例，红十字会可以根据需要，随时随地设立分会。于是上海万国红十字会决定选择战地附近的交通要道建立分会，承担救援任务，上海大本营筹款募捐，为分会提供后勤保障。

4 月 6 日，旅居营口的英国传教士魏伯诗德等人，受命创建了营口（牛庄）分会，这是上海万国红十字会开办的第一个分会。随后，“营口模式”迅速在东北推广，陆续设立辽阳、奉天、开原、铁岭、安暑河、沟帮子、新民屯、海城、山海关、塘沽、法库门等分会。

率先设立的营口分会，立刻投入紧张的救护行动。日俄战争爆发已有两个月了，东北难民在隆隆炮声中艰难度过了噩梦般的60个日日夜夜。红十字会的到来，使陷于水深火热之中的无辜百姓看到了生的希望。救护行动由魏伯诗德负责，他以爱尔兰教会医院普济医院作为营口分会的总医院。医院设有专用床位50张，医药器械一应俱全，随时可以接纳伤病人员。营口分会租有客栈，专门用来收留难民。

营口分会的救护行动进展顺利，到8月初，4个月中拯救出险并资遣回籍的难民已有4250余人。在整个日

营口中国红十字会战地救护起源地纪念馆

俄战争救护行动中，营口分会共救治伤者约 26000 人，救护出险资遣回原籍者约 20000 人。

战事仍在继续。5 月 1 日，日军强渡鸭绿江；5 月 4 日，第二军在貔子窝登陆；5 月 19 日，第三军在大孤山登陆；5 月 26 日，在金州、南山击败俄军后，长驱直入，进逼辽阳；8 月 24 日，拉开辽阳之战的序幕。

硝烟弥漫，难民如潮。辽阳知州鲜俊英向魏伯诗德求助，但营口分会有心无力，于是上海万国红十字会增设辽阳分会，由英国医生魏华司德（又译为吴瓦德）主持救护工作。

辽阳医院规模不大，只能接纳伤员 50 人，救护出险的难民无法安插。在地方官绅的支持下，魏华司德以红十字会名义租了一所大房子，取名“英华同善会”，收容难民。截至 9 月 12 日，医院治愈伤者 300 人，安置难民多达千人。

辽阳之战，俄军失利，溃败至奉天一带。奉天民众，惨遭蹂躏，痛苦不堪。为救济难民，上海万国红十字会又添设奉天分会。救护行动的重点于是转移到了奉天。

奉天分会设有医院、栖流所。由于日、俄在这一带展开拉锯战，伤兵、无家可归者，纷至沓来，多时达 3 万余人，奉天分会应接不暇。为此，上海万国红十字会商请地方官绅，竭力襄助，共渡难关。

开原、沟帮子、新民屯、铁岭等分会的救护工作同样出色，当年的《申报》《新闻报》《大公报》等媒体多有报道。

“博爱”没有国界，无论是哪个国家的难民，红十字会都一视同仁，给予帮助。在救护行动中，营口、烟台等分会所救德、俄、韩等国人，或资遣回本国，或妥善安置。这是一场超越国界的人道行动。

日俄战争是一场巨大的灾难。在战争的摧残下，战区农民失业，耕种失时，商贾裹足，耕畜、余粮被洗劫一空，饥荒接踵而至。所以，在救助难民脱离险境的同时，赈济灾民的行动也在推进的过程中。为此，上海万国红十字会在沈阳特设“东三省协赈总局”，将赈粮运送到新民屯分会转运所，转运至沈阳调拨各处。各分会设置粥厂（场），煮粥赈济。

东北冬来早。10 月份开始，东北地区就已进入冰天雪地的冬季，北风呼啸，饥民受冻，牵动亿万人心。上海万国红十字会特备棉衣 5000 套，运往东北，为同胞送去温暖。

日俄战争持续到 1905 年，交战双方都打得焦头烂额，筋疲力尽。6 月，美国总统罗斯福出面调停；8 月 9 日，日、俄两国代表在美国港口城市朴茨茅斯开始谈判；9 月 5 日，双方签订《朴茨茅斯条约》，战场上连吃败仗的俄国，只好同意将旅大租界地以及该租界地内的一切权益、公产等转让给日本。日本取得了这场战争的胜利。

日俄和谈

《朴茨茅斯条约》的签订，标志着日俄战争的正式结束。但上海万国红十字会的救援行动没有画上句号，这场灾难实在是太深重了。红十字会继续深入灾区各地，与地方官绅一道，赈济灾民，赈济范围共计有沈阳、承德、辽阳等27处，受赈人数达225138人。

红十字工作人员不畏艰难险阻，出生入死，赈济灾民，如此善举，连土匪也深受感动。史书记载说，日俄战争期间，东北“马贼”（土匪）猖獗，杀人放火，为害一方。一次，一位红十字工作人员想前往战地勘灾，不想遇到马贼，以为会被洗劫一空，甚至会丢掉性命。万万没想到的是，马贼见是红十字会的人，不仅没有加害于他，而且还当起了向导，一路保护他查看灾情，这使他感慨万千：“善举竟能感动匪类！”这就是人道的力量。

上海万国红十字会及战区各分会，救助日俄战争灾害历时 3 年，救护出险、收治伤病、赈济安置总人数达 46.7 万人。红十字会工作人员不拿薪水，他们以崇高的奉献精神，救死扶伤，扶危济困，默默实践着红十字赋予的人道圣职，赢得社会各界的普遍赞誉，也受到朝廷的表彰，沈敦和、任锡汾、施则敬等 12 名中方人员，李提摩太、魏伯诗德、魏华司德等 30 名西方人士，荣获“中国红十字会一等金质勋章”，其余异常、寻常的“出力人员”百余名也分别荣获二等银质勋章、三等铜质勋章。这首震撼人心的人道金曲在白山黑水间回荡，经久不息。

四、辛亥革命炮声隆

日俄战争救护使命完成，上海万国红十字会功成身退，中国红十字会开始走上独立自主的发展道路。

1907 年 7 月 21 日，吕海寰、盛宣怀代表上海万国红十字会中方组织者，上奏朝廷，陈述上海万国红十字会办理情形及“善后持久”事宜。“善后”，意味着五国合办上海万国红十字会善始善终，完成使命，就此画上句号。“持久”，意味着中国红十字会脱颖而出，开始自立门户。如何才能实现中国红十字事业的可持续发展，就是接下来要做的大事了。作为中国红十字会的实际“掌门人”，沈敦和清楚，要应对战争救护的需要，离不开医院，这是事业发展的基础。

1909 年，由沈敦和经手，中国红十字会在上海徐家汇购地 10 余亩，建造“高大洋房一所”作为中国红十字会总医院（现上海华山医院）。次年春天，医院落成，被誉为“为沪之冠”，设备之齐全，在上海滩数一数二。

医院聘请著名西医柯师（英国籍）为内科医生，解剖专家峨利生（丹麦籍）为外科医生，血液学专家亨司德（挪威籍）为血液检验医生，克立天生女士（丹麦籍）为看护妇（护士），王培元医生主持医院事务。1910年12月26日，中国红十字会又在天津路80号开设分医院，不久分医院改名北市医院，又在沪南十六铺开办了南市医院。总医院、北市医院、南市医院三足鼎立，构筑中国红十字会医疗救护体系。

有了医院还不够，还要加紧对医护人才的培养。造就医护人才离不开学堂（学校），这是人才培养的摇篮。为此，沈敦和付出了巨大努力。1910年夏，中国红十字会医学堂在总医院旁边拔地而起，当年招生，学制5年，首批招收18岁以上、具有英文基础的学生20人，专攻医学。学堂特聘著名西医柯师、峨利生、亨司德及王培元为教员。总医院近在咫尺，便于实习。学习条件堪称良好。

经过几年的发展，中国红十字会总算有了点家底。

无规矩不成方圆。为了巩固建设成果，有必要建章立制。1910年2月27日，吕海寰、盛宣怀、吴重熹三位大臣向朝廷呈上《酌拟中国红十字会试办章程请旨立案折》，除了奉上章程之外，还郑重向朝廷提出任命会长的正式请求。当日宣统皇帝颁布“圣旨”，派“盛宣怀

中国红十字会医学堂

充红十字会会长”。

盛宣怀出任“钦命”的首任会长，意味着中国红十字会在性质上发生了变化。以前中国红十字会是民间组织，在官方的支持下开展人道救助工作；现在是官方主导，而且总会也要迁到北京。

盛宣怀走马上任后立即做了一件惊天动地的事，那就是把响当当的中国红十字会改名为“大清帝国红十字会”。6 月 5 日，“大清帝国红十字会”的关防正式启用。中国红十字会一夜之间变成了“大清红十字会”。

可是，改名引起中国红十字会的具体承办人沈敦和的强烈不满。10 月 23 日，沈敦和在给吕海寰的电报中说：改名大清红十字会，那就得归陆军部领导，如果遇

盛宣怀

有战事，也只能随本国军队后救伤，与不分敌我的红十字会“中立”的宗旨完全不同，上海方面决不认可。但沈敦和人微言轻，不可能扭转局面，只能消极抵制，由此产生了所谓“京会”“沪会”的矛盾，给红十字事业的发展蒙上了阴影。

五、武汉战地救护

自1905年8月20日中国同盟会成立后，以孙中山为首的资产阶级革命派走上了“驱逐鞑虏，恢复中华，创立民国，平均地权”的革命道路。经过长期酝酿、准

吕海寰会长

备，1911年10月10日，辛亥革命首先在号称“九省通衢”的武昌爆发，史称“武昌起义”。

两军鏖战，血肉横飞，惨不忍睹。在血腥与炮火中，人们渴望红十字从天而降。10月23日，沈敦和接到由汉阳某国兵轮上发来的无线电报，恳请速派红十字医疗队前往战地，救护同胞。

战火在蔓延，救护任务繁重，而具有厚重官办色彩的大清红十字会已经难以应付。考虑再三，沈敦和决定另起炉灶。10月24日，他在上海大马路工部局议事厅召开特别大会，中外人士700余人到会。会上宣布成立“中国红十字会万国董事会”，沈敦和、英国按察使苏玛利为总董，同时决定立即组织甲、乙、丙三支救护医疗队开赴武汉。

沈敦和撇开钦定的“大清红十字会”，另行组建“中国红十字会万国董事会”，如此胆大妄为，难道不怕清政府治其“犯上”之罪？但此时的清政府无暇顾及，何况“万国”已使中国红十字会具有了国际性呢？弄不好，可能会导致外交上的麻烦。而“大清红十字会”会长盛宣怀，因坚持“铁路国有”的政策，激起民愤，酿成声势浩大的“铁路风潮”——辛亥革命的导火线，陷清政府于内外交困之中，这使清廷恼羞成怒，准备“换马”。当沈敦和在上海发起成立中国红十字会万国董事会时，清廷不仅无意问罪，反而于10月26日，也就是万国董事会成立的第三天，“上谕”革除盛宣怀大清红十字会会长等所有职务，“永不叙用”；11 月 13 日，颁发“上谕”，命“吕海寰充中国红十字会会长”。大清红十字会重新回归“中国红十字会”，实际上是对既成事实的承认。

中国红十字会内部关系的调整，有利于救援行动的开展。

10 月 25 日晚，沈敦和组织的中国红十字会救护队 30 余人，分成甲、乙、丙三组，在总医院英国医生柯师的带领下，乘“襄阳丸”轮，由上海溯江西上行，30 日到达汉口后，立即建立临时医院，投入救护行动。战地就在附近，枪声震耳欲聋。队员们不顾个人安危，深入战地，抢救伤兵。参加救护的还有女护士 10 人，都是大家闺秀，不怕脏，不怕累，悉心照顾伤兵，受伤官兵“人人感激”。

战地救人，非同儿戏，人身安全时刻受到威胁。《申报》报道：“红十字会医生过江抢救伤兵，官军放排枪阻之，飞弹如雨。”环境险恶，超乎想象。但红十字救护队员全然不顾，冒着九死一生的危险抢救伤兵。

救治伤兵，更是不遗余力，他们用回春之术，把许多垂危伤兵从死神手中夺回。令人惋惜的是，因积劳成疾，峨利生医生于 12 月 12 日不幸逝世，年仅 35 岁。他是首位献身中国红十字事业的国际友人。他的去世，是中国红十字事业的一大损失。

峨利生医生

战争开始后，尸横遍地，如果不及时掩埋，很容易引发疫情。沈敦和立即组织掩埋队，派赴武汉。11 月 20 日，掩埋队在队长朱庆章，副队长沈石农、姜彰容、周际唐带领下，乘“大元丸”轮船出发，11 月 25 日抵达汉口，进入战地掩埋尸体，直到战争结束才撤出武汉。

武汉战地救护持续一个多月，共计救治伤病员 3375 名，掩埋尸体 2200 多具。

六、南京等地的战事救护

武昌起义不久后，南京之战打响。1911 年 11 月 24 日，中国红十字会特派救护医队奔赴南京，与美国红十字会江安分会等联手，救治受伤的士兵和平民，同时商请沪宁铁路齐福果医士、总办朴爱德开出专列——“红十字医车”，在镇江—南京区间往返抢救伤兵，“随到随医”。大战期间，医车每日收容伤兵上百人，镇江医院容纳不下，就送往上海，分别送到中国红十字会总医院、分医院救治。

南京血战，死亡不少。12 月 8 日，沈敦和组织南京掩埋队，派宋培之、于少彰为领队，起程向南京进发。掩埋队在南京凤台关、一枝园、五龙桥、将军署、后宰门、皇城、紫金山、雨花台等处掩埋尸体约 700 具，避免了疫情的发生。

武昌起义成功后，各省纷纷响应，革命洪流汹涌澎湃，席卷全国。

战火燎原，烽烟四起，救护任务艰巨。11 月 2 日，中国红十字会万国董事会发出通知，呼吁各通商口岸教会医院改设红十字会临时医院，组织分会，进行协助。这样，除武汉、南京及总会所在地上海之外，其他地方的救护任务主要由分会来承担。

在上海，11 月 4 日，革命军猛攻制造局，从后院破门而入，双方激战，造成人员伤亡。沈敦和闻讯，立即派两辆汽车，请洋医亨司德、华医侯光迪、周光松、王吉民、陈家恩及看护李安登女士驰赴现场救护，受到国民军的欢迎和优待，制造局大厅作为红十字会临时医院，紧急救护，另外将徐家汇路中国红十字会总医院、天津路分院作为养病场所，收治伤兵。

早期中国红十字会救护车

在镇江，11 月 8 日，守将林述庆发动起义，镇江独立并成为苏浙沪联军进攻南京的基地。月底，联军围攻南京，无人救护。镇江近在咫尺，中外慈善家发起成立红十字会。11 月 26 日，镇江红十字救护队 21 人、担架队 78 人随都督林述庆军开赴南京，在马群设立临时医院。南京光复时，镇江分会救治伤兵数百人。

11 月 4 日，浙江光复，5 日杭州分会成立。实际上，在 4 日的激战中，杭州的慈善家们就组织了两支救护队：一支赴城西，另一支赴城东，从事救护工作。分会成立后，救伤葬亡，不遗余力。南京光复，负伤军士 30 余人返回浙江，得到杭州分会的呵护。

安徽滁州，江苏江阴、常熟、苏州，湖南长沙，湖北宜昌，福建福州，江西南昌等地分会以及“京会”组织的救护队、张竹君女士为会长的中国赤十字会、留学日本的医学生回国效力在沈敦和支持下组织的“留日医学界红十字团”，也都竭尽全力，救死扶伤。他们的救护成绩足以彪炳史册。

七、“中国的南丁格尔”

1911 年辛亥革命爆发后，战事惨烈，伤亡累累。中国红十字会全力以赴，其他慈善团体也身体力行，特别是张竹君发起成立的中国赤十字会，俨然与中国红十字会比肩，举世瞩目。它虽然独树一帜，但不是“另类”，而是中国红十字运动的“旁系”，在中国红十字会历史上理当占有一席之地。

“穗城奇女”张竹君

1878 年，张竹君出生于广东番禺（今广州市）的一个富裕人家。她自幼立志学医，济世救人。1900 年，她毕业于博济医院附设的南华医学校，在其父和后来成为革命家黄兴夫人的徐佩萱（徐宗汉）资助下，在广州荔枝湾畔和漱珠桥旁开办禔福、南福两家医院（诊所）。当时西医还没有普及，人们对西医抱有偏见，而张竹君竟开办西医诊所，引为奇闻。

张竹君的确是一位不同凡响的“潮人”。她以“奇装异服”的洒脱姿态表达对封建纲常伦理的“离经叛道”。在广州，人们经常可以看到她“头戴礼帽，一身男式西装，乘坐无顶小轿，或滑竿，穿街过市”。这种“出格”之举，惊世骇俗，被称为“穗城奇女”。

更“出奇”的是，她还发起成立了一个“演说会”，宣传维新变法思想，批判封建纲常礼教，提倡男女平等，为妇女解放摇旗呐喊，被誉为“女界梁启超”。

张竹君的“趣事”广为流传，她的人格魅力更具感

张竹君

染力。1902 年 7 月 18 日的《大公报》报道了一桩“奇闻”，说近来京师传染病流行，传播速度快，人们很容易被感染。有位女士，以教书为生，不幸被感染，生命垂危，有人把第 3 期《女报》给她阅览，当昏昏沉沉的她读到《张竹君传》时，突然坐了起来，说：“中国竟有此女丈夫哉!”奇怪的是，缠在她身上的病魔居然逃得无影无踪，该女士身体复原，神清气爽。这事是真是假，并不重要，重要的是它反映了人们对妇女解放运动先驱者——张竹君女士的景仰与折服。

组建中国赤十字会

1904 年，张竹君来到上海，在伍廷芳、李平书及犹太富商哈同夫人罗迦棱的帮助下，开办医院，兴办女学，继续从事社会公益事业。1905 年，她与李平书合作，创建女子中西医学院，这是第一所中西合璧的女子医科学校。1909 年，上海医院成立，她出任监院（院长）。天时地利人和，为她奠定了坚实的人道主义救助基础。

辛亥激战，伏尸遍地，江水为赤。以救死扶伤为天职的张竹君自然不能熟视无睹。上海虽然是中国红十字运动的中心，但经盛宣怀改名大清红十字会后，官办色彩浓厚，不具有“中立”本色，难以指望。于是，她决定独树一帜，经多方奔走、联络，终于促成中国赤十字会的成立。1911年10月19日，成立大会在南市上海医院召开，到会者约500人。会上，张竹君报告中国赤十字会发起缘由、宗旨，宣布临时章程，强调“本人道主义，救护因战受伤之人，不论何方面人，视同一体”。这表明中国赤十字会的“中立”性，这与国际红十字运动的基本原则是一致的。

中国赤十字会的成立，在上海滩引起强烈反响，张竹君因此成为名重一时、令人敬仰的“焦点”人物。上海五洲药房经理项松茂更是把张竹君比作“南丁格耳（尔）之再见”，推崇备至。沈淑贞女士，也致信张竹君，直呼她为“第二南丁格尔”。

南丁格尔

张竹君与南丁格尔确有相似的经历：均出身于富有家庭，均献身红十字事业，均终生未嫁……从张竹君身上，人们可以看到南丁格尔的影子。不过，把张竹君视为中国的南丁格尔，并非刻意比附，而是对她敢为天下先的开创精神的赞赏与折服。

慈航同济，共纾国难

战事如火如荼，伤员待救，刻不容缓。10 月 24 日午后，中国赤十字会会员男女数十人在派克路育贤女子学堂聚齐后至寰球中国学生会，列坐草地，摄影留念，之后，随张竹君会长一起，前往怡和码头，“途行时道旁观者皆惊为未见，而西人皆肃然尊敬”。

中国赤十字会员乘“瑞和”号，鼓轮西上，10 月 28 日抵达汉口后立即投入救护行动。在武汉救护的两个月中，会员“热心任事，饥渴劳瘁，虽苦不厌，军士感之，至为泣下”。特别是会长张竹君女士，在救伤过程中几次遇险，险些送命。

值得称颂的是，在武汉救护行动中，中国赤十字会与中国红十字会相互协助，不分彼此。张竹君说得好，“此次为慈善事业而来，何分畛域?”大家目标一致，心愿相同：尽可能多地救治伤员，共纾国难。在行动中，

辛亥革命中的张竹君

双方互相配合，如 11 月 2 日晚，战火烧进邮政总局，张竹君因在武昌医治某标统，夜深不能渡江，投宿一小客栈，第二天回到汉口，才知道局内病人均已安全转移到红十字会医院，她松了一口气。11 月 26 日，汉阳激战时，张竹君和她的会友帮助红十字会，将百余名伤员转移到汉口。双方相互配合，相得益彰，宛如并蒂莲，鲜艳夺目，光彩照人。他们在武汉战地，共同谱写一曲人道主义赞歌。事实上，红十字、赤十字在伤兵和难民的眼中，并没有任何区别，都是同样的“红”十字。张竹君深有感触地说：“一见到十字会三字，频送受伤者来。”

战线在延伸，赤十字会的救护范围也在扩大。11月5日、6日、9日，中国赤十字会第二团陆续派出救护队分赴苏州、杭州、嘉兴、乍浦、崇明等处，“军士抱病者要求疗治，几于日不暇给”。南京开战后，中国赤十字会又于11月19日派出由20名男队员、21名女队员组成的救护队开赴战地。他们在南京西华门中西医院收治伤

张竹君与救护队队员在汉阳十里铺前线

兵。其中，朱竹生女士夜以继日，积劳成疾，于1912年1月28日病逝。2月11日，中国赤十字会特地在上海医院举行追悼会，缅怀她在辛亥革命救护行动中的骄人业绩。

辛亥革命的炮声随着1912年1月1日中华民国的建立，逐渐平息。战事救护使命完成。在整个过程中，中国赤十字会武汉战场救治伤兵1300余人，南京战场救治伤兵1000余人，“为中外人所赞叹”。张竹君和其会友，“热心办事，可为中国四万万人模范”。

1912年4月27日，中国赤十字会“功成身退”，宣告解散。它存在的时间虽然很短，但其辛亥善举，弥补了中国红十字会救护力量的不足，扩大了救护范围，也赢得了社会各界的交口称赞。作为发起人的张竹君，功勋卓著，不愧为“中国的南丁格尔”。

八、赤子情怀

1911年辛亥革命爆发，举世瞩目。生活在海外的中国人更是牵肠挂肚。随着战火的蔓延，中国红十字会救伤葬亡，开支巨大。海外华人踊跃捐款。特别令人感动的是，留学日本的医学生，以高昂的人道热情，组成红十字团，慨然由东瀛归国，投身于火热的战地救护之中。

原来，日本是当时中国留学生最为集中的国家。中日一衣带水，不仅路途近，而且留学费用较低，加上日本教育发达和综合国力强大，吸引着广大的中国青年前往寻求救国救民、富国兴邦的真理。从1903年起，每年都有许多中国人漂洋过海，东渡扶桑。在留日学生中，有不少人学习医学，他们希望通过自身的努力，来改变“东亚病夫”的形象。留日医学生，大多加入日本赤十字社，成为国际红十字大家庭中的一分子。辛亥革命爆发后，医学生们决意回国参加救护工作。他们以东京为中心，联络各校医学生，组成由百余人参加的留日医药

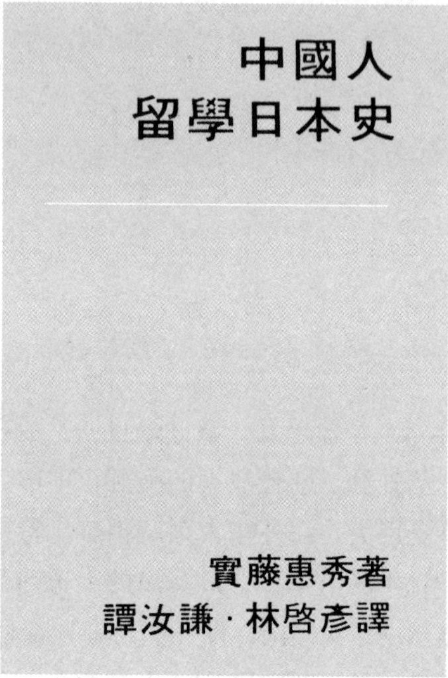

《中国人留学日本史》封面

界红十字团，推举王曾宪为团长，乘“博爱丸”轮船回国，11 月 26 日抵达上海，受到沈敦和等人的热烈欢迎和盛情款待。

留日医药界红十字团抵达上海后，立即整装待发。为保证救护行动规范、有序进行，特制定《中国红十字会留日医药界红十字团章程》（以下简称《章程》）。《章程》规定：“本团由留日医药界组织而成，定名为留日医药界红十字团”；“本团以博爱为宗旨，凡军人及因公服务于军队之人员有负伤及罹病者，不问其为南军、北军，悉殷勤救护”；“本团援万国红十字条约得用白地（底）红十字徽章、旗帜”；“本团出发至交战地后，务与各国及中国各红十字团为一致之行动”；“本团对于南、北两军皆毫无偏袒行为”；“本团一切经费，除已承各慈善家直接寄赠本团外，均由（中国红十字会）总会担任”等。《章程》包括了宗旨、“对南北两军之地位”、徽章的佩用、经费的来源等。

留日医药界红十字团到来之时，苏浙沪联军从镇江进攻南京，来自大阪、长崎的留日医学生受命先赴镇江前线，投入救死扶伤的行动中，其余分编甲乙两队，整装待发。

1911 年 12 月 11 日，甲队以陈任梁为领队、乙队以孙家树为领队，开赴湖南、江北前线。甲队 60 人抵达湖南后，因长沙已有医院，于是分驻京口、岳州、常德三处，开办临时医院，先后治愈伤兵 5000 人。乙队 60 人原定赴南京救伤，并于下关设立临时机关，因战局北移，中国红十字会特派留日医药团编队前往救援。

1912 年 2 月 2 日，为救护安徽宿州战役的伤兵，留日医药界红十字团乙队乘车前往，不料火车中途脱轨，所幸没有人员伤亡。宿州之战正在进行，救援刻不容缓，而火车脱轨，无奈之下，医学生只得徒步，跋涉数十千米抵达宿州，使伤兵得到及时救护。留日医药界红十字团乙队还沿津浦铁路南段设立医院，救治伤兵，扩大救护范围。

救护工作圆满结束后，1912 年春天，留日医药界红十字团返回日本继续学业。临行时，中国红十字会特“开会欢送”，表达红十字会同仁对留日医学生心系祖国、奉献爱心的敬意。

九、在希望的田野上

1912 年 1 月 1 日，孙中山在南京就任临时大总统，庄严宣告中华民国诞生。统治中国两千多年的封建帝制时代一去不复返。中国历史开始了新纪元，红十字事业翻开了新的一页。

1912 年对中国红十字会来说，是新征程的起点，充满希望。1 月 12 日，中国红十字会得到红十字国际委员会的正式承认，真正融入红十字国际大家庭。多年的诉求，终于变成现实，实在是中国之幸、红十字会之幸。

民国初年，中国红十字会何去何从？在举国欢庆声中，中国红十字会向新政府表达了美好的愿望，殷切希望新政府当局“立案”（注册备案），维持红十字会的合法存在。2 月 17 日，沈敦和代表中国红十字会致电袁世凯，提出这一请求；2 月 19 日，袁世凯回电表示“维持保护，责无旁贷”；2 月 21 日，副总统黎元洪致电孙中山，恳请予以立案，得到孙中山的支持；2 月 23 日，孙

孙中山

中山电告黎元洪“准予立案”，并对红十字会在辛亥革命中救伤葬亡功德，高度赞扬；2 月 28 日，内政部为中国红十字会办理了“立案”事宜。中国红十字会在新旧交替之中，实现了平稳过渡。

中国红十字会得到国际国内的“双重”承认，红十字事业发展前景广阔。

作为国际组织，各国红十字组织在国际事务中，都应该有所担当。中国红十字会也不例外。1912 年 5 月 7 日至 17 日，第九届红十字国际大会在美国首都华盛顿举行，32 个国家的代表出席会议。留美学生监督黄鼎、驻美参赞容揆和驻美公使张荫棠分别代表中国红十字会和中国政府出席大会。这是中国红十字会代表团首次“亮相”国际大会，受到欢迎，中国红十字会也由此登上了红十字运动的国际大舞台。

机遇和挑战并存。要适应时代发展，关键在于加强自身建设。为此，中国红十字会召开了自 1904 年建会以来的首届会员大会。

1912 年 9 月 29 日，首届会员大会在上海英租界大马路议事厅隆重召开，到会会员共计 1352 人。大会主席沈

沈敦和

敦和报告开会宗旨，说辛亥革命一年来，中国红十字会声名鹊起，已有会员近2000人，善士数千人，捐款155270余元，分会60余处，令人欣喜。今天开会，一方面感谢各位会员的仁爱之举；另一方面商量办法，更好地促进事业发展。

推举常议员、选出新一届红十字会领导，为此次会员大会的中心议题。经讨论，大会推举施则敬等34人为常议员。10月6日，常议会成立，公举大总统、副总统为名誉总裁；选举吕海寰为会长，沈敦和为副会长兼常议会议长，江绍墀为理事长；10月19日，大总统令颁布，任命吕海寰为中国红十字会会长、沈敦和为副会长。

首届会员大会通过了《中国红十字会章程》，使中国红十字事业的发展步入正轨；通过《京沪合并章程》，明确总会设于北京，上海设总办事处，化解了京会、沪会之间的隔膜，实现了“合并”，有利于事业协调发展。可以说，首届会员大会意义深远。

首届会员大会极一时之盛，但还有一个关键问题没来得及解决，那就是“统一”问题。中国红十字会自1904年成立以来，虽具有全国性质，但从未实现真正意义上的统一，如果需要，似乎谁都可以创建红十字组织。特别是辛亥革命时期，这种情况更为普遍，如广东就有广东红十字会、中华红十字会、粤东红十字会、济群红十字会、大汉红十字会、广东河南赞育红十字会等名目，令人眼花缭乱。这是国人慈善热情高涨的体现，本无可厚非，但一个国家只能有一个红十字会，这就是红十字组织的“统一性”。为了实现全国统一，1912 年 10 月 30 日至 11 月 1 日，中国红十字会特地在上海召开统一大会。参加会议的有外交部、内务部、陆军部、海军部代表以及北京总会、上海总办事处和各分会的代表，多至数百人。国务总理赵秉钧和名誉总裁黎元洪副总统发来贺电。

首届会员大会上制定的《中国红十字会章程》共有 6 章 20 条，是中国红十字会历史上第一个正式会章。在统一大会上，《中国红十字会章程》获得认可，并以此为蓝本，制定并通过了《中国红十字会分会章程》，共有 5 章 16 条，统一分会名称为“中国红十字会某处分会”，明确了分会的义务以及分会与总会的关系，等等。通过建章立制，中国红十字会向规范化管理迈出了至关重要的一步。

民国伊始，中国红十字会顺应时局的变化，进行变革，实现了新形势下的“华丽转身”，也为随后的战事救护打下了基础。

十、二次革命救援

天有不测风云。中国红十字会统一大会召开后不久，政局突变，二次革命爆发，中国再次进入战争状态。

原来，孙中山把总统的位子让给袁世凯后，袁世凯很快把“发扬共和之精神，涤荡专制之瑕秽”的誓言抛到九霄云外，走上了专制独裁的道路。专制独裁与民主共和水火不容。为扫清专制道路上的障碍，袁世凯不惜采用残酷手段，向国民党（1912 年 8 月组建，以孙中山为理事长）人开刀：1913 年 3 月 20 日，在上海火车站刺杀宋教仁，接着在 6 月 9 日、14 日、30 日相继免除江西都督李烈钧、广东都督胡汉民、安徽都督柏文蔚职务，公开向革命党人宣战。

在袁世凯步步紧逼之下，革命党人决定发动二次革命，用热血捍卫共和。7 月 12 日，李烈钧在湖口起义，宣布江西独立，“二次革命”（即“讨袁之役”，1913 年为旧历癸丑年，又称“癸丑之役”；因主战场为江西、南京，所以又称“赣宁之役”）爆发。

李烈钧

江西独立后不久，7 月 14 日，江苏宣布独立；17 日、18 日，安徽、上海先后独立。接着，广东、福建、湖南、重庆等省区相继独立，纷纷讨伐袁世凯。袁世凯调兵遣将，南下攻伐，一时狼烟四起，天昏地暗。

共和民国，酿成变局；
煮豆燃萁，祸乱交作；
同胞无辜，横遭惨酷；
过山大炮，毛瑟来福；
兵连祸结，死亡枕藉；
玉石俱焚，暗无天日。

这是沈敦和副会长在《申报》上所发的广告词，读罢令人叹息。

杀机顿开，天昏地暗。中国红十字会立即做出反应，7 月 18 日，沈敦和副会长在上海召开常议会特别会议，商讨救护事宜，决定组织救护队，开赴战地。

在江西战场，战事发生后，中国红十字会总会总办事处立即电请九江分会组织救护队，设立临时医院，救治伤兵。

“二次革命”以江苏战场最为惨烈。江苏战场北以徐州为中心，南以南京为中心，北军与讨袁军展开激烈交战。在徐州，从 7 月 17 日到 7 月 24 日，无日不战，冷遹所部讨袁军与北洋第五师方玉普部及张勋武卫军在徐州附近的利国驿、柳泉、韩庄逐鹿，炮弹横飞，伤亡累累。中国红十字会徐州分会紧急出动，并向总会发出求援急电。总会商请南京宝琅医生组织救护队，在徐州等地分会的协助下，在津浦铁路沿线的徐州、蚌埠、临淮、滁州、浦口等地设立临时医院，往返救护。

7 月 24 日，北军占领徐州，讨袁军向南京撤退，于是战事转移到南京地区。

从 7 月 15 日到 8 月 11 日，南京经历了三次独立起义，讨袁战事复杂多变，可以想见。8 月 11 日，激进的革命党人何海鸣宣布了第三次独立，南京讨袁之役进入最为残酷的阶段，讨袁军与张勋、冯国璋部北军展开鏖战。中国红十字会的救援行动也因此进入最繁忙的阶段。

南京独立之初，救护工作主要由南京分会会长于少彰及宝琅医生组织实施。进入 8 月中旬，战事愈演愈烈，伤亡惨重，分会虽不遗余力，但疲于应付，顾此失彼。于是总会总办事处于 17 日派王培元增援，分工合作，保证了救护行动的顺利开展。

争城之战不同于野战，在野战中，普通百姓可以四散逃避，但在争城之战中，老百姓就不会那么幸运。冲出“围城”，并非易事。南京之战就是如此，成千上万的民众被困于城中，饱受战火的灼烤，逃生无路。他们群集江边，风餐露宿，号呼泣吁，渴望红十字会救其脱离险境。8 月 21 日，如皋、镇江绅士杨鸿发、李耆卿、焦靄堂等也向沈敦和副会长发出乞援电报，乞求派船救护难民脱离险境。

难民凄惨愁苦，不能不牵动红十字人的心弦。8 月 23 日，承蒙原中国红十字会会长盛宣怀慷慨捐助 4500 两白银，沈敦和副会长租得英国太古洋行商轮“大通”号轮船作为红十字救护医船。24 日，“大通”号轮船驶向南京，救护医船随带药料 20 箱，防疫药水、时疫药水、辟瘟药水等 10 箱，饼干 4000 磅，大米 50 石，面包、馒头等食物不少；25 日下午，“大通”号轮船抵达南京，两军鏖战正酣，飞弹划过船身，惊险万分。船停下后，王培元队长冒着枪林弹雨入城引渡难民出险。这次行动救出难民2000余人，伤兵100余人，28日安全抵沪。来不及休息，第二天，“大通”号轮船再次由太古码头起航，30日抵达南京下关，王培元再次入城引渡难民，结果被困城中，“受五次危险”，差点回不来。经过与各方交涉，“大通”号轮船被放行，9月1日上午11时，“大通”号轮船返回上海，因封锁过严，获救难民仅808人，伤兵53人。

“大通”号轮船两度开赴南京，总计救护难民3000余人、伤兵伤民160余人。

十一、“和平使者”柯师

在二次革命上海之战的救护中，有位老外格外引人注意，他就是被誉为“和平使者”的柯师。

斯塔福德·M. 考克斯（Dr. Stafford M. Cox），中文译名柯师、柯师太福，英国爱尔兰人，内科学博士，1900 年来华，担任上海海关医官。他与商务印书馆经理张元济、著名思想家严复等都有交情，与中国红十字会创始人之一的沈敦和，更是好朋友。正因为如此，他对红十字会医务多有参与。早在 1908 年中国红十字会在上海天津路 316 号创设临时时疫医院时，就请柯师坐诊。同年沈敦和在上海宁波路 43 号创设急痧医院时，也是“请英国柯师医生担任施治”，一切费用全免。1910 年，中国红十字会鉴于总医院建成使用，特聘柯师为总医院内科医师。不久，中国红十字会医学堂在总医院旁拔地而起，当年招生，柯师又被聘为教员。中国红十字会的医师兼教师，柯师就是以这种“双师”的身份，一直尽心尽力于红十字事务。在辛亥革命武汉救援中，他担任救护队队长，夜以继日地救治伤民。湖北都督黎元洪深受感动，不仅为红十字会捐助经费，而且亲自前往慰问。

二次革命爆发后，柯师责无旁贷，投入上海之战的救护之中。

7 月 18 日，上海独立，北洋军、讨袁军剑拔弩张；7 月 23 日，上海制造局之战打响，双方伤亡惨重。为避免伤及平民，红十字会当晚即要求双方停战，柯师和沈敦和副会长分头行动，“以红十字博爱恤兵之名义分往两方面苦求”，终使两军休战 8 小时，以便红十字会救护伤兵伤民。但休战后不久，23 日晚双方再次开战。二人不甘心，24 日，柯师医师与沈敦和再次分别前往交战双

黎元洪与救护队员合影。中为黎元洪，旁留八字胡者为柯师

方“苦求”，希望“以人道为重”，化干戈为玉帛，取得城南闸北闹市区“勿用炮火击射”的承诺，两军从25日早晨6时起休战10个小时。

虽然沪南之战没有因柯师和沈敦和的调停而化解干戈，但减轻了战争危害，为救护争取了时间。庆幸的是，在吴淞之战中，中国红十字会的和平“运动”（调停之意）大获成功。

沪南制造局之战失败后，讨袁军退守长江门户吴淞，7月26日击退海军的进攻，俘获“联鲸”舰。8月11日，北洋军进抵吴淞，将讨袁军围得水泄不通。守卫吴淞炮台的钮永建部军心不稳，有厌战情绪。沈敦和副会长得知这一情况后，立即派出“特使”柯师前往斡旋。柯师不辞辛劳，12日下午冒着炮火乘红十字小轮赴宝山城内，向钮永建劝和，钮永建答应“为保全民及兵士起见，愿从忠告”。然后柯师又去李鼎新总司令、郑汝成镇守使处劝和，得到肯定的答复。13日，炮台守军2000余人解除武装，狮子林、南石塘炮台高悬红十字旗，暂由红十字会接管，“联鲸”兵舰作为红十字会医船归孟纳司暂管。这样，经过柯师苦口婆心地劝说，终于“得达和平目的”。此后，柯师一直服务于红十字会，多有建树。1920年8月30日，民国军政府有令，“柯师给予三等文虎”勋章。

十二、分会之功

在二次革命的人道救援中，各分会功不可没。

二次革命发生后，总会总办事处致电战地各分会，齐心协力，积极救援。各分会立即响应，组织救护队，奔驰枪林弹雨中，救护伤兵难民。例如，江西九江、南昌、吴城分会，战事一爆发，立即出动医疗队，设立临时医院，治疗受伤兵民，“成绩颇著”。

江苏镇江分会设立临时伤兵医院，白廉医士等不分昼夜，救治伤员，“伤兵留院者数百人，无不满意”。任兆霆另设分会医院于粮米仓，也留养伤兵数百人。

安徽滁州分会，医士师古德、理事长石晓澜率救护队开赴徐州战地，救伤葬亡。

在二次革命中，天津分会、南京分会、沪城分会的救护成绩尤为突出。

天津分会创建于1911年11月，徐华清（号静澜，字庚招）为会长，他是北洋陆军医学堂首任校长，陆军

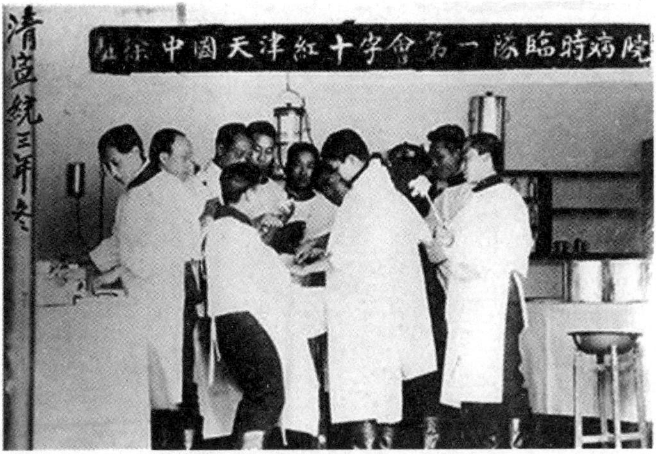

天津红会第一队设在徐州的临时病院

马医学堂创始人，北洋政府军医总监，被称为“中国军医之父”。辛亥革命中，他就派出医疗团队，南下徐州，组织救护。在中国红十字会首届会员大会上，他当选为常议会议员。

二次革命爆发后，徐华清“赶紧编发医队”，亲自挂帅，星夜乘津浦车再次南下，在利国驿、韩庄、宿州、蚌埠、临淮、滁州、浦口均设置临时医院，并深入险地，救护伤兵病民，历尽艰苦。天津分会救护医队长驱南下，使战地救护力量为之大增。南京是主战场，战况激烈。徐华清率领救护医队30余人在枪林弹雨中，冒险进入南京城，设临时医院3处，“竭诚救护”。在长达半年的时

徐华清

间中，他们共救治受伤民众3800余人，救助南京贫儿院儿童600余人。

天津分会远离战地，但在徐华清率领下，救护医队不辞辛苦，奔波南下，投入火热的救援行动之中，令人钦佩，史书称“其义勇可以风矣”，意思是说为全国红十字系统树立了学习的榜样。

南京分会会长于少彰即于恩绂，是一位商人，经营绸缎生意，在南京城内钓鱼台开有“启泰”绸缎商号。

虽然他不是富甲一方的大商人，但在南京城内也算小有名气。难得的是，他热心公益，常以博爱为心，做了不少善事。1913 年 10 月 20 日的《新闻报》报道："于君少彰，致力慈善界二十余年如一日，于各处公益善举，无役不从，热心毅力，为世所钦。"他是一位不折不扣的慈善家。

1911 年 10 月 10 日，改变中国命运的辛亥革命爆发，硝烟滚滚，风起云涌，席卷全国。11 月，南京战火燃起，死伤累累，于少彰挺身而出，联手宋培之、陈履源诸善士，重建南京分会（前身为 1904 年成立的金陵分会，后活动中断），并在雨花台同善堂设立分会办事处，组织救护医疗队，进行战地救护，共救护伤员 500 余人，掩埋尸体 700 余具。在此过程中，于少彰"躬亲百役，独任筹款，尤为可风"。也就是说，所有费用都由于少彰承担。他的义举，同样在红十字系统内部树立了楷模。

二次革命爆发后，于少彰会长立即组织救援，月余时间，"历尽艰辛危险，拯救军民至三千余人"。

伤员需要救护，难民嗷嗷待哺，总会总办事处派王培元前往救助，于少彰全力配合，"竟夜未眠"。还有南京贫儿院 600 余人，也由于少彰接济银米留养，两月中耗费米 300 石，洋银 800 元。

掩埋死者，以慰亡灵，以防疫情，是红十字会战事救护的一部分。二次革命中，于少彰组织掩埋队，“随阵掩埋”，南京之战结束时，共计掩埋尸体 7300 余具，立碑 18 座。

二次革命救护，开支浩繁，各项费用总计不下万元，全部由于少彰“独力担任”，令人感动。《新闻报》有篇“行善独免兵劫”的评论说，南京之战中，兵士抢掠骚扰，十室九空，百无一免，可是于少彰经营的启泰缎号安然无恙，未遭兵劫，“岂非于君乐善不倦之感召耶?”

二次革命中南京分会所立纪念碑

难能可贵的是，他还为中国红十字会赈济徐州兵灾“特首先创捐一千元，以示一视同仁不分畛域之意”，为此总会总办事处授予其中国红十字会“名誉会员”，并登报鸣谢。因功勋卓著，他获得陆军部颁发的“一等金色奖章”。

天津、南京分会的二次革命救护卓有成绩，沪城分会的救护成绩也不能小视。

沪城分会（又称上海城内分会）同样诞生于辛亥革命的血雨腥风中，创始人为夏绍庭。

夏绍庭手迹

夏绍庭（1871—1936），字应堂，祖籍江苏江都，出身于中医世家，是沪上首屈一指的名医，与丁甘仁（1866—1926，字泽周，祖籍江苏武进）齐名，有“北丁（北市丁甘仁）南夏（南市夏应堂）”之誉。夏绍庭不仅医术高明，医德高尚，而且热心公益事业，组建沪城分会，就是他亲力亲为、不懈努力的成果。他是中国红十字会第一届正会员，长期担任沪城分会的理事长、会长，直到1936年逝世，达25年之久。毫无疑问，他是沪城分会的灵魂，上海红十字事业初期的发展，夏绍庭功莫大焉。

辛亥革命爆发后，夏绍庭就组建了红十字会，每逢五、十之期，演习担架队法、初级救伤要法，常备不懈。所以，当二次革命上海战事爆发时，“沪城分会救护医队早经编练，当即出发救护受伤兵民，掩埋路遗尸骸”，从容应对。总会总办事处在上海的一切救护行动，几乎都得到沪城分会的倾力协助，在夏绍庭看来，这是义不容辞的分内事，“不求名利，不求人知，而其目的之所在无他，为中国红十字会六字”。沪城分会的“办事成绩”，不仅得到总办事处的“极为称许”，而且“中外人士赞叹不置”。

十三、赈救豫皖兵灾

二次革命的救护刚刚告一段落，“狼”烟又起——白朗之乱引发的豫皖兵灾，使得中国红十字会紧接着不得不投入新的救援工作中。

白朗（1873—1914），字明心，河南宝丰县大刘庄人。当地人称，他身材高瘦，腿长，行走如风，人送外号“白狼”，官方称他为“狼匪”。他当过兵，枪法很准，因违犯军纪，偷偷跑回了家，没有别的出路，又担心被抓回去受罚，于是上山当了土匪。

当时的河南，天灾人祸不断，民不聊生，很多人投身“绿林”（当土匪），所以土匪到处横行，灾难深重。白朗当土匪，也是被“逼上梁山”。

白朗是性情豪爽之人，虽然目不识丁，但当过兵，见过世面，有勇有谋。他仗义疏财，劫富济贫，结识豪侠，慢慢组建起一支队伍。

人们常说，乱世英雄起四方，有枪便是草头王。为

《中国红十字会杂志》1913 年第 1 期所载中国红十字会宗旨

了壮大实力，白朗居然绑架了宝丰县长的儿子，不为别的，就是为了获得枪支。为了赎回人质，宝丰县长只好乖乖奉上新式五响钢枪十支。白朗手中有了新式武器，底气十足，很快成为豫西屈指可数的“草头王”（土匪头目）。他以舞阳母猪峡一带为根据地，打家劫舍。1913 年 6 月 15 日，他率众一举攻克禹县城，缴获大量枪支弹药，一跃而成为“声振豫西”的“中州真主”，队伍发展到数千人，成为一支反抗袁世凯统治的重要武装力量。二次革命爆发后，黄兴曾写信请其进攻湖北，联合作战，但因信使在开封被捕杀，信没有送到。白朗也有意联合，多次派人打探、联络，但没有如愿。

木版年画“白狼过秦川”

白朗占山为王，还以“抚汉讨袁司令大都督”名义发号施令，声东击西，弄得河南都督张镇芳被牵着鼻子走，忽东忽西，疲于奔命，对他无可奈何。

9月底，白朗率军南下攻占湖北重镇枣阳县城，10月6日弃城回返，11月12日攻占宝丰县城，如入无人之境，然后满载而去，占据鲁山。面对如此严重的局面，袁世凯不得不增派重兵会剿，进入河南西部的总兵力达三万人。

大兵云集，没有吓倒白朗。他避实击虚，轻松自如地跳出包围圈，于1914年1月11日、15日、16日接连攻下光山、光州（即潢川）、商城三个县城，接着兵进安徽，24日占领六安，2月6日攻克霍山，湖北、河南、安徽三省震动。

战火蔓延，可怜无辜百姓遭受池鱼之殃。面对兵灾，中国红十字会当然不能坐视。1914 年 2 月 2 日，沈敦和副会长分别致电河南固始，安徽颍州、庐州、正阳、临淮等地分会，立即组织救护队，实施救援。但毕竟战灾面广，分会力量弱小，心有余而力不足，不得不向总会求援。

救援急如星火，刻不容缓。中国红十字会除组织战地各分会救伤葬亡外，电请庐州、芜湖等地分会派调查员，冒险前往战地，调查灾情，以便实施赈济。

霍山调查员余荫庭报告说，霍山较为偏僻，此次遭受蹂躏，元气大伤，亟待救助。

六安调查员朱应璋报告说，六安难民如潮，家园被毁，妻离子散，总计灾民不少于 10 万人，（他们）无食无衣，沿途乞讨，务请迅汇巨款，或用干粮、面包以救残喘，迫不及待。

颍州、固始调查员张星槎报告说，光山、潢川、六安三县城陷落后，房屋半成焦土，有的虽然没有被毁，但已残破不堪，难庇风雨。难民鸠形鹄面，统计三县难民不下百余万口，如果没有大宗款项，万难救济。

从上述报告中，人们可以强烈地感受到灾情的严重性和赈灾的紧迫性。中国红十字会可谓重任在肩。

巧妇难为无米之炊，要赈济“狼灾”，中国红十字会不得不先行筹款募捐。

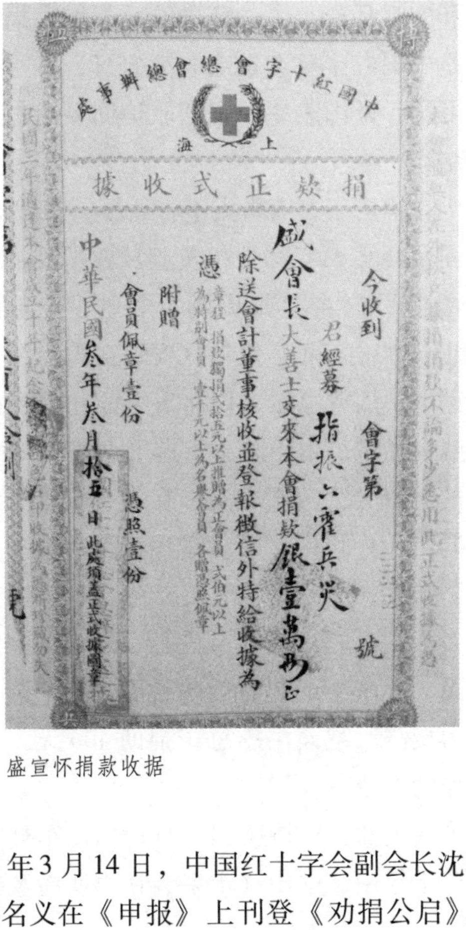
中國紅十字會總會辦事處

上海

捐款正式收據

今收到　　會字第　　號

君經募指振六霍兵災

盛會長大善士交來本會捐款銀壹萬兩正

除送會計董事核收並登報徵信外特給收據為

憑　章程　捐款獨捐貳拾五元以上推贈為正會員　貳佰元以上為特別會員　壹千元以上為名譽會員　各贈憑照佩章

附贈

會員佩章壹份

憑照壹份

中華民國叁年叁月拾五日　此處須蓋正式收據圖章

盛宣怀捐款收据

1914年3月14日，中国红十字会副会长沈敦和以总办事处的名义在《申报》上刊登《劝捐公启》，呼吁社会各界“慨解仁囊，源源惠助”；4月12日，沈敦和再次以总会总办事处的名义在《申报》上刊登《中国红十字会急募皖豫两省匪灾赈款》，呼吁海内外慈善家，慷慨解囊，救救豫皖两省数百万哀鸿！

沈敦和的呼吁产生了一定的社会反响，捐款源源不断。特别是中国红十字会前会长盛宣怀，又一次慷慨解囊，捐银万两，做出表率。安徽旅沪同乡会也伸出援助之手，筹垫洋千元。

款项仍在筹措中，而赈灾不容迟缓。安徽是重灾区，安徽旅沪同乡会义不容辞地担负起放赈的使命。受总会总办事处委托，同乡会张瑞臣、朱星五、周谷生携款20000元和药物、食品等奔赴六安、霍山，在分会和地方官绅协助下，散放急赈，直到5月底才放赈完毕。

河南战灾的赈济由经总会审批于1913年10月25日正式成立的固始分会负责实施，在理事长张玉缜的率领下，分会同仁治疗伤残，赈救难民，不遗余力。总会总办事处给予扶助，资助大洋千元。

1914年5月，白朗军转战陕西、甘肃，中国红十字会鞭长莫及，无法组织起有效的救援，只好请官兵调查灾情，量力接济。黎元洪副总统捐助400元，表达对红十字会工作的支持。

皖、豫兵灾的救护持续到8月初白朗军被镇压才告结束。在这半年中，中国红十字会在力所能及的范围内投入救援。

十四、日德青岛之战

皖豫兵灾救济尚未结束，而山东半岛风云突变。中国红十字会不得不把救护的重点转向胶东。

1898 年，德国通过中德《胶澳租界条约》，强行租借胶州湾，把山东半岛变成它的“势力范围”（又称“利益范围”，是指帝国主义国家在瓜分殖民地过程中所采用的一种掠夺形式，即帝国主义国家凭借其军事和经济力量控制某国领土的一部分作为经济掠夺或政治侵略的特殊地区，不许他国介入）。但日本对这块富饶的土地垂涎已久，也想据为己有。第一次世界大战的爆发，恰好为其提供了可乘之机。

1914 年 7 月 28 日，以英、法、俄等协约国为一方，以德、意、奥等同盟国为另一方，在欧洲大动干戈，两大军事集团忙于战争，无暇东顾，日本便跃跃欲试。8 月 15 日，日本政府以“日英同盟”“确保东亚和平”为借口，向德国政府发出最后通牒，要求德国解除驻华武

青岛日德之战遗址

装，将胶州湾租借地转交给日本，8 月 23 日如无满意答复，日本将采取军事行动。德国同意将青岛“交还中国”，条件是日本也应将它占据的台湾还给中国。这当然是日本难以接受的。8 月 23 日，日本以德国没有给出满意答复，正式对德宣战，并派出军舰 20 艘向威海卫集结，准备向胶东半岛德军发起进攻。

战争阴云密布，北洋政府眼睁睁看着日德为争夺在华利益而在中国领土上厮杀，居然宣布所谓的“中立”，跟当年日俄战争的情形如出一辙。

战争一触即发，中国红十字会不能不为战争救护提前做好准备。

8 月 9 日，沈敦和副会长以总会总办事处名义在《申报》发布《中国红十字会召集救护队员》的广告，

日德青岛之战剪影

决定组建救护队。8 月 21 日，中国红十字会举行常议员会议，决定：预备海战救护船、陆战救护队以及临时医院，以便青岛前线一旦战事爆发就可以出发救护，同时预备渔船救护难民；筹措救护经费，由常议员分头募捐；与北洋政府、日内瓦红十字国际委员会接洽，做好应对准备。

青岛战事迫在眉睫，中国红十字会救援准备也在紧锣密鼓地进行着。中国红十字会会长吕海寰寓居青岛，正好就近组织红十字会医院以备战时救护之需；烟台接近战地，交通便利，烟台分会奉命组建临时医院，作为治疗伤兵的基地。同时，总会总办事处组编海面救护队，教授初级救伤之法，以便在水上开展救护；红十字会各省分会不下数十处，大多经历战事，不缺有救护经验的人，沈敦和电请各分会，派出部分会员前往上海，以便组编一支精干的救护大队。

没钱寸步难行。常议员分头劝募善款外，总会总办事处仍以沈敦和副会长的名义在8月27日、28日和9月1日的《申报》上刊登《中国红十字会立募救护急捐请海内外同胞公鉴》，号召海内外同胞解囊相助。

十五、救护队整装出发

战事急迫，刻不容缓。中国红十字会救护队准备就绪，整装出发。救护队分编成水路、陆路两个小组。

中国红十字会救护医队赴烟台进行战事救护

1914 年 9 月 1 日，陆路救护队先行。天有不测风云，救护队刚刚出发，就接到胶州电报，说是即墨一带大雨，积水很深，途中淤泥三尺，不便行进。救护队不得不折回上海待命。

9 月 13 日，水陆两组合二为一，搭乘“新济”号轮，前赴胶东。救护医队由 43 人组成，队长是上海南市医院医生陈杰初，副队长为吴丽山、邓笠航，另以金幼香为掩埋队队长、吴凯为担架队教练、金汉声等 3 人为医员。临行前，沈敦和副会长在群雅菜馆设宴为救护队饯行，“以人道主义及博爱恤兵等旨为临别赠言”。沪城分会、南市医院也分别为队员们壮行，而后“整队登轮”。队员身穿黄色制服，佩戴红十字袖章，威武雄壮。救护队随带药料、医疗器械、食物等项不下 200 件。船行三日，16 日到达烟台。而此时距战争爆发已整整两个星期了。

两个星期前的 9 月 2 日，日军突然在龙口及莱州附近登陆，以对德宣战为名，侵犯中国领土。北洋政府无力阻挡日军的军事行动，只好依照日俄战争时的做法，把潍县车站以东划为日德交战区，其他地区仍为中立区，在这些地区，中国的领土主权以及官民生命财产必须得到尊重。但日军对中国政府的严正声明充耳不闻，9 月 10 日侵占平度，12 日兵临即墨、高密，13 日占领胶州，日军后续部队也将从崂山湾登陆，直攻青岛。

战火燃起，山东各分会在中国红十字会会长吕海寰指挥下开始进行力所能及的伤员救护。

吕海寰本打算在青岛设立临时医院，因青岛为战地，只好移往潍县（吕海寰不久离开山东进京），同时扩建战地各分会，推定陈绮垣为烟台分会理事长、卫礼贤为青岛分会理事长、傅稚谷为莱州平度理事医长、艾体伟为黄县分会理事医长、顾林森为海阳临时分会医长、庄钰为济南分会理事长，其余接近战线交通要道由各分会分驻救护医队。9 月 16 日，总办事处派出的救护医队到

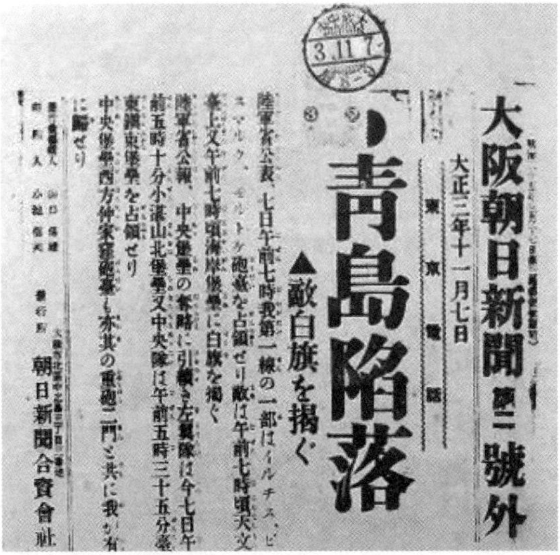
大阪朝日新聞 第二號外
大正三年十一月七日
青島陷落
▲敵白旗を掲ぐ
陸軍省公表、七日午前七時我第一線の一部はイルチス、ビスマルク、モルトケ砲臺を占領せり敵は午前七時頃天文臺上又午前七時頃海岸堡壘に白旗を掲ぐ
陸軍省公報、中央堡壘の奪略に引續き左翼隊は今七日午前五時十分小湛山北堡壘又中央隊は午前五時三十五分臺東鎮東堡壘を占領せり
中央堡壘西方仲家窪砲臺も亦其の重砲二門と共に我が有に歸せり
朝日新聞合資會社

日本攻占青岛的报道

达山东后，救护力量大增。9 月 19 日，救护队由烟台乘小轮至虎头岸登陆，开往平度，设立临时医院，在地方分会的配合下，实施救护。但战线广，虽有分会，仍感觉人手紧张。于是沈敦和副会长另外派王培元医生为临时监察员，带领 4 名医学生，携带药料、医疗器械，于 10 月 31 日前往增援。

战争在继续，中国红十字会的战伤救护也在有条不紊地进行着。11 月 7 日，驻青岛德军战败投降，中国红十字会的战地救护任务完成。

十六、“德国孔夫子”卫礼贤

在日德之战中，青岛是双方争夺的主战场。因此，青岛分会的战事救护就成为中国红十字会胶东救援的中心。在此过程中，卫礼贤会长就成为青岛救护的关键人物。

卫礼贤，原名理查德·威廉（Richard Wilhelm），

卫礼贤

来华后取名卫希圣，字礼贤（又称尉礼贤）。他是德国传教士，更是享有盛誉的汉学家，一生致力于传播与研究中国传统文化，被誉为“德国的孔夫子”“马可·波罗第二”。他的《中国心灵》一书，也让中国人感到震撼。

1873 年卫礼贤出生于德国斯图加特，1895 年通过神学职业资格考试被授予斯图加特修道院所属教堂的牧师职位，4 年后的 1899 年，他来到德国租借地青岛。中国传统文化深深吸引着他，使他痴迷于四书五经等中国典籍的译介和研究，其中他翻译的《易经》至今为国际汉学界津津乐道。在外人眼中，他是一位不务正业的传教士。不过，卫礼贤热衷于公益慈善，办学校，建医院，参与慈善事业，乐此不疲。1901 年，他创办了新式学堂“礼贤书院”，因办学成绩优异，1906 年他还被清政府赏加四品顶戴，成为青岛大名鼎鼎的“卫大人”。

作为一名传教士，卫礼贤在中国没有发展一名教徒，而他自己却成了“孔子的信徒”。但他并没有沉浸在“故纸堆”里，他关注社情民意，关注中国小人物的命运，对他们充满仁爱之心。“像每一个在这块土地上生活了许久的人一样，我学会了爱这个国家，爱它的人民。”卫礼贤深情地回忆说。

当卫礼贤致力于中国文化的传播与研究之时，第一次世界大战爆发，胶东半岛成为亚洲唯一的战场。日本

日德之战青岛市区被炸毁的房屋

与德国之间以青岛为中心，展开决战。战争爆发，友人劝卫礼贤尽快离开，但他选择留下，开始一项新的事业——人道救助。卫礼贤由此与红十字结缘。

战争是一场人道灾难，它的直接后果就是造成重大生命财产的损失和难民潮的涌起，从无例外。日德战争也是如此。隆隆炮声“撕裂了长空，所有花季一样的生活结束了”。整个青岛陷入混乱与恐慌之中，逃难的人群络绎不绝，“潮水般涌向开动的火车”，卫礼贤在书中如此描述。当旅居青岛的吕海寰会长准备成立中国红十字会青岛分会之时，卫礼贤积极响应，并且卫礼贤“爆棚”的人气使他成为青岛分会会长（理事长）的不二人选。

青岛分会成立后，立即组织医疗队，开展救护。医疗队有医生、看护、担架员、杂务，共计45人。礼贤书院临时用作青岛分会会所及救护医院，卫礼贤夫人开办的淑范女学堂（淑懿女中）为妇孺避难所。“经过德国当局的批准，我和几个朋友组织了一个红十字会机构，它的主要工作是帮助非战斗成员躲到安全的地方。”卫礼贤会长追忆青岛分会成立的经过时说道。

“帮助非战斗成员躲到安全的地方”就是为难民提供安全保障。9 月 28 日，日德青岛争夺战仍在进行中，难民不断增多，卫礼贤在日记中写道，当日“礼贤书院里突然涌来一大群难民，拖家带口从台东镇而来”。礼贤书院尽力收容，但人数太多无法全部安置，只好借用卡普勒的砖窑作为百余名妇女儿童的临时住所。尽管条件简陋，但不用担惊受怕。所有食物，都由红十字会提供，两名护士日夜操劳着。

青岛分会同仁合影，前排中间为卫礼贤

进入10月，青岛之战日趋激烈，卫礼贤指挥红十字救护人员救治伤兵，掩埋尸骸，废寝忘食，配备的两辆救护车，也不停地穿梭在枪林弹雨之中。

青岛分会的救护行动得到中外人士的广泛支持，显示出人道的力量。卫礼贤说，当筹备红十字会之时，“在短短的半个小时里已通过认捐的方式，募集到了很大一笔捐款”。随后的救护中，青岛分会陆续吸纳正会员14人（捐款25元以上者）和38名临时会员（捐款5元以上者），为救护行动的开展提供了人力和财力保障。

11月7日，日军攻入青岛，德军战败投降。日德青岛之战，从9月2日日军登陆龙口到攻占青岛，两个多月时间中，卫礼贤和中国红十字会青岛分会同仁，募集捐款，救助伤兵难民，不遗余力，受到各界赞誉，也使红十字得到广泛认可，走进了青岛人的“心灵”深处。

1914年是中国红十字会成立十周年，从1913年开始，总会总办事处就着手筹备十周年的庆祝活动，但到了1914年，庆典活动却无暇举办。事实上，他们以人道主义行动为十周年大庆献上一份厚礼，为中国红十字运动增色不少。

十七、护国战争救护

日本战胜德国，不仅继承了德国在山东的一切特权，而且野心勃勃，要“独吞”中国。1914 年 11 月 11 日，日本内阁通过了《对华交涉案》，并于 12 月 2 日上奏天皇批准。所谓《对华交涉案》，就是企图灭亡中国的“二十一条”。

1915 年 1 月 18 日，日本公使日置益将“二十一条”当面交与袁世凯，假惺惺地说，“日本政府向大总统表示诚意，希望中日悬案能够早日解决。同时也是大总统向日本表示善意的一个良好的机会。中日悬案解决，中日两国的亲善关系加强，日本政府希望贵大总统高升一步”。这里“高升一步”的潜台词，就是以支持袁世凯称皇帝作为交换条件，诱惑袁世凯出卖国家主权，承认“二十一条”。

袁世凯（1859—1916），字慰亭，河南项城人，是中国近代史上赫赫有名的人物。辛亥革命后，他与南方革命

袁世凯

军有约，只要推翻清朝皇帝，他就是大总统。于是袁世凯逼迫宣统皇帝退位，一举成为中华民国首任大总统（孙中山为临时大总统）。1913 年 10 月 10 日，袁世凯在北京宣誓就任大总统，可是他并没有因此而满足，又开始做起“皇帝梦”，希望有朝一日“飞龙在天”，为此不顾一切追求目标的实现。1914 年，他抛弃《中华民国临时约法》，重新出台了《中华民国约法》，把总统的权力扩大到几乎与皇帝等量齐观的地步，并且大张旗鼓地尊孔复古，借尊崇孔夫子之名，行复辟之实；同时，极力寻求帝国主义的支持，帮助他“圆梦”。日本“高升一步”的承诺，正中其下怀。1915 年 5 月 9 日，袁世凯接受“二十一条”。在国人看来，这是丧权辱国，奇耻大辱，于是，这一天被称为国耻纪念日。这就是“五九国耻”的由来。

12 月 13 日，袁世凯不顾一切，在居仁堂公然称帝，31 日又下令取消民国，改用“洪宪”年号，决定在元旦举行“登极”大典。

袁世凯出卖国家主权、复辟帝制的行为，激起国人的普遍反对，孙中山、梁启超、蔡锷等人纷纷发表通电，号召民众行动起来，用武力捍卫共和，讨袁护国。护国战争由此引发，于是中国红十字会开始了新的救援行动。

护国战争首先在云南打响。

蔡锷

1915年12月19日，原云南都督蔡锷摆脱袁世凯的控制，辗转回到昆明，联络云南督军唐继尧于25日通电反袁，宣布云南独立，成立讨袁“护国军”。1916年元旦，云南军政府宣告成立，推举唐继尧为都督，组织三路讨袁军：蔡锷任第一军总司令，出兵四川；李烈钧任第二军总司令，进军广西、广东；唐继尧兼第三军总司令，坐镇云南。1月10日，讨袁军誓师出征，“护国”战争爆发。

战事发生后，袁世凯派虎威将军曹锟为总司令，率军南下。中国红十字会料到一场惨烈的军事冲突将不可避免，于是急电成都、梧州各分会，迅速“召集医队，并分组涪州、泸州、重庆、叙州、荣县、雅州、自流井、南宁等处临时救护机关及固定医院”，做好战地救护的充分准备。

战地遥远，上海中国红十字会总会总办事处鞭长莫及。组织救护医队派往西南边区，极不现实，充分发挥分会的作用，无疑是必要的。在总会的推动下，分会及临时救护机关在西南遍地而起，到3月初，经总会总办事处核准设立的分会、临时救护机关及其负责人如下。

四川省：成都分会理事长李士桢，宁远临时机关主任江医博士，雅州临时机关主任达维迪医博士，嘉定临时分会医务主任金辅仁医博士，叙州临时机关主任唐医博士，泸州临时机关主任樊立德医博士，自流井临时机关主任古祖贻医博士，荣县临时机关主任康德贻医博士，重庆临时分会理事长魏诩丞、医务主任阿思密、沈德才、斐纶医博士，涪州临时机关主任高文明医博士，忠州临时机关主任别其原医博士。

湖南省：长沙分会理事长颜福庆医博士，常德临时分会理事长熊希龄、医务主任罗威恩医博士，辰州临时机关主任黄治中医博士，洪江临时机关主任费思德医博士，麻阳临时机关主任柯慕林医博士。

贵州省：铜仁临时机关主任柯慕林医博士（兼），安顺临时机关主任费医博士。

云南省：昭通临时机关主任林医博士。

广西省：梧州分会理事长周之济、医务长夏丽生，百色临时机关主任琼司。

分会及临时救护机关纷纷设立，用钱的地方很多，开支巨大，不难想象。总会总办事处则担负起筹款募捐的重任。受第一次世界大战的影响，经济不景气，筹款募捐，谈何容易。尽管如此，总办事处奔走呼吁，多方筹措。还在2月15日，总办事处就以副会长沈敦和的名义在《申报》《新闻报》刊登了《中国红十字会急募兵灾救护经费》广告，号召爱心人士慷慨解囊；接着，3月7日《申报》发布《中国红十字会总办事处沈仲礼启事》，12日发表《红十字会募捐通函》，4月2日、6日、10日、12日、14日、16日、18日、20日连续在《申报》刊发《中国红十字会急募兵灾救护经费》启事，呼吁“海内外大慈善家，本恻隐以为心，悯伤痍之满目，仁囊争解，义举同襄”。就是恳请各界伸出援手，支持前线的人道救援。

求助呼吁赢得社会各界的广泛回应，《申报》也刊登了对捐款者的鸣谢广告：《中国红十字会敬谢隐名氏大善士捐助四川兵灾洋一百元》《中国红十字会谨谢许邦兴大善士捐助洋二百元》《中国红十字会敬谢重庆分会魏诩丞君介绍会员交来会费洋二千五十元》《中国红十字会谨谢浙宁槐廷居士捐助救济兵灾洋一百元》《中国红十字会谨谢吴伯琴大善士捐助救济兵灾洋二百元》《中国红十字会敬谢赵芹波君介绍杨妙珍女士捐助兵灾洋二百元》《中国红十字会敬谢李云程大善士捐助兵灾赈捐银元二百两》《中国红十字会敬谢郭子彬大善士捐助兵灾洋五百元》《中国红十字会敬谢钱维之大善士捐助洋五百元》《中国红十字会谨谢晚悔斋同志诸公捐助兵灾救护经费银一千元》等等。从以上连篇累牍的鸣谢广告中，人们不难想见社会各界热心善士捐款的踊跃场景，这在经济衰退“勒紧裤腰带”过日子的时代条件下，实在是难能可贵。

社会各界源源捐助，增强了中国红十字会人道救援的信心，保证了分会救护行动的顺利开展。

护国战争以四川战场最为激烈，泸州、叙州、纳溪之战，都很激烈，伤亡不少。媒体报道说，2 月中旬以来，伤兵“运送至院就医者已络绎不断，大有坑谷皆满之慨”。面对如此众多的伤者，中国红十字会各分会及临时救护机关，全力救治，“自流井已疗伤五百余名”，泸州、荣县等战地医院也有五六百名伤员，“医院满塞”，几乎没有立足的地方。红十字会救护人员不分昼夜，敷药疗伤，应接不暇。

随着战事的持续，伤员人数还在“水涨船高”。《大陆报》报道说，到3月上旬，各救护机关收留的伤兵已有3000余人，救治任务繁重。

湘西战场的争战也很激烈，伤亡很多，湖南麻阳、辰州、长沙分会，互相支持，密切合作，医药费用则由前内阁总理熊希龄筹措，战地救伤有声有色。

熊希龄

救死扶伤之外，分会及临时机关还组织掩埋队，掩埋尸骸，以慰亡灵，如自流井、叙州、纳溪等临时机关就掩埋双方阵亡兵士尸骸200余具。

烽烟四起，干戈遍地，生灵涂炭。赈济战区难民，红十字会责无旁贷。如常德分会，专门组织救济队，将粮食发放到难民手中，救活了不少人。

1916年6月6日，袁世凯在四面楚歌中撒手人寰，护国军取得了讨袁战争的最后胜利。在整个护国战争的救护中，中国红十字会总会总办事处发动募捐，筹集钱款10余万元，基本上保证了战区分会和临时机关救护伤兵、赈济难民的需要。在总会和社会各界的倾情支持下，战区各分会和临时救护机关尽心尽职，克服了许多困难，取得了救援行动的成功。

十八、从“复辟之役”到“护法战争”

袁世凯死后，中国进入“军阀时期”，皖系、直系、奉系、晋系、滇系、桂系6大军阀集团加上遍布全国的小军阀，把整个中国分割得七零八落。各派军阀，相互攻伐，中国由此陷入军阀混战的大动乱年代，战火不断。在这个不幸的时代，中国红十字会以博爱为怀，继续着救伤恤难的人道事业。

护国战争救援行动结束一年后，“复辟之役”的炮声响起。1917年6月，张勋率“辫子军”（民国成立后张勋的军队仍顽固地留着发辫，人称“辫子军”）进入北京，7月1日拥戴溥仪，复辟帝制，史称“张勋复辟”。

民国建立，民主共和深入人心，任何开历史倒车的企图，都不会得逞。袁世凯没有成功，张勋的梦想也不会实现。

果然，“张勋复辟”立即激起民愤，声讨浪潮此起彼伏。这时，被黎元洪总统罢免的国务总理段祺瑞在天津马厂组织“讨逆军”，兵分两路，于7月12日兵临北京城下，与“辫子军”展开激战。“乱事忽起，伤亡枕藉”，7月10日，中国红十字会沈敦和副会长紧急召开临时常议会，决定着手组织医疗队，派往前线，救死扶伤。

“复辟之役”，天津首当其冲。中国红十字会天津分会迅速行动，组织起救护医队第一队，推举王延年为医务长、赵善卿为庶务长，于7月7日出发廊坊战地，随后开赴北京永定门，救护伤兵。7月13日，天津分会又组织起第二医队，进驻丰台。京城各医院联合收治伤病兵民，京奉铁路管理局给予配合，“预备红十字会医队专车，以便救济伤军”。

张勋

段祺瑞

7月12日，“讨逆军”进攻北京，“辫子军”不堪一击，溃败而去。还没等沈敦和派出救护医队，“复辟之役”迅速结束。在此过程中，天津分会“成绩昭著”，7月13日，大总统黎元洪颁给“肫然慈力”匾额一方，以示褒奖。

“复辟之役”虽然持续时间短，但紧张状态没有松弛下来，不久“护法战争”爆发了。

段祺瑞驱逐张勋后，再次出任国务总理兼陆军总长，黎元洪辞职，冯国璋虽然继任大总统，但徒具虚名，大权牢牢掌握在段祺瑞手中。

段祺瑞也想建立专制独裁统治，为了实现“武力统一”，他向日本大借外债，积极扩军备战，并且公开宣称“一不要约法，二不要国会，三不要旧总统”，拒绝恢复象征共和的《中华民国临时约法》和国会，受到社会各界和国民党人的强烈反对。1917年8月，孙中山在广州举起“护法”（护卫《中华民国临时约法》之意）旗帜，成立军政府，并出任海陆军大元帅。段祺瑞调兵南下，挺进被称为广东、广西“门户”，云南、贵州“咽喉”的湖南。10月，两军在湖南交火，护法战争开始。

护法战争爆发后，沈敦和和他的同事们正全力赈济北京、直隶水灾，焦头烂额，疲惫不堪，但天职攸关，岂忍坐视？战争爆发后，总会总办事处急电长沙、岳阳、

孙中山大元帅

常德、衡州、永州、汉口、重庆、威远、樊城、潜江、富顺、自流井、灌县、析津等分会分别组织救护医队出发战地，设临时医院救护病伤兵民。总办事处募集捐款，量力接济。1918 年2 月3 日，总办事处应通城分会请求，派刘月如、曹晨涛医生与药剂员李安福、看护唐永年、职员鲍康宁、鲍康祚等携带药品、器具乘招商局“江宽”号轮船前往通城协助救护。

战火在蔓延，总办事处接济困难，不得不向社会求助。2 月6 日，沈敦和副会长在《申报》上刊登“敬募”启事，恳请各界继续解囊相助。社会各界纷纷响应，量力支持。

1918 年 5 月 21 日，受西南军阀排挤，孙中山被迫离开广州前往上海。护法运动失败。在整个“护法战争”中，湖南是争逐最为激烈的“角斗场”。战争蹂躏，加上水灾，湖南民众陷于水深火热之中。中国红十字会把赈济的重点投向湖南，不仅筹集巨款给予救助，而且特别设立湘赈干部处，委派交通部专门学校校长唐慰芝为部长，办理湖南救济事宜。史书记载说，湖南赈灾救护“前后用款总计六万元左右”，有效缓解人祸天灾带给湖南民众的苦痛。

十九、江浙战争的前奏

护法战争后，时局仍处于动荡之中。各派军阀，相互攻伐，冲突愈演愈烈，并导致江浙战争的人道灾难。

1918年8月，粤桂联军向福建北洋军发起进攻，连续攻克龙岩、宁津、汀州、武平、清流、上杭、永定、平和、连城、宁洋、安溪、漳平、永春、大田、德化、仙游、龙溪、延平等地，福州人心惶惶。中国红十字会福州分会组织救护医队紧急出动，求援电报一封一封发到上海总会总办事处，凡医队所需药品、敷料等，请总办事处筹措速寄福州以应急需。总办事处立即照办，并组织延平、莆田等处分会开赴战地，协助救护。

内战的阴云始终笼罩，1920年7月直皖战争的爆发，就是北洋军阀集团内部发生的首次大规模武装冲突。

1919年12月，直系军阀首领冯国璋死后，曹锟、吴佩孚成为直系的核心人物。

曹锟、吴佩孚对皖系军阀段祺瑞的“武力统一”予

冯国璋

以抵制，由此激起直、皖矛盾的白热化。为了对付皖系，直系与西南军阀、奉系军阀结成“三角同盟”。1920 年 5 月，直系吴佩孚置段祺瑞“不准撤防”的命令于不顾，从湖南撤军北上（6 月撤至河南布防）。在撤防中，湘军赵恒惕根据与直系达成的默契，捷足先登接防，武力驱逐皖系湖南督军兼省长的张敬尧的势力。“湖南战局重开，浩劫当头，灾情过重。”中国红十字会总会总办事处“闻湘南发生战事，特电宝庆、衡山、衡阳各分会探询战况”，并致电常德、衡山、耒阳、衡阳、宁乡、宝庆、湘潭、长沙、岳州分会协力救护。各分会按总办事处的要求，筹集款项，救济难民，以尽天职。

吴佩孚

吴佩孚由湖南撤防北归是直皖战争的起点。7 月 14 日，直皖大战在北京城外正式展开，涿州、固安、高碑店（西战场）以及津浦线附近的梁庄、北极庙、杨村一带（东战场）很快变成逐鹿之场，京兆分会、天津分会，“协力救护”。值得一提的是，在这次救护行动中，北京女界红十字会积极参与，除组织救护队外，还设立妇孺救济会、妇孺收容所等，成绩突出，赢得社会各界的普遍赞誉。

直皖大战，直胜皖败，直系开始主宰中国政坛。但军阀之间的纷争恶斗并没有因此而停歇。

1921 年 3 月、4 月间，靖川军刘成勋部进攻四川，战火在新都等地燃起，成都分会组织救护队、掩埋队，并设临时妇孺救济所，竭力救护。6 月，第二次粤桂战争爆发。1920 年第一次粤桂战争中，桂系军阀战败，陆荣廷撤出广东，陈兵梧州，准备反攻。1921 年 6 月 13 日桂军沈鸿英部进攻广州，粤军陈炯明指挥反击，连战皆胜，8 月 5 日进入南宁。陆荣廷逃亡，战争结束。战争期间，桂林等处分会奔赴战地，救护伤兵，掩埋弃尸。总会总办事处筹资洋 500 元汇桂林分会，给予支持。

1922 年，直系、奉系利益之争加剧，由此导致第一次直奉战争。4 月 29 日，吴佩孚、张作霖各投入 10 余万兵力，在马厂、固安、长辛店展开激烈战斗。保定分会筹备救济会 21 处，救护队二队，第一队由副队长景受川带领于 28 日开赴霸县，第二队由保定分会会长钱启嘉亲自带队开赴大城。29 日，第一救护队到达霸县，恰逢两军开战，救护队不顾个人安危，冒险救护伤兵 80 余名，除送军医院外，余下 36 人送分会医院调治。5 月 4 日，直奉两军在大城一带交火，第二救护队于枪林弹雨中救护伤兵 300 余名。次日，奉军全线溃退。奉军退时，天津分会组织三支救护队，“竭力救护”。此外，广东全省分会合组联合救护队对四川兵灾的救护，赤水分会对贵州兵灾的救护，信阳、开封、固始分会对河南兵灾的救护，南昌、赣州、吉安、赣县对江西兵灾的救护，寿州分会对安徽兵灾的救护，福州分会对福建兵灾的救护，桂林分会对广西兵灾的救护，长春分会对吉林兵灾的救护等，均不遗余力。总会总办事处一方面筹款补助，另一方面知照前敌各军，对红十字会救护行动予以保护。

1923年，战争救护仍在进行。四川久战不息，成都、隆昌、万县、简阳、罗江、崇庆、威远、乐山、梁山、大竹、渠县、新都、华阳等分会，对川战救护，始终不敢懈怠。而广东番禺、高要、顺德、南海等分会对滇桂之战，贵阳分会对黔战，广西桂林、梧州等分会对粤桂之战，江西黎川分会、福建厦门分会对闽战，湖南常德、醴陵等分会对湘战等，也都积极投入救援。中国红十字会总会筹款募捐，量力资助分会的救护行动。

一系列的冲突，积聚更大冲突的能量，奏响大规模内战的序曲。1924年直、皖冲突升级，终于导致江浙战争的爆发。

二十、第一次江浙战争救护

1924年9月3日，江浙战争爆发。

江浙战争，因为是江苏督军齐燮元与浙江督军卢永祥之间的战争，所以又称齐卢战争。1924年是甲子年，所以又称甲子兵灾。

原来，第一次直奉战争中，直系军阀大获全胜，曹锟更是意得志满，想尽快登上总统宝座。为此，1923年6月，曹锟“逼宫”挤走“绊脚石”黎元洪，同时不惜花大价钱收买国会议员“拉票”，这就是民国史上的“曹锟贿选”。9月，在总统选举的预选会上，曹锟以5000元一张选票收买议员，又以40万元的高价收买国会议长，贿赂款花去1350余万元。就这样，曹锟当上了大总统，难怪人称曹锟为“贿选总统”了。

曹锟贿选立即激起各界的强烈反对，皖系浙江督军卢永祥就是反对最激烈的一个，这使直系难以容忍，在曹锟、吴佩孚授意下，直系江苏督军齐燮元、安徽督军

曹锟

马联甲、江西督军蔡成勋、福建督军周荫人结成攻浙联盟。双方投入的兵力各近10万人。1924年9月3日上午10时许，两军前哨相遇于黄渡、安亭间，“各放排枪，正式接触”。苏军为宫邦铎部约一营一连，浙军为杨化昭部约一营。战前，苏浙两军都进行了相应的战争部署。

苏军方面，齐燮元联合皖、闽、赣等省直系势力，四路进军。齐燮元任总司令，亲率三路军队：一路攻打上海，由宫邦铎、马玉仁等担任指挥；一路进攻安徽广德，由王普等担任指挥；一路据守江苏宜兴，由陈调元等担任指挥。第四路军由孙传芳率领，进攻浙江、江西、福建三省交界的仙霞岭。

卢永祥

齐燮元

浙军方面，卢永祥浙军联合上海、福建皖系武装力量，组成浙沪联军，分为南北两路。北路由卢永祥任总司令，下设三军：淞沪方面，由何丰林、臧致平、杨化昭等担任指挥；长兴、合溪一带，由陈乐山担任指挥；泗水一线，由王宾担任指挥。南路则由张载扬任总司令，潘国纲任副司令，坚守杭州。

战争持续了一个多月，直到 10 月 12 日，卢永祥宣布下野，13 日逃往日本，齐卢之战结束。江浙战争，以浙军失败而告终。

江浙战争“战局一开，地方糜烂”，弄得满目疮痍。史书记载说，“战线绵长数百里，战期迁延四十日。大兵所指，人民遁逃；炮火所经，村市为墟。兵匪劫掠，十室九空；流弹横飞，伤亡盈野。灾遍九邑，焚烧千户。

灾民无衣食住者，数十万家；农田被蹂躏者，百余万亩。直接损失，六千万元以上。诚洪杨以还，吾苏未有之巨劫也”，造成严重的人道灾难。其中，当时属于江苏的上海、嘉定、宝山、金山、昆山、太仓、宜兴等地生命财产损失最为惨重。

战争爆发后，中国红十字会总会总办事处由于事先做了准备，因而能够从容调度。

还在8月底，总办事处就将战事救护、设立妇孺收容所、指导战区设立分会等提上日程。9月1日，派出10余人组成的救护队前往浏河一带预备救护，同时设立医务总机关，以便协调。2日，两军箭在弦上，战争一触即发，沪宁火车停运，电话不通，交通阻断，总办事处自备小火轮，驶往苏州、昆山、常州、宜兴一带布置救护事宜，40多名救护员随行；浏河、吴淞、江湾、镇江等地的救护队各就各位。各地纷纷设立分会，广设收容所，保证了战地救护的顺利进行。

齐卢之战中，太仓全境大多遭受池鱼之殃，其中浏河一带几乎无日不战，“全镇精华化为灰烬”。总办事处派救护队第一时间投入救护，伤兵运往海格路总医院、天津路时疫医院、西藏路时济医院医治，难民安置于中兴路椿源里太仓同乡会。媒体报道说，9月4日，救护浏河伤兵、小孩共9名，运上海后，牛惠生医师将轻伤者留时疫医院，其余重伤者，转送至红会总医院。6日，浏河队救护 30 余人；7 日，由浏河接送伤兵 116 人。10 日救护队队员黄颂声、张筠舫、邱秉臣等 5 人，乘汽车前往浏河救护难民 10 余人。11 日，为救伤之便，总办事处派张石山率救护员 3 人，在北车站行李房门前设立临时救护所，救护浏河等地轻伤兵士。从 9 月 4 日至 10 月 13 日，红十字救护队共救治浏河伤兵近 500 人。

在第一次江浙战争中，嘉定受害最深，全县 34 市乡全部遭受冲击。据调查资料称，“两军相持之地，以嘉境为最广，战线最长，历时最久，剧战最多。”这四个“最”，可以想见战争对嘉定造成多么大的伤害了。这也意味着嘉定战场救护成为江浙战争救护的中心。嘉定分会及属镇娄塘、南翔分会，都积极从事兵灾救助。总会总办事处、沪城分会（即上海分会）也尽其所能，给予支援。

中国红十字会嘉定分会在 9 月 1 日成立后，立即投入战事救护。9 月 7 日“以该地粮食不给”，嘉定分会特派人到上海采办面包以及药品，并运送难民 200 人至沪。同时，设立妇孺收容所、掩埋局及临时防疫医院，治疗伤病员，并发动居民清除街道、河流中的脏物，掩埋遗尸。项如松会长、朱吟江副会长、顾吉生理事长在沪募款接济，“救护船只，络绎于途”。据统计，嘉定分会先后遣送难民万余人；至 9 月 29 日，掩埋局已收殓死尸 128 具。

嘉定娄塘分会作为一个乡镇分会，在救护行动中发挥了重要作用。娄塘地处浏河、嘉定之间，两军争战最为激烈，伤亡累累。9 月 4 日，两军在嘉定激战，娄塘分会随即前往协助嘉定分会救护。6 日前后，嘉定浙军与太仓苏军在黄渡连续激战，“西北乡、娄塘等处乡间人民，无法逃避、狼狈不堪”，娄塘分会派救护员雇大船 3 艘，救出难民 300 人送往上海。12 日晨，娄塘分会救获难民三大船，共 400 余名。16 日，又送出难民千余名，分载大船 2 艘、小船 7 艘，由救护员张国英及职员唐耀环、陆道生、潘子久等护送至上海。18 日，救护队张应芹医生等 6 人赴嘉定救出难民男女老幼计 60 余人。经全体职员的努力，娄塘分会连日救护难民 4600 余名，其中，运沪难民有 3000 余人，经旅沪同乡招待，分别安置于江宁公所、太王庙、纱业公所等处。此外尚有千余人留本镇，分派各庙宇留养，娄塘分会悉心照料，考虑到粮少人多，生怕断炊，又派人到上海采购。

娄塘分会还设立了临时医院，聘请印七襄、张应芹医生负责诊治。分会对疗伤事宜十分热心，“附近乡民被流弹及土匪击伤者，每日到院医治多至一二十人”，受重伤的一律运上海天津路红会医院诊治。该分会中西医士先后施诊计 3862 人次，其中西医诊视 3000 余人次，中医 862 人次，救治受伤难民 284 号，“经治见效，颇得军民感激”。掩埋方面，娄塘分会共收殓尸身 30 余具。

南翔分会驻沪办事处李功孚、顾吉生、胡湛华等，9月11日，召集紧急会议讨论组织营救部，救济难民，分为两组：甲组乘长途汽车赴大场，乙组乘专轮拖民船至南翔。黄渡连日大战，“阵亡兵士，被害农民，尸首急需掩埋，免至酿为时疫”，南翔分会派员组成掩埋队前往施救。

总会总办事处、沪城分会对嘉定战场救护施以援手。黄渡、嘉定、南翔、马陆等地位于战争前线，伤兵甚众，总办事处便派遣救护队前往救护，其他分会也将重伤伤员送沪医治。9月3日，黄渡、安亭间发生战事，有伤兵数人移至南翔，总办事处救护总队长牛惠生率领队员20余人前往救治，轻伤者在南翔车站医治，重伤者运往吴淞海军医院。据报道，从9月7日至10月14日，总会医院共救治嘉定黄渡、嘉定（城厢）、南翔、马陆等地伤兵1200余人。

掩埋方面，9月11日，张卜雄等乘专车赴黄渡督率队员，掩埋死亡兵士。另外还派徐乙藜医生、庶务员王锦城等人赴嘉定掩埋，历经数日，12月9日才返沪。救援队共计掩埋嘉定遗尸18具，黄渡7具，外冈2具，马陆9具。

沪城分会，9月23日在南翔黄渡一带救出伤兵21名，都送往上海新普育堂及公立医院医治。

与嘉定相邻的昆山，同样遭受战争的蹂躏，驻军骚扰，搅得鸡飞狗跳，弄得居民不得安生，大量逃亡，如安亭镇，媒体报道说，“西至徐公桥，南至顾浦桥，蚁聚输送船数百号，兵伙数千，如飞蛾扑地。……南至吴淞江，北迄铁路，十数乡村被抄无数次，猪羊宰杀净尽，人烟绝迹者两月余”，惨不忍睹。

好在总会总办事处在昆山设立了救护总队，昆山分会也应运而生，加上苏州、无锡等分会的支援，救护力量增强。

早在8月底，总办事处就在昆山设立了救护总队（又称第一救护队），倪承方任队长，医生有方菊影、任培天等。

战火燃起后，两军在陆家浜、安亭一带展开激烈争夺，驻昆救护队立即出发，9月6日就救护伤兵百余人，轻伤留昆山医治，重伤30余人由红会救护队张丹卿坐火车转运苏州救治。至战争结束，驻昆救护队所救伤病兵民达千余人，难怪每个救护队员“每日分别服务，异常忙碌”了。

除了总办事处驻昆救护队外，昆山分会也是一支重要力量。9月1日，中国红十字会昆山分会成立后，不仅救济妇孺、诊治伤兵，还与总会驻昆救护队积极配合，合力救济伤兵难民。

9月26日，昆山分会第一、第二收容所收容难民200余人，大多为城厢居民。安亭战火中，昆山分会又救助妇孺130余人，接着又收容望仙桥、方泰、钱盆塘一带妇孺120余人。因难民众多，昆山分会在西塘小学校、后浜杜氏宗祠设立了第三、四收容所；不久，又从白鹤江、蒋浦、安亭、赵屯桥、黄渡、外冈、望仙桥、方泰等地救出难民千余人。收容所爆满，昆山分会又借东塘俞凤宾宅添设第五收容所，柴王府毕庆侯宅设第六收容所，并在蓬阆、菉葭浜、花家桥设立妇孺收容所。据统计，齐卢之战中，昆山分会共设立9个收容所，收容难民达3546人。

伤兵救护方面，昆山分会不仅积极配合总会总办事处驻昆救护队的医疗工作，而且自行设立疗养院2处，共救治伤兵、俘虏、乡民583人。

昆山分会还先后组织掩埋队两队：第一队在黄渡、太仓，掩埋130余人，夫役乡民居多；第二队驻城，掩埋陆军野战医院、兵站医院、分会疗养院、官长、兵士、夫役等378人。

昆山分会的人道行动，引起《申报》的关注，给出“昆山分会，协同医队办理救护事宜，成绩甚优”的好评。

浏河、嘉定、昆山战场之外，遭受池鱼之殃的上海周边各地，也都依托分会，展开积极救援。

10月12日，卢永祥宣布下野，齐卢之战结束，但红十字会善后疗伤、掩埋、赈济工作仍在进行，直到11

月初才算告一段落。两个月中，中国红十字会总会总办事处先后在沪设立医院12处，向昆山、常州、浏河等处派出6支救护队，参与战地救护的医生、男女看护等400余人，可谓规模空前。沪城分会及昆山、吴县等地分会也投入大量人力、物力、财力协力救援，卓有劳绩。在这场大规模的军事冲突中，中国红十字会走过了20周年的风雨历程。

二十一、第二次江浙战争救护

1925 年元旦刚过，第二次江浙战争爆发了。

原来，正当第一次江浙战争行将结束之时，冯玉祥发动“北京政变”，推翻了曹锟政府，政局突变。

冯玉祥

冯玉祥是直系将领，战功赫赫，可是却受到吴佩孚的排挤，对曹锟、吴佩孚心存不满，在孙中山代表徐谦的影响下，密约倒戈。1924 年 9 月 15 日，奉系军阀张作霖趁江浙战争相持之机，集结兵力，进逼热河、山海关。9 月 18 日，第二次直奉战争爆发。吴佩孚领兵与奉军展开激战，冯玉祥则率部从古北口、密云前线秘密回师北京，在北京警备副司令孙岳配合下，于 23 日早晨占领北京城，囚禁了曹锟，驱逐溥仪出宫，史称“北京政变”。23 日，冯玉祥、胡景翼、孙岳联名通电主和，同时要求曹锟下令停战，免去吴佩孚所有职务。吴佩孚主力在前线土崩瓦解，逃往长江一带。

北京政变后，中央政权转移到奉系军阀手中。1924 年 12 月，被张作霖、冯玉祥捧为中华民国临时执政的段祺瑞，任命卢永祥为苏皖宣抚使，免去齐燮元苏皖赣巡阅使兼江苏督军职务。张作霖为扩展地盘，派张宗昌随卢永祥南下。齐燮元先发制人，与人称“笑面虎”“东南王”的孙传芳联合组织江浙联军，于 1 月 9 日进攻北京政府派来上海的淞沪军使张允明部获胜。接着与南下奉军交战于无锡、苏州等地。战事持续到月底，以齐军的失败而告终。

战火突起，伤亡惨重，被灾难民，还没等恢复元气，再遭劫难。其中松江、江阴等地的乡民“扶老携幼，肩挑背负，纷纷逃避”。中国红十字会总会总办事处立即

孙传芳

组织救援，在松江设立9处收容所，三日内收容难民3000余人。莘庄、七宝等地成立红十字事务所，协助救护。沪城分会更是不遗余力。1月2日夜，上海南车站有莘庄运来的第四师伤兵2批计132名，沪城分会副会长殷受田与救护员郑鸿钧、鲁志等雇用汽车，陆续运至该会太平街临时医院医治。3日下午，郑鸿钧等8人又乘专车前往新龙华救护伤兵80余名。12日徐家汇、新龙华发生战事，沪城分会当天两次派队乘沪闵、南柘长途汽车，前往徐家汇一带救护，救治伤兵85人。据不完全统计，沪城分会临时医院连日所收伤兵超过300名，新舞台所留伤兵多达500余名。

苏州附近战火燃起，总会总办事处于1月13日派沈金涛率救护队乘“大利”轮前往苏州施救，14日入城，救出避难妇孺310人。至27日，救护船已8次往返苏州—上海，救出难民数千人。战区其他分会的救护，也是可圈可点。

两次江浙战争，中国红十字会及所属分会，前后救治受伤兵士、难民4000余人，救护难民近10万人出险，掩埋尸体数百具，赢得社会各界的广泛赞誉。为褒奖红十字会办事人员，总会总办事处特定制一种饭碗，上书“江浙战争救护纪念”八字，以作纪念。

二十二、北伐进行时

第二次江浙战争结束，奉浙战争又起。张学良之父、北京政府陆海军大元帅张作霖为了向南方扩张奉系势力，1925 年 8 月 29 日，要求段祺瑞任命杨宇霆为江苏督军，姜登选为安徽督军。孙传芳先发制人，联络苏军旧部及

张作霖

鄂、皖、赣三省直系军阀，组成浙闽皖赣苏五省联军（孙传芳自称联军总司令），于10月15日兵分五路，向上海发动进攻。杨宇霆、姜登选不战而败，放弃上海、南京等地。奉系山东督军张宗昌奉命固守徐州，与联军展开激战，11月7日奉军战败回鲁，战争结束。

在持续近两个月的争战中，中国红十字会总会总办事处进行了广泛的救护动员，分会积极响应，据《申报》等媒体报道，参与救护的分会有镇江、泗泾、松江、高邮、南京、常州、扬州、昆山、丹阳、宝应、仪征、阜宁、宿迁、泰县、武邑、清江浦、徐州、盐城、惠民、涟水、淮安、明光、滁州、临淮、蚌埠、宿县、泗县、江阴、郾城、永城、虞城等，有一些乡镇如三河镇、刘庄、板浦、楚旺、众兴、高资、窑湾等也组建分会，参与救护。救护成绩也很显著，如安徽宿县分会，在向总办事处的报告中述说："此次联军与奉军旬日大战，均在宿县境内……县北战事，尤为剧烈，兹于十一月一日黎明，第一救护队长赵良璧、副队长张秉钊率队役二十名，掩埋队长李景堂率队役三十名，医务长任冠五、医生任玉杰、刘汉三、齐载三、李济柔、庶务长胡寿山等，向东北出发；本日下午第二队救护队长任梅村、副队长柏运生率队役十六名，掩埋队长王永清率队（役）二十四名，医务长蔡黎堂、庶务长李绍成等率员向正北出发。第三（一）队经历单庄、王家场、万渡口、顺河集、黄家嘴、王家寨、鹤山集等处，救出伤兵三百六十八名，掩埋亡兵二百四十七名；第二队经历九空桥、符离集、黄山头、丁家寨、褚庄、离山铺等处，救出伤兵二百八十三名，掩埋亡兵二百五十七名。战地居民逃避不及为流弹所中者，两队共救治四十一名。至于伤兵，除即时治愈不计外，共载送四百九十五名于城内医院，所有伤兵，一概安置妥帖。”由此可见分会救护情形之一斑。分会的广泛参与，使奉浙战事救护取得了圆满的成功。

北洋军阀穷兵黩武，弄得兵戈四起，天下大乱，以致民不聊生。人们渴望结束战争，社会各界包括中国红十字会不断呼唤和平，声嘶力竭。顺应民意，1926 年，一场结束战争的战争——北伐战争拉开序幕。

北伐战争分为两个阶段。第一期北伐是国共两党联手共同推进的。自 1924 年第一次国共合作建立以来，两党为北伐作战做了充分的准备。北伐的目的是结束军阀割据局面，实现统一。北伐的对象是盘踞湖北、湖南、河南的吴佩孚集团，割据苏浙皖赣闽的孙传芳集团和割据东北、直隶、山东、热河、察哈尔等地的张作霖集团。1926 年 7 月 9 日，国民革命军在广州举行北伐誓师大会，北伐战争正式开始。

北伐军首先向吴佩孚部队盘踞的湖南、湖北进军。共产党人叶挺领导的、以共产党员为骨干组成的第四军独立团是北伐先锋。

叶挺

在广大民众的支持下，北伐军高歌猛进。进入湖北后，吴佩孚部企图凭借汀泗桥、贺胜桥的险要地势阻止北伐军的进攻。经过浴血奋战，北伐军终于在 8 月下旬攻下汀泗桥、咸宁和贺胜桥，击溃吴佩孚主力，并在 10 月 10 日攻占武昌。在战斗中，叶挺独立团战功卓著，所在的第四军被誉为“铁军”，叶挺更是被誉为北伐名将。

与此同时，向江西进军的北伐军，11 月一举歼灭了军阀孙传芳的主力，占领九江、南昌。福建、浙江等省的军阀也纷纷倒向北伐军。国民革命军冯玉祥部也控制了西北地区，并准备东出潼关，南北呼应。北伐战争的胜利大局已定。

战火燎原，生灵涂炭。中国红十字会各省分会，组织救援。例如，在两湖战场，8月19日，北伐军攻克湖南平江时，平江分会派队掩埋阵亡兵士尸体53具，设临时医院3所，救治伤兵370余人，收容妇孺千余人；湖北蕲春分会在两军交战时，设妇孺收容所3处，并派出由40名队员组成的救护队赴前线救伤；武汉开战后，“枪炮之声，日夜不绝，人民纷纷逃避，市面备极萧条”。汉口分会设临时医院2处，收治伤兵千余名，分设妇孺救济所47处，收容难民妇孺50000余人，“并掩埋死尸浮棺数千具，见义勇为，有口皆碑”。在这次救护行动中，汉口分会出动的救护人员达200余人。

在江西战场，曾在二次革命救护中取得卓著成绩的吴城分会，组织起救护队，赴战地救伤葬亡，同时开办妇孺救济所，留养落难妇孺；南昌分会自9月投入战事救护，一个多月即掩埋尸骸2000余具，收容难民、伤兵4000余人；九江分会救伤恤难，勉力而为；吉安分会在邻县军情告急之时，出队救护。

在江浙战场，杭州、宁波分会组编医队，参与战地救护。松江分会在1926年年底即着手筹备战事救护事宜，战争发生后，受总会总办事处委托，1927年2月18日，开办中国红十字会第五疗养所，至3月初收容伤兵、难民达3000余人；松江所属莘庄、七宝，均有红十字会组织，两镇分会开办收养所，组织救护队，积极投入救援行动；沪城分会在3月15日派出救护医船，前往青浦，救出难民240余名，23日派掩埋队前往闸北，掩埋尸骸百余具；扬州分会“因时事之需要，设有医院四所，自军兴以来，受伤兵民住院者先后达六百人之谱，每日门诊至少亦在百号以上”。新成立的六合、奉化、南通、砀山、漕河泾等分会，也都开展了力所能及的救援活动。其他战场，分会的人道救助活动也是有声有色。

二十三、北伐救护队女队长

特别值得一提的是，在北伐战争中，宋庆龄发起的中国国民党党立红十字会（简称党红十字会、党立红十字会），组织起女子北伐救护宣传队（又称北伐妇女救护队，简称北伐救护队），国民党中央妇女部干事高恬波担任救护队长。她率领13名救护队员，辗转湘、鄂、赣三省，随军救护，被誉为北伐救护队中的“女将军”。

广东第一位女共产党员

高恬波（1898—1929），原名慕德，广东惠阳县（现惠州市惠阳区）人。父亲高若汉是当地受人尊重的名医。受家庭熏陶，高恬波从小就有悬壶济世、治病救人的仁心。1915年，高恬波如愿以偿，考入广州妇孺产科学校，成为一名医学生。

高恬波

高恬波聪明好学，深受进步思潮的影响。1919 年五四运动爆发后，她不仅积极参与，成为广东学生运动的先锋，而且以红十字会救护队员的身份，救治被军警打伤的学生。学医出身的她，与红十字有着“天然”联系。

1923 年春，高恬波加入中国社会主义青年团（1922 年 5 月在广州成立，1925 年 1 月 26 日改称中国共产主义青年团）。6 月，“新学生社”成立，这是广州青年团外围组织，高恬波出任执行委员会常委，书记则是共产党员阮啸仙，共同的理想使他们走到了一起，不久经组织批准，二人喜结连理，成为一对“革命夫妻”。

1924年春，高恬波加入中国共产党，成为广东省第一位女党员。也正是在这一年，国共两党第一次合作建立，高恬波以个人身份加入国民党，任国民党中央妇女部干事，成为国民党左派妇女部长何香凝的得力助手，是妇女运动的积极分子。在何香凝支持下，她以妇女部名义筹建贫民医院，为贫困患者提供人道救助。7月，她参加首届广州农民运动讲习所学习，38名学员中，只有她和李曼如两名女性。8月21日结业后，高恬波出任国民党中央农民部农民运动特派员，她深入基层，访贫问苦，经常免费为穷苦妇女施医送药。10月，青年团广东区委妇女支部成立，高恬波担任书记。此时的高恬波，已经成长为信仰坚定、成熟练达且具有红十字博爱情怀的共产党人。

北伐救护队中的“女将军”

1925年冬，为配合国民革命军北伐，何香凝、邓颖超等人在广东大学医科学院（1926年改名中山大学医学院）组织“军人家属妇女救护员传习所”，培训战地救护人员。学员120余人，高恬波担任培训教师，讲授止血、固定、搬运、包扎“四大技术”中的包扎技能以及传习所管理事务。

1926年1月8日至19日，国民党第二次全国代表大会在广州召开，宋庆龄当选为国民党中央执行委员。为弘扬孙中山的博爱思想，宋庆龄发起成立了国民党党立红十字会，为北伐战事救护做准备。

北伐的目的是结束军阀割据局面，实现国家统一。大规模的军事冲突即将来临，流血牺牲不可避免。为救护伤兵，党立红十字会组建女子北伐救护宣传队，高恬波主动请缨，被委任为救护队长。这支由13人组成的“娘子军”，有10名是妇女救护传习所学员。

1926年7月9日，国民革命军在广州举行北伐誓师大会，北伐战争正式开始。高恬波率救护队随军出征。长途跋涉，奔波劳顿，辛苦异常，但她无怨无悔。每到宿营地，她顾不上休息，带着救护队员检查病号，护理

北伐妇女救护队，右起第五是队长高恬波

伤员，忙前忙后，受到将士们的交口称赞。

8 月 26 日，北伐军第四军 6 个团猛攻湖北咸宁汀泗桥时，军伐吴佩孚部借有利地形负隅顽抗，使北伐军造成重大伤亡。叶挺独立团为前锋发动总攻，高恬波带领救护队冒着枪林弹雨，深入战地，将伤员一一救下火线。

高恬波

高恬波在抢救一位伤员时，不幸左腿中弹，昏倒在地，苏醒后她包扎好伤口，硬是爬着将伤员背了回来，令在场的北伐官兵感动不已。

北伐军辗转湖南、湖北、江西三省之间，行军强度高，战事密集。高恬波不负众望，率着这支救护队，随军进退，行程万里。她的事迹在北伐军中广为流传，官兵们亲切地称她是北伐救护队的“女将军”。

永远的“南粤红棉”

高恬波不仅仅是救护队长，“北伐救护宣传队”本身说明这支队伍还担负着“宣传”使命，这就意味着高恬波还是宣传队长。事实上，在湘、鄂战场，高恬波经常动员沿途工农妇女参加革命，支持北伐。

北伐战争捷报频传。但 1927 年“四一二政变”——1927 年 4 月 12 日蒋介石在上海发动的反共清党、屠杀革命者和工人群众的血腥政变，国共两党合作烟消云散。高恬波转入地下活动，不久服从组织安排从江西回到广州，护理重病在身的阮啸仙。

为了反击国民党的“白色恐怖”，1927 年 12 月 11 日，在中共广东省委书记张太雷以及叶挺、叶剑英、聂荣臻、徐向前等的领导下，发动了广州起义。高恬波动员妇女，组织救护队，抢救伤员，三天三夜未曾合眼。起义失败后，高恬波随部队转移到鄱阳湖，不久被派到南昌担任中共江西省委特派员，恢复党组织，开展秘密活动，使江西革命形势逐渐好转。遗憾的是，1929 年 12 月 25 日，高恬波在南昌市区执行任务时，不幸被捕，被残忍杀害，年仅 31 岁。

为了悼念高恬波烈士，1930 年 1 月，中共中央机关刊物《红旗》第 69 期发表《悼我们的女战士高恬波同志》，号召广大党员学习她的革命精神。新中国成立后，时任全国人大常委会副委员长何香凝饱含深情，写下了《回忆高恬波同志》的文章，称赞她是“中国共产党员的优秀典范!”而她执着的红十字人道情怀，就如南粤大地上的红棉花，鲜艳夺目。她被誉为“南粤红棉”，是红十字人的骄傲!

二十四、战争没有远去

北伐战争频传捷报，可是好景不长，1927 年“四一二”反革命政变，使国共两党合作的良好局面终结。

1926 年，蒋介石大权在握，开始实行军事独裁。随

蒋介石

着北伐的胜利进军，蒋介石反共倾向日益显露。11月9日，他在南昌成立了总司令部，磨刀霍霍，积极准备，决心大开杀戒，清党反共。

1927年4月12日，以蒋介石为首的国民党新右派在上海发动反对国民党左派和共产党的武装政变，大肆屠杀共产党员、国民党左派及革命群众。这就是历史上著名的“四一二”反革命政变。政变使中国革命受到严重摧残，是大革命从胜利走向失败的转折点，同时也宣告国共两党第一次合作失败。

宋庆龄一方面在武汉发起讨伐蒋介石的运动，捍卫孙中山的三大政策；另一方面，鉴于集中于武汉的北伐军伤兵逾万，缺医少药，备受折磨，于是她与何香凝等人发起成立北伐红十字会，并在5月27日举行的由汪精卫、徐谦、孙科、顾孟余、吴玉章、彭泽民等国民党中央委员及周恩来等300余人参加的谈话会上，正式定名“北伐伤兵救护大会”，每团体推举一至二人共同组织；聘请专门救护人才，分别担任救护事宜；设立执行委员会执行会务，宋庆龄担任执行委员会委员长。这个“北伐伤兵救护大会”，脱胎于北伐红十字会，仍是红十字会组织。

6月8日，宋庆龄出席“北伐伤兵救护大会”召集的各团体代表联席会议，决定为救护伤兵筹款募捐。美国记者安娜·路易斯·斯特朗评论：“我还记得在她家花园中为国民党红十字会募捐而举行的那次招待会。这是在革命的汉口有外国政府代表参加的第一次社会活动。……她的魅力使敌人也不得不大掏腰包。”为了培养救护伤兵的工作人员，宋庆龄又创办了看护训练班，培训后即分派伤兵医院工作。培训所用教材为孙中山翻译的《红十字会救伤第一法》。孙中山的博爱思想在宋庆龄的组织活动中熠熠生辉，闪耀着人道主义的光芒。

在北伐战争的救护行动中，中国红十字会总会，应当说也发挥了相当的作用，总会总办事处在致电前敌各军对红会的救护行动给予“一体保护”之外，还亲自参与江浙战场的救护。1927 年 3 月 15 日，为救济松江难民，总办事处特租内河招商轮船局“恒吉”轮加挂船

宋庆龄在武汉

只，驶往松江，救出难民227人。3月17日，“恒吉”再赴松江，救出难民352人。3月23日，闸北突遭兵燹，总办事处派员乘汽车，往返救护，并派出掩埋队，会同沪城分会，掩埋遗尸。豫战发生后，载往汉口的伤兵骤增至9000余人，汉口分会无力招架，总会总办事处随即组织一支由23人组成的救护队，于1927年6月11日乘“南洋丸”号赴汉增援。

但是，与以往的救护行动相比，中国红十字会总会在北伐战争的救护中，表现出令人不解的“消极”：一则没有亲自组织、协调各分会的战地救护，各地分会近乎沉寂的救护局面，与此不无关系；二则没有积极的救援行动方案，除了江浙战场有总会的直接参与外，其他战场很难看到总会直属的救护医队出入于枪林弹雨之中；三则没有举办必要的募捐活动，翻检当时最具影响力的《申报》，从1926年7月到1927年7月，整整一年中，几乎找不到直接与北伐救护相关的募捐启事，这与以前的做法大相径庭，在中国红十字运动史上也是极其罕见的。没有募集事业基金，慈善救护自然无从下手。

作为专事人道救护的慈善组织，中国红十字会近乎冷眼旁观地消极地面对北伐战争的人道需求，此种反常之举（个中“奥秘”尚无法揭开，留待专文探究），不能不令人感到遗憾，更激起前敌各军的强烈不满，正因为如此，国民革命军总司令部专门成立“彻查上海红十字会委员会”，对红会进行“彻查”，在1927年8月13日彻查委二次会议上，总司令部军医处处长陈方之表示，“彻查原因，为红会历年积弊太深，并此次前方救护工作，不但不予以协助，竟敢置若罔闻，殊失创办红会宗旨。”“彻查”后，红会先后派出5支医队前往南京、常州、镇江等地救护沪宁战伤，救护工作稍有起色。

“军阀时期”是最需要人道关怀的非常时期，然而，另一种情况同样令人咋舌。一位外国观察家发现：“虽然没有一个中国将军曾公开谈论过作者所了解到的事实，但作者还是得到这样一个印象，即从人道主义观点出发，总的来说，中国人不太关心红十字会的宗旨，而实际上却把它当作是没有用处的军队附属部门。从这个观点出发，任何人只要见过一场长期战役，就会发现一个严重过失。撇开人道主义不谈，对待轻伤员的首要问题是尽快使他们能返回火线。人们也许会从直（系）军中对待伤亡人员的情况做出判断。实际上，一个中国士兵受了伤，就会使部队永远失去了他，这是因为后方的绷扎站和急救站是非常原始的。作者曾访问过石门寨和肖浦罗附近的几处这样的机构，发现那里没有护理医生，而负责的下士竟没有或几乎没有一点处理重伤员的知识。一桶水和一些绷带是许多地方仅有的设备。可以想象得出这些伤员在得不到消毒或杀菌几天之后的严重情况。因缺乏医疗、护理，轻伤员受伤后从火线上需要步行回队治疗，使他们受到极大的痛苦。由于担架不够充分，许多重伤员不能及时运回后方医疗，情况就更为严重了。到达秦皇岛后他们的情况略微好些，但该处也没有合适的医生。通常需要等两三天才能在去唐山和天津的所谓‘医院列车’上找到一个位置。无数伤员则使用牛车运送，通常因伤口暴露，竟死于车中。即使幸存者，到达基地医院后所接受的治疗，也不大可能使他们在几个月内重返前线。对目前这样短暂的战争来说这也许不太重要，但是，如果战争持续半年或一年，由于缺乏医疗机构的及时抢救，将使精兵减少约百分之三十，这将会严重影响战争的胜败。”显然，脆弱的医疗卫生保健需要全社会的共同呵护，从这个意义上说，红十字事业的发展，更显得重要而不可或缺。

1927 年 4 月 18 日，蒋介石就迫不及待地在南京建立了“国民政府”。但战争没有远去，内战的烽烟依然笼罩着中华大地。经过“彻查”整顿后的中国红十字会及其所属分会，继续为战事救护而奔波着。

尾　声

1904年3月10日，在日俄战争的滚滚硝烟中，在人道主义关怀的声声呼唤下，中国红十字会终于走上了历史舞台。

中国红十字会的创建，被当时的媒体誉为中国慈善界“第一伟举”，开创了中国人道主义救助事业的新局面。

红十字会一向被视为人类文明、社会进步的产物。可是，也有人说她是“不祥之物”。中国红十字会常熟分会会长、《续孽海花》的作者“燕谷老人”张鸿，就有这样的“雷人”之语，说“红十字会者，世界不祥之物也”。

张鸿会长的“雷语”，不是没有道理的。在他看来，红十字会总是与天灾人祸联系在一起的。红十字会起源于战争，不是战争，哪有红十字会？“推而广之，凡疫病饥馑有害于社会者，（红十字会）靡不从事以救恤之。

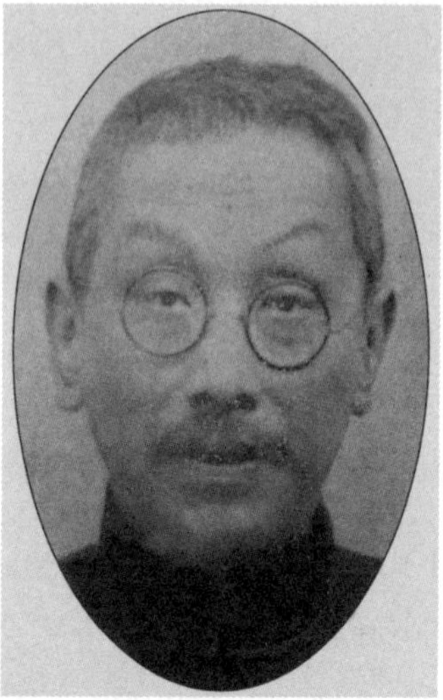

“燕谷老人”张鸿

世无凶灾，则会（即红十字会）中无事焉，谥曰不祥，孰曰非宜?”换句话说，只是在大灾大难降临时，才会看到红十字会，否则红十字会就无事可做，就没有存活的土壤。既然如此，红十字会就是“不祥之物”，谁也不希望见到红十字会活跃的身影，红十字会的活跃，就意味着“凶灾”的肆虐。

可是，话又说回来了，“世无凶灾”，只是一厢情愿的幻想，战争、自然灾害不可避免。残酷的现实，呼唤“吉祥物”现身，红十字会于是有了用武之地，并以其博爱之行给予被“凶灾”者人道关怀，驱散“不祥”阴霾。张鸿会长感慨，“不祥之物者，亦可谓为大吉祥者”。红十字会既是“不祥之物”，又是“大吉祥者”，这就是“辩证法”。

从晚清到民国，战争从来没有停歇过，北洋时期的中国，甚至被称为“战国”。谁也不希望出现这样的局面，可是这样的局面还是出现了。血雨腥风，呼唤人道的甘霖。生于战争中的中国红十字会，于是也在战争中不断壮大自己，秉持“博爱恤兵”的宗旨，投身到战事救护之中。在清末民初历次战争中，红十字会就是这样，一次次穿梭于枪林弹雨中，把一个又一个的伤兵难民，从死亡的边缘“拽”了回来。在伤兵难民眼里，红十字会就是“吉祥物”，是他们的“大救星”。虽然中国红十字会还不够强大，但竭尽所能给挣扎在死亡线上的人们带去生的希望。由此我们不难理解习近平总书记说的话，“红十字不仅是一种精神，更是一面旗帜”，光鲜亮丽，熠熠生辉。

图书在版编目(CIP)数据

战火中的人道:清末民初红十字会战地救护的故事/池子华著.
—合肥:合肥工业大学出版社,2022.5
(中国红十字运动知识丛书.第三辑)
ISBN 978-7-5650-5416-7

Ⅰ.①战… Ⅱ.①池… Ⅲ.①红十字会—军事医学—急救—史料—中国—近代 Ⅳ.①D632.1②R82

中国版本图书馆 CIP 数据核字(2021)第 179427 号

战火中的人道
——清末民初红十字会战地救护的故事

池子华 著

责任编辑	何恩情
出版发行	合肥工业大学出版社
地　　址	(230009)合肥市屯溪路 193 号
网　　址	www.hfutpress.com.cn
电　　话	人文社科出版中心:0551-62903200 营销与储运管理中心:0551-62903198
开　　本	889 毫米×1194 毫米 1/32
总 印 张	21.875　　**总 字 数**　386 千字
版　　次	2022 年 5 月第 1 版
印　　次	2022 年 5 月第 1 次印刷
印　　刷	安徽联众印刷有限公司
书　　号	ISBN 978-7-5650-5416-7
总 定 价	120.00 元(共 5 册)

如果有影响阅读的印装质量问题,请与出版社营销与储运管理中心联系调换。

中国红十字运动知识丛书(第三辑)

池子华　总主编

为了中国的抗战

——“西班牙医生”的故事

池子华　著

合肥工業大學出版社

总　序

中国红十字会诞生于1904年，至今已走过110多年的风雨历程，“是国内历史最悠久的人道组织”（习近平语），被称为“百年老店”。百余年来，中国红十字会秉持人道、博爱、奉献精神，救死扶伤，扶危济困，谱写出一曲曲人道赞歌，在中国近代史和中华人民共和国史上留下了闪光的足迹。正如习近平总书记所说的，“中国红十字会在重大灾害救援、保护生命健康、促进人类和平进步等方面发挥了重要作用。”

可是，对中国红十字会所建立的丰功伟绩，知道的人并不是很多。为弘扬红十字精神，“讲好红十字故事”，中国红十字基金会委托红十字运动研究中心，组织编写了这套“中国红十字运动知识丛书”。该丛书通过对重要历史人物、重大历史事件的挖掘，为读者呈现一幅幅丰富饱满、多姿多彩、跌宕起伏的红十字历史画卷。

丛书虽然是“讲故事”，但不是“编”故事，没有无中生有的猜想，没有胡编乱造的粉饰，没有“标题党”的故弄玄虚，没有添油加醋的天马行空，更没有虚构的文学情节，而是依据历史事实，用通俗易懂、朴实无华的文字娓娓道来，再配上老照片，图文并茂，客观再现历史的场景。虽然少了点舞文弄墨的精彩，但确是信史。不求梦笔生花，但求“告诉你一个真实的红十字会”！

池子华

2018 年 1 月 9 日

目　录

引　子

抗战时期，在中国红十字会救护总队里，有一支“国际援华医疗队”非常“抢眼”。他们共21人，来自8个国家，有波兰的傅拉都、陶维德（又名陶本杰）、柯理格、戎格曼、甘理安、甘曼妮，罗马尼亚的柯烈然（又名柯让道）及夫人柯芝兰、杨固（又名杨库），德国的马绮迪、贝尔（又名白尔）、顾泰尔、白乐夫，匈牙利的沈恩，保加利亚的甘扬道，奥地利的富华德、肯德（又名肯特）、严斐德、王道，苏联的何乐经，捷克的纪瑞德（又名基什）。他们分三批陆续抵达中国红十字会救护总队部所在地——贵阳图云关。他们都不是西班牙人，却被称为“西班牙医生”（或“西班牙大夫”），只因来华之前他们都参加过1936—1939年西班牙反法西斯战争救护。如今他们又转移到中国战场，在红十字的旗帜下，继续弘扬国际主义精神，忠实践行救死扶伤的人道使命，在中国人心目中树立起不朽的丰碑。

一、奔赴西班牙

1936 年，在斗牛士的国度——西班牙，发生了内战。战争持续了将近 3 年，牵动了整个世界的神经。

1931 年 4 月，西班牙爆发了资产阶级革命，推翻了君主制，建立了共和国。取得国会多数席位的西班牙共产党和社会党，组成新政府，实行土地改革。可是，在 1933 年国会改选时，右翼胜出，夺回政权，进行残暴统治，弄得民怨沸腾。1936 年 2 月，西班牙举行大选，共和党左派、社会党以及共产党组成的人民阵线大获成功，成立了联合政府。新政权推出土地改革、全民义务教育等一系列改善民生的政策，赢得了民众的拥戴，但引起了权贵们的恐慌与仇恨。7 月，在纳粹德国和法西斯意大利的支持下，佛朗哥发动反政府武装叛乱。内战爆发，战火迅速在西班牙各地蔓延。

战争意味着流血，意味着家破人亡、山河破碎。西班牙画家毕加索为之悲愤不已，用画笔创作了《格尔尼卡》，向世界爱好和平的人们展示战争的残酷。

毕加索画作《格尔尼卡》

格尔尼卡是西班牙北部巴斯克族人居住的小镇。1937年4月26日，在纳粹德国“神鹰军团”轰炸机的狂轰滥炸之下，小镇被夷为平地，生活在这里的平民百姓非死即伤。这起血腥惨案，激起国际社会的谴责。毕加索义愤填膺，创作了这幅长7.76米、高3.49米的巨型油画《格尔尼卡》。画面上看不到如饿狼扑食的“神鹰”，也看不到硝烟弥漫中的断壁残垣，却能感受到痛苦、绝望、恐怖、死亡的真实存在。四分五裂的肢体，怀抱死去的孩子声泪俱下的母亲，仰天祈祷上苍的绝望呼救，受伤倒地却依然手握断剑的士兵，夹杂着垂死挣扎的马的阵阵嘶叫……让人撕心裂肺。这是对法西斯暴行的无声控诉！

世界震惊了！面对法西斯的疯狂进攻，国际进步力量支持共和国政府，来自五大洲包括中国在内的50多个国家大约 4 万名的志愿者，奔赴西班牙战场，组成“国际纵队”，与西班牙人民一起为正义而战。

的确，没有哪一次内战能有如此大的国际能量。不同肤色、不同语言、不同职业的人们，为了反法西斯的共同目标，他们跨越国界、种族，走到了一起。西班牙内战已超出了“内战”的范围而演变成第二次世界大战的前奏。

参加国际纵队的进步人士，来自各行各业，其中少不了医护人员，他们在红十字旗帜下，在枪林弹雨中救护伤兵，白求恩、白乐夫、甘扬道、富华德……接踵而至，唱响了一曲曲救死扶伤的人道赞歌。

请支持西班牙红十字会

1939 年 3 月 28 日，经过反复争夺，叛军最终攻占首都马德里，西班牙共和国被推翻，佛朗哥开始了长达 36 年的独裁统治。那些参加战地救护的医生，其中许多人被法国收容，安顿在地中海岸边的拘留营里。

西班牙战争虽然失败了，但反法西斯事业没有终结。1937 年 7 月 7 日，中国发生“卢沟桥事变”，日本法西斯发动对中国的全面进攻，中国红十字会开始了全面抗战救护的伟大事业。1938 年春，在武汉成立的中国红十字会救护总队部，担负起全国各战区的战地救护使命，

比利牛斯山下的戈尔斯集中营

“中国生理学之父”林可胜出任总队长。一年后，救护总队部辗转落户贵州省贵阳市的图云关。救护总队部在香港设有中国红十字会国外后援会，争取国际社会的人道援助。

1938 年 6 月 14 日，孙中山的夫人宋庆龄在中国香港发起成立“保卫中国同盟”（简称“保盟”），向世界发出呼吁，希望国际社会伸出援手，支持中国抗战。

响应中国的呼唤，国际社会向中国伸出援助之手。英国进步人士组织“国际医药援华会”，听说法国拘留营里有从西班牙撤出的战地医生，便动员他们到中国去，继续为反法西斯战争服务。19 位医生欣然接受。于是他们在国际医药援华会的资助下，组成“国际援华医疗队”，漂洋过海，分批“转场”中国。

二、到中国去

第一批出发的是德国医生白乐夫、奥地利医生严斐德和捷克医生纪瑞德（又名基什），他们三人作为国际援华医疗队的先遣队，乘坐“奥伊毛依斯”号货轮，于1939 年 5 月 20 日从英国利物浦启航，途经西班牙，穿过苏伊士运河，历经一个月的航行，抵达了香港。

在香港，白乐夫一行受到“保卫中国同盟”主席宋庆龄的接见，并被告知他们已被编入中国红十字会，将被送往贵阳图云关中国红十字会救护总队部接受任务。当时的香港已被日军封锁，他们不得不坐船先到越南港口城市海防市，然后由中国红十字会派车接收。他们冒着酷暑，在崇山峻岭中穿行，经广西一路颠沛，于 6 月底抵达了图云关。

先遣队进驻图云关一个多月后，也就是 1939 年 8 月5 日，“安尼亚斯”号轮从英国伦敦缓缓驶出。这艘用古罗马英雄命名的轮船，豪华而大气。船上有 4 位特殊的

（左起）甘扬道、贝尔、杨固、富华德，在去中国的海轮上

乘客——德国医生贝尔、奥地利医生富华德、罗马尼亚医生杨固（又名杨库）和保加利亚医生甘扬道，他们就是第二批前往中国的国际援华医疗队的“西班牙医生”。

临行前，他们参加了中国驻英国伦敦的大使郭泰祺举行的答谢宴会。席间，有人问他们为什么去中国，富华德说：“我们希望在这有战争困难的时刻，以医生能做的方式援助中国人民。”他们此行的目的正在于此。

当轮船行驶到法国马赛港口时，他们与战友——波兰的傅拉都、戎格曼、陶维德（陶本杰）、柯理格、甘理安及夫人甘曼妮，罗马尼亚的柯烈然（柯让道），匈牙利的沈恩，苏联的何乐经，德国的马绮迪，奥地利的王道汇合了。一行15人于1939年9月13日一同抵达香港。

抵达香港时部分“西班牙医生”在“安尼亚斯”号轮上合影

在香港，他们受到香港医务总监司徒永觉的夫人希尔达·塞尔温-克拉克的热情接待。她是保盟的名誉秘书，同时也是中国红十字会后援会的秘书。她是一位“精力充沛，招人喜欢的人”，富华德说。

办理各种手续至少需要两个星期，为此希尔达费了不少心思。援华医疗队的成员滞留香港期间，他们受到了中国红十字会的热情招待，希尔达也向他们讲述了中国红十字会的工作情况，给他们看了一些救护人员生活状况的照片，使他们有了一个直观的印象。

一切手续办妥。由于广州的铁路交通被切断，援华医疗队的成员们不得不选择经印度支那转道云南再到贵阳的旅程。贝尔、富华德二人没有申请到通行证，只好先乘飞机到重庆，而后换乘汽车前往贵阳。

富华德、严斐德所著《起来！中国胜利了》的封面

告别香港前的9月28日，他们收到了“意外”的邀请——孙中山的夫人宋庆龄举行家宴，亲自为他们饯行。富华德在他的《起来！中国胜利了》一书中，记录下这次“特殊而光荣”的一幕：宋庆龄的“举止和她的住所一样朴实，毫不拘泥于我们在香港遇到的形形色色的形式。她有一种无法模仿的庄重仪态，给我们以极深的印象，使我们感到真正的、人类的伟大，不需要表面形式也一样伟大。她那充满生气的气质所支持的自主行动和奉献精神，像至今听到的所有谈话一样，也是我们为中国积极行动所最需要的”。最后，宋庆龄请他们合唱一支《国际歌》，“作为我们这个美好晚上的结束”。这一请求使他们“大吃一惊而沉默了好一会儿，才开始用多种语言合唱起这支离开法国集中营后第一次再唱的、为争取人类最终解放而斗争的歌曲”。

起来，饥寒交迫的奴隶！
起来，全世界受苦的人！
满腔的热血已经沸腾，
要为真理而斗争！
旧世界打个落花流水，
奴隶们起来，起来！
不要说我们一无所有，
我们要做天下的主人！

这是最后的斗争，团结起来到明天，
英特纳雄耐尔就一定要实现！
这是最后的斗争，团结起来到明天，
英特纳雄耐尔就一定要实现！
……

这支豪迈的歌声，让人听了热血沸腾。虽然他们的合唱“在音乐上可能给人有些走音的印象”，但他们注意到宋庆龄“这位出色的中国妇女，世界上人口最多的民族的伟大女领导人，以那么深的内心关切，细心地倾听着这支歌时”，他们“感动极了”，对参加中国红十字会抗战救护事业充满信心。

宋庆龄

10 月 16 日，经由印度支那的 13 位医疗队员抵达贵阳图云关。10 月 30 日，贝尔、富华德乘坐的飞机到了重庆，几天后也抵达目的地。晚些时候，第三批出发的德国医生顾泰尔、奥地利医生肯德（又名肯特）也到达了图云关。

三、新的开始

来到图云关，一切都要从头开始。

“西班牙医生”的新生活，是从熟悉图云关的环境开始的。

部分“西班牙医生”在图云关合影

图云关地处贵阳城东五公里的黔桂公路上，是贵州通往广西、湖南的咽喉要道。在中国红十字会救护总队部来之前，这里是一片林场，公路两旁还有附近的山谷地带栽种了成片的松柏，路边种着一排排刺槐，远处的山坡旷野，到处是野生的杜鹃花。环境优美，但人烟稀少。红十字会史书记载说，除了图云关“关口上的几家杂货小铺、一家小饭店外，别无其他建筑”。救护总队部安营扎寨，原本荒凉的图云关一下子来了上千人，拉动了消费，“饭馆、烟酒食杂店、小百货店从图云关公路两旁山腰，一直排到山顶，由一个村很快变为一个热闹的市镇”，呈现出人丁兴旺的景象。

中国红十字会救护总队部落户图云关，的确给这片荒野带来了人气和生机。办公室、仓库、宿舍等建筑物，拔地而起。不过不是高楼大厦，而是简陋到不能再简陋的土坯草房。因为当地砖瓦等建筑材料缺乏，造价也高，“只好用芦苇或秫秸代瓦铺盖屋顶，用竹片编成墙板，内外涂泥加刷石灰水以代砖墙，泥土加石灰砸实为‘地板’”。贵阳号称“天无三日晴”，阴雨天多，雨量也大，这些建筑材料造的房屋“一不御寒，二则屋外已停止降雨，屋内还在滴水”，条件之艰苦，真是一言难尽。尽管如此，救护总队部工作人员在林可胜总队长的领导下，同心同德，“大家心怀一个共同目标投入到人道主义救死扶伤的行列。同事之间都以同志相称，感到十分亲切。从上到下和谐相处，平等相待，相互尊重，犹如一个战时大家庭。当时生活比较艰苦，住的是草棚，吃的是糙粮，因为所有房屋建在山坡上，宿舍在上坡，食堂在下坡，有一次一场大雨把宿舍厕所内的流水冲向食堂的蓄水池，大家吃了几顿尿汤饭也毫无怨言。”这就是“图云关精神”。

1976 年，曾在救护总队部工作过的大连医学院薛庆煜教授，旧地重游，重访图云关，追忆逝去的时光，向人们摊开救护总队部的“平面图”：“在空旷荒芜的山区，依稀可辨当年以茅舍为主的建筑群的各个位置，路北有两座很不起眼的茅舍，西为总队部，东为总所（战时卫生人员训练总所），站在后者位置向南俯瞰自东向西有卫材总库，单身职工宿舍，政治部，汽车大队和修理所，沿小径越过山头向北进入山谷，那时首先映入眼帘的是第十八救护队，其次自东向西依次是门诊部，X－线、物理、理疗组，一六七后方医院，运动场，教室，护理部示范教室，生理、生化学组，微生物学组，矫形外科中心的义肢工厂，发电站，复健学组，学院宿舍和卫生大队。沿南山麓自西而东则有护理学组，防疫学组，环境卫生工程学组及其示范场和礼堂。家庭宿舍几乎全是茅屋，少者一两间，多者三四间，星罗棋布，遍布山坡。”这就是全国各战区一百多个救护队抗战救护的指挥中心——中国红十字会救护总队部，也是“西班牙医生”的“新家”。

救护总队队部的“办公楼”

一切都没有例外，“西班牙医生”来到图云关，必须“入乡随俗”，衣食住行都是如此。“要学会按中国方式吃饭!”西方人用餐的刀叉，在中国派不上用场。他们也很清楚，“要想在整个用饭（过程）中不挨饿，就得在一定程度上在用筷子的灵巧和速度上下功夫”。不然的话，“肯定每次吃饭都得吃亏”。这是富华德的“经验之谈”。

住的当然是茅草房，没有别的，“所有的木板缝都是透风的，而且连一张桌椅板凳都没有”。这样的艰苦条件，他们也必须适应。

当然，还有他们绕不开的语言障碍，尽管他们都努力地学习汉语。好在救护总队里人才济济，总队部为他们配了翻译。富华德他们一行 14 人开赴前线时，就“共

部分“西班牙医生”在图云关合影

享5个翻译”。他们所有的人，都取了一个跟自己名字发音相近的中国名字，还印了名片，不然，即使有翻译，又有几个人能记住呢？

各种各样的困难自然可以克服，虽然有时笑料百出，但不忘初心。他们迫切要求去战区为抗战救护服务，这是顺理成章的。于是，他们被救护总队部根据需要派往前线，有的担负起领导责任。他们的职务大致如下：

何乐经，救护总队部第17医务队医师；

顾泰尔，救护总队部第173、693医务队队长；

杨固，救护总队部第三中队部第二区队队长；

柯理格，救护总队部医务股派驻第二中队部；

纪瑞德，救护总队部外科、医务股、第40、321医务队医师；

沈恩，救护总队部第43医务队、第三中队部573医疗队队长；

肯特，救护总队部第二中队队长；

白尔，救护总队部第八中队队长；

甘扬道，救护总队部第三中队队长；

柯烈然，救护总队部第383、031医务队队长；

严斐德，救护总队部第十一中队队长；

戎格曼，救护总队部第一大队第四中队041区队队长、第七中队长；

甘理安，救护总队部第三中队第571医务队队长；

甘曼妮，救护总队部医务股检验技师；

柯芝兰，救护总队部第383、031医务队护士；

马绮迪，救护总队部第32医务队医师；

白乐夫，护总队部第十一中队第一区队、第十大队第八中队队长；

傅拉都，救护总队部第57医务队医师；

陶维德，救护总队部第43医务队队长；

富华德，救护总队部第171、433、572医务队队长；

王道，救护总队部第40医务队医师。

1943年11月20日，美国军事代表团中国战区参谋长史迪威将军致函中国军方，“请派在华中国红十字会外援志愿医师八人至十人至印度兰姆加医院服务”。12

月 26 日，根据史迪威将军的要求，救护总队部派出傅位都、杨固、陶维德、白尔、富华德、柯理格、顾泰尔、纪瑞德、何乐经及孟乐克一行 10 人前往印度，为远征军战事救护服务。他们 30 日抵达印度加尔各答，2 月 1 日到达兰姆加，被指派到印度中国军医处工作，在印缅工作达一年零八个月，直至日本投降。

不管是在中国战场，还是在印度、缅甸，他们每个人都尽心尽力，书写了一个又一个战地“传奇”。

四、白乐夫：快乐的汉子

白乐夫是第一批踏上中国土地的“西班牙医生”，原名 Rolf BecKer，音译为罗尔夫·贝克尔。他是白求恩的崇拜者，所以来到图云关后他为自己取了一个“白乐夫”的中国名字，他说：“我姓白，白求恩的白。我是一条快乐的汉子，所以叫白乐夫。”

愉快的聚会

1906 年，白乐夫出生于德国。他的父亲是一名药剂师，受家庭影响，他进入医学院学医。大学毕业后，他在柏林、汉堡行医。1929 年，他加入共产党。西班牙内战失败后，1939 年 5 月 20 日，他和奥地利医生严斐德、捷克医生纪瑞德“转场”中国，继续反法西斯战争救护。6 月抵达香港，除了荣幸地受到宋庆龄接见外，白乐夫还有意外的“收获”——他结识了一个名叫琼·斯坦妮福的英国姑娘，二人一见倾心，便携手同行，一起到了图云关。白乐夫被聘为救护总队顾问，琼·斯坦妮福取名唐莉华，担任林可胜总队长的英文秘书。第二年的9月（一说10月），在秋高气爽的美好时光，由林可胜总队长主婚，二人在图云关喜结连理。

“西班牙医生”一直有一个愿望，希望能够到西北，为中国共产党领导的敌后抗日军民服务。白乐夫刚到图云关，就向林可胜总队长表达了这样的愿望：“林医生很理解我们的想法，他说我们可以去西北，但是国共双方正闹内战，恐怕不容易到西北。”白乐夫不甘心，决定与严斐德一起到重庆，找周恩来想办法。

1939年夏，白乐夫和严斐德冒着酷暑，风尘仆仆地

白乐夫

赶到重庆八路军办事处，见到周恩来，要求批准他们的请求。周恩来“显得非常友善”，对他们远道而来支持中国抗战表示由衷感谢，同时诚恳地向他们解释说：“我们跟国民党之间有一个共同协定，国共双方是同一个民族，一致联合抵抗日本的侵略，我看你们还是留在国民政府下的中国，继续在那儿工作吧。”国共合作，共同抗日，着眼于大局，在哪里都可以发挥作用。白乐夫、严斐德表示理解。“我们还谈了许多事情，那是一次非常愉快的聚会。”《当世界年轻的时候》的作者之一倪慧如女士登门拜访时，白乐夫对这段往事依然记忆犹新，念念不忘。

《当世界年轻的时候》封面

一次冒险的旅行

白乐夫虽然出任救护总队部顾问，但心系前线。不久后，他辗转湖南、湖北、江西、河南、云南等地，为战区伤兵开展卫生服务。一次路过一个小镇，翻译告诉他，城门上有一块巨幅标语，把白乐夫称为“伟大的医生和中国人民的援助者”，这使他“感到自己十分渺小”。他所能做的就是尽自己最大的努力，救治更多的病患者。

1939 年 12 月，白乐夫来到江西省修水县，这里刚刚经历了一场鏖战，修水一度被日军占领，在近半个月的时间里，日军“烧光城内所有的房子，杀光所有的老百姓，连瞎子、聋子和病人也不放过，而且每一位被他们抓到的妇女都受到了羞辱”。白乐夫义愤填膺。在第 30 集团军驻地，除了很多伤兵之外，他发现染上急性、恶性、慢性疟疾的士兵很多，甚至 95% 的士兵患有疥疮、痢疾和流行性感冒，这是一个普遍的现象，而缺医少药则严重影响士兵们的身体健康。为此他殚精竭虑，“搜集各种手术仪器，不管是新的还是旧的”。他每天都要做五六次手术，虽然疲于奔命，但依然是一位“乐夫”——“一条快乐的汉子”。他在回忆录中写道：“我作为医生，感到满足的最美好的经历是：我坐在奄奄一息的垂危病人床旁的一张小椅子上，能够对病人进行输液抢救。当液体还在慢慢地进入静脉的时候，我看到病人苍白的脸又开始变样，变红和复苏过来。”他就是这样忘我地工作着。

1940 年 6 月，他被派赴香港，去执行一项特殊的任务——“那是一次冒险的旅行”，白乐夫说。

原来，英国医药援华会募集到一批几吨重的药品，运抵香港，须派人接收，运到图云关。林可胜总队长决定派白乐夫和严斐德等人前往，在林总队长看来，“外国人的面孔与高鼻子本身就是一种很好的掩护”。毕竟日军封锁严密，充满变数。这是一次危险的旅程，白乐夫可谓临危受命。

从桂林乘机飞往香港，顺利办理移交，但回程是由水路从香港到澳门再到珠江，途中一波三折，竟 7 次遇到强盗的武装抢劫，惊险万分。随身的财物被洗劫一空，好在白乐夫他们乔装成教会医院的医生，又是外国人，盗匪有所顾忌，运载的药品对盗匪来说又不能当饭吃，因此贵重药品才得以保全。

进入敌占区，虽然更加凶险，但很幸运，他们遇到几位抗日游击队员。游击队神出鬼没，护送船只巧妙避开日军巡逻艇，总算有惊无险进入中国军队的防区。林可胜派车接应，顺利将药品运达图云关。历经千辛万苦，白乐夫和严斐德圆满完成了这项特殊的任务，“我们深感满意”。

差点丢了性命

“我们抗战的最后一站是在云南，这是我在中国最满意的一年。”白乐夫回忆说。以他为队长的救护总队第021医疗队驻扎楚雄彝族自治州，配属中国远征军。那里有一座庙宇，医疗队就在庙里建立临时医院，救治从云南边境送来的伤兵。滇缅之战正在进行之中，伤兵就是从缅甸战场送来的。

白乐夫不仅为士兵服务，而且对当地劳苦大众也给予人道关怀。白乐夫清楚地记得，一天，一位农妇急匆匆地抱着个四五岁的孩子奔来，哭哭啼啼乞求他救救孩子。这孩子肚子被狼撕破，肠子露在外面，奄奄一息。他二话没说立即进行抢救，孩子转危为安。不久后，农妇带着活蹦乱跳的孩子来看他，千恩万谢。

前线的伤兵分50人一批或100人一批，陆续送来。白乐夫始终难以忘怀，因为这些伤兵“身上有虱子，满身是疥疮；他们骨瘦如柴，或是患了营养不良症而身体浮肿”。他们“以惊奇和充满信任的求助眼光，注视着我们这些高鼻子的外国大夫”。白乐夫采用铁锅蒸汽之法烫死衣服上的虱子，“这是一种很有效的处理方法。”人手少，事务多，甘理安太太、肯特太太都给予协助。

白乐夫与前线战士合影

军中斑疹伤寒流行，罪魁祸首就是虱子、跳蚤。由于采取了有效的防治措施，医院保持了良好的卫生状况，这是白乐夫“感到很骄傲的”。

可是，万万想不到，白乐夫自己却被斑疹伤寒“找上门”，差点丢了性命。

1945 年抗战胜利前夕，一位美军神父前来，白乐夫带他参观医院，“回到家后，我就感到全身发冷，心想大概是着凉了，所以也没在意。第二天我去医院工作，感到不对劲，第三天，我就爬不起来了，躺在床上发高烧。到了第四天第五天，烧得就更厉害了，人陷入昏迷状态。”白乐夫回忆说。他得了严重的斑疹伤寒，这场大病“延续了几个月，一直到战争结束”。幸亏白太太找到一位美国医生给他医治，才算死里逃生。多年后，白乐夫回想起来，还心有余悸。

“我还是深爱中国”

抗战胜利后，“西班牙医生”功德圆满，纷纷回国，但白乐夫选择了留下，他担任了“联合国善后救济总署华北分署卫生组主任”。他同情共产党人，在他看来，应“想方设法至少把一部分救济物资送到共产党管理的解放区去”。1946 年，他押运的一艘满载粮食和医疗器材的轮船从上海驶向烟台——山东半岛解放区行政公署驻地，并且作为医务援助人员留在那里。白乐夫发现一种传染病——“黑热病”，正在烟台一带肆虐，“有许多人身体日益衰弱，过早地成了这种疾病的牺牲品”。对一个医生来说，“这意味着面临了一项重大的任务”。白乐夫毫不迟疑，立即在海滨一个比较大的村子里建立了一个小型医院，“不久就有数以百计的病人来看病了”。医院附设化验室，对病人进行胸骨和肝脾穿刺检查，查明病因后，对症下药，疫情得到控制。

1947 年年底，白乐夫和妻子依依不舍地离开了中国。整整 8 年，白乐夫与中国建立了割不断的深厚情谊，“我还是深爱中国”，他说，那是他一生中“一段非常重要的时期”。

1999 年 12 月 12 日，白乐夫与世长辞。中国人民对外友好协会副会长陈昊苏给他的亲属发了一个唁电，电文中写道：“尊敬的尤迪特·贝克尔博士女士：惊悉罗尔夫·贝克尔（白乐夫）先生去世，对此我及我的同事表示沉痛的哀悼。白先生是中国人民的友人，在他一生中曾为国际反法西斯斗争和为中国人民抗击日本侵略者所进行的伟大的民族解放战争做出重要的贡献，这些将永远留在中国人民的心中。我在此向您和白先生的其他亲属表示亲切的慰问。”

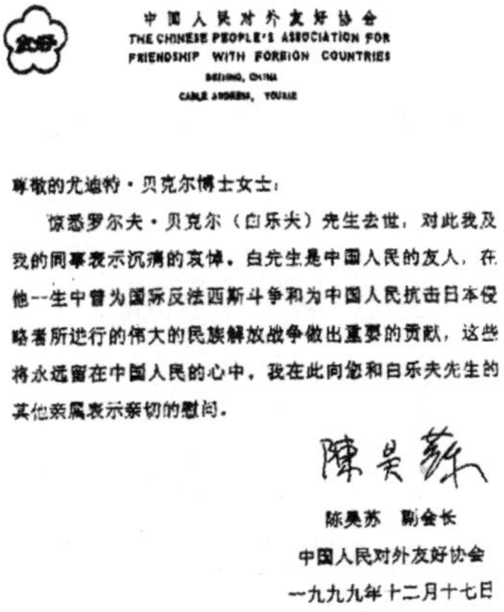
中国人民对外友好协会
THE CHINESE PEOPLE'S ASSOCIATION FOR FRIENDSHIP WITH FOREIGN COUNTRIES
BEIJING, CHINA
CABLE ADDRESS, YOUXIE

尊敬的尤迪特·贝克尔博士女士：

惊悉罗尔夫·贝克尔（白乐夫）先生去世，对此我及我的同事表示沉痛的哀悼。白先生是中国人民的友人，在他一生中曾为国际反法西斯斗争和为中国人民抗击日本侵略者所进行的伟大的民族解放战争做出重要的贡献，这些将永远留在中国人民的心中，我在此向您和白乐夫先生的其他亲属表示亲切的慰问。

陳昊蘇

陈昊苏 副会长

中国人民对外友好协会

一九九九年十二月十七日

陈昊苏慰问信

五、甘扬道：甘于奉献弘扬人道

1983 年 5 月的一天，中国红十字会总会迎来了两位远方的客人：男的是一位身体健壮、面色红润的欧洲老人，他就是来自保加利亚的“西班牙医生”甘扬道；女的是一位头发花白的中国老太太，即甘扬道的夫人张荪芬女士。访问期间，他们特地来到贵阳图云关救护总队部“过去战斗过的地方走一走，看一看”。旧地重游，甘扬道夫妇浮想联翩。

中国的召唤

扬托·卡内蒂（Janto Kanetti），中国名字叫甘扬道，1910 年 2 月出生于保加利亚卡赞勒克的一个农民家庭。因家境贫穷，他从 7 岁开始就在一家奶酪厂当童工。后经寒窗苦读，考入保加利亚最高学府索非亚大学学习医科，1935 年毕业后应聘为国家医生，过上了衣食无忧的生活。

1936 年，西班牙内战爆发。激于义愤，1937 年，甘扬道从法国边境翻越高耸入云的比利牛斯山，到达西班牙，投入反法西斯战争的救护之中，与西班牙人民一道保卫“纯洁、带着微笑和恬静面容”的共和国。1938 年年底战争失利，他和战友撤退至法国，被关押在拘留营

甘扬道

里。虽然身陷囹圄，但他不后悔，在他看来，“因为那是一个自由的火种，值得用生命去维护”。不久后，他加入共产党。1939 年，为响应中国抗战救护的呼唤，甘扬道毅然加入国际援华医疗队，踏上反抗日本法西斯的新征程。

顾问兼中队长

1939 年 9 月 13 日，甘扬道与同行的 15 位“西班牙医生”抵达有“东方明珠”美誉的香港，受到“保卫中国同盟”（简称“保盟”）和中国红十字会的热情款待。9 月 28 日保盟主席宋庆龄还特别举行家宴，为“西班牙医生”饯行，甘扬道和同伴们深受鼓舞。10 月 16 日，甘扬道一行到达中国红十字会救护总队部所在地——贵阳郊外的图云关。

图云关不是目的地，而是“中转站”。一到图云关，他就要求去新四军中服务，没有得到批准，林可胜总队长安慰他说“也许在以后什么时间再送你们去新四军”。在图云关逗留期间，甘扬道几乎每天都到医务股主任荣独山办公室，“催促把我们送到前线上去的事”。抗战烽火燃遍大江南北，图云关的美景无法让他们陶醉。1939 年 12 月，甘扬道等人终于被派到湖南前线，投身长沙保卫战的救护之中，因救护业绩突出，他随后被聘为救护总队部顾问兼第三中队队长。

开展救护工作的困难一言难尽，甘扬道始终忘不了：战时的医疗条件非常艰苦，在救护总队部里设有许多医疗小组，由于医务人员少，每组只有一个医生。从前线抬下来的伤兵，80% 的人患有回归热、疟疾、营养不良等病症，不少人因此而死亡。他和他的战友们尽最大努力进行救治。军队里没有受过训练的医务人员，他们就开办医疗训练班进行培训。没有医院，他们就和中国军民一道，用竹子、茅草搭起了战地医院。他们还向老百姓和士兵宣传卫生知识，让他们知道怎样灭虱，怎样进行饮用水的消毒。虽然辛苦，但累并快乐着。

喜结良缘

甘扬道很想到八路军、新四军中施展才华，他也多次进行过努力，甚至通过八路军贵阳办事处与八路军驻重庆办事处的负责人王炳南取得联系。1942 年，王炳南在重庆与甘扬道相见。经王炳南引荐，甘扬道见到了周恩来，表达了自己想去解放区服务的愿望。周恩来为顾全统一战线大局，没有同意，甘扬道心中不悦，说：“我们绕过大半个地球来到这个陌生的国家，就是为了到前线去参加反法西斯战斗，为什么要去后方呢?”经过周恩来的耐心劝说，甘扬道才想通了。

甘扬道热爱中国，热爱中国文化，喜欢中国饮食，特别是对臭豆腐情有独钟，“我喜欢吃中国的菜，特别是贵阳的，臭豆腐可是好东西，闻起来臭，吃起来香。”甘扬道说。不过，他和其他“西班牙医生”一样，需要克服语言障碍。于是学说中国话成为他的“必修课”。也正是在“咿呀学语”的过程中，张荪芬走进了他的生活。

张荪芬，祖籍江苏泗阳，1918 年 10 月出生于北京。祖父张相文是地理学家，父亲张星烺是历史学家，母亲王端姝是广东女子师范大学毕业的高才生。出身名门的张荪芬，从小就受到良好的教育，志向高远，常怀报国之心。1940 年，她刚从燕京大学护理专业毕业，便毅然南下，从北平经天津到上海，绕道香港，乘船经越南的海防转赴昆明，再从昆明搭卡车来到贵阳图云关。很难想象，一个刚 20 岁出头的姑娘，不畏艰险，历经千辛万苦，投奔红十字会，哪来的勇气？她的解释很简单：“国家兴亡，匹夫有责，我们不愿做亡国奴。”到图云关的当日，她受到林可胜总队长的欢迎，她的精神感动了在场的所有人。张荪芬回忆说，“我领到了一套灰色制服和一枚中国红十字会的徽章……”自此，她正式成为救护总队部大家庭中的一员。

张荪芬精通英语和俄语，喜欢唱歌跳舞，是图云关少有的“小百灵”，歌声清脆，婉转动听。一天，她带领医护人员唱歌，突然听到一个“不着调”的男声。来“凑热闹”的正是甘扬道。张荪芬上前纠正，对他说：“我还是先教你中文吧。中文说对了，歌也就唱好了。”甘扬道求之不得，常来找张荪芬学中文，共同的理想，使两人拉近了距离，最终走到了一起。

1942 年，甘扬道与张荪芬的婚礼在图云关的一间茅草棚中举行，“上下四周全是稻草，只留下一个容身的通道为门，张荪芬笑着说：‘像个鸡棚！’”虽然婚房很不像样，但他们感到很甜蜜。第二年，他们爱情的结晶——大儿子出生，两人商量，为儿子取名“保中”；三年后，二儿子出生，取名“保华”，寓意“保中友好，保卫中华”。这是让兄弟俩不要忘记，他们是保加利亚—中国人。

甘扬道和张荪芬结婚照

在云南前线

婚后不久，甘扬道和张荪芬再次奔赴前线，继续开展人道救护事业。

1943 年，甘扬道被分配到驻云南的中国红十字会救护总队第十大队，任 012 医务队长，为驻扎安宁的第五十四军服务。多年后，甘扬道、张荪芬的长子甘保中向世人讲述了他的父亲甘扬道在云南前线的难忘岁月：

> 1944 年 5 月，滇缅大反攻开始了。第五十四军离开安宁，11 日夜渡过怒江，攻打北斋公房一线，甘扬道率队跟随，设立裹伤所，为负伤官兵疗伤，重伤员送至野战医院。高黎贡山上雨下个不停，甘扬道浑身是雨水与伤兵的血水。
>
> 7 月 23 日晨，第五十四军和第五十三军进抵腾冲周边，攻打日军的主要据点来凤山。血战三天，付出重大牺牲，最终占领这一战略要地，对腾冲形成包围之势。甘扬道带领队员，翻越北斋公房，来到来凤山下一个村庄的野战医院。战斗异常艰苦，伤员一个接一个抬了进来，把医院的地面都染红了。
>
> 部队于 8 月 2 日攻城，日军据守城墙拼死抵抗，

攻城将士死伤累累。官兵们挖地道、炸城墙，终于占领城角数处。第五十四军各师冲进城内，与日军展开巷战，战斗惨烈。

隆隆炮声中，甘扬道带领队员日夜工作，救治送来的伤兵。急需药品全靠空运。伤兵送来时，救护队员们马上将一克磺胺粉倒进伤兵嘴里，接着注射止痛针及破伤风抗毒素。甘扬道检查伤口，看是否需要手术。由于严谨的医疗指导，没有出现一例破伤风，也没有一例坏疽。

一个多月的拼死血战，9 月 14 日，腾冲战役取得完全胜利。民众已陷敌围近三年，见第五十四军到来，欢声雷动。“那情景，好似被关在囚笼里的人终于得到解放。是的，我们终于来了。”甘扬道说。

第五十四军和第五十三军乘胜追击，相继攻克龙陵、芒市，与驻印军会师畹町。这一路，甘扬道带队跟随。紧张救护中，盟军在法国诺曼底登陆消息传来，他兴奋地对伤兵们说：“小伙子们，赶快好起来，胜利就要到来了！”

“最后一位在世的外籍医生”

1945 年 8 月 15 日，日本宣布无条件投降，中国抗战终于取得最后的胜利。甘扬道使命完成，准备回到阔别

6 年之久的祖国。当时，夫妻二人带着两岁的儿子保中，从西南转向西北，穿越新疆的戈壁滩，经苏联返回保加利亚，又开始了新的生活。张荪芬在索非亚大学教中文，甘扬道继续从事医疗卫生工作。为了表彰甘扬道在反法西斯战争中的卓越贡献，保加利亚政府授予他“共和国勋章”。

回到保加利亚后，甘扬道夫妇致力于中保文化交流。几十年来，他们渴望回到中国看一看，到他们出生入死的故地特别是图云关走一走，那是他们人生中最美好的经历。这个夙愿终于在 1983 年实现了，夫妻两人回到了朝思暮想的“家”，与老朋友相见甚欢。1989 年，甘扬

甘扬道和老伴张荪芬

道夫妇再次访问中国，大儿子甘保中随行。

2004 年 6 月 15 日，噩耗传来，甘扬道在索非亚的家中逝世。这“最后一位在世的外籍医生”离开了人世，享年 94 岁。

六、才华横溢的严斐德

在八宝山革命公墓，长眠着一位奥地利籍国际友人，他就是首批来到中国的“西班牙医生”严斐德。

反法西斯健将

弗里茨·严森（Fritz Jensen），中国名字严斐德，1903年出生于一个犹太人家庭。1923年，20岁的他考入维也纳大学攻读医学。1929年他获得博士学位，在莱茵茨医院工作；同年，他加入共产党。他对法西斯主义深恶痛绝，联络革命志士进行抵制，为此他被逮捕，囚禁在沃勒斯多夫监狱。1935年重见天日后，他自开诊所，继续行医。

严斐德不是一位单纯的医生，他还是诗人、记者、社会活动家和学者，出版过诗集《受害者与胜利者》及

严斐德

《中国胜利了》《我所见到的越南》等著作，可谓才华横溢。这些“才艺”，跟他的经历相互激荡，闪耀着思想的火花。

1936年西班牙内战爆发后，严斐德义无反顾地投入这场反法西斯战争，成为国际纵队的主治医生。人们看到他“整天都在动手术、包扎、缝合伤口”，甚至不顾危险，穿梭在“让子弹飞”的战地。战友提醒他：“不要拿自己的生命当儿戏，因为其他人的性命取决于他的工作……”他总是一笑置之，说他可以刀枪不入。

西班牙战争的失败，没有使他丧失反法西斯的斗志。1939 年5 月20 日，他和在西班牙战场出生入死的伙伴白乐夫、纪瑞德，作为“西班牙医生”的先遣队，开赴中国。

在抗战救护的第一线

历经一个多月的波折，严斐德一行 3 人于 6 月底终于来到图云关中国红十字会救护总队部。图云关漫山遍野的杜鹃花令人陶醉。可是严斐德无心抒发诗人的豪情，他热切地希望早日到抗日前线去。

然而，“我们在蒋介石统治下的中国、在国民党中国受到的接待是冷淡的，敷衍了事的”。他在《中国胜利了》一书中失落地说。

其实，严斐德心里清楚，他们是从集中营里释放出来的共产党人，虽然国共合作共同抗日，但对共产党人，一些人仍抱有偏见，“在他们心目中，我们都是很‘丢脸’的人”。严斐德心中不爽，其他“西班牙医生”也是一样。所以，他们很希望去中国共产党领导的敌后战场发挥自己的才智。1939 年夏，严斐德和白乐夫专程到

严斐德著《中国胜利了》，1950 年德文版

战时首都重庆拜访周恩来，希望到八路军中去。周恩来顾全统一战线大局，劝他们留在国民党正面战场，因为无论在何处，都是为抗战服务。严斐德把这一忠告铭记在心。

1939 年秋，严斐德来到湖南前线救护伤兵。第 49 医疗队队长，后来成为中国红十字会救护总队第九大队大队长的林竟成清楚地记得，严斐德来的那天是 9 月 18 日，日军向中方阵地炮击两天，并发起进攻。他和“曾参加马德里保卫战，对前方救护工作很有经验”的严斐德为“所有送下来的伤员敷伤”，虽然“天上敌机盘旋轰炸，但我们仍然照常紧张地工作着”。不久，部队转移，严斐德随第 49 医疗队由岳阳经平江、浏阳到达醴陵。当救护队员在一家面馆吃面时，突然一声巨响，敌机一颗炸弹扔在面馆旁边，把面碗震落到地上，严斐德镇静自若，告诉大家“不要惊慌”，这件事让林竟成记忆深刻，赞叹“他是富有战斗经验的”。

在一次突围中，严斐德深深体会到学习中文的重要性。他原来有一个翻译，但在日军的隆隆炮火中失散了，这使他到处碰壁。“一开始，他们听着我唧唧呱呱地讲了一通他们一点也听不懂的话，只是摇头。其后，他们试图用手势了解我的意思。但是我的手势同我说的话一样，他们仍然莫名其妙。（中国人在表示饥饿的时候，用左手做一个饭碗的形状，再用右手比画两只筷子，从碗里往外扒饭；欧洲人叫人走开的手势，中国人会理解为‘过来’。）我的欧洲人的手势同样表达不了我的意思。”才华出众的严斐德怎么能成为一个“不识字的人”？他“下定决心，一定要学会中文”。于是学语言成为他工作和生活的一部分。

“工合”的洋医生

1941 年秋，严斐德作为中国红十字会顾问被聘为“中国工业合作社协会”（简称“工合”）医生。“工合”

路易·艾黎

的发起人就是新西兰友人，著名的教育家、作家——路易·艾黎。

1937 年 8 月 13 日，日本进攻上海，上海这座中国第一大都会一夜之间变得千疮百孔，难民流离失所，工人失业，流落街头。此情此景，使路易·艾黎和他的朋友们不忍目睹。要改变这种局面，“就得搞一个工业运动”。1938 年，路易·艾黎与埃德加·斯诺及其夫人佩格·斯诺以及宋庆龄等爱国人士，发起了“工合”运动，把失业工人和难民组织起来，开展工业生产，支援抗战。4 月，在上海成立了第一个工业合作社促进委员会。8 月 5 日，“工合”总部在武汉成立。之后，相继建立起西北区办事处（宝鸡）、川康区办事处（重庆）、东南区办事处（赣县）和云南办事处（昆明），在陕甘宁边区的延安、新四军根据地的茂林都设有“工合”事务所。“工合”运动蓬蓬勃勃地开展起来。

严斐德在“工合”东南区办事处所在地赣县担任医疗部负责人，主管江西、福建、广东三省的“工合”医务，经常外出巡回、散发药品，也时不时到“穷人医院”和妇产科医院帮忙，连业余时间都搭进去。“他在业余时间瞧病比工作时间更多，谁也不清楚他给多少病人做了免费治疗，又自己掏钱给多少病人付药费。”他还开了一间诊所，上门求医者络绎不绝。“他不考虑报酬”，1943 年 11 月一位美国传教士斯托布尔在写给严斐德父亲的信中称赞他是“一名真正的医生”，赣县的“全体居民都极为尊敬他”。甚至连担任赣南地区行政督察专员兼保安司令的蒋经国（蒋介石的大儿子），也聘请他为家庭医生，对他礼敬如宾。

重庆的际遇

1943 年年底，严斐德来到战时首都重庆，他原想着建一所大型合作社医院，但筹集资金太难，没有如愿。作为医生，他在重庆“很受人欢迎”。他为陶行知创办的育才学校的患病学生看病，还结识了著名文人郭沫若，两人成了好朋友。

严斐德与郭沫若

当然，最难忘的是，他找到了自己的心上人——王务安。王务安是浙江湖州人，在上海参加抗日活动，后来成为游击队员。有一次她被日军逮捕，受到严刑拷打，落下头晕目眩的病根。保释后她来到了重庆。由于头疼、失眠、眩晕，她到严斐德诊所，因而与严斐德相识。严斐德对她的遭遇表示同情，为她执着的抗敌精神所感动，两人走到了一起。严斐德永远不会忘记，1945 年 4 月 25 日这一天，周恩来在八路军办事处附近的他的住所，召集亲朋好友，为他们举行了婚庆派对，“中国人民的老朋友”、享誉国际的英国著名学者李约瑟，正好在重庆担任中英科学合作馆馆长、英国驻华使馆科学参赞（他的《中国的科学与文明》即《中国科学技术史》闻名于世），也来道贺，送上诚挚的祝福。

“中国人民整体中的一分子”

1945 年 7 月，抗战胜利前夕，重庆霍乱流行，来势凶猛。这时的严斐德受聘为“联合国善后救济总署”（简称“联总”）官员。联总是 1943 年美国总统罗斯福发起的福利机构，目的是为同盟国战后恢复重建提供物资帮助。中国是最主要的受助国。根据反霍乱计划，严斐德以联总官员的身份投入这场流行病的防治工作之中。8 月 15 日，日本战败投降。在一片欢呼声中，严斐德又想去革命圣地延安，这是他最大的心愿，正如到了埃及没见过金字塔，不到延安“我是不会甘心的”，他说。不过，身不由己，1946 年 1 月他被联总派到江苏工作。在苏北，他与新四军建立了联系，尽可能为解放区争取更多的物资援助。“他领着第一个载重车队穿过一片以前规定的停战地带，他乘第一艘船抵达人民军队已占领的山东济南地区，他在遥远的西北组织飞机空降食品和服装，如用其他办法往那里运输，会需要几个星期、几个月之久。”的确，“他很勇敢”，称得上“是联合国善后救济总署里一个最积极的人”。在中国解放区救济总会上海办事处工作的纪峰回忆说。

经历了无数次的波折与磨砺，严斐德发现自己已经与中国血肉相连、无法割舍，他说“自己也是中国人民整体中的一分子”。虽然1947年12月他与妻子回到奥地利，但情牵依旧。1953年，身为奥地利共产党主办的《人民之声报》的记者，他重返中国，向世界传递新中国建设的声音。1955年4月11日，作为特派记者的他乘印度包机“克什米尔公主号”前往印尼，采访万隆会议。谁也没想到，飞机失事，严斐德与机上人员全部遇难。如今，在八宝山烈士公墓中矗立着一座纪念碑，碑上刻着周恩来总理的亲笔题字：“参加亚非会议的死难烈士公墓”，碑文写道：“为和平、独立和自由的事业而光荣牺牲的烈士们永垂不朽！”

七、富华德：为“起来”而战

在“西班牙医生”中，有一位把自己的亲身经历通过笔尖向世人诉说，出版了一本书——《起来！一个医生于1939—1945年在中国的经历》，这本书的作者就是来自奥地利的富华德医生。

图云关印象

沃·弗雷德曼（Walter Freudmann），来到中国红十字会救护总队部图云关后，取了中国名字富华德。他先后担任救护总队部第171、433、572医务队队长。

富华德，1911年生于维也纳，毕业于维也纳大学医科专业。1929年，他加入共产党，蹲过监狱，但“赤心”不改。1935年，他在一家诊所行医。1937年1月，血气方刚的他转道巴黎前往西班牙，投身西班牙战争救

富华德

护之中，直到一年后撤退至法国，被监禁在集中营。1939年8月5日，在“国际医药援华会”的帮助下，他登上了从英国伦敦出发的“安尼亚斯”号轮船前往中国，继续反法西斯战争的人道救护。9月13日，他和同伴一行16人抵达香港，受到宋庆龄及中国红十字会的热情接待。由于没有申领到通行证，10月30日，富华德和贝尔乘坐飞机飞到重庆，再换乘汽车前往贵阳。11月初的一个晴天，“一辆沾满了泥土的，带篷的载重汽车开来了，车上画着一个红十字”，这是接他们去贵阳图云关的“专车”。经过 4 天的颠簸，他们终于到达目的地。林可胜总队长以茶代酒，为他们接风洗尘。

第二天清晨六点钟，“一阵小号声把我们从睡梦中叫醒，这是起床洗脸的信号。一开始就困难重重：没有脸盆，没有水桶，也没有水。经过麻烦的手续好不容易才借到东西。”富华德在《起来！一个医生于 1939—1945 年在中国的经历》一书中写道。条件比他想象的还要艰苦，十几位“西班牙医生”挤在一间堆满杂物的

富华德著《起来！一个医生于 1939—1945 年在中国的经历》原书封面，奥地利新时代出版社 1947 年出版

“大仓库”里，晚上老鼠横行，肆无忌惮，富华德竟被咬掉了一块耳垂。

图云关给富华德留下的印象并不美好，但他不忘初心，希望到抗日前线，为中国军民尽绵薄之力。

万坨的“淋浴”

1939 年岁末，富华德一行 14 人被派到湖南、江西前线。“林博士（林可胜）总算是红十字会对我们最友好的领导，他可能为实现安排我们去湖南、江西省主前线的事克服了不少困难。”富华德说。临行前，林可胜总队长举行了欢送会，发表了慷慨激昂的演说：“我们和诸位计划的是一次伟大的实验，诸位奔赴前线将在中国红十字会的历史上建立起第一批驻扎在师部里的工作分队，将是中国红十字会第一次直接在前线地区执行任务。这是一个有巨大意义的实验。”带着这样的使命，富华德等登上了驶向前线的卡车。他们先到湖南邵阳，然后徒步行进，“为了防止敌人使用或让他们修理不成，到前线的公路被破坏得无法形容，因此我们只得步行走路”，吃尽苦头，“行军到第三天，所有医生的脚掌，不仅是欧洲人的，中国医生的也一样，都磨出了一层水泡，疼痛得像火烧着似的。”肉体上的折磨可以忍受，国民党军方克扣军饷、虐待伤兵的非人道行为，让他愤怒。“我在那里看到的已经不是战争，而是人类的罪行，是对成千向人类奉献理想的牺牲者的背叛，是野蛮人向黑暗残暴的过去倒退。”他向一位军官提出抗议，“不能把那些只要及时进行肢体手术或截肢就能救活的人放在地上不管，这说不过去！”更可怕的是，军中斑疹伤寒、回归热等疾病流行，病兵多于伤兵的现象普遍存在，个个东倒西歪，哪里还有战斗力？要从根本上扭转这种局面，就得阻断传播源，消灭寄生虫虱子。富华德提出设立灭虱站的建议，虽然被驳回，但他还是动员士兵用土办法在万坨进行试点。“要在中国中部用常规设备建立一个灭虱站，那是办不到的，首先就得不到任何设备。我们能得到的东西只是黏土、就近生长的竹子、一个酒桶、一只常见的那种铸铁大锅和一块平地。我们的士兵手很巧，就用黏土砌成了一个灶台，上面放着铸铁大锅，可以把水烧开，锅上扣着大酒桶，桶里放着衣服和被子。蒸汽进入水桶后，所有的虱子都得出来报到，就被这样原始的方法消灭了。这和现在的锅炉设备道理一样。”他说，“在用蒸汽处理制服的同时，士兵们就被带去冲淋浴。这是一个放在高处的大桶，下面接出管道系统，全是用竹子做的，不用去麻烦铁匠。把适当温度的热水倒在桶里，水就从穿了孔的管子里流出来，舒舒服服地浇在光着身子的士兵身上。”土法灭虱，简单易行，在军中推广开来，“我们红十字会的人员，由于空手创建出这套行之有效的装备，受到最高的赞赏。”富华德不无自豪地说。

起来！不愿做奴隶的人们！

在前线的一次慰问演出上，富华德认识了一组巡回演出的女青年，让富华德记忆深刻。她们不仅上台演戏，还演出合唱。她们都是大学生，两年前战争刚刚开始时，出于青年的激情自愿报名参加了部队服务工作。她们的年龄在 15 到 20 岁之间。

富华德对这群女青年充满好奇，非常想知道“中国青年的见解和思想方法”。在翻译卢医生的陪伴下，他到了“安置那些姑娘的破旧棚子”。富华德在一堆衣物旁边坐下，几盏小油灯在屋里闪烁着。

“我们大多数是大学生”，一个女孩开始说话了。她响亮的嗓音和音色使富华德“今天还记忆犹新”。接着别的人也说话了，一个是从上海来的，一个是从香港来的。她们大多数人的家乡城市都被日本人占领了。

“日本人杀了我的母亲”，“日本人杀了我们的姊妹”，“日本人杀了我的父母”，“被杀了，被杀了，被杀了……”嗓子响亮的女孩说：“我真苦，再也见不到母亲了，我离开了父亲，我所有的女朋友都出来报名了，我父亲不愿意这样。”她哭着说道。

“我们在家里已无法呆下去了，我们要像士兵那样为祖国而斗争。”说话的女孩子站了起来，向前走了一步，显得十分激动，“我们女人也不能落在男人的后面，我们要做更多的事，我们要感动男人，为我们神圣的祖国，为中国的重建而战斗。”这些铿锵有力的话，掷地有声，使富华德感到震撼。这些姑娘做过护理员、抄写员，画过墙报，去过田野做流动宣传员，争取农民献身民族战争。她们又成立专门剧团，为士兵演出爱国的节目或演唱民族的战斗歌曲。她们给富华德的印象是“没有什么她们不高兴接受的任务，没有她们畏惧的艰难困苦”。这就是抗战精神！

田汉

聂耳

最后，富华德开了个头，姑娘们唱起了田汉作词、聂耳谱曲的《义勇军进行曲》（新中国成立后该曲成为国歌）：“起来！不愿做奴隶的人们！把我们的血肉筑成我们新的长城！……前进！前进！前进进！”

雄壮的歌声响起来了，富华德“仿佛听到了无数无名英雄的脚步声，歌声吸引着我们和女歌手们，好像她们已团结在一个行列里，把动听的中国自由之歌一个接着一个地唱起来。霎时间，在我们的面前，中国已把一切破烂难看的旧衣片（服）都抛开了，现出她那纯洁美丽，然而是受过创伤的灵魂”。富华德的名著《起来！一个医生于1939—1945年在中国的经历》，之所以取名“起来！”，就是受到宋庆龄香港晚宴上“西班牙医生”合唱的《国际歌》和这首反映中国抗争精神的《义勇军进行曲》以及共同传唱、不甘屈服的女青年的影响。这种精神，预示着抗战必胜，也预示着中国美好的未来。

飞越喜马拉雅

不久，富华德被召回图云关，随后派到云南，为当地驻军和民众提供医疗服务。

1941年12月7日，日本偷袭美国在夏威夷的军事基地珍珠港，美军损失惨重，4艘战舰被击沉，6艘巡洋舰和 3 艘驱逐舰被击伤，188 架飞机被击毁，数千名官兵伤亡。这就是“珍珠港事件”。美国不得不卷入第二次世界大战。太平洋战争爆发，战火蔓延，日军占领新加坡、缅甸。部分中国远征军从缅甸撤退到印度北方，美军正准备重新占领缅甸。“中国医生在印度派上了用场”，富华德说，响应史迪威将军的指令，中国红十字会救护总队部派出富华德等 10 位外籍医生前往印度兰姆加医院，为远征军提供医疗服务，救护总队部“要求我们在云南工作的医生直接到昆明，和其他从贵阳来的医生汇合一起飞到印度”。1943 年 12 月 26 日，一行 10 人从昆明登上运输机。去印度的捷径就是通过惊险万状的“驼峰航线”，飞越世界海拔最高的山脉——喜马拉雅山，大约 3 个小时可到达印度阿萨姆邦。“运输机载着我们摇摆着穿过长期覆雪的巨大山脉，通过世界上最大山脉东南支脉上的群峦之海。这戏剧般的飞行还通过了峡谷、冰川和荒山岩壑，然后又通过一望无际、令人害怕的绿野和印度北部古老的原始丛林”，到达目的地，被美军汽车接走，随后送到加尔各答接受审查，因为没有办理入境手续（印度是英国的殖民地，须向英方申领入境许可），“我们每个人被单独盘问，仔细审查，所有证件都被复制，有些还被扣留”，富华德说，“美国人的疏忽和自信，像现在做的这样，耽误了事。他们忘了向英国申请入境证。这伤害了英国人的面子，于是我们得替他们吃苦头，得在英国刑事官员的严密监视下，在加尔各答等了整整一个月”，直到 1944 年 2 月 1 日，一个美国上校来用车把他们送到兰姆加，在那里，富华德“一直在训练营里培养中国军队中的卫生部队”。随着缅北战役的推进，富华德转赴缅甸，开展野战救护，“我在这些战斗过程里，作为一个营的医生，活动在热带森林中”，富华德说。虽然补给困难，而且随时都有丢掉性命的危险，但富华德依然坚持在第一线，救治伤兵，直到抗战胜利，踏上归途。临行前，富华德感慨万千，“战争已经结束了！”

八、肯德：反“细菌战”勇士

抗日战争在持续。为了扩大“战果”，日军发动“细菌战”——利用细菌或病毒作为武器，制造人工瘟疫的一种灭绝人性的作战方式。1941 年 11 月 4 日，日军在湖南常德投放细菌，一时人心惶惶，如果不能及时扑灭，后果不堪设想。面对疫情，一位“西班牙医生”挺身而出，他就是肯德。

转战中国的“西班牙斗士”

肯德，原名肯特（Heinrich Kent），中文名字肯德是他原名的音译，奥地利人，1910 年出生在维也纳。他学医出身，当过医科大学的教师，做过医学试验，以内科见长，教学、临床，都是一把好手。

1936 年西班牙内战爆发后，他的反法西斯热情被点

肯德

燃，1937 年 6 月他到达西班牙，参加国际纵队，担任主任医师，投入战争救护之中，在枪林弹雨中穿梭，将自身安危置之度外。他在担任马塔罗医院院长时，结识了西班牙女护士玛丽亚，两人一见倾心，1938 年 10 月，他们在弥漫的硝烟中举行了婚礼。战争失败后，肯德等“西班牙医生”撤退到法国，被关押在集中营。1939 年，他应招参加国际援华医疗队，前往中国，遗憾的是妻子无法成行，只好各奔东西。

1940 年到达中国红十字会救护总队部图云关后不久，肯德被委任为救护总队第 731 医疗队队长，前往湖南等地，救护伤兵病兵。他是一位有心人，善于思考，勤于调查，他写了一份《军医业务简评及改进之我见》，对部队恶劣的卫生状况进行全面分析，提出 17 条改进意见，包括防治斑疹伤寒、回归热的方式方法，土法灭虱治疥“淋浴器”的制作，图文并茂，便于推广，收效良好。第五十三军军长周福成等上报救护总队部，说“肯德队长及队员等，协助战地卫生工作异常热心”，日夜奔忙，“请予嘉奖”。不久后，肯德荣升中队长。他表示“将竭尽所能完成红会各项使命，庶不负企许之深，以争取红会永久之令誉也”。

常德抗“鼠疫”

1941 年 11 月 4 日黎明时分，湖南常德浓雾笼罩，一架日军 97 式轻型轰炸机在常德上空低飞盘旋。空袭警报拉响，但日机并没有狂轰滥炸，而是绕行三周后离去。下午警报解除，人们发现城区一些街道散落着破布、烂棉花及谷子、小麦颗粒。这些空投物立即引起警觉，因为一年前日机就以这种方式在浙江衢县、金华、义乌、宁波等地散布毒物，瘟疫迅速蔓延，造成大量人口死亡，中国红十字会救护总队第 312 医务队队长刘宗歆就是在这次“细菌战”救护中不幸感染鼠疫献出宝贵生命的。前事不远，对此人们不敢掉以轻心。警察局清理焚烧空投垃圾并拾取少许送到常德唯一的一家医院——广德医院进行化验，经谭学华院长检验，认为极有可能是骇人听闻的鼠疫杆菌。谭院长立即急电湖南省政府、重庆国民政府，要求火速派防疫专家前来。驻守常德的第二中队肯德队长闻讯，速调所属各队齐集常德，分驻常德四郊，以防细菌扩散。同时上报救护总队部，请求增派医疗队开赴常德协助。

没过几天，大量死鼠出现在街头巷尾，令人毛骨悚然。11 月 12 日，家住关庙街的 12 岁少女蔡桃儿突发疾病，高烧寒战，急送广德医院救治，被谭学华院长诊断为鼠疫。次日，蔡桃儿心力衰竭而死。肯德取蔡桃儿脾内汁液重新化验，确认为败血型鼠疫，他得出结论："此种病菌常德一带夙昔从未发现者，其为日机不顾道义所投掷者亦无疑问矣。"

接着，第二例、第三例、第四例相继身亡，截至 19 日，半个月内就有 50 余人染疾。被称为"黑死病"的可怕鼠疫流行开来，恐怖气氛笼罩常德，人们谈"鼠"色变。

根据肯德的安排，各医疗队迅速到位，竭尽全力抗

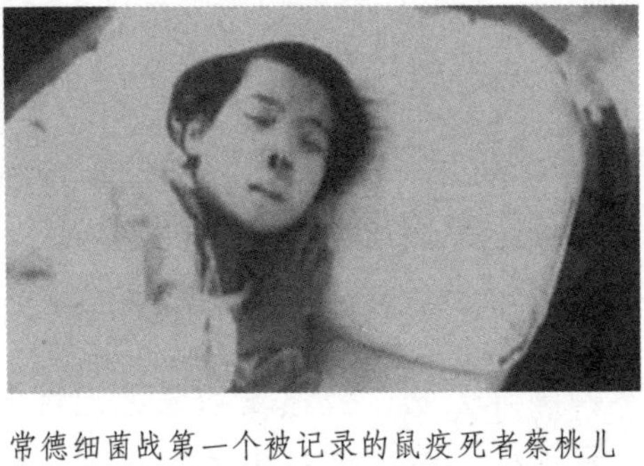

常德细菌战第一个被记录的鼠疫死者蔡桃儿

疫防疫，其中“111 队及 472 队于常德从事防疫工作，对于鼠疫霍乱等注射、防疫宣传及就近门诊工作，均多有贡献。731 队于桃源从事门诊化验室、宣传及环境卫生视察、注射防疫针及协助兵站医院开刀等工作，不遗余力”。围绕鼠疫防治，肯德和他的医疗队竭尽全力，不久，鼠疫蔓延的趋势得到有效控制。

1942 年春天，常德鼠疫再度流行，来势凶猛。肯德立即调派两支医疗队赴常德，另派一队驻桃源，并向救护总队部请求支持，总队部火速送来鼠疫疫苗，同时救护总队第六大队抽调防疫队，前来协助。

在肯德督导下，常德两队担负起城区三分之一地区的疫情报告、调查、检验死尸、病人注射疫苗及疾控宣传等工作，桃源队从事堵塞消杀毒菌等事务，“成绩甚佳”。1942 年 5 月，常德防疫处重新改组，肯德被聘为检疫组组长兼任桃源防疫处技术组组长，重任在肩，他不敢稍有懈怠。“队中各队员则从事宣传、讲演、检验、注射及捕鼠运动，成绩斐然。”

谴责日军反人道行径

日军不顾国际公法，公然发动灭绝人性的细菌战，国际舆论一片哗然。面对惨不忍睹的无辜受害者，肯德更是“怒发冲冠”，在1942年4月22日的《桃源民报》上发表《鼠疫横行在常德》的文章，对日军反人道行径口诛笔伐，进行声讨：“常德有鼠疫横行着！几许的生命，曾经死了，医务专家检验是鼠（疫）的结果，千真万确，这最危险而使人心惊胆战的传染病，在常德市竟成了铁的事实。”肯德谴责说，发动细菌战是“不顾信义、人道的东方强盗蓄谋已久的最残忍手段”，令人发指。

常德自古就是北通荆襄、西连黔川的战略要地。当时的常德南面临近长沙，是第六战区长官部的屏障和战区军民的粮仓，扼守湘川公路，连通第六、九战区，战略地位更显重要。两次长沙会战，中国军队歼敌甚众，常德起到了后援保障的巨大作用。为了扭转长沙会战的败局，日军对常德实施细菌战，以扫除障碍。这就是为什么日军在常德投放细菌1个月后的1941年12月，便发动了第三次长沙会战。肯德清楚地意识到，日军发动细菌战，“意想从此用毒菌来毁灭我们的民族”，打垮中国人民的抗敌意志。但日军肆意践踏人道，用卑劣手段想让中国人民屈服，只会激起更强烈的抵抗。肯德呼吁“常德全体市民，要立即动员起来，用防鼠疫之常识，反侵略的精神，服从纪律的美德，勇敢的情绪，大家一齐从事于防疫战场，好再造成灿烂卓新的胜利史。”对取得反细菌战的胜利，肯德充满信心。

鼠疫流行，的确给民众造成心理恐慌，“有谈虎色变之势”。在肯德看来，一是要正视，“现在我们必须承认鼠疫在常德！敌人在常德，毒菌战争已在常德展开”；二是要全力应对，“为了战胜敌人，我们要不顾财力、物力的牺牲，应该办的，都要详加考虑”；三是要消除恐慌，采取切实可行的措施，积极防治。防治办法，“一面杀鼠，还要一面注射鼠疫之苗”，双管齐下，缺一不可。

肯德激励抗战军民鼓起“战争的勇气”，因为前线将士浴血奋战，正在同日军展开“肉搏战”，我们在后方“也当具有同样的精神”，对抗日本的细菌战，“让我们奋起踏着先烈的血迹，争取我们光荣的胜利吧！”

作为反“细菌战”勇士，肯德一直冲锋在第一线，他的许多防疫举措和合理化建议，使“防疫当局获益不少”。

中印公路“一滴汗”

常德反“细菌战”仍在进行之中。1942 年 5 月，日军从缅甸北部进犯中国云南，占领了怒江以西大片国土。中国远征军作战失利，滇西局势紧张。1943 年，第五十三军开赴云南编入中国远征军序列，开始了打通中印公路的进攻作战。肯德在取得防治鼠疫阶段性胜利后，组织第九手术队，随军前往，担任卫生勤务。他利用美军接济的帐篷，办起“裹伤所”，重伤员转院，轻伤员留治，“使轻伤的很快得以重返前线”。由于补给困难，肯德和他的手术队“三月不知肉味”，最苦时，不但无肉，而且无盐，生活之艰苦，可想而知。

1944 年 5 月，中国远征军发起反攻，强渡怒江，拉开了滇西大反攻的序幕。从 5 月 12 日到 6 月 21 日，经过 40 天的苦战，中国远征军取得了高黎贡山战斗的胜利。在战斗中，肯德率队“一路看护着伤病官兵，攀藤附葛，越登大山，迂回敌后，等到敌人溃退，却已推进至遮放附近的一个山头。这一程说不尽的风吹雨打，忍饥挨饿，终能够一点儿不拉（落）后，还替战地民众诊疗”。到遮放后，肯德随同先头部队进城，设置医院，收治伤兵。不久，第五十三军进攻芒市，肯德又率手术队配合美军医院工作，“无论治疗、运输，都获得最高的工作表现。”中国红十字会救护总队第十大队大队长徐崇恩，对肯德及其手术队赞不绝口，“这个第九手术队，在一个外籍医师肯德的领导下，帮忙第五十三军，打了大塘子、遮放、芒市三个大胜利，并且帮忙第五十三军完成攻击几百公里的战斗任务，获得了荣誉奖章”，徐崇恩说，“肯德虽是个外国人，但他勇于任事的精神，真是中国人的好朋友，尤其是胆识过人，和中国人爱中国没有两样，红十字会的救死扶伤的工作，便在他这样的热情中格外地焕发了光彩。”

打通中印公路之战，被称为抗战以来正面战场唯一一次获得彻底胜利的大规模进攻作战，气势恢宏。肯德及其手术队及时救治伤病，使“士气激昂，兵源易于补充，尤其是久经沙场之士，数次受伤，而均能重返前线，继续杀敌，这不能不归功于第九手术队的工作。所以我们敢说，红十字会的工作，也算是打开中印公路的一滴汗”，为抗战胜利做出了贡献。

抗战胜利后，肯德继续献身中国红十字会医疗卫生事业，直到 1947 年 9 月，才从上海回到阔别 8 年之久的祖国。

九、华佗-傅拉都

神医华佗，人尽皆知。在来华支持中国红十字会抗战救护的“西班牙医生”中，也有一位医师被誉为华佗，他就是傅拉都。

西班牙的召唤

傅拉都，原名斯坦尼斯瓦夫·傅拉托（Samuel Moses Flato），1910年6月出生于波兰华沙一个犹太人家庭。1929年傅拉都赴法国，进入巴黎大学医科学习，1935年毕业。在校期间，他积极参加犹太大学生左派组织——“斗争”，很快成为一名共产党员。

1936年西班牙内战爆发，傅拉都义无反顾地投身这场反法西斯战争的救护之中，先后出任第13旅医官、医官司令官，第35师医疗检查官，为战事救护竭尽心力。

傅拉都

1939年3月，西班牙战争败局已定，他和同伴撤退到法国，被囚禁在圣西普里安集中营。半年后，在国际援华组织“挪威救援中国与西班牙委员会”的资助下，傅拉都作为国际援华医疗队负责人，与波兰医生陶维德、戎格曼及夫人、甘理安及夫人，捷克医生柯理格，苏联医生何乐经，匈牙利医生沈恩，罗马尼亚医生柯烈然等9名“西班牙医生”开赴中国。在法国马赛，他与保加利亚医生甘扬道，德国医生贝尔、顾泰尔，罗马尼亚医生杨固，奥地利医生富华德汇合，乘坐“安尼亚斯”号轮，于9月13日到达香港，受到“保卫中国同盟”（简称“保盟”）主席宋庆龄和中国红十字会的热情接待。10月16日，傅拉都一行辗转抵达中国红十字会救护总队部所在地贵阳图云关。

“他所在的党鼓励他们去需要的地方”

来到图云关后，傅拉都一行作了短期休整。在这里，他被中国红十字会救护总队部总队长林可胜聘为救护总队顾问，负责卫生勤务指导。1939 年年底，他受聘为第 691 医疗队队长，率队前往湖南、湖北前线。

傅拉都历尽艰辛，不远万里来到中国，毅然投入抗战救护事业，不言而喻，是继续“为反法西斯斗争贡献力量”。傅拉都的女儿克里斯蒂娜在接受记者采访时说，

傅拉都启程赴湖南

“当时，中国是世界反法西斯战争的东方主战场。他所在的党鼓励他们去需要的地方，这是他们事先预想不到的。”

在前线，傅拉都救治伤兵病兵，不遗余力。长沙会战，炮声隆隆，人少事繁。为了壮大救护力量，傅拉都在湖南湘阴县沙田坪专门办起一个军医训练班，培养了不少救护人才，为战事救护补充了有生力量。

傅拉都尊重伤兵、关爱伤兵，自然受到官兵的爱戴。一次部队打了胜仗，缴获一面日军“武运长久”的旗帜，特地赠送傅拉都留作纪念。这面旗帜现收藏在中国国家博物馆。

“与中国神医同名是非常光荣的事”

“西班牙医生”大多是共产党员，他们有一个共同的心愿，就是到中国共产党领导的抗日武装八路军、新四军中服务。傅拉都也不例外。1940 年夏，他与杨固、沈恩一起，到重庆八路军办事处拜会中共代表周恩来，提出去延安的请求。周恩来为顾全国共合作共同抗日大局，劝他们继续留在国民党正面战场安心工作，只要与中国军民并肩战斗，在哪里都是抗日。虽然未能如愿，但傅拉都成为八路军办事处的常客，还结识了董必武、邓颖超、王炳南等人。有一次，董必武身患疾病，傅拉都精心治疗，很快康复。董必武很高兴，称傅拉都为“华佗-傅拉都”。傅拉都很开心，“因为与中国神医同名是非常光荣的事”。“华佗-傅拉都”之名由此为人所熟知。

“华佗-傅拉都”与王炳南还有一个不同寻常的传奇故事。傅拉都的女儿克里斯蒂娜回忆说：“父亲在中国工作，很快就能说流利的中国话。有一次，父亲听到国民党特务密谋逮捕王炳南，那些人不知道他能听懂。父亲以最快速度将此事告诉周恩来。周恩来请父亲帮忙，父亲随后用救护总队的车，帮助王炳南成功逃脱。”当时，傅拉都身穿中国红十字会救护总队统一的灰色制服，又是“老外”，持有往来各地的护照，用救护总队的汽车方便快捷地把王炳南安全护送到重庆八路军办事处。周恩来对傅拉都的帮助深表感谢，并立即任命王炳南为八路军办事处上校秘书。王炳南有了公开合法的身份，国民党特务对他也无可奈何了。

时过境迁，1955 年王炳南出任中国驻波兰大使。而“华佗-傅拉都”正被波兰政府“冷落”，原因是他曾经在国民党战区服务的经历有待审查。王炳南得知情况后，随即向波兰共产党中央提供了傅拉都在中国的相关材料，历史迷雾得以廓清，傅拉都得到重用。王炳南与傅拉都的生死之交，也传为一段佳话。

印缅前线再建功勋

1941 年太平洋战争爆发后，日军迅速占领东南亚，挺进印度洋。美国参战，并于 1942 年 1 月 1 日与中国、苏联、英国等 26 国在华盛顿发表《联合国家共同宣言》，正式建立世界反法西斯同盟。依照同盟国“远东战略计划”，英美联军实施缅甸、印度作战，中国派出远征军参战，南北夹击，打通被日军切断的“生命线”——滇缅公路。1943 年 11 月 20 日，美国军事代表团中国战区参谋长史迪威将军致函中国军方，“请派在华中国红十字会外援志愿医师八人至十人至印度兰姆加医院服务”。12 月 26 日，中国红十字会救护总队部选派 10 名外籍医师赴印度为远征军服务，其中就包括傅拉都。他们先在印度兰姆加训练营担任教官，培训军队医护人员，1944 年被派往缅甸直接参加反攻作战的野战救护。由于交战双方展开“森林战争”，条件艰苦，环境恶劣，战事救护险象环生。至于忍饥挨饿、虫蛇叮咬，更是家常便饭。傅拉都等人克服常人难以想象的困难，随军进退，坚忍不拔，救死扶伤，直至抗战胜利、完成使命。

割不断的中国情

抗战胜利后不久，傅拉都从兰州乘飞机经苏联回到了祖国的怀抱。不过，他在中国国统区的“历史问题”使他蒙受不白之冤，身陷囹圄。周恩来总理的到访，使他重见天日。傅拉托女儿克里斯蒂娜深情地回忆说：“1954 年 7 月，周恩来总理到波兰访问，向波兰领导人提出要看望老朋友傅拉都。于是，父亲立即被释放。”重获自由的傅拉都，内心充满了感激之情。

中国是傅拉都的“第二故乡”，他魂牵梦萦，难以忘怀。1957 年在中国政府的要求下，傅拉都出任波兰驻华使馆公使衔参赞，这让他兴奋不已，带着家眷重返中国。从 1957 年到 1964 年，7 年间他到过中国很多地方。有报道说，一次出差路过湖南株洲、衡阳，坐在火车上的他目不转睛地向窗外眺望，自豪地对翻译说：“你知道吗？这里的每一块土地，几乎都有我的足迹。”1964 年回国后，他在波兰外交部担任副司长，主管中国事务。毕竟他与中国有割不断的情缘，因而为中波友好尽心尽力。1959 年他被邀请参加新中国成立 10 周年国庆观礼，荣幸地见到了毛泽东主席、周恩来总理，他心潮澎湃、激动万分。这是他一生中最难忘的一件事。

十、戎格曼：一位尊贵的“波兰友人”

2016年6月17日，在对波兰共和国进行国事访问前夕，国家主席习近平在波兰《共和国报》上发表了题为《推动中波友谊航船全速前进》的署名文章。文章中，习近平论述中波友好往来的历史时写道：“第二次世界大战期间，两国人民彼此同情、相互支持，结下深厚友谊。傅拉都、戎格曼等波兰友人不远万里来华，为中国抗日战争提供医疗支援。”戎格曼就是其中的一位“波兰友人”。

一位来自波兰的“西班牙医生”

戎格曼，原名沃尔夫·云格曼（Wolf Jungermann），是地地道道的波兰人，因为和傅拉都、严斐德、甘扬道等一样参加西班牙内战救护，所以当他们到达香港时，

戎格曼

被香港媒体统称为“西班牙医生”，尽管他们都不是西班牙人。

1936 年西班牙内战爆发后，来自包括中国在内的 50 多个国家大约 4 万名的志愿者，组成“国际纵队”，投入西班牙人民保卫新生的共和国、抗击德国和意大利为轴心的法西斯战争之中。那是一个激情燃烧的岁月，许多热血青年奔向捍卫正义的前沿，勇立潮头。戎格曼就是如此。他用自己的手术刀，去践行红十字人道宗旨。在西班牙，他是林肯营的主治医师，也是在穆尔西亚医院救死扶伤的“少尉”。1939 年西班牙战争失败后，他和其他“西班牙医生”的命运一样，被关进法国拘留营，随后被国际援华组织解救，派往中国，继续参与反法西斯战争的医疗服务。9 月 13 日，他和同伴一同抵达香港；10 月 16 日，辗转到达贵阳郊外的图云关——中国红十字会救护总队部大本营、全国抗战救护的指挥中心，正式加盟中国红十字会。随后，沃尔夫・云格曼为自己取了一个中国名字——戎格曼，穿上中国红十字会统一的制服，走上了抗战救护的前线。

“带着这辈子少有的冲劲与目标去工作”

来到图云关的“西班牙医生”，都有自己的理想、信念，就如当年和他们有过接触的被誉为“中国伤兵之

在图云关后方医院病房前与同事合影，左四为戎格曼

母”的美国记者史沫特莱在她的《中国的战歌》一书中所说的那样：“这些人同我在中国所遇到的其他外国人不同，反法西斯的信念把他们联系在了一起。他们同中国人穿得一样，吃得一样，生活一样。”戎格曼就是如此。他说道：“我们带着这辈子少有的冲劲与目标去工作。”为了续写反法西斯的战地传奇，他们义无反顾。在图云关，戎格曼等抱怨救护总队部不能安排他们及早去前线，甚至对林可胜总队长也颇有微词。因为他们心中憋着一股“冲劲”，渴望在抗日战争的烽火硝烟中一展身手，去实现尽心尽力服务中国军民的“目标”。终于在到达图云关一个半月后的1939年的岁末，他们等到了前往湖南、江西前线的佳音。

原来，自1938年10月武汉失守后，湖南、湖北、江西等地就成为日军进攻的主要目标。1939年10月，当戎格曼到达图云关时，第一次大规模的长沙会战刚刚结束，而拉锯战则愈演愈烈。为此中国红十字会救护总队部也调整了救护部署，把医疗、医防、急救等队，改编为医务队，推进到野战区，把战时的救护与平时的卫生防疫有机结合起来。这项改革，正好可以让戎格曼等“西班牙医生”大展宏图。“他们的任务是医治伤病员，防治传染病，培训当地医护人员。”史沫特莱说。戎格曼不负所望，想方设法改进军中医疗卫生条件，为了阻断斑疹伤寒、回归热、霍乱的蔓延，戎格曼等就地取材，用竹子为士兵特制“淋浴器”，展开“灭虱大战”。有报道说，他为此常常连续工作十几个小时，实在太疲倦就用冷水浇头提神，部队官兵很是感动。

来自“黄金新村”的视察报告

1940 年夏初，戎格曼回到图云关，稍事休整，又被派到广东曲江“去开展工作”。这时，他已是中国红十字会救护总队第 7 中队的中队长了。

自 1938 年 10 月广州失守后，华南地区硝烟滚滚，但救护力量薄弱，于是戎格曼受命率第 7 中队前往支援。第 7 中队还有“西班牙医生”柯烈然和三位香港来的医生，以及后来成为甘扬道妻子的第 7 中队医护视导员张荪芬，加上十几名护士和卫生员，他们乘红十字会的卡车并携带器材药品，抵达广东韶关。中队部留驻韶关——广东省的临时省会，4 个小分队分散在粤北驻军的几个野战医院，为当地军民服务。

戎格曼到韶关没几天，遭遇日军空袭，房屋烧光，中队部只好迁到郊外的一个小山坡上，在那里搭起了三间简陋的房子，开展救护工作。作为中队长，戎格曼对各小队的医疗服务负有指导之责，经常往返于各小队，巡视督导。1942 年 8 月 7 日，他在曲江黄金新村向林可胜总队长呈上《第7中队长戎格曼呈报出发前方视察等情的报告》，一是报告他视察721、421、443、382、383各小队的情况；二是调整人事安排，鉴于381队遇到的交通困难，如果一定要将刚刚增派的刘载生医师和姜锡昌X光机队员派往381队，只能在曲江久候，此时正是用人之际，为了不耽误工作，他建议临时将刘载生医师派往443队，将X光机队员派到383队；三是381队交通运输遇到自身无法解决的困难，希望总队部给予协助。戎格曼的报告切合实际，也体现了他认真负责的工作态度。

抗战胜利后继续留在中国

1942年日本侵占印度支那各国后，依照史迪威将军请求，1943年12月，救护总队部派出傅位都等一行10人前往印度，参加中国远征军救护，同时又拟定了第二批赴印名单，包括戎格曼等10名“西班牙医生”。救护总队部电告戎格曼等“克即来筑（贵阳）报到，听候第二批派往印度工作”。后因情况有变，戎格曼等没有成行。

1945年8月，在抗战胜利的欢呼声中，“西班牙医生”完成使命，陆续回到自己的祖国。戎格曼没有离去，他和严斐德一样，受聘为“联合国善后救济总署”

戎格曼和红十字会工作人员留影

官员，继续留在中国。他担负起东北等地以医疗援助为主的善后救济工作，恪尽职守。在那里，他和来自美国的肯德尔小姐相识相知，1946 年结为夫妻。1948 年夫妻俩带着一岁的女儿回到波兰。戎格曼女儿卡林·克莱纳（Karin Kleiner）回忆说：“妈妈当时在中国，妹妹也在中国出生。中国医疗条件落后，他们努力救治伤患，开展传染病防治工作。比如，防止水污染以保证民众健康。父亲医治了许多伤员与难民。我为拥有这样一位父亲而感到自豪。”

十一、柯烈然：从西班牙到中国的“戎马生涯”

2008年12月26日，上海宋庆龄陵园国际友人墓区立起一座新墓，墓碑上赫然刻着“柯烈然”的名字。柯烈然就是抗战时期来自罗马尼亚的“西班牙医生”。

无怨无悔的选择

柯烈然，中国名字又称柯让道、郭德夫，原名雅各布·克兰兹多尔夫（Y·Kranzdorf），又名约苏尔·克兰斯多夫（Jasul Kransdorf），1948年改名布库尔·柯烈然（Bucur Clejan）。1904年中国红十字会诞生那一年，他出生在罗马尼亚布加勒斯特的一个犹太人家庭；中学毕业后报考医科大学，一年后留学意大利学医。1928年，他圆满完成学业，回国创业，开办诊所，悬壶济世。其间，他与女邻居吉泽拉相识相知，成为人生伴侣。吉泽拉就是后来追随柯烈然来到中国参加抗战救护的柯芝兰。在出身“红色世家”的吉泽拉的影响下，柯烈然加入了共产党，走上了革命道路。

1936 年 7 月，佛朗哥在德国、意大利法西斯的支持下，发动叛乱，企图颠覆新生的西班牙共和政权。西班牙战争爆发后，各国正义力量组织国际纵队，开赴西班牙。柯烈然备受鼓舞，毅然投身于反法西斯战争的洪流中。1938 年冬，他历尽千辛万苦，终于到达西班牙，成

柯烈然毕业时的证件照

为国际纵队的一名医师。1939 年，反法西斯战争失败，柯烈然和同伴撤退到法国，先后被关进戈尔斯和圣西普里安集中营，过着囚徒生活，但柯烈然对自己的选择无怨无悔。他和同伴听到中国共产党领导中国人民不屈不挠抗击日本法西斯的消息时，特别在他们编印的《自由报》上赫然印上“向中国共产党致敬”的题字，表达了他们对中国抗战的支持。不久，柯烈然报名参加国际援华医疗队，和同伴一起漂洋过海，前往中国。1939 年 9 月，他们抵达香港，受到“保卫中国同盟”主席宋庆龄及中国红十字会的热情招待；10 月 16 日，柯烈然一行辗转到达中国红十字会救护总队部所在地贵阳图云关，正式加盟中国红十字会。

救护医疗队的“柯队长”

1939 年年底，柯烈然等“西班牙医生”被派往前线。柯烈然先后担任中国红十字会救护总队第 383、031 医疗队的队长。他所率领的医疗队先后“转战”湖南、湖北、广东、云南等地，救治伤兵，服务百姓，深受官兵爱戴，他被亲切地称为“柯队长”。

柯队长和其他“西班牙医生”一样，都希望去中国共产党领导的八路军、新四军中服务，虽然多方争取，

柯烈然队长

没有如愿，却与中共保持着密切的联系。柯烈然在回忆录中写道：“打一开始我们的一切工作就是在中国共产党领导下进行的”，“我们一直和党保持联系。党指示我们：要尽最大努力去完成医生对军队和老百姓应尽的职责”。

事实上，包括柯烈然在内的“西班牙医生”无不“尽最大努力”服务抗战军民。柯烈然用他们所带来的药物和医疗器材装备了部队的一些军医院，整顿了原有的卫生所和医疗队。部队的病房不够使用时，伤员被送到寺庙和居民家里，但仍不能满足逐日增加的伤员的需要。为了克服这一困难，柯队长“亲自带头，就地取材，用中国南方价廉易得的竹子架起了棚子病室，制作了竹床篾桌。这样，很快就解决了病房内床位拥挤、新到伤员无处安排的问题。此后，便出现了一间间和一排排的病房，直到发展成了包括有手术室、药房和大灶的部队棚子医院”。柯烈然的第二任妻子赵婧璞回忆说。在伤员病号众多、药物器材缺乏的条件下完成救治伤兵、防治疾病这一任务实在不易。柯队长决定“能代用的代用，可配制的配制，千方百计节约药品”。在一次疥疮大流行时，柯队长用石灰与硫黄调和制成涂剂，经过多次的实验终见疗效，又采用煮沸衣物的办法以杜绝传播渠道，“在他所在的部队里，最先消灭了疥疮的祸害。这种涂剂推广后，治愈了四万多例疥疮患者。”这种疗法被誉为“柯大夫的办法”。同时柯队长和他的队员，也不忘初心，“尽最大努力”为当地民众提供医疗服务。

丧妻之痛

人少事繁，工作忙碌，柯烈然想让妻子前来帮忙，得到中国红十字会救护总队部的支持。1940 年，由救护总队部开具证明和柯烈然签名的“字条”，成为吉泽拉前来中国的“通行证”。吉泽拉冲破层层阻挠，辗转苏联、蒙古国到达中国。1941 年年初，柯烈然夫妇终于在广东团聚，他送给她一份“礼物”——为她取了一个让人感到芳香四溢、沁人心脾而又非常好听的中国名字“柯芝兰”，她很喜欢这个名字。6 月 21 日，救护总队部医务股正式聘柯芝兰为医疗队“服务员”，派到第 65 军第 383 医疗队工作。柯烈然为队长，柯芝兰为队员。“夫唱妇随”，令人羡慕不已。

1941 年 12 月 7 日，日军偷袭珍珠港，太平洋战争爆发，东南亚局势迅速恶化。1942 年 5 月，日军从缅甸北部进犯云南，占领了怒江以西大片国土。为支援中国远征军出国作战，1943 年 12 月中国红十字会救护总队部派出 9 位“西班牙医生”前往印度，柯烈然夫妇等作为“预备队”调往云南，随时准备跟进；后情况有变，没有派往，但柯烈然救护工作由此转移到了云南。其间，他被任命为中国红十字会救护总队第十大队第三中队第 031 医疗队队长，配属第一集团军第二十师，进驻云南

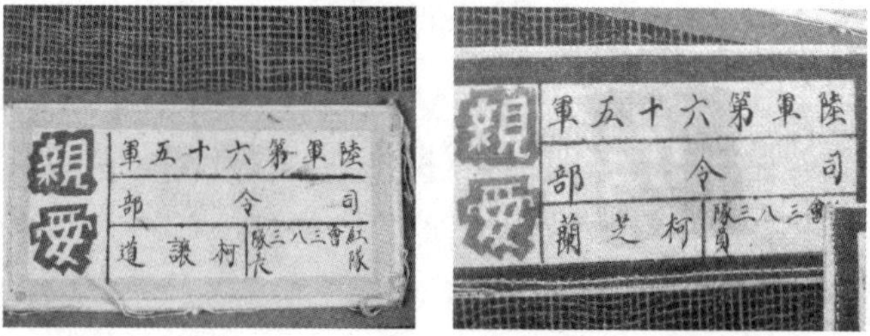

柯烈然、柯芝兰夫妇佩戴的臂章

建水。柯芝兰随行，在031医疗队担任护士。1943年8月5日，第一集团军总司令卢汉向他颁发聘书，“兹聘台端为本集团军军医训练班副主任兼外科主任教官”，培训医护人员。

1943年，云南伤寒流行，许多平民百姓被夺去生命。“柯烈然由他妻子协助，在医院和居民家中为病员诊治打针，还亲自护理了一个无家人照顾的伤寒病患者。”不幸的是，夫妻二人均被传染，高烧不退。柯烈然挺了过来，可是柯芝兰最终心力衰竭，于1944年3月14日与世长辞，年仅39岁。痛失爱妻，柯烈然悲痛欲绝。

“特别会员”出任“联总”官员

柯烈然强忍着悲痛掩埋了妻子。按照妻子的遗愿，她逝世后葬在建水。在他的“百宝箱”里，一直珍藏着他当年写下妻子墓地方位的字条：“建水北门外普安寺右后方皇清显考陈礼墓后5米处”。柯芝兰为抗战事业献出了宝贵的生命，柯烈然不会忘记她，中国人民不会忘记她。

柯烈然依然留在云南，在昆明一所军队医院忘我地工作着，直到抗战胜利。

1945年8月15日，日本宣布无条件投降，中国人民反法西斯战争取得最后的胜利，“西班牙医生”使命完成，纷纷回国。而柯烈然受聘为“联合国善后救济总署”（简称“联总”）官员，派往河南分署，“担任医疗善后救济工作”，继续为中国军民服务。这年11月，中国红十字会总会鉴于柯烈然“服务本部有年，勋劳卓著”，授予他中国红十字会“特别会员”荣衔。

为配合联总的工作，民国政府设立“行政院善后救济总署”（简称“行总”），“主持全国善后救济事宜”。1946年4月6日，行总蒋廷黻署长向柯烈然签发了“外籍专家服务证”，要求河南方面“切实予以各种便利与优待，以尽地主之谊而利工作进行”。

战后的中国，满目疮痍，百废待兴。柯烈然抵达联总设在郑州的办事处后，依托红十字医院，积极开展医疗救济工作。虽然工作人员只有7人，既要医治病患，又要救济灾民，繁忙异常，但在柯烈然的带领下，大家全身心投入，不辞辛劳。

1946年初夏，柯烈然到河南伊始，霍乱流行，他组织防疫队，“到各地的医院增设霍乱病房”，“到各地的学校、收容所为难民治病、发药、打针、灭虱和教育他们如何隔离和护理霍乱患者”。人们看到的是他忙碌的身影。

按照联总的规定，救济物资应“公平地分配或发放，不得因种族、宗教、政治信仰不同而有所歧视”，

"任何时候，救济善后物资都不得用作政治武器"，这与红十字会人道、中立的理念有异曲同工之妙。但国民党方面不遵守规约，控制截留，共产党方面得到的份额少之又少，为此柯烈然坚守人道、公正的立场，费尽口舌，为解放区争取正当权益。

运送救济物资，中间为柯烈然

从事救济工作，少不了到处跑，西华、周口、漯河、郾城、汝南等地，都留下了他的足迹。虽然辛苦，但他感到很充实。作为中国红十字会“特别会员”，他为能够继续践行人道宗旨而感到自豪。

“我已把中国看作我的第二故乡”

在郑州工作期间，柯烈然收获了爱情，他与赵婧璞女士相爱了。

1920 年，赵婧璞出生于开封一个贫苦之家，父亲早逝，她与母亲相依为命。抗战时期，她在河南大学附属医院改组的后方重伤医院受过培训，后考入湖南湘雅医学院附属高级护士学校。1946 年 4 月，在柯烈然来到联总郑州办事处后不到半个月，赵婧璞也来到了行总郑州红十字医院，成为医院里唯一一名护士。

因为工作关系，二人多有交往，柯烈然务实严谨的工作态度，给赵婧璞留下很好的印象。工作之外，赵婧璞经常协助柯烈然翻译文件、填写报表等事务，她一丝不苟的工作作风让柯烈然钦敬。二人破除世俗成见，走到一起。1946 年 12 月 25 日，二人举行了婚礼，成为那个时代中少见的“跨国婚姻”。

柯烈然的工作持续到 1947 年 11 月才宣告结束。12

柯烈然和赵婧璞的结婚照

月 4 日，柯烈然夫妇应邀出席在上海新亚饭店举行的告别酒会，在那里，他与宋庆龄再次相遇，“看她精神饱满，一点儿也不像近六十岁的人。”柯烈然说。宋庆龄没有忘记“西班牙医生”，对他和所有“志愿来帮我们的同志们”深表谢意，称他们是“中国人民的朋友”。柯烈然激动地说：“我们做的都是应该的，可惜做得太少了。我已把中国看作我的第二故乡，以后只要有机会一定再来中国。”最后，柯烈然请求宋庆龄在他的笔记本上签名，宋庆龄欣然应允。

1948 年 3 月 16 日，柯烈然和妻子赵婧璞在上海乘“飞云”号远洋轮，返回阔别已整整 10 个年头的祖国。

回到罗马尼亚，柯烈然继续从事他热衷的医疗卫生事业，同时夫妇两人为增进中罗两国人民的友谊尽心尽力。1972 年 10 月，夫妻两人应邀访华。重返挥洒过热血的土地，他们感到格外亲切。

1975 年 1 月 15 日，柯烈然病逝。1986 年，赵婧璞捧着柯烈然的骨灰盒回国，定居上海。柯烈然一直视中国为第二故乡，希望在中国“安家落户”。2008 年 12 月 26 日，在柯烈然 104 周年诞辰纪念日当天，他被安葬在上海宋庆龄陵园。中国人民对外友好协会会长陈昊苏在柯烈然墓落成暨祭奠仪式上说：“中国人民不会忘记柯烈然先生为中国解放事业做出的杰出贡献，倍加珍惜来之不易的和平与正义事业。”

十二、柯芝兰："西班牙医生"的追随者

她没有到过西班牙战场，自然不是纯正的"西班牙医生"，但她响应"西班牙医生"柯烈然的召唤，不远万里来到中国，融入"西班牙医生"群体之中，参加中国人民反抗日本法西斯的战争救护，为此献出了她宝贵的生命。她就是罗马尼亚的柯芝兰。

柯烈然的坚强后盾

柯芝兰，原名吉泽拉·克兰兹多尔夫（Gisela Kransdorf），出身于罗马尼亚布加勒斯特的一个"红色世家"。1928 年，意大利留学归国的柯烈然，在她家附近开了一间诊所，两人相识，成为伴侣，过上美满而幸福的生活。在她家庭环境的熏陶下，在她的帮助下，柯烈

柯芝兰

然接触了马克思主义，加入了罗马尼亚共产党，成为一位革命者。每念及此，柯烈然总忘不了“她使我有了正确的人生感”。在柯烈然看来，吉泽拉就是他走上革命道路的“引路人”。

1936 年，西班牙内战爆发后，吉泽拉鼓励柯烈然前往西班牙参加国际纵队，投身于反法西斯战争的救护工作，这使柯烈然深受鼓舞。1938 年 3 月 12 日，他毅然变卖了诊所，离开祖国和温馨的小家，乘上了西行的列车。吉泽拉含泪为他送行，而她继续留在罗马尼亚从事革命活动。

当柯烈然抵达西班牙时，战争局势每况愈下。1939

年2月8日，巴塞罗那沦陷；6月9日，柯烈然等撤退到法国南部，被关押在集中营里，受尽磨难。作为妻子的吉泽拉，忧心忡忡，但柯烈然乐观向上的精神状态使她感到欣慰。不久，柯烈然获释并踏上支援中国抗战的新征程，吉泽拉表示理解、支持。在她看来，丈夫的选择是明智的，继续反法西斯战争的事业崇高而伟大。她为丈夫的明智之举感到光荣。

“夫唱妇随”到中国

吉泽拉思念在中国服务的丈夫，时刻关注着中国抗战的局势。其实柯烈然对妻子何尝不是牵肠挂肚！抗战救护工作紧张而忙碌，而人手缺乏，常使他焦头烂额。他希望妻子能在身边，既能帮忙，又能团聚。他的想法得到中国红十字会救护总队部的理解和支持，1940年救护总队部为他开具证明，向吉泽拉发出邀请。吉泽拉收到柯烈然签名的“字条”，兴奋地踏上了中国之旅，追随丈夫为抗战军民服务。途经莫斯科时，有人感到疑惑不解，她丈夫“是个什么样的人而值得冒这样的险、吃这样的苦到中国去找他?”她自己清楚，为了共同的反法西斯事业，她义无反顾，不远万里来到中国，与丈夫并肩作战，为中国抗战尽绵薄之力。

柯烈然夫妇在中国

1941 年年初，吉泽拉历尽千辛万苦，到达中国。离别三年，夫妻两人终于在广东团聚。柯烈然给吉泽拉取了一个中国名字“柯芝兰”。“芝”“兰”均香草，花香四溢，孔子说“芝兰生于幽谷，不以无人而不芳”。“芝兰”二字寓意深长，令人陶醉。这是她到中国后收到的第一份“礼物”，她非常喜欢。

1941 年 6 月 21 日，中国红十字会救护总队部医务股为柯芝兰寄发了聘用函，聘她为医疗队“服务员”，派到第65军第383医疗队工作，和丈夫同甘共苦、并肩战斗。她由此成为“西班牙医生”中的一员，尽管她从未到过西班牙。

感染伤寒不幸离世

起初，柯芝兰和柯烈然都在粤北乐昌的一所军医院工作。这里虽然不是前线，但经常遭受日军的空袭，许多伤员需要救护。同时她也积极参加回归热、痢疾等疾病的防治。有报道说，她以自己对病人悉心照料的模范行动在短时间内就赢得了包括医务人员在内的中国人的尊重和爱戴。日军的空袭减少后，她和丈夫要求到更靠近前线的地方去，于是夫妻两人又来到广州附近的前线救护伤员。

1942年5月，日军大举进犯云南，怒江以西大片国土沦陷。中国远征军作战失利，退守怒江东岸。1943年4月，远征军司令长官部重建，准备反攻作战。中国红十字会救护总队部根据战事救护的需要，改任柯烈然为救护总队第十大队第三中队第031医疗队队长，配属第一集团军第二十师，进驻云南建水。柯芝兰随行，担任031医疗队护士。

1943 年在云南，第二排左一为柯烈然，右一为柯芝兰

1943 年 12 月，为支援中国远征军出国作战，中国红十字会救护总队部派出 9 位“西班牙医生”前往印度，柯芝兰和丈夫等作为“预备队”，准备跟进，因情况有变没有成行，继续留在云南前线。有报道说，“在柯芝兰的协助下，柯烈然为部队增加医疗器械、添置药品，使部队医疗条件大为改善，并为驻地群众防病治病。当时士兵中疥疮流行，柯烈然大夫经过多次试验，用硫黄和石灰调制成疥疮膏，疗效显著。这种药膏迅速推广到各地，治愈的患者不计其数。他们还有效地防治了当地肆虐的疟疾、斑疹伤寒、回归热、霍乱等病症。柯大

夫还一度为临安中学女学生管秀华治好过精神病。”她为丈夫“打下手”，丈夫也对她的工作给予帮助，“在丈夫的支持下，她办起了医疗急救短期培训班，为部队和地方培养实用型战地急救医务人员。她态度和蔼、学识丰富，部队卫生兵和地方卫生员都喜欢她。有的还亲切叫她‘妈妈’。”在当地人眼里，“建水大街小巷、军中每座营房，都对柯芝兰敬重有加，她深受军民爱戴。”

不幸的是，在 1943 年伤寒的大流行中，她和丈夫护理患者时，双双被感染。柯烈然闯过了“鬼门关”，而柯芝兰的病情时轻时重，终因心力衰竭，于 1944 年 3 月 14 日殉职，献出年仅 39 岁的宝贵生命。眼见心爱之人离去，柯烈然悲痛万分。

“中国人民将永远铭记他们的不朽业绩”

临终前，柯芝兰嘱咐丈夫：“我死后就葬在建水，我的灵魂会感受到中国抗战胜利的欢庆气氛，死而无憾。”柯烈然遵从她的遗愿，为她在“建水北门外普安寺右后方皇清显考陈礼墓后 5 米处”选定墓址。

柯芝兰不幸离世，第二十师官兵深感惋惜，特别为她举行葬礼。“陆军整编第二十师师长安纯三率全体官兵敬挽”的挽联，悬挂在灵堂左右，上书：

淋惠遽云亡，南国同声失慈母。
伤残未尽起，西方何处觅美人。

“出师未捷身先死”，令人唏嘘。

柯芝兰长眠在建水普安寺旁，当地百姓一直都知道这里曾有一座“洋婆坟”，虽然坟墓已成平地，但她永远活在中国人民的心中。

2004 年 6 月 14 日，对罗马尼亚进行国事访问的中国国家主席胡锦涛在罗马尼亚议会发表题为“巩固传统友谊，扩大互利合作”的演讲时特别指出：“20 世纪 30、40 年代，布库尔 · 柯烈然夫妇和达维德 · 扬库三名罗马尼亚医生远离亲人和祖国，冒着生命危险到中国支援中国人民抗击日本侵略者，为中国抗日战争的胜利作出了宝贵的贡献。柯烈然的妻子为救助伤员不幸染病，为中国人民的解放事业献出了年轻的生命。中国人民将永远铭记他们的不朽业绩。”

十三、杨固：罗马尼亚的白求恩

2004年6月14日，国家主席胡锦涛在罗马尼亚议会发表演讲时特别提到抗战时期“三名罗马尼亚医生”——柯烈然夫妇和扬库，“远离亲人和祖国，冒着生命危险到中国支援中国人民抗击日本侵略者，为中国抗日战争的胜利作出了宝贵的贡献。”扬库就是被誉为“罗马尼亚的白求恩”的杨固。

从西班牙到中国

达维德·扬库（David Iancu），中国名字杨固，1910年生于罗马尼亚东北部的雅西，父亲是木工，母亲是裁缝，家境贫寒。为了改变自身的命运，他发奋学习，1929年终于考入雅西医学院。那时，苏联十月革命成功，社会主义国家开始建立，“大多数青年为之欢欣鼓舞。他们认为，建立这样一个国家是一条出路。于是，他们着手为建立这种社会制度奋斗。在这一背景下，我的政治生涯开始了。”杨固在他的回忆录中这样写道。于是他加入共青团，成为学生运动的积极分子。1936年，他获得外科博士学位，在雅西开设私人诊所，悬壶济世。

1936 年，西班牙内战爆发，在德国、意大利支持下，叛军疯狂反扑。法西斯主义的血腥激起国际进步力量的愤慨，纷纷组织志愿者投身反法西斯战争中。在此背景下，1937 年 4 月，杨固等 400 多名罗马尼亚志愿者，高唱《国际歌》，开赴西班牙。

杨固医生

在西班牙，杨固先后在第 13 国际纵队和第 18 集团军救护伤兵，“在敌人连续轰炸下，急救点工作夜以继日地进行”，险象环生，辛苦异常。

也是在西班牙，当杨固从《工人世界报》得知“卢沟桥事变”，得知日本发动全面侵华战争的消息时，他“感到极大震惊”。他深信“国际纵队部分志愿者将奔赴中国，支援急需国际支援的中国人民，赶走日本侵略者。当然，我将加入声援中国的志愿者行列”。从此，他和中国的命运联系在一起。

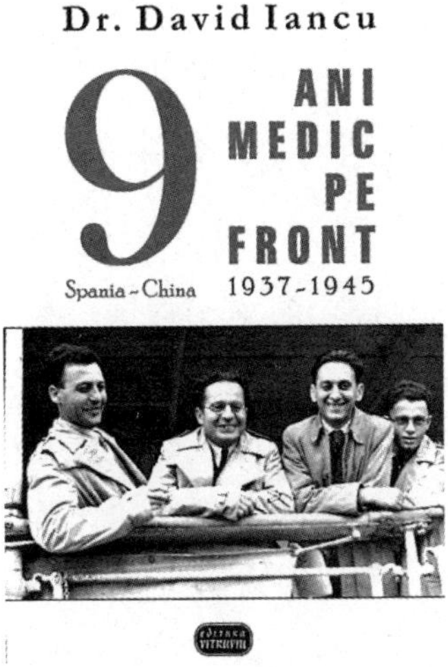

《杨固：西班牙与中国战场九年》封面（罗马尼亚 Titruviu 出版社 2008 年版）

1939 年 2 月，西班牙战争失利，杨固等撤退至法国边界，被法国当局关押在集中营；6 月，为响应英国医药援华会的号召，“我父亲和其他欧洲进步青年毅然决定去中国，帮助缺医少药的中国人民抗击法西斯侵略者”。杨固的女儿塔尼亚说。

1939 年 8 月 5 日，杨固等“西班牙医生”启程，9 月 13 日抵达香港，受到了热烈欢迎，保卫中国同盟主席宋庆龄还专门设宴为他们壮行，“这是我们离开欧洲以来，最愉快的一次晚餐”。杨固说。10 月 16 日，杨固一行辗转抵达中国红十字会救护总队部的所在地——贵阳图云关。

三次受到周恩来的接见

在图云关，杨固一行熟悉环境，学习语言，等待任务。他们异口同声，要求到中国共产党领导的敌后战场服务，但没有得到批准。1939 年年底，杨固受命担任中国红十字会救护总队第三中队第二区队队长，前往湖南等地，救治伤兵，服务民众。“一路上非常艰难，没有相应装备，穿着厚衣服，脚上穿的是靴子。双脚都磨破了。”历经千辛万苦，他和他的医疗队终于抵达秀水的第三十师医院，开始了紧张的卫生救护工作。

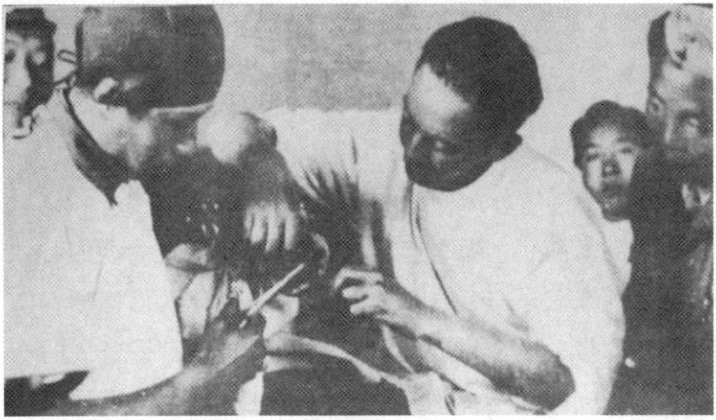

杨固医生在做手术

1940年夏，杨固与波兰医生傅拉都、匈牙利医生沈恩，作为“西班牙医生”的代表，一起到重庆会见中共代表周恩来，表达想去共产党军队服务的迫切愿望。“周恩来劝说我们，即使在国民党队伍工作，也是对中国人民的宝贵支持，应该学会应对各种艰难险阻。同样，他也需要应对各种新情况，继续留在岗位上，完成党交给的任务。”傅拉都、沈恩心领神会，而杨固不理解，“与其在反动派军队中工作，不如回国去算了。”为此，他给罗共中央写信，征求意见。不久，罗马尼亚共产党总书记特拉戈诺夫回复，请他“尊重中共安排”。杨固欣然接受。随后的几年中，他和王炳南同志保持密切联系，还三次受到周恩来接见。

闯过“鬼门关”

1940 年 10 月，杨固率医疗队先后“转场”湖北、江西、湖南前线，随军进退。“在师部医院里，我们看到伤员都躺在院子里，身上有积雪，一部分人已冻僵，伤口处的绑带，一个星期都没换过。那些还有一口气的伤员，得不到医治与护理，吃饭根本没有规律。官兵对伤病员不闻不问，军官玩牌赌博，士兵洗长官的衣服。”此情此景，杨固不忍目睹。尽管困难重重，“我们还是找到一所农民房子，收治还活着的伤病员，给他们清洗伤口、消毒。我与几名战士一起，用竹子这种远东各国最常用、也最丰富的建材，制作床铺。我们还从农民手中收购稻草，用来编织草垫子，给可怜的伤病员当被子盖。”杨固回忆说。

有一天，杨固得知奥地利医生富华德患了肺充血，立即前往，只身一人步行了三天三夜，赶到富华德入住的医院，为他诊治，“后来他们成了挚友”。

1942 年，杨固和他的医疗队被派遣到云南蒙自，这里群山环绕、物资匮乏、生活艰苦。杨固克服困难，就地取材，建起简易医院，不仅救治伤兵，还服务当地百姓，与他们建立了深厚感情。“我特别愿意与一些上年纪的农民聊天。他们喜欢侃大山，很幽默，与我聊村里人的生活，村子及其他地方发生的一些趣闻。他们都很好客。有时，我们走远路，天黑没有地方过夜，尽管老百姓生活贫苦，却热情接待。没有床，他们卸下自家大门，支起两条凳子，我们拿出睡袋，睡觉问题就解决了。老百姓自己没有什么吃的，却为我们熬稀饭、烤红薯、炸花生米，拿出自家酿制白酒（用粮食酿成，味道很像罗马尼亚李子酒）来招待我们。”每忆及此，杨固总是念念不忘，充满感激之情。

蒙自卫生状况堪忧，军中斑疹伤寒、回归热、霍乱、疟疾等疾病流行，病兵甚至比伤兵还多。杨固采取多种防治措施，扭转了这种局面，自己却不幸染上斑疹伤寒，高烧不退，“常常呓语，病情危急”。来自德国的“西班牙医生”贝尔闻讯远道赶来，“接连两天为我治疗”，并

1942 年秋，杨固医生与医疗队中国护士合影留念

在“医务队得力助手、一名中国女护士精心照料”下，他终于闯过了“鬼门关”，逐渐康复起来。

缅北丛林出生入死

1943 年年底，杨固又接受了新的任务，就是根据美国军事代表团中国战区参谋长史迪威将军的请求，中国红十字会救护总队部派他前往印度，为中国远征军出国作战提供医疗保障。同行的还有傅拉都、陶维德、白尔、富华德等“西班牙医生”。他们于 12 月 30 日抵达加尔各答，先在印度兰姆加中国军医处工作，培训医务人员，之后进入缅甸北部的丛林参加滇缅反攻作战的救护。

丛林作战更富有挑战性，战事救护的难度相应增加，不确定因素和不可预见的危险随时都可能出现。富华德在他的《起来！一个医生于 1939—1945 年在中国的经历》一书中，描述了他和杨固等“西班牙医生”的“丛林历险”：“日本人在一个狭窄的关口上，利用隐蔽的山地地形驻扎下来，因此不可能把他们的地盘通过战斗拿下来。每个侦察部队都遭到过他们狙击手的枪击。这样，我很快就有许多重伤员要送到远处的野战医院去。”“当我们的卫生兵赶来把伤员们拖过热带森林时，他们遇上了猛烈的炮火。原来是日本人的一支部队从我们的背后插过来。这一点也不奇怪，双方都以这种方式进行森林战争。”杨固他们就是这样在丛林之中穿梭，出生入死，救护伤兵，直到抗战胜利。

“流水逝去，石头留住”

日本投降后，“西班牙医生”使命完成，陆续回国。1946 年 1 月，杨固也回到了罗马尼亚，出任国防部卫生局副局长，上校军衔。1959 年 4 月，杨固因“中国抗战期间为国民党蒋介石服务”的历史问题，被解除职务。幸而曾任周恩来秘书的中国驻埃及大使陈家康为他写去了书面证明：“杨库于 1939 年同西班牙国际纵队一批医生来华援助中国人民的抗日斗争，来华后他们要求到十八集团军（前红军）去，由于当时条件不许可没有去成，因而留在国民党军队中工作，在华期间经常同我们保持联系。”历史迷雾廓清，杨固的名誉得以恢复。

1972 年 10 月，受中国人民对外友好协会会长王炳南的邀请，杨固夫妇访问中国。1979 年 4 月，杨固夫妇再次应邀访华，同老朋友王炳南会面。他对中国取得的巨大进步表示由衷的欣慰。1990 年 5 月 9 日，杨固因心脏病逝世，享年 80 岁。他为中罗友谊做出的贡献，中国人民永远不会忘记。

1979 年王炳南在北京会见杨固医生

2004 年 6 月 13 日，正在罗马尼亚访问的国家主席胡锦涛会见了 10 位罗马尼亚友人，杨固的女儿塔尼娅就在其中。胡锦涛紧紧握住她的手说："你父亲是中国人民尊敬的老朋友，他在中国人民进行抗日战争最艰难的时刻，不远万里，前往中国，把宝贵的青春奉献给了中国人民的解放事业。中国人民将永远怀念他，永远铭记他的名字与事迹。"会见结束前，胡锦涛满怀深情地说："你们都是中国人民的老朋友。我记得罗马尼亚有一句谚语：'流水逝去，石头留住。'这就是说，不管时间如何推移，中罗两国人民的友谊必将万古长青。"

十四、顾泰尔：来自德国的“西班牙医生”

他来自德国，却因为政治问题而无法在国内立足，流亡他国，几乎成为“江湖郎中”。就是这位“流浪者”，不改初心，毅然投身反法西斯战争之中。他就是顾泰尔。

“流亡”医生

顾泰尔，原名卡尔·考泰勒（Carl Coutelle），1908年7月出生于德国埃尔贝菲尔德。从1927年起，他先后在波恩、杜塞尔多夫、弗赖堡学习医学，1930年加入德国共产党。1933年，他走出大学校门来到汉堡，担任实习医生。可是好景不长，第二年他就被解聘，因为他是“赤色”分子，“政治上不可靠”。当局拒绝发给他医生资格证书，他在国内无法开业，只好走上“流亡”之途。他逃到苏联，在莫斯科从事病理学的研究工作。

1936 年 7 月，西班牙内战爆发，佛朗哥在纳粹德国和法西斯意大利的支持下，发动反政府武装叛乱，战火迅速蔓延。为支持西班牙人民的抗暴斗争，世界进步力量组织国际纵队，奔赴西班牙，共同抗击法西斯，其中包括来自中国的力量。

1938 年朱德、周恩来、彭德怀送给中国人民志愿军的一面锦旗

在正义的呼唤下，1937 年 5 月，顾泰尔义无反顾地前往西班牙，加入国际纵队，出入战地，救死扶伤。在穆尔西亚的红屋医院，他与来自乌克兰的女医生罗莎结为伴侣，成为一对“战地夫妻”。

顾泰尔与罗莎

1939 年 3 月 21 日，佛朗哥叛军占领马德里，推翻共和政府，建立独裁统治，4 月 10 日自任国家元首。战争失败，顾泰尔等西班牙医生撤退法国，被收押在集中营里。妻子也与他失散。几个月后，英国医药援华会招募国际援华医疗队志愿者前往中国，参加抗战救护工作，他欣然报名参加。

为抗战救护走南闯北

1939 年 5 月和 8 月，“西班牙医生”分两批陆续出发前往中国，但顾泰尔没有与“主力部队”同行，因为他到英国寻找离散的妻子错过了时间。1940 年，虽然妻子分娩在即，但他不能再拖延下去，依依不舍地踏上中国之旅，辗转到达图云关中国红十字会救护总队部后，他给自己取名顾泰尔。10 月 1 日，他正式成为救护总队部的工作人员；12 月 1 日，他被任命为救护总队部第 173 医务队队长，率队开赴广西前线，在田州驻军第二师部医院救护伤员。对伤兵，他耐心细致，呵护有加，不怕脏，不怕累，勤勤恳恳，受到官兵的交口称赞。

1941 年，顾泰尔的妻子罗莎带着孩子前来中国与丈夫团聚。遗憾的是，她乘坐的轮船遭遇德国飞机的轰炸，险些丧命，得救后她只好回英国谋生，直到 1946 年夫妻

照得顧泰爾爲本總
隊部救護工作人員
特給證書爲證
總隊長林可勝

顾泰尔的工作证

双方才在柏林团聚。

也是在 1941 年，顾泰尔结束了在广西的工作，9 月 1 日调回图云关本部，担任医师。9 月 5 日，外交部发给顾泰尔“内地游历护照”，声明“中国红十字会救护总队医师顾泰尔”，可以根据工作需要，取道“前往河南、湖北、陕西、四川、云南、贵州等省办理医务事宜”，“沿途军警关卡查验放行”。12 月 1 日，顾泰尔调任第 693 医务队队长，再次被派到战地救护第一线。

林可胜的“证明”

顾泰尔两次出任队长，说明他技术水平高、能力强。但问题来了，他来自“敌国”——德国，真的可靠吗？

1941 年年底，内政部致电中国红十字会救护总队部，核实“敌国技术人员”顾泰尔等是否“忠实可靠且有留用之必要”，否则就应该遵照《敌国人民处理条例》第 12 条之规定，“应予解雇送交敌国人民收容所”；如果“确属忠实可靠且有留用之必要”，则另当别论，但应报内政部、外交部备案。

林可胜总队长立即回复，为顾泰尔出具书面证明，说：“顾泰尔生于德国，于一九三七年因反纳粹离德，前往西班牙参加西政府军之反法西斯战争，一九三九年赴英，路经法境，曾得该国证明书一纸，旅英一年，时迨第二次欧战发生，当经由英国法院详细审查，认为该医师系反纳粹之被压迫者，可视为该国之友人，故该医师虽隶属德籍，而得安居英境。一九四〇年，英政府介绍于中国医务救济会，并发给说明书一纸（第 9159 号），同年，于由该救济会派遣来华，于十月一日参加本部，被派以医师，在贵阳本部工作，十二月一日，调 173 医务队长，派在广西田州驻军第二师战院工作，一九四一年九月一日，调任贵阳本部医师，十二月一日调 693 医务队长，现仍留部。”总之，绝对可靠。正是用人之际，顾泰尔是难得的人才，可以派上大用场。

林可胜的证明，消解了当局的疑虑，也解除了顾泰尔的后顾之忧。

既是“盐”又是“光”

1943年12月26日，救护总队部派出的10名外籍医师，从昆明登机前往英国殖民地印度，参与中国远征军的战事救护，其中就包括了顾泰尔。到达印度后，因入境手续未事先向英方申领而被扣留，接受“单独盘问”，顾泰尔来自敌国，当然不能逃脱被“审查”的命运，耽搁了整整一个月。1944年2月1日，顾泰尔等一行被送到达兰姆加中国训练营，担负起培训医务人员的任务。不久，顾泰尔等开赴缅甸，从事野战救护，穿梭于热带森林之中，冒着生命危险，救护伤兵，直到迎来抗战胜利的曙光。

1945年7月，在缅甸腊戍新一军第五十师野战医院，全体医学生与顾泰尔依依惜别，并将《马太福音》中的一段话，作为临别赠言：

你们是世上的盐，
盐若失了味，怎能叫它再咸呢？
以后无用，不过丢在外面，被人践踏了。
你们是世上的光，
城造在山上，是不能隐藏的。

人点灯，不放在斗底下，是放在灯台上，就照亮一家的人。

你们的光也当这样，

照在人前，叫他们看见你们的好行为，

便将荣耀归给你们在天上的父。

生活中，谁也离不开盐、离不开光，表达了中国同仁对顾泰尔的爱戴和不舍。

1945 年 10 月，顾泰尔回到民主德国，先后出任洪堡大学、哈雷大学病理学教授，1993 年 6 月 24 日因病去世。其间于 1984 年应邀访华。故地重游，他对新中国成立以来翻天覆地的变化，赞叹不止。

十五、白尔：无悔的人生

他是犹太人，来自法西斯的德国，遭受了无尽的迫害，但他没有屈服，而是走上抗暴的道路。他就是“西班牙医生”白尔。

走上反“纳粹”之路

白尔，原名赫伯特·贝尔（Herbert Baer），白尔是他的中国名字，又称贝尔，1898 年 4 月出生于德国波森雅诺维茨镇一个犹太商人家庭。1916 年，他中学毕业后被征召入伍，参加第一次世界大战，经受生与死的考验，直到战争结束。1919 年，他先后求学于海德堡大学、慕尼黑大学、柏林大学，主攻医科；1923 年毕业后做了几年的实习医生；1926 年在柏林独自开诊所。此时，犹太人的生存环境每况愈下。自 1921 年 6 月希特勒出任纳粹党（德意志民族社会主义工人党）党首后，大力宣扬纳粹主义，竭尽所能排斥犹太人。1933 年希特勒被任命为德国总理后，更是直接把矛头指向犹太人，宣称他们是劣等民族，应予灭绝，为此大开杀戒。纳粹主义还叫嚣世界是弱肉强食、优胜劣汰的丛林，要在激烈的生存竞争中胜出，必须侵略扩张。纳粹主义的疯狂，没有使白尔屈服，他积极投身反法西斯活动，1935 年被捕入狱，关押了两个月，经德国共产党营救获释，逃往捷克布拉格避难。

1936 年，西班牙内战爆发，白尔响应德国共产党号

白尔

召，奔赴西班牙参加国际纵队，并加入西班牙共产党。在那里，他担任台尔曼营的医务上尉，1937 年 9 月升任第四十五师第五军医院的医务主管。战争结束后，1939 年 2 月，他撤退到法国，被关押在集中营里；4 个月后获释，随后转往中国，继续为反法西斯战争效力。

林可胜总队长“作证”

1939 年 11 月初，白尔到达中国红十字会救护总队部图云关，担任救护总队部顾问。稍事休整，他就和同伴一起被派到江西修水、武宁一带，救死扶伤。

白尔和其他“西班牙医生”一样，忠于职守，勤勤恳恳，任劳任怨，一心扑在伤兵和贫病老百姓身上，深受好评。也正因如此，1940 年 8 月他出任救护总队第八中队队长。可是，毕竟他来自“敌国”——德国，属于“敌国技术人员”，是否“忠实可靠且有留用之必要”，值得怀疑。1941 年年底，内政部致电中国红十字会救护总队部，要求进行核实。林可胜总队长立即回复，为白尔“作证”，说：

> 查白尔生于德国，于一九三五年以反纳粹故离德国赴西班牙，志愿入政府军对法西斯侵略者作战，

左起甘扬道、白尔、杨固、富华德在图云关合影

一九三九年转入法境，曾得法政府发给证书一纸，同年六月赴英，后由英国医药援华委员会派遣来华。该医师虽无德籍护照，然于来华之前，其法方签发之证书，曾获我国驻英大使馆签署，并由使馆特开介绍（信），欧战启后，便即抵（香）港。是时，港英政府未因彼来自德予以留难，且准在港居留，后并助其来华，系于同年十月一日参加本部服务，

被派以医师，在贵阳本部工作，十二月一日改调顾问，派赴前62队在江西修水、武宁一带驻军新十五、十六等师工作，一九四〇年八月十九日，调代第八中队长，在云南、巴东驻在部队工作。一九四一年五月一日调本部卫生勤务指导员，代兼第八中队长，先后在云南文山、蒙自一带驻在部队工作，现仍留蒙自。

林可胜总队长一再强调，白尔是志愿“参加反纳粹阵线工作”的，同情我国抗战，加盟中国红十字会后，“更能尽忠职守，加倍努力”，现当技术人员缺乏之际，“深觉有继续留用必要，以资臂助，加强抗战实力”。

林可胜“作证”，打消了当局的疑虑，对白尔而言，这份信任令他感动，也深受激励。

“到中国来就是为了工作”

正如林可胜所言，白尔的“尽忠职守，加倍努力”，给医疗队的中国同仁留下了很深的印象，有人向后人讲述这样一个故事：一支由外籍人员组成的医疗队开到第四大队所在的金城江。队长是德国籍医生白尔，还有3个外籍医生，每人配1个翻译，另配1名炊事员和1名壮族翻译。他们分乘 4 辆卡车，带着药品和医疗器械，从贵阳出发，经独山进入广西。当时部队食品不足，营养不良，药品缺乏，疥疮蔓延。他们利用当地物产，卓有成效地开展了工作。桂西、滇东南盛产毛竹，他们用竹子做成简易病床、竹夹、竹碗，还把竹筒一头接到热水桶旁，热水从竹筒小孔喷出，再用竹子搭成低矮结实的竹架，上面覆盖竹编的篱笆，做成洗澡间。洗澡间加上自配的硫黄凡士林药膏，在短短半个月的时间里，就控制了部队疥疮的蔓延。他们起早贪黑、废寝忘食地工作着，每到一地，便忙着看护伤病员，抓紧时间做手术。他们由广西百色到云南富宁，因没有同驻军联系上，步行 150 千米，一路荒山野洼，荆棘遍地，受尽磨难。担任翻译的苏永苏感到吃不消了。这时，白尔大夫语重心长地对他说："密斯特苏，我们到中国来就是为了工作，如果没有你，我们就成了哑巴，就寸步难行啦！我们要工作，我们希望我们的事业与你们的事业都获得成功，可这一切无论如何离不开你的帮助啊！"这番话深深地鼓舞和激励着他，使他和他们一道坚持工作到胜利。

还有一次，白尔医生带领一个医疗队从广西归来，刚渡过红水河，日机便向他们投下炸弹，在离他们不远的地方卷起阵阵浓烟。白尔镇定自若，毫不畏惧，让队员赶快隐蔽，抢救伤员。

丛林历险九死一生

1943 年，白尔作为中国红十字会救护总队部派出的第一批外籍医师前往印度兰姆加训练营，为中国远征军服务，担任救护人员的培训。1944 年，白尔前往缅甸北部的丛林参加滇缅反攻作战的救护。那里山高林密，灌木丛生，不仅野兽出没、蚊虫叮咬，而且随时可能遭到日军的伏击，可谓险象环生。白尔不负众望，冒着九死一生的危险，救护伤兵，直至 1945 年 8 月抗战胜利。

1945 年 11 月，白尔回到德国。不幸的是，他的五个兄弟姐妹中，一个哥哥在第二次世界大战前病故，另一个哥哥流亡苏联行医不久去世，两个姐姐于 1943 年在奥斯威辛集中营被折磨致死，还有一个姐姐逃亡英国。家破人亡，使他备受打击。1946 年 8 月 29 日，白尔在一次车祸中遇难。命运悲惨，令人唏嘘。但他坚定不移地献身人道事业之举，值得一切爱好和平的人们所铭记。

十六、纪瑞德：西班牙医生的“老大哥”

他是第一批来到中国的“西班牙医生”，他曾追随白求恩试图前往八路军敌后战区服务，虽然多方努力没有成功，但他为中国红十字会抗战救护事业做出了贡献。因为年龄最长，他成为“西班牙医生”的“老大哥”。他就是捷克医生纪瑞德。

国际援华医疗队的“先遣队员”

纪瑞德，原名弗莱德里克·基什（Frederick Kisch），生于1894年，德国血统。他的弟弟埃贡·埃尔文·基什（Egon Erwin kisch）是影响世界文坛的著名作家，于1932年访问中国后，出版了报告文学集《秘密的中国》，在国际上产生巨大影响，与美国记者埃德加·斯诺的《红星照耀中国》一样，闻名遐迩。1938年，经作家周立波翻译，天马书店出版了该书的中文本。因为弟兄俩都叫基什（又译为基希），所以不少人张冠李戴，或者视为同一个人。事实上，兄弟俩的确有相同的经历，他们都参加了西班牙国际纵队，都有在中国的经历，把弟兄俩弄混淆在所难免。

纪瑞德是外科医生，也是共产党员。1936 年，西班牙内战爆发后，他志愿参加了国际纵队，在战火连天的硝烟中救治伤兵。中国志愿者、时任国际纵队炮兵队政委的谢唯进在 1937 年攻克肯妥城的战斗中腿部中弹负伤，先后在地中海海滨的本尼卡森军医院和模尔西亚城的琵欣娜丽娅（“战地之花”）军医院治疗，给他动手术

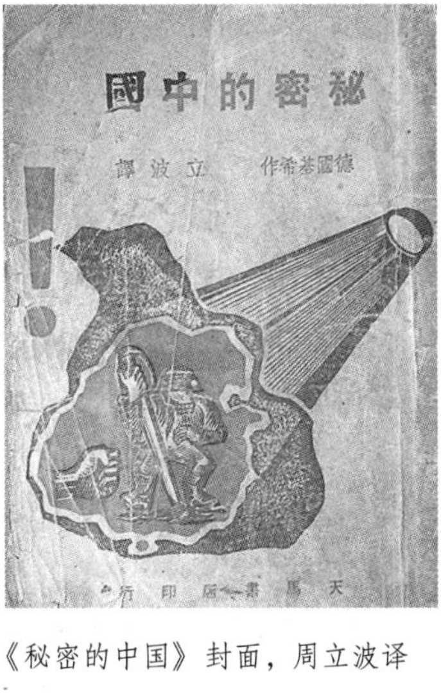

《秘密的中国》封面，周立波译

的就是纪瑞德医生。多年后，谢唯进念念不忘，称他医术高超，“使他的腿部没有留下一点跛的痕迹”。

西班牙战争失败后，他和德国医生白乐夫、奥地利医生严斐德一起，作为国际援华医疗队的先遣队，于1939年5月20日从英国利物浦出发，经过4个星期的航行后抵达香港，受到“保卫中国同盟”主席宋庆龄的接见，而后坐船先到越南的海防，再转乘中国红十字会的卡车，经广西一路颠沛，6月底抵达了中国红十字会救护总队部图云关。

执拗的纪大夫

纪瑞德和白乐夫、严斐德三位先遣队员有一个约定，争取到敌后战场服务。他们的请求没有得到救护总队部的批准，他们不甘心。1939年夏天，白乐夫和严斐德到战时首都重庆拜访了中共代表周恩来，并向他提出了他们的想法。“显然是顾及统一战线内不简单的形式”，周恩来劝告他们留在国统区，用他们的医术治疗前线伤兵，“因为无论他们在什么地方工作，他们都是支持抗日战争”。白乐夫、严斐德“把这一忠告记在心上”，但纪瑞德大夫无论如何不愿意接受，“擅自企图到延安。他同一个红十字会小组一起上了路”，去追随白求恩，为八路军服务。

纪大夫参加的“红十字会小组”，就是中国红十字会救护总队第40医疗队，队长是从德国留学回国的细菌学专家江涛声（又名江晴恩），成员有江涛声的德国妻子护理员希尔达、护士赵春霞、郭步洲、梁钧铤和事务员张自中等。

前往中国共产党领导的八路军、新四军的敌后战场服务，是所有“西班牙医生”共同的心愿，他们也进行

纪瑞德医生

了反复的争取，但都能听从周恩来等中共代表的意见，遵从救护总队部的统一调度，在国民党战区开展战事救护、民众医疗、卫生防疫等工作，纪大夫是唯一的例外，他不顾一切地奔赴敌后抗日根据地，执拗地踏着白求恩的足迹，去实现自己的理想。他是一位固执的“西班牙医生”。

失败的五台山之行

纪瑞德大夫的第 40 医疗队于 1939 年 10 月到达西安中国红十字会救护总队第一大队部。在八路军办事处刘民的帮助下，他们离开西安赴五台山白求恩医院。火车沿着陇海铁路飞速前进，到河南渑池后，队员们清早就背上自己的背包，开始步行向目的地迈进。他们夜宿破庙或牛棚，有时被牲口吃草及拉屎尿的嘈杂声吵醒，还有一阵阵的臭味扑面袭来。“在这样的情况下，想到同我们睡在一个牛棚里的纪大夫，他比我们大二十来岁，放弃优越的物质条件，到中国支援抗战，吃苦耐劳，他的国际主义精神激励着我们，使我们更热爱自己的祖国，更增强了打败日本帝国主义、争取抗战胜利的信心，我们对纪大夫也格外敬重。”队员梁钧铤回忆说。

隆隆的炮声在耳边响起，嗖嗖的子弹在空中乱飞，路上没有行人。纪大夫和医疗队员们穿过日军封锁线，偷渡黄河到了桓曲。江涛声队长带着郭步洲去八路军留守处联系，可是“部队已全部撤走”。医疗队连夜迎着鹅毛大雪向太行山行进，纪大夫他们一口气走了60千米的山路，疲惫不堪。江队长得知他的清华大学同学张立森在中国共产党领导的山西新军（抗日决死队独三旅）担任《黄河日报》编辑，决定去找他联系八路军，以便前往五台山。见面后，张立森希望医疗队为独三旅后方医院的重伤员施行手术。救人要紧，医疗队连夜用白布制成一顶大号方形蚊帐式的帐篷，将它放在蒸锅里消毒后当作手术间。纪大夫看到帐篷后，高兴地跷起大拇指称赞说：“好！好！”他与江队长合作，连日为伤员手术，还办了一个培训班为院方培训医务人员。不久，第40医疗队被阎锡山军队围困，几经交涉，才放行。祸不单行，医疗队又遭到国民党第二十七军范汉杰部的围困，阻挠医疗队上五台山。

被困期间，纪大夫患上斑疹伤寒，“连日高烧不退，昏迷不醒”。在医疗队强烈争取下，范汉杰将扣住的药品、器械拿出一部分救治纪大夫。“在全队人员日夜精心治疗和护理下，纪大夫的病痊愈了”。纪大夫为此感动不已。考虑到纪大夫是国际友人，范汉杰不好强留，只好答应由二十七军将医疗队押送过黄河，“放回”西安大队部。纪大夫的五台山之行，最终落空。

自求恩式的医生

第40医疗队返回西安后，江涛声、郭步洲分别向中国红十字会第一大队部和西安八路军办事处汇报了情况。医疗队重新整编，人员扩增到19人。江涛声继续担任新编第40医疗队队长，纪大夫继续担任医疗队医师。1940年整编完毕，他们被派往湖北老河口第五战区，为新四军服务。

纪大夫在“西班牙医生”中年龄最大，老成持重，

救护队员在湖北留影，左一为纪瑞德

工作勤勤恳恳，是医疗队中的“老大哥”。不管他在哪里，都认真负责，尽心服务伤兵，堪称“白求恩”式的人物，尽管他接替白求恩工作的愿望没有如愿。1943 年年底，他和其他 9 位外籍医师被救护总队部派往印度，随后在滇缅战场的救护中出生入死，从不退却。直到 1945 年抗战胜利后，年过半百的他才回到布拉格。

十七、一枝一叶总关情

在“西班牙医生”的抗战救护生涯中，历史记录里有的已是踪迹难觅或是片言只语，只留下点滴资料。虽然他们都有共同的经历，都有挥洒热血的激情，作为一个群体，他们的故事够丰满，但每个人物又有自己的独特之处。虽然有的人物因资料不全难以勾画出其多彩人生，但“一枝一叶总关情”，我们还是可以感受到他们的人格魅力和为中国抗战所做出的杰出贡献。

陶维德：“脸上总是笑呵呵的”

陶维德，又名陶本杰，原名维克托·陶本弗利格（Victor Taubenfligel），波兰人，是第二批到达中国的“西班牙医生”。

1940 年 7 月，日军占领越南，云南、广西边境告

陶维德

急。国民政府派国军第五十师开往靖西县桂越边境布防。这里环境恶劣，恶性疟疾流行，士兵患病者颇多，幸而中国红十字会救护总队部派来一个医生，他就是30多岁的波兰人陶维德。他白天下连队，巡回看门诊，夜间给部队医护人员讲课，对预防、治疗、隔离、消毒、扑灭蚊蝇、处理粪便等，一样一样地从理论上讲解，并亲自到现场实地去做。“他成天工作，不事休息，夜晚也只有五六小时的睡眠，而脸上总是笑呵呵的。对病人不论官兵一视同仁，用热情的手势，表达了他对病人的关心。由于陶医生不怕脏，不怕累，态度亲切和蔼，大大带动了我军医护人员，更教育了他们，使他们不再呵斥病兵，病兵也愿意接受治疗。陶医生在 3 个多月时间里，从这个连到那个连，辛勤地、热情地、精心地治好了上千的病人。痢疾扑灭了，恶性疟疾势头减弱了，他还是那样不知疲倦地笑呵呵地从事工作。”在广西如此，在滇缅战场上也是一样“笑呵呵地从事工作”，乐观地面对一切。抗战胜利后，他回到波兰，在格但斯克大学当教授，1969 年移民加拿大，取得医师执照，继续他治病救人的“老本行”。

甘理安和甘曼妮：战地“夫妻档”

在“西班牙医生”中，有两对患难夫妻投身中国红十字会的战地救护事业之中：一对是罗马尼亚医生柯烈然和柯芝兰，另一对就是波兰医生甘理安和他的妻子甘曼妮。

甘理安，原名列·卡梅涅茨基（Leon Kamieniecki），到中国后取名甘理安。妻子甘曼妮，原名玛利亚·卡梅涅茨基（Mania Kamieniecki），甘曼妮是她的中国名字。

右为甘理安，1946 年与柯烈然在开封

夫妻两人都曾经是波兰的医务工作者，生活稳定。但是，为了反对法西斯暴政，两人毅然奔赴西班牙战场，为“国际纵队”提供医疗服务。甘理安还成为八十六旅的医官。西班牙战争失败后，两人在法国集中营度过一段时间的铁窗生活，随后携手来到中国，支援抗战的战场救护。到达图云关之初，甘理安和甘曼妮一同被分配到救护总队直属预备大队，在贵阳诊疗所和后方医院服务。

不久后，甘理安担任571医疗队队长，甘曼妮被聘为救护总队检验技师，专做病菌检验工作。

1941年，甘理安改任051医疗队长，配属八十八师，前往云南保山，甘曼妮“夫唱妇随”也去了云南，参加滇西战场的战地救护。资料上说，甘理安“在高黎贡山施行急救手术时，对面的排炮飞来，几遭不测，过后他虽知道危险，而他仍在危险中完成手术”。夫妻两人忘我工作，直到中国抗战胜利后才回国。

“王公子”和“苏三”

王道（Wantoch）医生来自奥地利，维也纳大学毕业，是第二批抵达救护总队部的“西班牙医生”。

1939年，第40医疗队本拟前往五台山为八路军服务，但因阎锡山部的阻挠，1940年被迫折返西安中国红十字会救护总队第一大队部。医疗队重新整编，王道医师和他的夫人苏珊被编入第40医疗队。整编完毕，医疗队被派往湖北老河口第五战区，为新四军服务。

在湖北前线，王道和中国同伴互帮互助，受到大家的爱戴，“王道医师在郧阳后方医院工作时，认真负责，对伤病员非常热情。学起中国话来很快，为人和蔼可亲，大家与他开玩笑他从不生气。他们夫妻非常恩爱，大家仿照‘玉堂春’这出戏，叫他（她）们是‘王公子’和‘苏三’。”

遗憾的是，由于工作太过劳累，生活条件又差，王道医师的肺结核病复发，大量吐血，住进襄阳医院治疗，1945 年逝世于重庆，葬于南岸墓地。

王道

柯理格："坚守真实与正义"

柯理格，原名弗兰兹·克列盖尔（Franticek Kriegel），是出生于波兰的捷克人，所以资料把他说成是波兰人、捷克人，都没有问题。1908 年 4 月，他出生在一个犹太人的家庭，遭受种族歧视和法西斯的迫害。1934 年，他在布拉格完成医学学业，走上社会。

作为一位痛恨法西斯主义的热心青年，1936 年他参加国际纵队，投身于西班牙反法西斯战争的救护之中，先后担任第十一旅、第四十五师的主治医生。1939 年春，西班牙战争失败后，他和同伴撤退到法国，先后被收押在圣西普里安集中营、戈尔斯集中营，不久后报名前往中国，为中国抗战救护事业挥洒汗水。

1939 年，柯理格到达图云关不久，先后担任中国红十字会救护总队顾问兼第 47 医疗队队长、卫生勤务指导员兼第 472 医疗队队长。柯理格雷厉风行，工作起来废寝忘食，给人留下深刻印象。他在湖南前线，第二中队报告说："柯理格顾问曾计划工作之进行，结果决定首先出发考察各军师医院及卫生概况，视察本会工作队工作材料、人员之分配等情形，因于 9 月 1 日乘轮抵桃源，同行为第二中队钱队长。1 日晚抵常德附近各军师医院考察，并与各高级长官会商医务之改善与加紧环境卫生条件，以及军队之密切合作等问题，结果颇称良好。柯理格顾问对工作之紧张与刻苦实令人钦佩，惟常喜以外国人之地位自傲自大耳。”

虽然柯理格严谨认真、一丝不苟，甚至不留情面，给人一种傲慢的感觉，但一切为了抗战救护事业，中国同仁表示理解。

1943 年年底，他和另外 9 位外籍医师受命开赴印度、缅甸，参加中国远征军的战事救护。抗战胜利后他返回布拉格，1949 年至 1952 年担任捷克卫生部副部长，

柯理格与前线将士合影

1979年12月3日在布拉格因车祸不幸离世。讣告上赫然印着他生前所说的一段话："坚守真实与正义，拒绝谎言和不实的指控，全心全力地努力，使得人们不再受谎言之苦，使得人与人之间、国与国之间的关系，以道德为基准。"

"战地之花"马绮迪

马绮迪，原名伊迪丝·玛库斯（Edith Marcus），德国人，1908年出生于汉诺威，贝尔格莱德大学毕业。1936年，西班牙内战爆发后，她参加了国际纵队，经历了战火的洗礼。1939年，西班牙战争失败后，她又义无反顾地来到抗日战争的前线，成为中国红十字会救护总队部第32医务队医师。1944年，她参加第8手术队，到云南楚雄工作，不久接替戴士铭出任第052区队队长，入驻昆明，担任滇缅战场反攻作战的救护。她是个性格内向的人，不善言辞，只知道埋头工作，夜以继日面对的都是流血和死亡。这位"战地之花"，终因心理压力过大患上"精神分裂症"，令人心疼。有一本《当世界年轻的时候——参加西班牙内战的中国人》的书，提及她在西班牙时和戎格曼医生结婚，并一起来到中国。1942年，她改嫁另一位"西班牙医生"肯德。1947年

9 月，她随肯德从中国返回维也纳，继续救死扶伤的人道事业。

还有匈牙利医生沈恩，原名捷·舍恩（Geoge Schon），先后担任中国红十字会救护总队部第 43 医务队、第三中队部 573 医疗队队长；苏联医生何乐经，原名亚历山大·沃罗金（Slexander Volokhine），担任救护总队部第 17 医务队医师。两人均是第二批来华的“西班牙医生”，都在抗战胜利后返回自己的祖国。虽然在中国红十字会的历史资料中，他们没有留下什么精彩的“故事”，但在烽火连天的抗战救护前线，能置生死于度外，为抗日军民挥洒热血与汗水长达 6 年之久，不能不说是一个“传奇”。

尾　声

“西班牙医生”是一个群体，由 20 多位个体组成，他们加盟中国红十字会，投身于抗战救护事业，用行动践行着红十字精神。他们身上闪耀着的是人性的光辉，是跨越国界、种族、信仰的国际人道主义风范。救护总队第十大队大队长徐崇恩由衷感叹：“我们救护的队伍，就是一个‘工作同盟’的小集团，有中国人，也有外国人，这些外国的救护人员之中，有与我们并肩作战的英国人、美国人，还有欧洲反侵略的许多国家的志愿参加抗战的匈牙利人、波兰人、保加利亚人、西班牙人。我们都在同一个目标下，去发扬红十字会的救死扶伤的精神，担起我们为人生而服务的责任。”在腥风血雨中，他们有的甚至奉献出年轻的生命。

“西班牙医生”已经离我们远去，但他们无私的奉献、可贵的国际人道主义精神在中国人的心目中竖起了一座不朽的丰碑。

国际援华医疗队纪念碑

1985年，在纪念反法西斯战争胜利40周年的日子里，中共贵阳市委、贵阳市人民政府做出决定，在图云关竖立包括“西班牙医生”在内的国际援华医疗队纪念碑，碑文写道：“为支援中国抗战，英国伦敦医药援华会组成医疗队，于1939年来贵阳，为中国人民抗击日本侵略者作出贡献。兹刻碑以志不忘。”纪念碑左右两侧分别用中英文刻上他们的名字。对所有来华服务的国际友人，中国人民都会永志不忘的。

图书在版编目(CIP)数据

为了中国的抗战:“西班牙医生”的故事/池子华著. —合肥:合肥工业大学出版社,2022. 5

(中国红十字运动知识丛书. 第三辑)

ISBN 978-7-5650-5416-7

Ⅰ. ①为… Ⅱ. ①池… Ⅲ. ①红十字会—历史—中国
Ⅳ. ①D632. 1

中国版本图书馆 CIP 数据核字(2021)第 179853 号

为了中国的抗战

——“西班牙医生”的故事

池子华 著

责任编辑	郭娟娟
出版发行	合肥工业大学出版社
地　　址	(230009)合肥市屯溪路 193 号
网　　址	www. hfutpress. com. cn
电　　话	人文社科出版中心:0551-62903200
	营销与储运管理中心:0551-62903198
开　　本	889 毫米×1194 毫米 1/32
总 印 张	21. 875　　**总 字 数** 386 千字
版　　次	2022 年 5 月第 1 版
印　　次	2022 年 5 月第 1 次印刷
印　　刷	安徽联众印刷有限公司
书　　号	ISBN 978-7-5650-5416-7
总 定 价	120. 00 元(共 5 册)

中国红十字运动知识丛书（第三辑）

池子华　总主编

高贵的生命之恩人

——中国红十字会国际医防服务队的故事

吴佩华　著

合肥工业大学出版社

图书在版编目(CIP)数据

高贵的生命之恩人:中国红十字会国际医防服务队的故事/吴佩华著. —合肥:合肥工业大学出版社,2022.5

(中国红十字运动知识丛书. 第三辑)

ISBN 978-7-5650-5416-7

Ⅰ.①高… Ⅱ.①吴… Ⅲ.①红十字会—医疗队—历史—中国 Ⅳ.①D632.1②R197.8

中国版本图书馆 CIP 数据核字(2021)第 179428 号

高贵的生命之恩人

——中国红十字会国际医防服务队的故事

吴佩华 著

责任编辑	孙南洋
出版发行	合肥工业大学出版社
地　　址	(230009)合肥市屯溪路 193 号
网　　址	www.hfutpress.com.cn
电　　话	人文社科出版中心:0551-62903200 营销与储运管理中心:0551-62903198
开　　本	889 毫米×1194 毫米　1/32
总 印 张	21.875　　**总 字 数**　386 千字
版　　次	2022 年 5 月第 1 版
印　　次	2022 年 5 月第 1 次印刷
印　　刷	安徽联众印刷有限公司
书　　号	ISBN 978-7-5650-5416-7
总 定 价	120.00 元(共 5 册)

如果有影响阅读的印装质量问题,请与出版社营销与储运管理中心联系调换。

总　序

中国红十字会诞生于1904年，至今已走过110多年的风雨历程，“是国内历史最悠久的人道组织”（习近平语），被称为“百年老店”。百余年来，中国红十字会秉持人道、博爱、奉献精神，救死扶伤，扶危济困，谱写出一曲曲人道赞歌，在中国近代史和中华人民共和国史上留下了闪光的足迹。正如习近平总书记所说的，“中国红十字会在重大灾害救援、保护生命健康、促进人类和平进步等方面发挥了重要作用。”

可是，对中国红十字会所建立的丰功伟绩，知道的人并不是很多。为弘扬红十字精神，“讲好红十字故事”，中国红十字基金会委托红十字运动研究中心，组织编写了这套“中国红十字运动知识丛书”。该丛书通过对重要历史人物、重大历史事件的挖掘，为读者呈现一幅幅丰富饱满、多姿多彩、跌宕起伏的红十字历史画卷。

丛书虽然是“讲故事”，但不是“编”故事，没有无中生有的猜想，没有胡编乱造的粉饰，没有“标题党”的故弄玄虚，没有添油加醋的天马行空，更没有虚构的文学情节，而是依据历史事实，用通俗易懂、朴实无华的文字娓娓道来，再配上老照片，图文并茂，客观再现历史的场景。虽然少了点舞文弄墨的精彩，但确是信史。不求梦笔生花，但求“告诉你一个真实的红十字会”！

池子华

2018年1月9日

目　录

引 子

1950年6月爆发的朝鲜战争，本来是朝鲜半岛南北双方为统一朝鲜半岛而发动的一场民族内战。但是，美国借口遏制共产主义扩展，打着联合国的旗号，派兵侵略朝鲜，并企图以朝鲜为跳板来侵略中国、侵略整个亚洲。于是，朝鲜内战变为国际战争。

中朝山水相依，两国人民之间的和平友好往来源远流长。从近现代史来看，任何入侵朝鲜半岛的势力，最终总会以朝鲜为跳板，入侵中国。朝鲜半岛的和平稳定与中国国家安全息息相关。

唇亡则齿寒，户破则堂危。面对美国的肆意侵略，以及由此造成的巨大人道灾难，新中国不得不采取志愿行为，通过各种方式支援朝鲜。

继中国人民志愿军入朝作战之后，经中共中央批准，1950年10月26日，中国人民保卫世界和平反对美国侵略委员会（简称抗美援朝总会）在北京成立，负责领导全国人民的抗美援朝运动。

红十字会是国际性组织，是政府在人道领域的助手。在抗美援朝运动中，中国红十字会高举爱国主义、国际主义和人道主义旗帜，密切配合抗美援朝总会，充分发挥国际民间组织的优势，依托国际红十字组织这个“大舞台”，广泛揭露以美国为首的所谓联合国军在朝鲜战场犯下的种种违反人道的罪行，积极争取与维护世界和平；同时，号召国内红十字会会员与医务工作者，组织中国红十字会国际医防服务队，积极参与朝鲜人道救护与救济工作，医治战伤兵民，共同维护和促进国际和平。

一、朝鲜迫切需要人道主义援助

朝鲜战争爆发后，朝鲜人民军以迅雷不及掩耳之势，摧枯拉朽，扫荡南朝鲜李承晚政权，把战线推至朝鲜半岛南端光州、釜山一线，朝鲜半岛统一在望。

南北朝鲜分治，本为二战后大国瓜分势力范围所致，与战后民族独立、统一潮流相违背，朝鲜半岛统一是朝鲜半岛南北双方所有人民的愿望。然而，朝鲜战争爆发后，美国以遏制所谓的“共产主义”扩张为由，操纵联合国，组成所谓的联合国军，开赴朝鲜半岛，阻挠朝鲜半岛统一，并妄图侵占整个朝鲜，进而入侵中国。1950年9月15日，联合国军在仁川登陆，切断了朝鲜人民军的退路和补给线，战局发生逆转。10月初，联合国军不顾雅尔塔会议等决议，越过“三八线”，对北朝鲜进行疯狂进攻，并迅速把战线从“三八线”推至中朝边境鸭绿江一线。联合国军还肆意轰炸中国东北边防的部分地区，不仅造成中国人民生命财产的损失，更严重地威胁

“抗美援朝、保家卫国”宣传画

到中国东北的安全。

东北为新中国重要的工业基地，是新中国恢复和发展国民经济的中坚。美国占有朝鲜，威胁着东北的工业基地的安全，如果美国以朝鲜为基地，沿着当年日本侵华的路径，跨过东北平原，越过山海关，进入华北平原，则新中国岌岌可危！从地缘政治考虑，确保新生的中华人民共和国有和平建设的外部环境，朝鲜半岛的安危与中国国家安全确实是“唇亡齿寒”。于是“抗美援朝，保卫和平”成为当时新中国所面临的主要任务，一场轰轰烈烈的抗美援朝运动迅速在全国范围内开展起来。为维护世界和平，促进朝鲜半岛稳定，捍卫国家安全，中国人民志愿军（以下简称志愿军）“雄赳赳、气昂昂，跨过鸭绿江”，参与朝鲜战争。

志愿军入朝之后，与朝鲜人民军并肩战斗，联合国军节节败退，仓皇南逃。联合国军总司令麦克阿瑟下令，在作战前线和鸭绿江边界之间实行焦土政策，从空中摧毁北朝鲜数千平方英里之内的每个“设施、工厂、城市和村庄”，有明显的红十字标识的场所也难以幸免，如朝鲜宣川红十字病院、元山红十字病院、端川红十字综合诊疗所、平壤红十字病院等，以及覆盖有明显红十字标识的建筑物，无一不毁于美国的轰炸。更令人发指的是，美国为挽回战场颓势，居然丧心病狂地使用《国际人道法》禁止的毒气和细菌武器，甚至扬言要动用核武器。美国官方历史记载：“我们杀害平民，友善的平民，轰炸他们的家园；用汽油弹烧毁有人居住的村子。”美国的肆意烧杀，使大量朝鲜人民陷于饥寒交迫、孤苦流离的悲惨境界，引发了广泛的人道危机！

连有明显标识的战俘营也没有逃过美国的狂轰滥炸。碧潼战俘营建成后，中国方面在板门店停战谈判时将战俘营所在地点通知了美方，并且在营地设置了两块长12米、宽6米，漆成红色的木板，一块写有英文字母“POW”（战俘营），另一块用朝文写上“战俘营”，作为醒目的标识。但是美国公然违背《日内瓦公约》，派飞机多次前来轰炸、扫射、袭扰，造成俘虏伤亡。针对美国飞机连续不断的袭扰，有十来个美国俘虏自发地在田间地头用高粱秆一捆一捆地摆成“POW”（战俘营）字样，仍没能阻止美国飞机前来轰炸扫射。

志愿军自入朝作战至1951年2月，连续发动了3次大规模的战役。由于志愿军装备落后，加上朝鲜冬季严寒、志愿军被服不足等，无论是战斗减员还是非战斗减员，都比较严重。如1950年年底的长津湖战役，第九兵团就伤亡5.2万多人，接下来的3个月中，第九兵团简直成了一个巨大的野战医院。据统计，朝鲜战争期间，志愿军伤亡达到36万余人。

1950年11月第二届世界保卫和平大会在波兰华沙召开期间，中国红十字会致电中国人民保卫世界和平反对美国侵略委员会，指出“美帝不顾全世界人民要求和平的意志，挑起侵朝战争，威胁中国安全，制造无穷灾难”，表示“坚决拥护大会的召开，为保卫世界和平，反对美帝侵略而斗争到底”，表达了对和平的热烈希望与关切。随后，中国红十字会通过国际红十字运动的舞台，不断揭露美军在朝鲜战场的种种非人道行为，为朝鲜半岛的和平事业鼓与呼。

残酷的战争、严峻的自然环境，致使朝鲜军民伤亡极为严重；加之朝鲜基本医疗设施设备几乎全部被战争毁坏，医护人员严重不足，迫切需要大量的医护人员从事战场救护、救济等工作。对此，中国红十字会决定给予朝鲜人道主义援助。

二、组建中国红十字会国际医防服务队

为了维护世界和平、保卫祖国、履行人道主义职责，中国红十字会总会决定组织国际医防服务队奔赴朝鲜，进行战场救护，从事难民救济等工作。

1951 年 1 月 22 日，中国红十字会总会发出《为组织救济朝鲜难民医疗队给各地分会的通知》，拟组织医疗大队，奔赴朝鲜战场前线，进行难民医疗及创伤外科工作，以增强抗美援朝和保卫世界和平的力量。《为组织救济朝鲜难民医疗队给各地分会的通知》号召各地分会发动工作人员及会员，在自觉自愿的基础上报名参加(外界医护人员如自愿报名，欢迎参加)，并指定各重点分会，如上海、南京、西安、广州、南宁、重庆、汉口、万县等，各组成一个队，上列分会本身人员不足时，可联合其他医疗机构自愿报名参加的医护人员。

为统一筹划志愿医护力量，2 月 3 日，中国红十字会总会与中国人民保卫世界和平反对美国侵略委员会联合发出《关于组织医疗队的通知》，明确医疗队的任务是：中国人民志愿军、朝鲜人民军战伤治疗及朝鲜难民医疗防疫工作；医疗队的组织应当具有机动性，每队以12人为宜；参加医疗队的人员应有相当的技术水平；参加时间暂定为3个月至半年；等等。不久，中国红十字会总会发出补充通知，提出医疗队将偏重于防疫工作，每队可酌量扩充至18～24人。

1951年3月，中国红十字会总会与中国人民保卫世界和平反对美国侵略委员会联合发出关于组织第二批医防队的通知，提出为适应实际需要，更有计划地协同配合工作，拟首先完成组织骨科、五官科、胸腹腔外科、口腔外科、传染病科等专科队。

通知发出后，国内广大的红十字会员与医务工作者掀起了踊跃报名的热潮。由于报名人数较多，且医疗队须担负起光荣而艰苦的任务，经中国红十字会总会研究，决定参队人员须具备3个条件：一是健康条件，以不患疾病，年龄体力能胜任劳苦为标准；二是政治条件，以自觉自愿，确具抗美援朝的决心为标准；三是技术条件，以防疫和手术医疗两大队的性质和要求，能担负一定的任务为标准。

经中国红十字会总会初步审核，首批共批准283人来北京。自1951年2月26日起，中国红十字会总会对集中在北京的各地医疗队队员进行改编，并做短期的补充教育，以提高医疗队的思想水平和加强医疗队的技术准备。补充教育涉及政治学习和业务学习两方面，其中业务学习以防疫和救护为中心，以斑疹伤寒、回归热、霍乱的防治和战伤的急救为重点。学习结束后，中国红十字会总会挑选出 224 名队员整编为两个大队。两大队原拟名为“抗美援朝医防服务队”，后经几次研究，认为：新中国红十字会的指导思想和基本任务，在于发扬国际主义精神，而医防队不仅为中朝人民战士服务，同时还要为朝鲜难民服务（主要的），是国际主义的具体体现，所以后来采用“国际医防服务队”的名称。

部分国际医防服务队队员在中国红十字会总会前的合影

根据上述中国红十字会总会的通知，原则上每队 12 人，包括队长、副队长、医师、护士、助理护士。但由于许多是集体报名，故编队时，如原已组织成队且人数超过 12 人，原则上不加变动；如是个别报名参加，或集体报名人数不足一队，则分别按实际需要编队。除手术大队有 X 光机、血库和全部器械外，各队医药器械和人员的装备，均按照医防工作的具体任务和工作环境的需要，由中国红十字会总会事先做充足的准备，以供应用。

对于不能首批出发的队员，经耐心说服，或留北京参加医防训练，争取第二批出发；或派赴治淮工程和苏北灾区，担任医防工作。

三、“志士争相赴难”

抗美援朝是“爱国主义和国际主义的伟大实践；是全世界人民保卫持久和平、争取人民民主的反帝、反侵略运动的一个重要组成部分”，得到全国人民的热烈拥护和积极支持。

中国红十字会各地分会接到通知后，立即进行传达，布置学习，大多数分会迅即与当地人民政府及有关机关团体进行协商，商讨如何组织好医防队。

出于保家卫国的热忱，出于反对侵略的愤慨，出于人道主义的感召，各地会员和医务工作者“生怕在火热的革命运动中失去战斗的机会”，纷纷报名，坚决要求组织批准参队。他们多次找中国红十字会总会和分会表达心愿；有的写保证书、志愿书，有的咬破手指头写成血书、绢书；有的几次要求没去成，简直就要与负责人理论。这中间涌现出了许许多多的感人事例。

张宇和是长泾县（江苏江阴）分会总干事，主持当地一家诊疗所。接到红十字会总会的通知后，张宇和立即行动，从众多报名人中选拔人员组成一队，并酝酿筹备第二队。该队中，孙宗贻是当地陆家桥乡农会会长，孙宗贻的妹妹孙宗瑶是当地妇女会会长。当时当地的土改工作正如火如荼，农会工作十分重要，也十分忙碌，为不失去赴朝鲜服务的机会，孙宗贻毅然决然地报名，并发动妹妹一块参队。张宇和医师表示，农村的大夫，能吃苦，毅然放下 11 个嗷嗷待哺的孩子，领队奔赴前线。

自己开诊所的都皎然医师，经过济宁分会的动员，再加上受其爱人的鼓励，决心把自己的技术贡献到抗美援朝的战场上，成为济宁分会第一批被中国红十字会总会批准参队的成员之一。

朝鲜战争爆发后，北京护士学校的杨荫芳主动写血书，志愿赴朝鲜工作，由于年纪小，学校没同意她去。中国红十字会发出组队通知后，杨荫芳再次写血书，终于获其工作单位——疗养院的同意。不料，她的母亲坚决反对，并以自杀相威胁。经过杨荫芳几次三番的劝解，其母亲终于答应了她，同意她去朝鲜。

常州武进医院的护士刘毓秀听到美国轰炸中国东北的消息后，愤恨不已。志愿军入朝参战后，正在医院上班的她心急如焚，想着自己虽然不能拿枪保卫祖国，但做救护工作是可以的，怎么办呢？于是，她向报馆写了一篇稿子，请求奔赴朝鲜为中朝伤员服务，并希望常州市能组织赴朝医疗队。报馆不仅发表了她的稿子，而且告诉她可以去抗美援朝保家卫国委员会报名。报名后，她思想斗争很激烈：既担心组织不批准，又对当时医院工作有些留恋，毕竟太平日子好过，上了前线，美国的飞机、大炮是不长眼睛的，加上弟妹读书还需要她的收入来帮衬。想到毛泽东主席所说的“救死扶伤，实行革命的人道主义”，想到白求恩大夫的牺牲精神，再经过时事学习，刘毓秀思想逐步坚定了。她反复向赶来做她工作的父母兄妹解释，尤其是耐心说服她的母亲同意并支持她奔赴前线工作。她看到报纸上赴朝人员一个又一个、一队又一队出发了，尤其是听到身边的医护人员陆续接到出发的通知，而她却迟迟未接到通知后，更是按捺不住，立刻奔赴本地红十字会找负责人吴逸樵。终于，她的申请报告得到了武进医院的同意。当得知被批准赴朝时，她情不自禁地跳跃起来，终于有机会也可以上前线报效祖国了！

青岛市分会接到组织抗美援朝医防队的号召后，两天就有 38 人报名，分会实在没有办法，决定采取考试的办法，规定录取者去，落选者留，这样总算是解决了问题。但是，那些落选者仍在争取第二批去朝鲜。

抗美援朝运动开始后，开滦林西矿医院的内科主治医师王之桐，不仅积极报名参加国际医防服务队，而且

青岛第一批出发的医防队员

捐献出巨额的财物：除捐煤1吨和半月薪金外，还将个人外科手术器具100余件，一并捐献给医防队。出发时，王之桐没向组织提出任何条件，毅然随队出发。

仙游分会医院的护士王莹珍特地写下志愿书。无锡分会胡立人医师的父亲是个盲人，听到儿子决定赴朝后，表示坚决支持，说“虽然看不到毛主席，但体会到了新中国的无限光明”，鼓励儿子去朝鲜。安庆分会的张宝友咬破手指，写下血书，保证坚决完成任务。济南分会张运枢医师，不仅说服了他83岁的母亲，而且还带着儿子和侄女，一起到北京。

南宁分会因为报名中护士助理员较多，有的女同志恐怕被淘汰，夜间失眠，甚至吃不下饭和暗泣。灌县分会表示，“报名者均属热忱坚决”，所以全部报中国红十字会总会审核。

在极短的时间内，医务工作者和红十字会会员争先恐后地报名，由城市而乡村、由内地而边疆，充分表现了他们的爱国热忱和崇高的国际主义精神，并迅速集中到凝聚着人道主义精神的红十字旗帜下。

在纪念朝鲜战争胜利50周年之际，曾在朝鲜前沿兵站医院工作的医务工作者方永填词《水调歌头》一首，表达了当年这些医务工作者共同的心声：

外夷欺凌久，故国百年羞。
隔江烽火燃起，华夏戴天仇。
抗美援朝参战，志士争相赴难，正气撼全球。
史册传新纪，赤子补金瓯。
弹飞骤，烟尘臭，敌横沟。
火蛇嚣卷，犹见英烈气雄赳。
荡涤群魔制胜，埋骨青山有幸，易水亦惭流。
今日翔寥廓，春意满神州。

四、开赴前线

1951年3月10日，中国红十字会总会在北京饭店举行盛大欢送会。会上，中国红十字会李德全会长勉励全体队员："愿你们发扬祖国的光荣，高举起这面为祖国人民的热爱和朝鲜人民的希望所集中的旗帜，飘扬过浩荡的鸭绿江，飘扬到洒遍了中朝人民的热血，刚从美帝魔掌下解放出来的朝鲜国土上，全心全意地为朝鲜前方英勇的战士，为后方苦难的朝鲜人民而服务；为了医治战争创伤、预防疫病灾害，为了治疗伤员、救护难民，贡献出你们最大的力量，发挥出你们最高的技术，增强打击侵略阵营的力量，推进朝鲜迅速复员全部解放的事业，彻底粉碎帝国主义者恶毒的侵略计划，保证伟大祖国的生产建设的成功，来争取全世界人民的持久和平和民主解放。"同时，李德全会长还指出："抗美援朝的国际医防服务队，是与全世界人民保卫和平，反帝斗争运动，密切联系着的任务；同时也就是新中国红十字会在

李德全会长向国际医防服务队献旗

国际主义的精神下必须进行的事业。”

朝鲜驻华大使馆金国辅参赞对于成批的赴朝医务工作者致以深深的谢意，并说：“杀人放火是美帝国主义的本来面目，见义勇为是我们人民国家的高尚道德。国际医防服务队到朝鲜去，医好一个人，便等于多造了一颗炮弹，为反侵略战争增加一份力量”。

前往送行的还有各民主党派、各人民团体代表、各界人士及匈牙利援朝手术队全体队员等400余人。人道的光辉，热烈的场面，殷切的期望，有《欢送国际医防服务队》诗歌为证：

无情的侵略战火，
威胁着祖国的边疆；

优秀的中华儿女们，
勇敢志愿的，走向保家卫国的战场。
看！鸭绿江对岸——多少老弱妇孺，
在美帝刺刀下呻吟；
无数 US 飞机大炮，
在和平的土地上猖狂！
为了拯救兄弟的灾难，
发起国际医防服务运动，
在广大祖国原野，
涌现了无数医工响应。
白发父母，决心献出他的爱子、爱女，
年轻情侣，分别欢送着妻子、丈夫，
多伟大的时代呦！

欢送仪式

这是毛主席思想的陶铸。
歌声在嘹亮，
热情在奔放，
走向前去吧！
高举着光荣的红十字旗帜，
去发挥国际友爱的光芒！

朝鲜战争时期，战地以中朝鸭绿江为分界线，划分为前方和后方两大区域。朝鲜为前方，又称为野战区，中国东北为后方区。1951 年 3 月 17 日，国际医防服务队第一、第二大队共 220 余人，奔赴战地；5 月 25 日，由 108 人组成的第三大队；6 月 20 日，由 155 人组成的第四、第五大队；7 月 11 日，由 55 人组成的第六大队；9 月 27 日，由 117 人组成的第七大队分别在热烈的欢送声中前往战地。七个大队共有 666 人（包括先期入朝的部分工作期满后仍留在朝鲜参与其他国际医防服务队工作的人员），其中，第一大队、第四大队、第五大队部分和第七大队开赴朝鲜战地服务，其余因工作需要，主要留在中国东北后方医院服务。有的队争取到火线服务，甚至有的队通过火线在敌后工作。各队在战地服务至少半年，有的一年多。

五、疫情基本得到控制

中国红十字会国际医防服务队入朝之后的一项重要任务就是控制朝鲜疫情。

朝鲜长期为殖民地，加之战争破坏等原因，人民生活非常困苦，卫生状况不容乐观，斑疹伤寒、回归热、疟疾、痢疾、伤寒等传染病散在流行。朝鲜战争爆发后不久，中国人民志愿军仓促入朝，对朝鲜的医学地理情况不明，部分战士也感染了疫病。以虱媒传染病为例，在运动战（指五大战役期间）阶段，志愿军感染该病，并一度引起流行，至 1951 年 5 月（第四次战役后），全军虱媒传染病发病率达到 3.58%；其他如疟疾、肺吸虫病、痢疾等发病比较频繁，直接影响部队兵员补充，严重影响部队的作战。运动战时，由于缺乏野战医院医疗后送经验，各医院为了跟上部队接受新的任务，迅速排空床位，把部分轻伤兵、重伤兵和传染病人员一并后转，致使疫情在后方医院传播，因此，加强前方的防疫工作，控制传染病流行，成为一项非常重要而又迫切的军事和政治任务。

第一大队入朝后，经商议，大队部卫生组与大队下属五个队共同配合朝鲜保健部门，担任地方防疫和一般性治疗工作，重点是防治斑疹伤寒和回归热。其他各大队防疫队，也根据前方的需要，共同全力做好防疫工作。

第一大队到达平壤后，前线江原道淮阳、黄海道遂安等地有细菌疫情。第一大队立即抽调三个队赶赴疫情地区，开展防疫工作。

防疫队一般分为防疫、消毒、治疗三班进行工作。每到一村，先由防疫班在全村对每户进行个别访问，进

预防接种

行检验。在周密的调查后，一面隔离传染病患者，一面给非患者注射预防针。接着消毒班就给传染病患者及其周围进行消毒，并且向人们仔细地讲解发现传染病患者时应注意及应做的事情。最后，由治疗班施行急救治疗。

从胥继昌带领的第十队可见防疫工作的普遍。该队共 13 人，入朝之初，被安排到安州郡云谷面进行巡回医疗，长达两个多月。其间无论工作如何艰苦繁忙，他们脸上从未露出丝毫的倦色。

在云谷面时，元龙里疫情最为严重。由于元龙里是被侵略军施暴行最严重的地方，故传染病的蔓延也甚于其他各里。当时，村子里已经死亡 7 人。

该村传染病患者最多的是住在村口山崖的金满寿家。金满寿家的房子早在战争开始后不久的空袭中被战火烧掉，不得已，一家人只好在山崖边上搭起茅草小屋。还没住多久，丈夫金满寿便得了传染病。没过几天，妻子被传染，也病倒了。接着，吃奶的小女儿又被传染。一家三口都躺在草屋里，气息奄奄！本来就不成模样的草房，加上三个传染病人，里面的环境就更加污秽不堪！

接到防疫班的报告后，消毒班首先来到这里。队员们毫不踌躇地开了门，走进去。金满寿躺在地上，已是神志不清；妻子则在高热下呻吟着；小女儿蕨菜般的手，为了吃奶，正在焦急地摸索着。多么悲惨的画面！

队员们首先用消毒水对房屋周围及室内进行消毒，

并将屋内进行彻底的扫除。为了不刺激患者，他们都是小心翼翼地保持着草屋的安静。虽然言语不通，不能尽情地说出安慰病患们的话，但是队员们自始至终带着温暖的笑容。

治疗班长兼队长胥继昌医生，诊断金满寿患斑疹伤寒，但他仍不轻易断定病名，等到检验血液后，才最后肯定并进行治疗。同时，胥继昌医生还详细告诉朝鲜里衙卫生班在看护上应注意的事项，并约定第二天再来。金满寿处于昏迷状态，对医防服务队的救护诊疗没有任何反应。他的妻子虽在高热下不能顺利地说话，但她那呆呆的满含热泪的眼睛，分明是对医防服务队表示无限的谢意。随后，医防服务队与进来时一样，轻轻地开了门，走出去，立刻到下一家去了。

像这样，医防服务队在村里住了 4 天。医防服务队准确的诊断、丰富的医疗品以及适当的治疗，防止了传染病的继续蔓延，时间虽短，却给村里的患者带来可恢复的希望。

医防服务队离开时，村里人一直陪送到离村很远的山坡下，直到连队员的影子都看不见，村民们仍然站在那里。

当第十队离开驻地时，500 多朝鲜人民群众自发地举行热烈的欢送。妇女们将亲手绣的锦旗 5 面、自己穿的朝鲜民族服装 2 套、朝鲜席子 2 条送给该队同志作为纪念，另外送了 2 箱朝鲜的特产——苹果。在那段艰苦的战争岁月中，苹果是大家难以品尝到的贵重佳品！这只是第一大队第十队防疫工作的一个片段。

1951 年 4 月 20 日至 5 月 17 日，第一大队大队长周立新和朝鲜中央防疫所副所长李汉雨，在第一大队卫生组秋萍、何濑文等陪同下，对在平安北道等地工作的 5 个防疫队进行工作巡查，实地了解到：队员们在最前哨工作，热情饱满、刻苦耐劳。恶劣的工作环境更激发了队员们顽强的斗志，如第十队的化验员孙宗贻亲自背着显微镜上门为病人服务，甚至到老百姓家里去找病人，一周内做了近 90 次的检验，打破了第一大队化验工作的纪录。队员们在极端艰苦的环境中每天坚持工作长达 12 小时，护士时常自己抬担架。队员们和蔼可亲，细心诊断，耐心检查。当队员们离开工作过的地方时，群众都依依不舍地含泪送别。

其他各队队员与第一大队一样，都任劳任怨、兢兢业业，默默地奉献着自己的青春和热血。有些同志整日照顾患斑疹伤寒、回归热的病人，以致自己也被传染了，但都丝毫没有怨言，如助理护士张冠英，把朝鲜病人当作自己家里的亲人一样照顾和看待。有一次在元庞里工作时，张冠英为一位患斑疹伤寒的朝鲜老大娘洗身、捉虱、煮衣服，老太太感动得眼泪直流，拉住张冠英的手说："你真像我的女儿一样照顾我，我永远不会忘记你。”如第五大队第六、第七小队到达驻地时，发现当地出现的阿米巴痢疾是不注意环境卫生所致，于是积极填埋污沟，消毒检查，进行环境整治，并倡导良好的卫生习惯，该疾病发病率很快得到遏制；夏秋之交，当地发现大叶性肺炎病例，医护队员们克服设备不足等困难，因陋就简，手工操作，成功地完成血清试验，找到治疗方法。

据统计，第一大队在入朝的短短 2 个多月中，就为朝鲜军民种痘 39 882 人，预防注射 9 132 人，治疗传染病 2 108 人、一般疾病 30 261 人，此外，还做了许多化验、消毒、卫生工作。

至 1951 年夏，朝鲜疫情基本得到控制，这种局面离不开国际医防服务队的辛劳与汗水。

六、建起了病室病院

朝鲜的疫情及一些慢性病，严重影响到军民身心健康，关乎战争全局。由于这些疫情和慢性病源于朝鲜当地，要从根本上控制疫情，治疗慢性病，须立足当地，从长计议。迅速恢复和重建病室病院，刻不容缓。

朝鲜战争期间，为躲避以美国为首的联合国军的肆意轰炸扫射，无论军民，只得依托地下坑道、林间沟壑等阴湿之地，加上生活毫无规律，长期食用生冷硬的食物且精神紧张，卫生条件差，军民除染上朝鲜医学地理疫情外，还普遍患有呼吸道疾病、风湿性疾病、胃病、肠炎等。其中，结核病患者死亡率最高。食物中维生素含量不足，特别是维生素 A 不足导致很多士兵患有夜盲症。在前线，一些辎重部队测暗适应能力时发现，90%以上士兵都患有维生素 A 缺乏现象。有的部队竟因夜盲症患者过多，夜间不能作战，影响部队的战斗力。

这些大多为慢性病，有的初期表现不甚明显，一旦拖延，病情加重，影响甚大。若所有病患全部后送，那在无制空权的朝鲜战地，后果是不可想象的；即使能夺取到制空权，当时前方也没有足够的运输能力。因此，只能寻求在当地解决。最好的办法，就是利用当地医院，对这些病患进行长期的细心治疗，但是，由于战争的毁坏，朝鲜基本没有一个设备较完整的病室和手术室，无论做什么，都有一连串的困难摆在面前。为不耽误救护工作，凡国际医防服务队所到之处，没有病室、手术室的，他们都及时抢修或抢建病室、手术室。

如第五大队第六、七两队，奉命赴某疗养院，经组织分配到距城 2.5 千米的某地第二所接受任务。该所成立不过 1 个月，病室均系民房改建，一切设备均极简单。在朱邦仁、尹怀箴两位队长带领下，队员们克服各种困难，有的亲手拆土炕，有的刷墙壁，有的黑夜出外采办，男女队员不分昼夜，不辞辛劳，在很短时间内就预备好能容纳 250 多名伤员的房间。

在改建过程中，队员们首先整理病床、清理病室，再进行治疗。医治对象，慢性重病患者居多，其中以胃病患者、气管炎患者及肺病患者等最多。队员们认真护理、细心照顾伤病员，使伤病员们安心听医生的话，服从治疗。在精神方面，队员们给伤病员以极大的安慰和鼓励，许多伤病员很快好起来。有的队员还利用工作余暇时间，组织各种文娱活动，以提高伤病员的情绪，使团结友爱空气充满了每一间病室。伤病员纷纷向队员致函表扬，字里行间流露出队员们的服务精神以及伤病员的热忱感谢。

休养人员写信表扬该队许凤芝同志：“自从你到我们班内值班以来，从未动过的脏东西得以翻身。你的实际工作，难以一一说尽，一天到晚室内打扫得干干净净。每天洗小水壶、洗衣服、洗枕布、洗手巾、洗脸盆、擦桌。此外，你还替我们补袜子，整理床铺，每晚早早地给我们放好蚊帐，你去吃饭还得向班长请假。除吃睡，你总不离病室。同志们病情有变化时，你就自动去找医生，并耐心安慰我们，你在实际工作中发挥了南丁格尔的伟大精神。在抗美援朝的高潮里，你发挥了高度的爱国主义与国际主义精神。你为了伤病员，贡献出一切力量。对工作一贯积极刻苦耐劳。爱护我们如同自己的兄弟，你的力量是发自心底。你的行动令人钦佩。”

又如，第四病院全体伤病员致队员们的感谢信上说：“你们每位同志都表现了阶级友爱的精神与爱护伤病员的观念。牺牲了自己的一切，不分昼夜来照顾我们。为了解除我们的痛苦，为了我们身体早日恢复健康，表现了革命英雄主义。你们这种工作精神，是光荣的、伟大的，是值得我们学习的。”

再如，第七大队到达平壤东北居仁里金日成总部附近驻地后，全体队员毫不犹疑地行动起来，从队长到护士们，都亲自上山砍木料、挑土，建筑治疗室，修筑手术台。经过一段时间的艰苦奋斗，他们终于建筑好可以收容1000余名伤病员的病室、地下手术室以及洗浴室、治疗室等，连冬天病房取暖用的木材也都准备好了。队员们在忠实地践行向祖国人民所发出的誓言，为伤病员献出了自己的精力、技术和宝贵的青春和爱。1952年元旦，金日成亲临慰问，并和医疗队队员一一握手，还给每人发了一封慰问信。

其他医院也是如此，如第十四兵站医院在朝鲜战争期间，共修建房屋240间，其中由医务人员修建的达151间。对医护人员来说，除了认真诊疗、护理外，修建病房、医院也算是“分内活”。

尽管美国对朝鲜施行“焦土政策”，肆意轰炸，但在国际医防服务队的共同努力下，一栋栋病房，或地面

医护人员参加建筑劳动

建筑，或地下坑道，逐渐建成完工并投入使用。有了病室、医院就可以及时收治伤病员，至1952年，前线夜盲症发病率得到有效的控制，其他各种慢性病发病率也呈现出下降的趋势。自1952年起，前方利用坑道或掩蔽部做手术室，手术率显著提高，师的手术占伤员数的29%~46%，平均为37%，使师成为野战外科手术处理的重要阶梯（朝鲜战地救护体系，分为连、营、团、师、军五个梯级，由中国人民志愿军后方勤务司令部统管。中国红十字会国际医防服务队属志愿医疗队，医护人员总体专业水平较高，故中国人民志愿军后方勤务司令部把国际医防服务队都配置到前方师、军、兵站等阶梯）。实际上，1952年后，军医疗所和师是在一条线上工作，不再是一个必须经过的阶梯，故救护阶梯得以进一步完善，救护能力获得进一步提升。

七、接办阳德朝鲜人民军某病院

中国红十字会国际医防服务队与战地救护阶梯的合作模式主要有两种：一是国际医防服务队接受分配的部分病区，承担管理和护理工作，若护理人员不足由各阶梯医院补充；二是国际医防服务队与阶梯医院一道工作，采用师傅带徒弟的办法，一面工作，一面培训医护人员，提高当地医护人员的技能与水平。第二种合作模式比较普遍。接办阳德某人民军医院就是一个显著的例子。

朝鲜战争期间，从朝鲜往中国东北内地运送伤病员的列车始发站有三处：平壤北安州南五分部基地医院、三登一分部基地医院和阳德二分部基地医院。阳德位于平壤西北部，是中朝部队中线、东线军用物资和人员的主要集散地和转运站，地位非常重要。

阳德二分部基地医院前身为中国人民解放军联勤保障部队第九〇一医院，1950 年 11 月开始组建，1951 年 4 月进驻朝鲜后，改称兵站医院。1951 年 12 月，根据战争的需要，中国人民志愿军第十一、十二、十六、十七、十八、二十三、二十六、三十二等8个兵站医院在阳德合编，改称为志愿军后勤部第二分部基地医院（1955年12月，改称为中国人民志愿军第五一一医院。1957年8月，从朝鲜迁址合肥，改称为解放军一〇五医院）。鉴于当时战争环境，基地医院群散处阳德群山之间。基地医院的主要任务有三："前接""收容"和"后送"，也就是医护人员前往战场将伤员接送到基地医院，能治疗的及时治疗，不能治疗的重伤员，做适当处置后转送国内进行治疗。自1951年至1953年10月，该基地医院共救治和运送伤病员116 826名，平均每月新收治三四千名伤病员，其繁忙程度可想而知。

虽然是基地医院，但条件仍然是艰苦的。这里的病房是山体掘出的山洞，外围用青松树枝伪装以防敌人袭击。病房就是伪装的山洞，洞内有一座土炕，大的洞炕可容纳一二十人，还有就是一批木板钉的桌子，病房的设备就是这么简单。查房、治疗、巡视病人都得穿梭在山林中，还得防备敌人偷袭。医疗条件很艰苦，外伤以换药居多，但医用物资十分匮乏，大面积的外伤大多使用的是医护人员自己制作的药膏，医护人员晚上还得集合在办公室里卷绷带、叠纱布，然后送供应室再次消毒后继续使用。

由于阳德地位特殊，故对医护人员的需求比其他地区更强烈，志愿军基地医院条件如此简陋，朝鲜当地医院的基本条件就更加艰难。为提升朝鲜本地医护能力，也提升阳德地方整体的医护力量，国际医防服务队第一大队根据战地的需要，接办了阳德朝鲜人民军某病院。

该病院原属朝鲜内务省，为一个设备完善的病院，有钢筋水泥建筑的大楼和新型而美丽的平房，背后巨石满岗，周围林木森森，门前溪水潺潺，旁边还有温泉滚滚，环境温馨美丽。由于美军炮火无休止地在朝鲜到处轰炸，加之该地临近前线，除几间房屋尚可使用外，其余建筑已是一片废墟，相关设备均已毁坏，不能使用。材料奇缺，医用卫生材料更是非常匮乏。该院当时仅有医生 4 位，看护和卫生兵 40 多名，而住院治疗的患者有 400 多名，艰苦情况可想而知。

抬送伤病员

1951 年 6 月 21 日，第一大队胥继昌副大队长带领直属、第一、第二、第三、第四共 5 个队，接办该病院工作。

胥继昌，陕西西安市人，1921 年 7 月出生于一个贫困家庭，1934 年参加陕西杨虎城部队三十八军十七师五一一旅一〇一团，在医务所当勤务兵。1936 年 12 月，他跟随这支部队参加“西安事变”。抗日战争爆发后，他跟随三十八军转战河北、山西、河南等地，历任看护兵、少尉、中尉、上尉、军医司药等职。1949 年西安解放后，他随工作组接管西安医学院；1950 年在西北大区卫生部担任科员、秘书等职；加入国际医防服务队第一大队后，任大队副大队长；入朝以后，初期主要是带队从事卫生防疫工作。

根据安排，胥继昌调任阳德医院技术院长。自接办该院后，队员们便立即投入紧张的工作之中：一是密切与朝鲜同志之间的友谊，理顺管理，建立新的医院制度；二是精心医护病患，践行国际主义、革命人道主义精神；三是抓紧培养朝鲜医务人才。

在中朝医务人员紧密团结的基础上，国际医防服务队从实际出发，明确各自的分工，进一步密切中朝医务人员之间的合作关系。医防服务队的队员们与朝鲜同志们整天生活在一起，工作在一起，有事商量，互尊互敬，有事大家还抢着做，相互间总是和颜悦色，像自己的兄弟姐妹一样亲热。医防服务队在尽量尊重病院原来的制度、办法以及一切习惯的基础上，理顺管理，科学配置部门，建立起新的医院制度，很快使该院工作趋于科学化。

由于该院靠近前线，敌机每天临空十次八次，已是司空见惯、习以为常了。为确保伤员的安全，每天上午，医防服务队都要组织伤员转移，或背，或驮，或担架抬，把患者一一转移至山沟，以躲避敌机的扫射、轰炸。医防服务队队员带着药品，和轻伤员们一同爬崎岖不平的山岗，有时还需要背着他们、扛着他们或驮着他们。为抢救重伤员，队员们自动地跑到化验室去检查血型，争先恐后地签名，要为伤员输血。朝鲜伤员经常是感动得眼泪直流，非常感佩："中国医生每天驮我们上山下山，细心替我们看病，听说又要替我们输血，这种友谊，真写不尽，说不完，但愿我早日伤愈归队，重上前线，打垮美帝来答谢吧。"感动之余，有的伤员甚至假装痊愈了，要求出院，希望早日上前线杀敌。

医防服务队主要通过两条途径培养朝鲜医护人员：一是在化验室、药房等关键岗位安排朝鲜医护人员，实行顶岗培训；二是开办朝鲜护士训练班，大规模地训练朝鲜护理人员。朝鲜护士训练班第一期于 1951 年 7 月 16 日开班，接受培训的朝鲜护理人员共有 72 人，定期 6 周结业。训练方式，不尚理论，偏重实际，施行"教"

“学”“做”一体化。学习内容包括解剖、护理、消毒、急救、绷带、细菌、药物、卫生。为了不耽误医院的诊疗工作，每天分两组上课。第一期从教的医防队员有黄超汉（第一大队副大队长兼该医院院长）、张国琨（护理科科长）、张宇和、曾次军、沈泽民、蔡浩卿、关树森、林俊华，助教杨荣恩、周丽霞、梁蓉华、李伟英、任志勤、黄金、王德富等。

在病院的队员们，都渴望着祖国的消息，渴望着丰富多彩的精神食粮。为促进队员们的康乐，国际医防服务队还挤出时间组织了一个俱乐部。俱乐部的娱乐组还先后组织了几场重大纪念日表演。俱乐部的文艺组，坚持每天出黑板报，报道祖国的消息，介绍各病栋工作经验，并开展“一人一本书，大家交换看”运动，他们把所有的书籍报刊都拿了出来。俱乐部成了大家共同的乐园。

战争环境下，队员们不可能按时上下班，不论工作和学习，甚至吃饭都要灵活。为做好各项工作，队员们成立了学习委员会，分九个学习小组，由学委会统筹印发材料，只要有空隙，白天的山沟里、防空洞中、岩石旁边，晚上灯火管制的黑黝黝的房间，都是队员们学习的好地方。队员们通过加强学习，不断提高工作效率，更好地服务于伤病员。

在接办阳德医院的同时，第一大队大队长周立新、副大队长黄超汉带领部分队员奔赴江东柴足面，接办三九病院。该院距平壤18千米，共分7个病栋。第一大队接手后，立即将7个病栋划分为下肢、胸腹、上肢、内科、康复等专科病栋，以利分类治疗，提高效率。在该院，第一大队还开办了护士进修班，共70余人，分甲乙两班，每周每班授课6小时，传授普通护理常识。自开班至9月底，除特殊气候影响外，实际上课8周，培养了一批护理后备人员。

战争时期，前线卫生人员本来就不充足，为使卫生工作跟上战争的需要，各地、各单位都根据上级指示精神抓紧培养培训卫生人员。三十九军材料显示，该军在朝鲜共培训了1 889名卫生人员，并培养了123名卫生人员；二十军培训了271名卫生人员。培训工作不仅有效地补充了卫生人员的缺额，而且还普遍提高了卫生人员的医疗技术水平。从现有材料来看，1952年后，因尽力培训并补充医护人员，前线医生、医助与伤病员之比才逐渐降低，有所好转。目前，虽然不知道第一大队在阳德与柴足面的隶属关系，但是，从上述材料推断，第一大队，当然还有其他大队，在艰苦的环境中，除从事正常的医疗工作外，对增进中朝人民的友谊、提高前线医护人员的技术水平、训练并培养补充医护人员，是做出一定贡献的！

八、克服一切困难

在满目疮痍的朝鲜，无论想做点什么，都是困难重要。中国红十字会国际医防服务队的所有队员，为完成让伤病员重返前线这一光荣的任务，无视敌机的轰炸扫射，坚强地克服重重困难，以活泼、坚持的精神在一切恶劣的条件和环境下展开不屈不挠的斗争，克服了一切困难，取得了很好的成绩。

本部分以重视战场救护的初步工作、克服缺医少药器材不足、突破种种技术障碍等为例，略做说明。

做好战场救护的初步工作，如梳头、擦身等，有利于伤病员的血液循环，有利于医护人员进一步了解伤病情，有利于缓解伤病员的情绪，对伤病员后续分类治疗、及时救治及选择性后送等具有重要的作用。朝鲜战争初期，由于缺乏经验，加之运动战移动速度较快，战场救护的初步工作无法在所有伤病员中展开，往往是所有伤病员一并后送，导致部分重伤病员没得到及时的救治，有些传染病没得到很好的控制，曾一度引起流行，影响很大。国际医防服务队入朝之初，前线部分医护人员仍然认为，初步工作很简单，不甚重要，对战场救护中的初步工作不够重视。战线推移至三八线附近时，若再像战争初期那样轻重伤病员、传染病人一并后送，既会大大增加运输压力，又严重延误重伤病患的诊治，容易使战场救护的阶梯设计出现混乱。对此，国际医防服务队提出要重视战场救护的初步工作。

医防服务队第一大队进驻后，以实际行动展示做好战场初步救护工作的效果：每当伤病员到时，队员们先进行检查工作，然后全体分工，为伤病员洗头、理发、灭虱、擦身及剪指甲，不管是大夫、护士都一样地做。40多岁的张宇和队长常常给伤病员洗头，还有一位同志懂得理发，有时一次就理十几个。初步的工作是简单的，战地医院中有些同志以为国际医防队员们好像没有什么了不起的技术，存在“不过如此”的看法。实际上，初步的工作做完以后，诊疗工作开始了：原来洗头的现在听诊，原来剪指甲的现做外科手术。初步工作做得好，医疗效果与救护结果自然很好。反复多次后，战地医院中少数存在“不过如此”看法的同志，逐步改变了原来的态度；相反地，对国际医防服务队还表示无限敬佩！

前方需要救护的病患多，而随着战线往南推移，补给线越来越长，补给面越来越广，本来就不充足的医药器材等，更显得捉襟见肘。在朝鲜极端困难条件下，队员们苦心钻研，贡献出每个人的能力与智慧，利用现有器材，发挥更大的效能，不断地创造新方法以弥补物质条件的不足。如第一大队都皎然队长用皮内注射的短针头做606的静脉注射，共计注射了1 000多人，成绩非常好，可大大节约器材。这一方法得到推广，前线所有的大夫和护士都会用。医院里，由于药品缺少，有些缺乏维生素C的病人，无法给药，第六队刘宇和队长亲自上山找到了一种维生素C含量高的植物，给病人服用，功效显著。于是，地方医务工作者和一般人民群众都纷纷采用这种植物。防疫队吴念伯、张时嘉，用树皮及木片代替处方，克服纸张缺乏的困难。护士赵伟诚，创造了三个人同时工作的接种方法：先将痘苗管打破，一人用酒精在接种处消毒，一人以针压法压破皮肤，第三人立刻将沾有痘苗的针头扎上，种痘就完成了。这样，一支小痘苗可以接种80人至100人。接种以后，80%以上是阳性反应，节省了疫苗。没有消毒锅，队员们就用汽油桶改装成消毒锅。病房内缺乏病人用的痰盂，队员们就用空罐头筒来做。抬病人没有担架，队员们就亲自到山上砍树干，用装米的草袋钉起来，做成简便的担架。在37号病院的队员们，还利用木箱的木板来修理破损了的窗门及手术室内的洗手架和盛药架，克服了没有木工和泥瓦工的困难，等等。

队员们接受锦旗

战争导致的伤痛各种各样、千奇百怪，这是国际医防服务队面临的巨大的挑战。为了争取挽救每一个从事正义战争而负伤的战士的生命，队员们集中全部精力，研究改进那些艰难而复杂的手术方法，努力提高技术水平。如第一大队王庆春、杨洁泉两位队员，在手术器械非常缺乏的条件下，安全地完成了胸部交感神经截除手术，使军官林国相恢复后又健壮地走上前线。在战士韩凤熙的伤腿上发现了气性坏疽，根据一般医学理论，必须将腿锯掉才有生还的希望。冯天骏和杨洁泉大夫刻苦钻研挽救办法，决定进行动脉输血输液以急救，全栋同志集体输血 1 000 毫升。不但治愈了韩凤熙，而且利用那段时间教朝鲜看护员李亿宝学习止血的方法，使他能够参加简单的手术以帮助正式医师。

再如，第五大队医师章士勤，看到一位肠子受伤的同志做好手术后因没有肠胃减压管而肚子鼓得很大且一天比一天厉害，生命危在旦夕。章士勤医师找了 1 个小橡皮管、3 个血浆瓶和 1 根小十二指肠管，在河里实验，用了两个晚上的工夫，证明该方法可以代替胃肠减压器。第三天，他就饿着肚子，冒雨跑六七里地去帮这个伤员抽气，终于挽回了该伤病员的生命。

毛泽东主席说过，有困难，有办法，有希望。面对困难，国际医防服务队队员们想尽各种办法，有效地克服了各种困难，解决了许多难题，比较顺利地推进了各项工作。

九、“需要什么，我们就献什么”

大凡有医护常识的人都知道，医院里最需要什么：救护病人，除了医药器材之外，最重要的大概是鲜血了；术后，伤病员不仅需要心理慰藉，更需精心护理。

根据朝鲜战争的特点，每当战斗发生后，伤病员到达医院常常是在午夜，因而在外科病院工作的同志，工作超过 12 小时就是“很正常”的事情。当伤员到达的时候，不管护士、医生，都争先抢着抬担架。手术中需及时输血时，医生、护士都抢着伸出胳膊。如一个被炸伤的李吉洙同志，由于失血过多，已处于濒死状态。为挽救伤员的生命，护士部静霞毫不犹豫地向医生伸出了胳膊。但是，由于她皮下脂肪过厚，血管找不到，部静霞毫不迟疑地要求切开。医生不能拒绝她那种强烈的要求，切开皮层找到血管，两次共吸出鲜血 450 毫升输给李吉洙。部静霞的鲜血，使李吉洙终于转危为安。上级为了照顾部静霞，帮助她恢复健康，给她发了输血金。

她又拿输血金来买鸡蛋、苹果、麦芽糖等营养品，送给伤病员们。伤病员都对部静霞这种充分显示出自我牺牲的革命人道主义精神表示赞扬，她却非常爽朗地说："中朝人民犹如血肉兄弟，为自己的兄弟输血是当然的，算不了什么。"第七大队的吴志远、曹伦等队员们一共输出了超 3 000 毫升的友爱的鲜血。伤病员都称赞："血肉相连的父母也比不上他们！"再如，在第五大队手术室里，为了挽救流血过多而生命垂危的伤员，队员们都毫不顾虑自己身体的疲劳和工作的繁重和血色素的减低，抢着给伤员输血。好多垂死的伤员，就是这样被队员们的血液抢救过来的。第一大队全体队员还志愿报名，成立了输血队，将大量的新鲜血液输入朝鲜战士身体里，让无数个英勇的战士起死回生。

据统计，朝鲜战争期间，由于血源困难，供血离临床实际需求很远。1953 年之前，兵站医院受血伤员只占总伤员数的 0.7% ~2.0%。1953 年在前方建立血库后，兵站医院受血伤员占总伤员数也只增加到 3.1%。可见，国际医防服务队队员们的鲜血是多么宝贵！

手术后，队员们想办法安置好病员。为躲避敌机的轰炸，队员们常常是早上把病患背送到树林、山沟，晚上再背送回病房。伤员们散处在林间沟壑，队员们还得逐一进行诊治、送药。如 1951 年 8 月 13 日和 14 日，约 400 架敌机轰炸平壤城郊的居民区，李伟英冒着生命危险将重患者背到安全地点进行救护。后来几次夜间轰炸时，她都以同样的方式抢救了许多伤病员。1951 年 12 月 17 日，《人民日报》刊载了朝鲜人民军某病院伤病员李裁远给中国红十字会的信，表达了对国际医防服务队队员们辛勤护理的衷心感谢！

在康复护理过程中，医护人员就像病人们的亲人一样贴心。如第一大队手术室的护士长杨荣恩，“用极和蔼可亲的态度对待伤病员及工作同志”。她工作非常负责，对年轻的同志们，她像大姐一样爱护和指导。她不单照顾受伤的战士，也照顾患病的工作同志。有人不大舒服，她给他（她）盖被子、试温度，百般体贴，获得同志们一致的称赞。还有唐淑兰、李燕等许多模范护士替伤病员洗脸、喂饭给手部受伤的伤病员们吃，他们忘记了自己的休息，不眠不休地看护在伤病员的身边。一次，一位名叫崔春圭的朝鲜女游击队战士，患上急性肝周炎，病势严重，昏迷不醒，经韩文娟连续两整夜的精心抢救和护理，终于脱离生命危险，并很快得到了康复。康银玉患急性阑尾炎，阑尾穿孔化脓，生命垂危。国际医防队为其注射盘尼西林（青霉素），并派护士同志亲自到她家日夜看护几天，她很快就康复了。康银玉表示：“我不知道如何表达我对中国人民的感谢，我只有在后方努力生产，支援前线，来报答中国人民的帮助。”

以护士部静霞一次换药为例。为了使截肢伤员李仁

送伤员上车

万不感到痛苦，她极力地使换药动作轻微到不可察觉的程度，因此汗从她额上流下来，她一边擦着汗一边还非常温柔地安慰着伤员："这就好了，这就好了。"像一个仁慈的母亲在抚爱她的孩子一样细心、亲切。换完了药，她还微笑着，面孔像一朵盛开的红花一样鲜艳，说："你的伤口快要愈合了。"熨帖的语句和态度，使伤员安静地睡下了。由于部静霞一贯工作细致耐心，因而成为该病栋中伤病员非常信任的对象，伤病员听到她的名字时，连伤口的疼痛都会忘记。

每逢大战役时，平均每座医院每日收治 800 ~ 1500 名伤病员。手术过后，大量的手术衣、手术单和敷料没人洗，那就由护士、医生一起动手，连夜洗出来以保证手术供应。开始洗敷料时，手术单和敷料上的脓血腥味引起个别同志心里难受，导致他们第二天也吃不进饭，但队员们知道这是“最可爱的人”，是为了祖国为了人民而光荣负伤的，因此忘掉了脓血的腥味，抢着去洗。

医生也是如此地忘我工作着、奉献着，如第一大队副大队长王庆春，有一次为加强前线医院的医疗力量，不得已，只得自己从平壤急匆匆地走到前线医院。到达后，顾不上休息，立刻参加工作。他连续工作了10天10夜，做了40余台手术，自己两眼熬得通红，却忘记了疲劳。当这批伤病员抢救完毕后，他也病倒了。

医生刘大汉，来自广西南宁，年近60岁。在朝鲜平安北道永柔郡长林里工作的时候，队员们都不分昼夜地细心护理着伤病员，忙着换洗绷带。刘大汉在诊疗工作之余，也不愿意休息，时常偷偷地抢着拿一堆绷带到溪边去洗。这是他每天除了诊病以外的唯一工作。病栋里的重病号不能起床大小便时，他便经常拿着便盆去扶他们起来，因为他想到，病栋里的工作人员太少，若要等待专司清洁的同志来帮忙，那肯定是来不及的。有一次，一个骨折而不能走动的伤病员来院诊治。经诊断，必须送他往距离当地有3千米远的另一个病室去留医。不巧，当时病院无担架，而伤员的病情很严重，不能耽误诊治，同志们都很焦急。刘大汉毫不迟疑，立即背起伤员就走。伤员个头高，身体较重，而刘大汉个头不大，幸赖其自幼习武，终于坚持着把这个骨折重伤员背达目的地，及时挽救了该重伤员的生命。无论在哪里服务，刘大汉和伤病员、和附近的老百姓，都相处得很好。人们都热情地称呼他“亚波知”（朝鲜语“父亲”）。

沈泽民大夫在行军时跌伤了腿，但是，他仍旧按时到病房去检查，他对待病人和蔼亲切，“像一个慈祥的父亲一样关怀和爱护同志及伤病员”。他总是温和地带着安稳而勉励的口语说：“不要紧，多学多做便可以了。”王权用医生替一位病员洗涤沾了大小便的衣裤，替病人洗头、剪指甲。

朝鲜战场缺医少药，药材器械十分珍贵。就拿一一四野战移动医院来说，第一大队到达之前，该院药物奇缺，第一大队达到后，才有药物应对，病患立减。1952年5月，第七大队由朝鲜返国时，将大批医疗器材和药品分赠给朝鲜人民军某医院、朝鲜红十字会和朝鲜国家特别防疫委员会。朝鲜红十字会对此特来函表示谢意。

此外，队员们还无私地向朝鲜医护人员传授技术，提高朝鲜医护人员的医护水平。如第一大队的冯天骏大夫，每周抽出3个小时，召集病栋里全体看护人员学习医疗技术，他计划在3个月内帮助看护员们把技术提高到可以参加手术的程度。其他各队均采取不同的形式，培养朝鲜各级各类医护人员。

队员们无私地奉献了一切。工作上，队员们一般早上6点钟起床，但在工作需要的时候就不分昼夜，除了吃饭的短促时间外，其他时间都在工作，到下午7时才回到休息的地方。有时候半夜里他们还要起来接收伤病员。生活上，做防疫工作的同志，捐出了私人的衣物及药品给伤病患者；外科医院的同志拿出了自己的油布、被单做手术台布，拿出自己的饭碗做化验器材；前方工作的同志在病房里脱下了毛衣、毛裤给伤病员。

队员们热爱伤病员、热爱朝鲜人民、热爱工作，他们在朝鲜前、后方的忘我工作深受朝鲜军民的爱戴和赞扬。第一大队入朝仅 2 个多月，队员们就收到锦旗 50 多面，感谢信 200 多封。被第八队治愈的一位 75 岁的老者，感动地说："你们太辛苦了，可惜我老了，不能参军打美帝来报答你们。"一位青年军官感激地说："你们的正确治疗和亲切关怀，增强了我工作的决心，我愿早日重上前线打垮美帝，来答谢你们的辛劳。"老农民崔锁冈说："这些到朝鲜来的中国医生护士们，不分阶级同甘共苦，他们经常到病房照顾病患并且亲手打扫病房、抬担架等，我活了 60 岁还没见到过医生扫病房、抬担架，难怪中国人民能得到胜利，有这种勤劳、实事求是的精神，什么事不能成功?"这是出自老农民口中的真心话，这种赞誉并非偶然得来，是队员们在平时治病时发扬革命人道主义精神的结果。

生动的事例太多。总之，无论队员们在哪里，都全心全意投入救护工作之中，无私地奉献自己的一切，践行出国前许下的伤病员"需要什么，我们就献什么"的诺言，在救死扶伤中，进一步增进了中朝人民的友谊。

十、杭州手术队

中国红十字会国际医防服务队第五大队第三队，共16人，全由浙江杭州志愿医疗手术队成员组成。当时想入朝服务的手术队很多，该队经过积极争取，并写下保证书，终于争取到赴朝服务的机会。

当该队到达朝鲜时，第五次战役已近尾声，但由于该队到达的医院是终点医院，伤病员特别集中，驻地附近半数为伤病员。天气炎热，有些伤员们的伤口得不到及时处理，化脓溃烂，甚至长了蛆。为了不延误抢救，队员们不顾整整两夜数百公里行车颠簸的疲劳与困顿，就立刻走进一座战火中幸存的朝鲜老乡民房，权充临时手术室，在极其简陋、闷热的恶劣条件下，投入抢救伤病员的紧张战斗。

他们抢救的第一名伤员负的是枪弹穿透伤，弹片擦破其锁骨附近的动脉，伤员流血过多，生命垂危。经过抢救，弹片取出，但流血不止。恰好这时美军飞机又来狂轰滥炸，汽油灯被破坏，引燃手术室帐篷。队员们临危不惧、沉着冷静，一部分坚持手术，一部分紧急灭火，经过紧张战斗，手术终于顺利完成。伤员得救了。

朝鲜的民房构造奇特，室内整个地面下是烟道，与伙房炉灶相通，当地称之为“地炕”，以利冬季取暖。而此时正值夏季，天气炎热，每天需用炉灶生火做饭，还要蒸煮消毒手术器械，但为了防空，从屋顶到墙壁窗户全部用军毯、棉被掩塞，以免灯光外泄，所以生火后，室内如同蒸笼一般。伤员多、手术时间长，队员们身上的衣服都像从水里捞出来的一样。每逢手术间隙，医护人员出来透气时，相互开玩笑地问答：“你这个大馒头蒸烂了没有?”“我们是永远不烂的。”室内高温，常使人晕倒，但这个晕倒了，那个接上，从不让手术间断。杭州手术队通宵达旦，连续奋战了 25 个夜晚。据统计，他们入朝第一个月手术人数达 199 名，手术次数达 297 次。

王一之医生就曾经有过这样的经历：时值严冬，受炸弹袭击的阳德车站伤兵 30 余名，一时都运过来了。王一之医生全神贯注地拨动着刀和剪，从黄昏到深夜，又持续到黎明，紧张、劳累、饥肠辘辘，就这样，王一之医生不受控制地倒在地上。王医生慢慢清醒后不禁潸然泪下。

在争取时间的突击手术中，手术室平均每天要做 15

到 20 个伤员的大小手术。手术单、手术衣、敷料的清洗，绷带、纱布的消毒，每天就要由 8 名护士及时地准备充足，同时他们还要管理 2 个手术台、1 张石膏床，另外他们还要负责麻醉、消毒伤口、递送器械、伤员手术前准备、搬运伤员进出手术室和伤员登记等手术室内繁杂而艰巨的工作。有几个队员因洗血衣、敷料而指头染了菌，但是他们仍然带着肿胀的指头去抢洗敷料。在 -30℃的气候中，队员们敲冰取水，用口吹热气暖着冻僵了的手指来洗涤。严寒冷僵了他们的手，但是冻不僵他们那颗热爱伤员的心。俞琇昭的脚冻烂了，刚好一点便偷偷溜去帮助洗敷料或帮助消毒。

有一天，天气晴好，护士们抓紧把洗好的手术单和衣被放在溪滩上晾晒，并按习惯坐等敌机来时的警报枪声。枪响后，大家赶紧抢收衣物，无奈东西太多，还没收完，敌机已经发现了他们，朝护士们俯冲过来，子弹嗖嗖从他们身边擦过，扬起阵阵尘土。"轰隆"，溪流对面升起了一股浓烟，小庙被炸飞了。幸好护士们有防空的经验，隐蔽得快，无人受伤。怀着幸存的喜悦，他们继续抢时间把衣物晾晒干后，送去消毒，为晚上手术用。

不久，朝鲜雨季来临。大雨滂沱，冲毁了山间小路，河水暴涨，队员们起早贪黑、跋山涉水，往返二三十里，赶赴工作。为减少伤病员往返抬送的不便，第三队采取分组下连队的办法，展开游击式的突击治疗。每天天未亮，队员们便携带器材，穿山越岭，蹚水过河；有时水流湍急，站不稳脚，队员们被冲倒了，随即又倔强地爬起来。到了连队，或山沟，或坑道，因陋就简，一个接一个地为伤病员做手术。黑夜，在敌机威胁下，队员们在崎岖山路上摸索着，有时还须淋着雨回驻地；回到驻地后，有时还得趁夜修补被大雨大风损坏的宿营地——帐篷。伤病员在哪里，医疗队就到哪里，谁也没有怨言。

1951 年 10 月，朝鲜已入冬。此时，正值秋季防御战之后，部队开始整编，后勤卫生机构也做了调整，对伤病员施行分类、分科治疗，向野战医院的正规化道路发展。第三队编入第二基地医院重伤一队，负责头、胸、腹部战伤治疗。这时，新建的地上防空伪装手术室落成，工作、生活环境有了改善，队员们终于可以离开帐篷和霉湿的地铺，住上有火炕的、傍山而建的防空洞。手术室装上了电灯，配备了手携式军用 X 线机，野战血库也初具规模，使得一些一时难以后送的危重伤病员就地治疗有了可能。重伤员从前线下来便不停留地运到这里，也有从附近各院转来的。不管白天、黑夜，伤员什么时候到，都能及时动手术。即使是在风雪寒夜，只要听到伤员来了，所有的医师、护士便会立即离开还没暖过来的被窝，睁开疲乏了一天的双眼，重新下山到手术室里去，常常通宵工作到第二天上午。1952 年 2 月 9 日深夜，一支由杭州各医疗单位组成的志愿护士队 16 人，冒着凛冽的寒风、纷飞的白雪，来到战地，和手术队会师，更增添了护理力量。

1952 年，针对美军的细菌战，为保证军民的健康，第三队本着“战争中学习战争”的原则，加紧建立与健全野战医院病区工作制度，并在专家、技术人员指导下，加强防疫，采取隔离等措施，协助部队组织卫生员学习，护士队队长做了“传染病隔离技术”专题报告，队员们还帮助战士学习文化，为他们讲解日常卫生知识。手术队医师也抓紧战争间隙，做有关头、胸、腹部战伤的诊断和处理等讲座，深受欢迎。

第三队入朝以来，早期由于没有固定治疗点，或在山沟或在坑道进行手术，有了地上防空伪装手术室之后，白天、黑夜，手术都可进行。据不完全统计，短短 10 个

战场包扎

月，该队顺利完成2 000多人次手术，最多一天完成60余人手术任务，从扩创、固定到开胸、开腹，从修补、矫形到再建、再造，无不全力以赴。半数以上队员都主动献血。如一个患巨大颈内动脉瘤的伤员，奄奄一息，在不便后转的情况下，队员们为其就地手术，在大家主动献血的情况下，手术获得成功。

伤员需要有人和他说话，需要有人帮助他解决大小便的困难，需要有人告诉他祖国的消息，需要有人帮助他转动身体，队员们一有空便跑到病室里去和伤员谈天，帮助伤员端屎端尿，喂水喂食。伤员多的时候，护士们在快速把手术准备工作做好的同时，便去帮助医院换药组给伤员换药，夜里还主动去检查病房。听到伤员没有鞋子、裤子、毛巾，徐道安和俞琇昭两同志便立刻拿出自己的送给伤员。徐祖根在病房里看到伤员没有裤子，便毫不犹豫地立即脱下自己身上穿的裤子给伤员穿上。

苹果是朝鲜的特产，但在第三队驻地很不容易买到。当重伤员想吃苹果的时候，吴德桢、章士勤立即买了送给伤员。盛竹村、斯秋钟把输血后上级发给的营养费，全部托人买了苹果送给重伤员吃。祖国的一根烟，也会使伤员同志感到无限的安慰，当伤员在手术前烦躁不安时，盛竹村便立刻去找一支烟点着递给他，随着口里吐出的一缕缕烟雾，伤员那烦躁不安的紧张情绪慢慢安定下来了。书报、糖……只要是国际医防服务队有的东西，都愿意献出来，让伤员们在这战地医院里能安心静养。

手术室里，血液成为起死回生的重要因素。全体队员们不顾战地艰苦的工作和生活，都准备着一次、二次、三次、四次……更多次地把自己的鲜血献给为保卫祖国、保卫和平而流血的志愿军。在抢救因腹部炸伤而昏迷的张太和时，斯秋钟、盛竹村献出自己的血，使他清醒过来。膝关节被炸伤并发血管损伤的苏元祥因失血过多和脓毒感染，在手术后发生休克，生命只存下一丝的气息。血型相同的青年团员徐道安、吴德桢、王一之、黄仙华发起集体输血，输给苏元祥 1 000 毫升血。当输进 500 毫升时，苏元祥的脉搏跳动了，神志也清醒过来，向大家说话了。因流血过多而带有脓毒症状的赵洪林在施行血管结扎术后，队员们用红十字总会发来的盘尼西林（青霉素）为他注射，并且每日勤换药，渐渐地他那肿胀得将要坏死的左腿消肿了。伤病员热爱着队员们，队员们也热爱着伤病员。正如黄仙华写给国内亲友的信上说的那样：“当我的血和志愿军伤员同志的血交流在一起时，便感到无上的光荣。”这不仅是她个人的感觉，也代表着全体队员的感觉。

1952 年 7 月 17 日，第五大队第三队与护士队全体同志，光荣完成任务，由大队长陈敏书率领，自朝鲜前线胜利归国。该队自 1951 年 7 月入朝以后，全体队员发挥了高度的爱国主义、国际主义及人道主义精神，在朝鲜战地物资匮乏的情况下，开动脑筋想办法，克服许多困难，救治了许多伤病员。如医师章士勤利用十二指肠管改装肠胃管吸引器，解决了缺少胃肠减压器的困难，并且提高了腹部伤员的治疗效果。X光技术员杨春法改装了护电机、交流电的滚盘，每小时可节省汽油二磅。护士吴德桢、黄仙华、王瑛等精心护理着伤员，在冬天-30℃的冰天雪地中敲冰取水洗敷料，光荣地立了功。他们甚至输出自己的血液为伤病员治疗。全体队员在工作的空暇还参加抢修公路、桥梁的工作和协助朝鲜人民秋收、砍木柴。冬季来临，为了战胜-20℃至-30℃的寒冬，他们便挖洞穴，居洞里，还做好热炕。在大雪来临之前的工作空隙中，大家都到山上背木头，保证了伤员温暖地度过冬天。后来护士队到了前方后，给前方增加了不少力量，他们也冒着严冬，给伤员背柴烧炕、整理病房，并定出很多正规的护理制度，克服了护理上的许多困难。此外，他们还为伤病员读报，教他们识字、唱歌、学文化、学政治，与伤病员建立了深厚的感情。

全队队员谨记着祖国人民的话和自己的决心，克服了战地的恶劣环境，胜利地完成了伤员安全后转的任务，并且战胜了雨季，抢修了十多里长的公路桥梁。在朝鲜工作的1年中，该队曾立功7次，在朝鲜大地上书写了许多动人的故事。该队的事迹也是全体国际医防服务队在朝鲜工作中的一个缩影。

十一、贵阳骨科队

国际医防服务队博爱人群、无私奉献的高尚风采，在贵阳骨科队队员身上也得到充分展示。

1951 年 6 月，志愿军后勤司令部召开第二次工作会议，对前方手术工作提出了新的要求，要求 70% 的伤员能及时得到创伤第一次处理，因为创伤的第一次处理和某些救命手术，为一切创伤的基本治疗。完成这些治疗就是师阶梯的任务（当时战场救护体系分为“连、营、团、师、军”5 个救护阶梯），并决议组织精干机动手术组，建设防空条件较好的地下医院等，以切实提高前方医护能力与效率。

1951 年 9 月，国际医防服务队第七大队 100 余人组队入朝，接替第一大队。第一大队撤离时，大部分都希望能留下来继续工作，最后只有 32 人得到批准，加入第七大队。第七大队中有从贵阳来的 11 名骨科队医护人员，由贵阳医学院副教授杨洁泉带队，队员有贵州省立医院主治医师孙其发、贵州省立医院外科主治医师冯天俊、贵阳附院外科医师鲍镇美、贵州省立医院外科医师王榕、贵州省立医院药剂师张兴樵、贵州省立医院麻醉师李立邦、贵州省立医院化验员许再纯等人，专科配备比较整齐完善，技术力量雄厚。贵阳骨科队成为精干手术组中的一组。

在获准参队前，贵阳该批同志多次写长信给中国红十字会总会，表达参队决心，其中还有一位同志写了血书。入朝以后，他们被分配到朝鲜人民军37病院工作。该病院位于平壤南面100多千米的江东郡柴足面内里，距前线仅40千米。37病院为重病院，分成7个病栋（相当于7个分院），分散在方圆15千米的山沟和村庄。病房是临时征用的老百姓房屋。整个医院可收容500名病员，中、朝方医护人员共500名。服务对象主要是朝鲜人民军，志愿军伤员较少。此前，国际医防服务队第一大队在此服务，他们到达后，与国际医防服务队第一大队办了移交手续，便立即投入紧张的工作。根据安排，7个病栋中5个外科病栋由杨洁泉副大队长负责（其余两个分别是内科病栋和康复病栋）。

国际医防服务队第一大队进驻时，运动战尚在进行中，医护人员须经常随战争迁移，无法安定。国际医防服务队第七大队进驻时，战线已基本稳定在三八线。如前所述，病室、病院相继建成，许多病院医疗条件大为改善。根据战争的变化和伤员情况，接上级指示，该病院院部制订了新的工作计划，提出“战地医院正规化”，即实行正常的书写病历、记录病情、病栋长每日查房、系统治疗、正规消毒、建立无菌手术室等。为此，杨洁泉队长每天得在15公里范围内奔波，再转上5公里，才能完成一天的任务。

就拿正规书写病历来说，战争开始时，各医院病历记载工作是较差的，完整的只占40%。1951年差错2 500多次。至1953年，完整的病历已占72%，差错只有420次。可见，国际医防服务队积极践行战地医院正规化，有利于因病施治，提高治愈率。

为减少伤员间因睡通铺而产生的伤口交叉感染，队员们根据实际情况，采取分开睡的办法，有效减少了伤病员之间的感染。正是由于感染轻、手术及时，愈合效

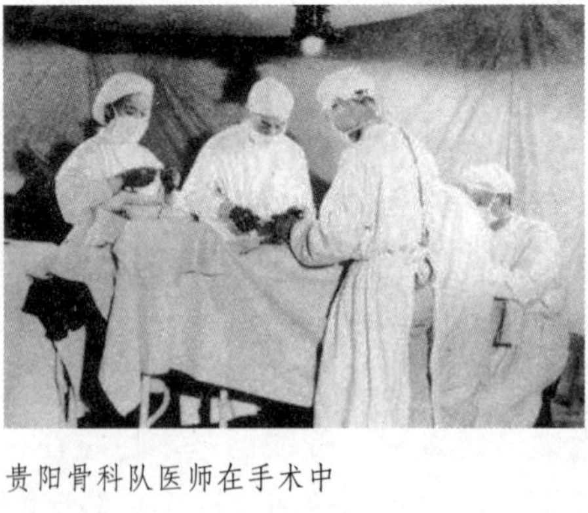

贵阳骨科队医师在手术中

果很好，深受伤员的赞扬。护理工作按要求执行，措施得当，效果很好。

在7个月的紧张工作中，全院共救治病员1 899例，共做大小手术1 188次，经医治护理痊愈1 342人。手术有骨膜移植术、跟腱延长术、膀胱取异物、疝修补术、胆道蛔虫切开取虫术、肠切除术、阑尾切除术等。

病栋的门诊部无偿为当地老百姓服务。对附近的老年病人，他们还主动送药上门。

朝鲜冬天冷得早，冷的时间长，气温低（-20℃以下）。由于物资缺乏、运输困难，很多伤员只有一条毛毯，因此，必须解决病院中伤病员保暖问题。队员们在保证医疗工作外，抽一部分同志和部分朝鲜护士一道上山砍柴用以烧炕，女同志都是20来岁，从来没有干过砍树的工作，于是，男同志砍，女同志负责运输。一个多月时间就准备了四个月用的木柴。朝鲜军医局为此曾给予他们高度赞扬，并送来苹果和牛肉慰劳。

1952年初春，美帝国主义在战场上屡屡失败，丧心病狂地发动细菌战，妄想利用烈性传染病，削弱朝中人民的战斗力。在上级领导的指挥下，队员们也开展了反细菌战工作：广为宣传细菌传染的知识，大搞环境卫生，在-20℃的气温下，疏通了多年来淤塞的沟渠；搞好饮水卫生、井上加盖；为伤员灭虱；每天到附近山上巡逻，寻找细菌弹的行迹；到老百姓家询问；等等。每次敌机撒下病菌后，队员们就组织人员，用器械把那些不常见的生物、玩具、实物等集中起来，进行焚毁。为了粉碎敌人的细菌战，队员们须注射六种混合疫苗的预防针。大多数人注射疫苗后，再经一天的劳累，全身疼痛、发烧、手抬不起。注射疫苗后人体反应太大，晚饭常常没有人起来吃，但第二天队员们仍然坚持起床上班。由于防范严密，措施到位，至第七大队离开驻地返国时，该地都没发生过烈性传染病。

敌人战场失利，就狂轰滥炸，低空扫射，原有的防空洞不够，大家又在冰冻的地上挖建防空洞。有的队员双手磨起血泡，有的由于冻疮，两手溃烂，简单包扎一下，又坚持劳动。大家工作热情高，干劲大，从不叫苦。他们挖的防空洞，白天能躲飞机，晚上能值班睡觉。敌人飞机来临，轻伤员能走的就到防空洞去躲，重伤员则由医务人员陪着照顾，伤病员很受感动。

在极端艰苦的条件下，他们克服重重困难，忘我劳动，无私奉献，不分昼夜地工作，以精湛的医术和良好的服务，治愈了一批又一批伤病员；同时，坚持晚上授课，培养与训练了一批战场救护人员，受到广大伤病员和朝鲜政府及朝鲜人民的赞扬。队员中，有张兴樵、朱四维二人被评为二等模范，并获得朝鲜民主主义人民共和国颁发的军功章和奖状。朝鲜领导人金日成将军还亲自接见过他们，并表示感谢。

十二、揭露美国发动的“细菌战”

1925 年 6 月 17 日，44 个国家政府的代表曾在日内瓦签订了一项议定书，禁止利用毒气或类似的毒品用于战争。以人道主义为宗旨的红十字，多次发表庄严的宣言和决议，一贯谴责并要求禁止细菌战争的残酷暴行。第二次世界大战期间，希特勒虽然研究、制造了细菌武器，但鉴于细菌武器的危害之大，其慑于文明的倒退，终究不敢大规模拿出来使用。而日本法西斯不仅在中国东北研制细菌武器，还在中国宁波、常德等地撒布过病菌，造成大批无辜民众伤亡。1949 年，苏联成立军事法庭部，对捕获的日本细菌战犯进行了审判并做出处罚。

然而，二战结束后，美国把日本的一些细菌战犯，比如石井四郎、若松次郎、北野正藏等人收罗并保护起来，继续研制细菌武器。当时，苏联和中国政府都强烈要求对这些罪大恶极的战犯进行审判，而美国却让他们在日本京都府南桑田郡及美国华盛顿附近迪特瑞克营大规模制造细菌武器。

1950 年 11 月，在华沙举行第二届世界保卫和平大会上，80 个国家代表通过决议，并致书联合国，要求无条件禁止各种原子武器、细菌和化学武器、毒气、放射性武器以及其他大规模毁灭人类的工具，并宣布首先使用这些武器的政府为战争罪犯。

中国人民志愿军入朝参战以后，美军屡屡败退，为扭转败局，美国就让石井四郎等携带细菌战所必需的装备，来到朝鲜战场。1951 年 3 月，附属于联合国军总参谋部的卫生部长官、陆军准将赛姆斯乘坐第 1091 号细菌战登陆艇到达元山港，然后访问巨济岛，把关押在巨济岛的中朝战俘作为对象，进行活体试验，测试细菌武器的威力与效果。

1951 年 4 月 9 日，美国《新闻周刊》发表的《黑死病船》称："请注意海军的一艘实验防疫船只的秘密使命。这船已被派至北朝鲜东海岸的元山港。在那里，海军已维持了一个长期的围攻。"又称，"这船是一艘步兵登陆船，上设实验室，老鼠兔子俱全。"还说，"海军陆战队从该港的小岛上抓了一些中国共产党，带到船上，试验他们是否已有可怖的黑死病的症候。"5 月 4 日，《人民日报》报道：中国红十字会总会因美国将被俘的中国志愿军做细菌武器试验，特向国际红十字委员会及国际红十字协会提出控诉，要求制裁破坏人道公约的罪魁。

1952 年 1 月 28 日，美军在朝鲜人民军与中国人民志愿军阵地和后方，悍然发动了大规模细菌战；接着，2 月 29 日至 3 月 5 日，先后以军用飞机 68 批，448 架次，侵入中国东北领空，在抚顺、新民、安东、宽甸、临江等地，大量撒播细菌毒虫。3 月 6 日、7 日、8 日、10 日、15 日等日，美军还连续在青岛市郊太平角、浮山所、大麦岛、沙子口、沧口、李村等上空，撒布苍蝇、蜘蛛、蚂蚱、土蜂、蚊子、蚂蚁等细菌毒虫，进一步把细菌战从中国东北扩展到山东青岛附近地区。

在朝鲜的医务工作者对美国撒播细菌武器都是亲眼所见。胡万寿回忆：1952 年一天，我们正在施工，突然天空中的敌机扔下一颗炸弹，“突”的一声破西瓜一样裂开了，声音不大，弹片未飞，也无硝烟，但裂开的弹

美国投掷下来的细菌弹

壳里跑出了一些老鼠、苍蝇和蚊虫。朝鲜的冬天，冰天雪地，哪来的这些东西呢？这就是细菌战的事实。

据中国红十字会国际医防服务队第七大队施楚恩报告，从 1952 年 1 月起，美军在朝鲜战场上以及后方和平的城市与农村里，大量投掷细菌武器，企图杀害朝鲜人民军、中国人民志愿军和朝鲜人民！在第七大队服务的病院附近，时常有敌机在盘旋和投弹。3 月初，背太阳的地方，还积着很厚的冰雪，第六病栋（朝鲜病栋相当于病院）与第七病栋之间的山上就首先发现了一堆堆的在北朝鲜从来没有见过的苍蝇——头和翅膀是绿色的，身体是黑色的，长满黑毛。不几天，院本部和第四、第五病栋的附近，又发现大批的黄肚蜘蛛，也是朝鲜从未发现过的昆虫。这时候的气温，夜间常是 -10℃ 左右，白天有太阳时，也常是-5℃ 左右。这些昆虫，夜里附在枯草根下不能行动，有不少已被冻死了；白天太阳大的时候，就飞走出来，多的地方，密得像蚂蚁窝一样，这更是朝鲜从未有过的现象。在病院附近，医防队员们又发现许多奇怪的炸弹，有的像空箱子一样里面装着带有细菌的昆虫及物品或带毒的传单、糖果等物，弹壳尾巴上系着降落伞。3 月 7 日晚，敌机三次轰炸院本部及第一病栋，投了 20 余枚炸弹，其中，有燃烧弹、杀伤弹、爆破弹。另外有一种在弹坑周围散布着许多新鲜的布屑，经检验这些布屑带有细菌，即这种炸弹是细菌弹。第四病栋附近，也发现许多同样的炸弹和昆虫，经检验证明是带有细菌的。

后方医院第五大队韦刚证实：5 月 7 日夜 9 时左右，美机像往常一样在第五大队服务医院上空盘旋。飞机在医院附近扔下 4 枚炸弹，但没有很响的爆炸声，在炮弹落地处，扬起一片白烟。第二天一早，便在炸弹落地的周围发现了带细菌的毒虫——长约 1 厘米的黑色类似蚂蚁的带翅怪虫，并且布满了周围的山林和田野，有的聚集成堆，有的到处乱飞。这是第五大队从未发现过的虫子。当日，队员们还在附近山沟里发现弹皮。弹皮内层是纸，中层是木屑，外层是铁质，周围爬着大量毒虫。经过化验证明，这种虫子的消化道里，含有大量病菌。11 日，队员们又在离此地 1.5 千米的山沟里发现一枚完整、没有爆破的细菌弹，半截埋在土里，头上有破碎的降落伞网子。

鉴于此，中央人民政府外交部周恩来部长，于 1952 年 2 月 24 日、3 月 8 日，先后对美国侵略者这种违反人道、公然破坏国际公法的野蛮行为，发表了严正声明。3 月 15 日，中国红十字会会长李德全率领包括中国各人民团体、各民主党派、基督教界的代表人士以及由昆虫学、细菌学、寄生虫学、立克次氏体学、病毒学、病理学、临床医学、流行病学、公共卫生学、化学、生物学、农学及兽医学等多学科专家所组成的“美帝国主义细菌战罪行调查团”，前往朝鲜及我国东北地区进行调查，搜集到了美国所投放与撒布的各种毒虫、毒物和细菌弹壳等。这些毒虫、毒物通过空投、喷雾撒布、大炮发射及投掷细菌弹等方式投撒在朝鲜境内及中国东北地区。这些毒虫、毒物都附有经过人工培养移植的毒性很强的细菌。经过精密检验，专家们发现有鼠疫、霍乱、伤寒、副伤寒、痢疾、炭疽、立克次氏体以及急性脑炎病毒等各种细菌与病毒。美俘第三师第七团第三营 K 连一等兵马汶·L. 勃朗（军号 18397178）、第四十五师一七九团 G 连上等兵达林·爱普斯（军号 14384491）及空降特务韩正玉等也都供认了美国处心积虑进行细菌战的准备与布置的情况。调查团将大量的人证、物证拍摄成照片与电影，并将见证人的谈话作了录音。5 月 17 日，北京和平壤同时公布了由这些战俘所提供的相关材料及谈话录音，证实美国在朝鲜战场发动细菌战的罪恶行径。世界舆论一片哗然。

十三、打垮“细菌战”

1952 年 6 月，由国际著名的科学家组成的调查在朝鲜和中国东北发动细菌战事实的国际科学家调查委员会，实地对美国使用细菌武器的罪行进行详细而严格的科学调查，得出：朝鲜人民和中国人民是美军进行细菌攻击的牺牲者。1952 年 7 月底 8 月初，在加拿大召开的第 18 届国际红十字大会上，中国代表团冲破美国的阻挠，通过召开记者招待会、散发大量图片等形式，以铁证如山的事实，披露以美国为首的联合国军在朝鲜战场上公然践踏日内瓦公约的真相。就在该次大会召开之前的 7 月 16 日，英国坎特伯雷教长约翰逊也承认“美国使用了这种大批屠杀的凶恶武器”。该次大会之后，加拿大和平大会主席文幼章博士认为：“我们相信这些控诉的真实性的人认为，其中一字不多，一字不假。美国人进行细菌战是大家有耳共闻、有目共睹的事实。”美国《纽约时报》在 8 月 10 日“一周述评”中也指出，“在全世界人民反对细菌武器的浩大声势的压力下，美国也不得不举手同意大会通过波兰（关于禁用细菌武器）的提案"，这说明"全世界都反对美国准备及发动细菌战的罪恶政策"。

敌人越残酷，中朝人民的抗美情绪越高涨，也激起大家不可遏制的愤怒！一方面，发出声明，抗议美国侵略者在朝鲜大量撒布细菌毒虫的罪行，要求全世界爱好和平的人民对侵略者予以正义的制裁；一方面，各医防队、各医院同时加强防疫工作，切实执行上级的紧急防疫命令，开展反细菌战运动。

首先，发表声明抗议美国使用细菌武器。当时，国际医防服务队第七大队正好在朝鲜战地从事防疫工作，目睹了美国变本加厉地对朝鲜的学校、医院、民房、无辜居民进行狂炸滥射和撒布毒性细菌等种种暴行，遂于1952年2月25日发表声明，抗议美国在朝鲜前线、后方大量撒布细菌毒虫的滔天罪行，决定和朝鲜人民军某医院举行联合防疫会议，讨论彻底消灭细菌毒虫以及向附近居民进行防疫宣传等问题。

其次，医防服务队与当地居民组织联合防疫委员会，加强对反细菌战的宣传，揭露敌人的阴谋。医防服务队大量印发防疫须知，发送给附近老百姓。他们写标语、画漫画、编墙报，通过各种形象的方式，加强对细菌武器危害的宣传，使军民都能提高警惕。宣传的主要内容是：决定战争胜败的是人，而不是武器。就拿朝鲜战场来说，美国的飞机、坦克比我们多得多，可是，美国在战场上仍是节节败退。既然能够在战场上战胜装备精良的美国军队，也一定能够战胜它的细菌武器。再说，细菌武器也是武器，既然是武器，那就一定能够防御。细菌要附着在昆虫等载体上，要通过这些毒虫来传播，而这些毒虫是可以被消灭的；由细菌引发的传染病，总是可以预防的、可以治疗的。

第三，普遍开展种痘和注射各种疫苗。自发现美国施行细菌战以来，各医防服务队都组织流动防疫队，经常是翻山越岭，背着十几斤重的药箱，进村庄、入城市，到了工作地点不休息就立刻展开工作，种痘和注射各种疫苗。队员们常常是摸黑循着羊肠小道归队。遇到恶劣天气，也毫不松懈。

队员们灭杀带菌媒介物

第四，队员们与朝鲜老百姓共同开展环境卫生及个人卫生工作。每次敌机撒下病菌后，队员们会同当地居民用器械把那些不常见的生物、玩具、实物等集中起来，进行焚毁；室内外可以燃烧且不必要的东西以及周围山地上和田地里的枯草也完全烧掉；不能燃烧的垃圾等，帮老百姓搬到他们自己的田里用土盖起来，使带细菌的昆虫无处躲藏。与此同时，他们还开动脑筋，制作大量的抓捕工具，大量捕捉苍蝇、老鼠、蜘蛛等，并整理厕所、疏通沟渠，清除室内外的污秽积水。病院里，制定个人的卫生细则。为防止敌人放毒和细菌污染水源，施行井水消毒，把所有的水井都加上木盖，不准喝生水。原先朝鲜人民习惯喝生水，可是反细菌战运动开展后，全朝鲜人民都提高了防疫的警惕、学会了防疫的方法，敌人的细菌弹再也起不了作用。

抓带菌媒介物

第五，加强检疫，加强防控监视。医防队在交通要道设置检疫站，检查行人的防疫情形，如果发现未经种痘和防疫注射的，立即补种。另外，他们普遍设置了防空监视哨，各部门的值日员和轮夜班的同志，如发现敌机投掷细菌弹，马上动员去做消灭工作。

第六，加强制度建设，开展防疫教学。在防疫工作中，尤其是开展反细菌战后，各医院根据医防队的建议，都注意加强自身防保组织，纷纷统一卫生制度，加强传染病院的医务制度。同时，为更好地防治传染病，医防队还承担了防疫教学工作。如第三大队的防疫队联合某防疫学校，研究并编写防疫教材，如医师周恒豫同志编写了《人体知识》，医师吴宗璘编写了《传染病概论及传染病各论》，护士楼珲编写了《防疫》，护士王芝棣和赵建华编写了《急救》，护士杨淑洁和助理员金慧娟共同编写了《防疫接种及注射》等。教材编写完后，立即开始教学工作。由甄公勉医师及高维俊负责教授血液检查及细菌学等。此外，这些编写教材的队员们还陆续到各地陆军医院及防疫学校，做传染病专题报告。

1952 年夏天，气温回升，加之各项反细菌战工作做得踏实，与细菌战有关的各种传染病已得到控制，不再蔓延。美军的“细菌战”被击垮。

十四、在俘虏营服务

1951 年 6 月 20 日，中国红十字会国际医防服务队第四大队出发到朝鲜，配属俘虏营服务。为俘虏营配备一个大队，实为形势所需，原因主要有以下三点。

一是俘虏数量大量增加，医护需求增加。在朝鲜战场上，美军全为机械化部队，机动性灵活，他们与志愿军作战，常常是打不赢就在装甲的掩护下，仓皇而逃。所以，志愿军入朝之初，并未俘获多少联合国军战俘。而且根据中国人民解放军在国内的做法，一般都是把俘虏转化后改编，或就地释放，到了朝鲜战场也是这样，俘获的少量的联合国军俘虏基本都当场释放。但是，经过几次大的战役之后，志愿军俘获的联合国军俘虏日渐增多。据被俘的美国陆军第二十四师第五团 F 连中士詹姆士·哈特回忆："作为战俘，中国人把我们从一个组转到另一个组。起初我似乎是在该地区（三八线以北的昆华区）唯一的战俘，但很快其他人也加入我们的行列中。我们的人数越来越多，直到最后 400 多人。”至 1951 年 5 月，哈特随其他战俘往后方转移时，他估计战俘已有 1 600 人左右。至 1952 年 8 月，中朝控制的战俘总数近 12 000 人，有近 8 000 人为南朝鲜士兵，联合国军战俘最高时接近 5 000 人。

朝鲜的冬天十分严寒。五次战役基本都发生在朝鲜的冬天。随着战线往南推移，志愿军补给线延长，本来就落后的后勤补给系统，在美国空军的轰炸下，更是运转不灵，导致食物、衣被等奇缺。虽然中国一向有善待俘虏的传统，但在此种境况下，实难全面顾及。加上当时朝鲜严峻的防疫形势，俘虏们大多营养不良，且带有传染病。据哈特回忆，在他们战俘中，有些人“因营养不良和疾病”在 1951 年至 1952 年的那个冬天死去，“麻疹和肺炎是常见的疾病”。因此，俘虏营也迫切需要增加医护人员。

二是俘虏的重要性日渐显现。经过五次大的战役，战线基本稳定在三八线。如果战争继续下去，只能是更多的人员伤亡；如果战争要结束，根据日内瓦公约，“实际战事停止后，战俘应即予释放并遣返，不得迟延”。既然战争难以继续，战俘问题的重要性日渐显现。1951 年 7 月，战争两边果然开始谈判，而最难解决的正是战俘问题。此时派遣国际医防服务队对被俘人员施以适当的医疗，既是履行日内瓦公约的要求，也是战后遣俘的需要。

据统计，至 1952 年共有 132 000 名志愿军和朝鲜人民军的军人被关押在联合国军战俘营中。其中，有 70 000人被关押在巨济岛。美国在战场上失败了，却想在战俘上做足“文章”，其罔顾日内瓦公约，以所谓自愿遣返为借口，强迫志愿军被俘人员转向台湾，借以分化中朝关系，给社会主义中国的脸上抹黑。在战俘营中，美军大肆利用被俘人员，将他们作为细菌武器的试验对象；以所谓“甄别”为名，严刑拷打被俘人员；甚至公开杀害被俘人员。1952 年 2 月 18 日和 3 月 13 日，美国两次在巨济岛大肆屠杀中朝战俘。红十字国际委员会调查后公布：美军当局用强迫的手段挑选战俘参加干涉军，当战俘们抗议这种非人道的行为时，便遭到枪杀。战俘营中残酷的非人道的行为，引发了 1952 年 5 月 7 日巨济岛战俘暴动。战俘们为争取战俘待遇，扣留联合国军司令部弗朗西斯 · 杜德准将为人质。由此，朝鲜战争中的战俘问题更加引起世人的关注。

三是此时派队进驻俘虏营是形势所需。1951 年 4 月，第五次战役开始，经过近两个月的激烈战斗，战线仍基本维持在三八线，三八线成为战斗两边的分界线。正是由于战线基本稳定，朝鲜才有可能有比较安全和安定的后方。1951 年 4 月，中国人民志愿军政治部碧潼俘虏管理处成立，下辖 5 个俘管团、1 个军官俘管大队、2

个俘虏收容所，分散在以碧潼为中心的昌城、田仓等处，管理14个国家军队的俘虏。组建之初，全战俘营仅有11名医护人员和1名翻译。比如昌城战俘营，初创时，全团只有1个卫生所，设在一所破庙里；全所只有8名医务人员，他们大多数只是经过短期培训的护理员，懂英语的正式医生只有黄远一人。正值初夏，西方战俘们患病率、死亡率很高。医务人员没日没夜地忙碌着，平均每天睡眠不足4小时。

为贯彻志愿军总部提出的“停止死亡，减少病员”要求，必须增强战俘营的医护力量。根据安排，中国红十字会国际医防服务队第四大队来到昌城、田仓等俘虏营，从事战俘医疗卫生保健等工作。第四大队包括5个一般医防队，共59人，其中，有44人来自中国红十字会在淮河工作的第一医防服务队。这44人抽调进入第四大队之前分属第一医防队第二队和第五队，分驻临淮关和凤台县的硖山口，主要从事河工防治突击与防疫工作。在治淮工地上，为做好防疫宣传与查访工作，有的队员每天往返20多千米路，深入乡村、工棚，每天吃两碗稀饭，常常是工作十一二个小时，表现出巨大的牺牲精神和奉献精神。被抽调进入第四大队后，这44人分别编为第二、第三、第四和第五队。

国际医防服务队深入战俘营里，依照日内瓦公约的精神，为那些失去了抵抗能力的人服务。

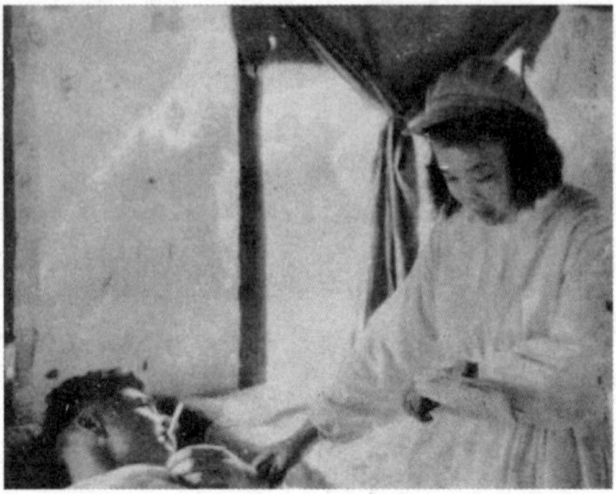

医治战俘

他们不仅对营地里的环境卫生和传染病的管理予以极大的注意，而且供给战俘以丰富的饮食，和其他生活必需品，还为他们建立了俱乐部，里面配置了各种乐器和玩具，使患病的战俘有适当的文化娱乐生活。“营地里发现流行病，他们就马上为战俘蒸洗衣被，实行隔离，并以先进的苏联医学治愈了他们的战伤和常年未愈的痼疾。生活在战俘营里的病俘，没有一个不感到中国大夫的亲切。”1953 年 8 月，联合红十字会小组访问时，俘虏面对访问小组，实话实说，“（自进入俘虏营以来）可以说没有（发生过传染病）。曾有少数人得过痢疾，这是因为那些人没有接受中国人的劝告喝了生水”，“曾有人得过疟疾，那是旧病复发引起的。我们每个人都发有蚊帐，同时还发预防药物”。正如金日成、彭德怀两元帅复函李奇微所说的那样："我方……都本着宽待战俘的精神和政策，给予他们以完全合乎人道的待遇。伤、病战俘都能够从为他们安排的医疗设备和医务人员那里得到有效的治疗。"恰如美、英战俘通过他们的和平委员会向全世界人民发出的声音那样："我们被俘后，受到的各种优待和中国人民志愿军所得到的一样"。美国第八集团军作战研究室向美国提供的情报中也坦率承认，"在整个战役期间，敌人对美国伤员的态度让人不可思议"，"那里面的美国伤员和中共军队都处于同一个军营"。

医院里医护人员，把负伤和生病的俘虏分别安置在各科病室里，一人一个床位。在十分困难的条件下，医院仍尽最大的可能，为伤俘和病俘准备了很多贵重的药品，包括治疗梅毒的"914"（一种含砷的抗梅毒药物），治肺病的"链微素"，治痢疾的"依米丁"和消炎用的"盘尼西林"等。在这个医院里休养的美军病俘布朗说，他在被俘前也很少看到美军在朝鲜有这样好的医院。

队员们还给病俘们以无微不至的关怀与照顾。如王汉卿大夫，带头为病俘洗衣服；护士杨庆芬、周德淑，替俘虏们换洗衣服；丁祖宽同志，为病俘洗澡，背不能动的病俘出来晒太阳、喂饭。经过一段时间的精心治疗与护理，病俘中不少重者变轻、轻者恢复健康。仅在半月治疗中，就治愈了三分之一病俘，不久后根绝了死亡。

碧潼战俘营总医院

第四大队还建立了门诊制度，制定了挂号和病历手续，从开始每天门诊一百二三十人减到七八十人，慢慢减少到一天四五十人，住院数亦降至二十人左右。《安徽省卫生志》记载说，第四大队吴和珍队长率领第一队在昌城一团卫生所，在到达后很短的时间内，在极其简陋的环境下，该队与其他成员一道，手术200多例次，迅速扭转了战俘大批患病死亡的情况。战俘哈特证实，“在此之后，不论基于何种原因，我们确实受到了较好的待遇，死亡率也大幅度下降”，“我们这些度过了1951年的冬季的人，大多在监禁的日子里存活下来，并最终回家了”。许多战俘都说，中国战俘营是“世界上没有见过的”，说中国的医务人员使他们“一切都感到满意”，在本国“从没见过像中国医生这样仁慈的行为”。英国陆军大臣赫德曾公开承认：“从我们所知道的他们（战俘）给亲戚的6 000多封信里，几乎众口一词地说他们的待遇相当好。”

战俘营卫生条件大为改善。1952年医护人员达152人，朝鲜籍护理员有32人。碧潼建立起总医院，设有内科、外科、眼科、耳鼻喉科、口腔科、放射科、检验科等科，并配有手术室、化验室、X光室及药房。各俘管团也建立起卫生所（分院），既可开展门诊治疗，又可收治病人住院。1953年8月，联合红十字会小组访问这些俘虏医院时，俘虏们异口同声地称赞：“这里的（医疗）设备很好。”联合红十字会小组当面问询联合国军战俘在俘虏营的医疗状况时，俘虏坦诚：“每个中队如有人伤风感冒或患头疼脑热的病，在中队门诊可以治疗，病情严重的被送往碧潼总医院。”碧潼战俘营之所以被称誉为“世界第一等战俘营”，与医护人员，包括国际医防服务队队员的人道情怀、乐于奉献的精神息息相关。

十五、感化了俘虏

国际医防服务队第四大队入驻俘虏营后，在积极施治的同时，还按照训俘政策，配合施以政治教育。

第四大队汤涌泉介绍，他们工作比较繁重。他们照顾的病俘有上百人，重患者占一半。这些病俘普遍自高自大，轻视中国人，对中国政府的宽大政策认识不够，在行动上表现的是自私、卑鄙、懒惰与极端的平均主义；他们不洗脸、不刷牙，大小便解在衣服上，每天手里拿着色情照片看；吃东西时连一小块洋山芋都要平均分才行，甚至为此而打得头破血流。对此，队员们一面积极对伤患战俘给予治疗，一面改善营地环境卫生，改善营养，以实际的表现来教育与改造他们的思想。

对战俘施以人道主义的关怀是一项琐碎的日常活动，事实证明，这些细枝末节的小事，却能“润物细无声”，逐步影响与感化这些战俘，“改变了他们对伟大新中国的认识”。俘虏们用各种方式表示厌弃战争，表达了拥护和平、维护和平的愿望，这就极大地争取了世界舆论，为朝鲜战争的早日结束奠定了必要的社会基础。

美俘施里治特认为，被俘后能在朝中部队的战俘营里得到这样好的治疗，是他所预想不到的。美俘西姆斯在被俘前患肺结核和阑尾炎，几乎死去。在被俘时，他的病仍很严重，经过入院治疗后恢复健康。美俘霍唐，在战场上被打断了双臂，遭美军遗弃，志愿军战士却把他从火线上救下来，转送到俘虏营的医院里。医生及时手术，把他从死神手中救了回来。病俘美军第二师第三十八团的曹麦林患动脉瘤，唐玉山医生给他动手术后，很快恢复健康。曹麦林临出院时，再三询问唐医生的姓名，并说："我一辈子也忘不了唐医生的恩情。"战俘杰纳罗，在某天夜里突然得了肺炎，看管俘虏的志愿军连夜去替他请医生，给他注射盘尼西林。杰纳罗在病中几次要求把他被俘后所受到的宽大待遇写信告诉他的母亲。美俘威廉·K. 迪伦在给家人的信中写道："这里的医生、护士们在料理完伤病号的事情后，还打扫房间卫生，给我们的衣服、被褥消毒。"美俘爱德华·E. 克莱文奇在给家人的信中写道："经过志愿军医生的治疗，我完全恢复了健康。以前我被告知，被志愿军俘虏后要受到虐待，事实完全不是这样。"美俘凯尼恩·瓦格纳在给家人的信中写道："几位志愿军医生给我会诊，确诊是肺结核。他们对我的关心照顾比我自己还周到。我住院后的体重从95磅增加到130磅。我不仅体力增强，精神也愉快。”战俘汤姆生说：“我一生一世也未见过美国医生有像中国医生这样负责任的，更未见过对俘虏这样宽待的军队。”

1952年美国发动细菌战后，开始战俘们不相信美国投放细菌弹，认定是“共产党无中生有的宣传”。当战俘营地附近落下细菌弹，战俘们亲眼见到了这种装载带昆虫的容器和满地爬的带菌昆虫，最多的是苍蝇和蚂蚁时，战俘咒骂美国政府丧尽天良。为了预防病菌的蔓延，战俘营总医院和各分院定期给战俘们检查身体，打防疫针，建立环境和个人卫生制度，敦促战俘们搞好室内外卫生工作，炊具、餐具和住地周围经常消毒，防治疾病和传染病的滋生。战俘营管理当局还给战俘们创造条件，开展文化娱乐活动和体育运动，逐步改善他们的生活，战俘们的身体健康状况普遍得到改善。受到救治的战俘们把志愿军、医护人员称为“救命恩人”“伟大的朋友”。

真诚而又人道的救护行动，深深地感化了战俘。许多战俘表示：“从此将结束我的军队生活。”被志愿军从枪林弹雨中救回的被美军抛弃的重伤美军战俘贝克说：“中国和美国人民都是爱好和平的，要战争的是美国华尔街大老爷。”美英俘虏们还请求转告全世界人民：“进一步地起来迫使美国政府迅速结束这个血腥的可怕的战争!”

这从美俘梅尔华德的家信和英俘哈洛宾的感谢信中可见一斑。美俘梅尔华德在家信中写道：“我希望你们不要为我担心，因为我受到了很好的待遇。现在，我已经在一所中国人民所办的医院里生活了六个星期，他们确实是尽了很大的责任来治疗我的腿。同时，他们待我也非常好。他们给我一切我所需要的药物，因此，当你们听到有人说中国人虐待俘虏的任何故事时，都不要相信。因为，他们希望这个战争能结束也正如我们所希望的一样。这个战争能结束得越早，我也就可以越早跟你们团聚在一起，因此，你们应该在美国尽力尝试帮助制止这场非正义的战争。我爱你们，我祈望在不久的将来可以和你们相处在一起。请不要为我担心，因为我已经受到很好的待遇。”英俘哈洛宾坦言：“我得到最好的药品、照顾和治疗，这是一个战俘所不能期望得到的；我还可以在医院场地的四周自由地行走，而没有人监视着；凡是我所想做的事情，差不多都已被批准，所以，我要趁这个机会来向中国红十字会的林医生和曾医生道谢。我将把许多愉快的回忆带回去，告诉我们英国人民，并且把中国人民的高尚品德和善意也告诉他们，中国人民对任何人都没有宿恨，我希望他们在未来的年代里将继续进行这种对世界人民的良好工作……我之所以写这封信给上述人员，为的是表达我对林医生、曾医生和各位护士在医院中医治我的谢意。”

第四大队主要工作地点在战俘营，而战俘营外，救治俘虏的就是配属在战地的其他的医防服务大队。在救治的过程中，有部分战俘，包括南朝鲜战俘，深感医防服务队的人道主义精神，迅速转变了对中国、对这场战争的态度与观点。

在定州时，国际医防服务队第一大队收治了被俘的南朝鲜二等兵李恒宗。他患有严重的肺炎，如得不到及时治疗，随时有死亡的危险。第一大队队员诊治后，决

医防服务队接受锦旗

定给他注射盘尼西林——当时十分贵重的药品。但是，定州郡委员会委员长有异议，认为宝贵的药品不要用在俘虏身上。在医防队的坚持下，李恒宗得以转危为安。后李恒宗深情地说："我对中国医防队表示深深的感谢，但是我无以表达，请求委员长允许我再上前线打击中朝两国的共同敌人——美帝国主义，我今后愿站在人民的立场，永远为人民服务。"

第七大队入朝后，在其服务的病栋里收了一个受伤被俘虏的美国飞行员。该受伤的飞行员住院时，惊奇地说："我在这一带上空往来飞行多次，并没有发现这里有这样一个大医院（该院系借用民房，散处在方圆一二十公里之内，可同时容纳 500 人住院。该飞行员经常飞往这一带，受命炸毁建筑目标）。"在他住院期间，队员们本着人道主义精神，善待俘虏，保证他吃饱穿暖，别人一条毯子，他两条。每当听到轰炸、扫射的飞机来时，他就吓得发抖，但看到队员们临危不惧，镇静自若，坚持工作，深感震惊和敬佩，逢人便说："中国人民志愿军是一支打胜仗的队伍。"住院后期，遇到敌机空袭，他不再哆嗦，相反，还对着天空骂"Too Bad（太坏了）"。

中国红十字会国际医防服务队，遵照周恩来总理对战俘营的 16 字指示精神："消除敌对，缓和矛盾。拥护和平，反对战争"，本着人道主义，救治、感化俘虏，不仅通过俘虏，还通过往来参观访问俘虏营的外国各界人士，为铁幕外的世界正确认识新中国提供了新的渠道，从而开辟了一条独特的外交战线，有力地促进了中外人民之间的了解与友谊。1953 年遣返俘虏时，联合国军战俘中有 347 名明确表示不愿回到美国所宣扬的“自由世界”去，愿意留在共产主义世界，其中包括 21 名美国人和 1 名英国人，这些事实是对美国抹黑共产主义社会制度宣传的有力痛击。

十六、在东北后方医院服务

以鸭绿江为界，中国东北被划为后方区，由东北军区后勤卫生部负责，主要任务是：对前方送回的伤病员给以优良的最终治疗，使能治愈归队人员早日重返前线。东北地区医院分为重点医院、专科医院和一般医院。为使前方运回的伤病员能有组织地到达指定医院，并对伤病员进行检查和卫生整顿，在通向朝鲜的两条主要铁路干线的连接点上，即安东（今丹东）和通化设立两个伤病员分配处，进行伤病员分配工作。所有前方送来的伤病员都需通过分配处后送。

三年中，东北地区共接收伤员 225 439 名，病员 321 313名，合计 546 752 名。在五次战役期间，由于前方不能大批留治轻伤病员，1951 年 5—7 月，在东北住院的伤病员有 8 万人左右。繁忙时，往往一两个人就承担了上百个伤病员的医治工作。伤病员中不仅有中国人民志愿军，还有与之并肩战斗的朝鲜人民军。病患中还有不少患心理疾病。可以想见，后方医院以及分配处工作繁忙的景象！

短期内大量伤员云集，医院急剧扩充，东北急需大量的医护人员前来协助工作。根据工作需要，中国红十字会国际医防服务队第二大队、第三大队、第五大队部分、第六大队基本都配属中国东北各医院，从事救护工作。

由于从前线运来的基本都是重伤员，有的是被燃烧弹烧成重伤，有的是被敌机炸成重伤，有的是被机枪、大炮打成重伤，有的则是因野外寒冷肢体被冻伤。鉴于此，各队工作任务基本如下：①协助完成医疗工作，降低残疾率，增加出院率；②互助学习，交流经验，提高技术水平；③改进医院（含分配处）制度，使之逐步走向正规化。

第二大队到达东北时，正值志愿军在运动战期间，大批重伤重病人员涌入东北，东北各医院急需各专科诊疗队。根据安排，第二大队分配到陆军三院四所参加工作，该所位于山区，分为山上和山下两部分。山上为新建区域，规模较大，山下是本部规模较小。其中来自山东大学医学院的40余人分配在山上服务，来自开滦的医疗队（第五队，共13人）在陈敏副大队长（兼第五队队长）的带领下分配在山下服务。

山下医院本部，有床位200张，陈敏负责全面医疗工作，汪俊棠大夫和李宝奎大夫为主治医师，戚荣昌等2名护士长各分管100张床位。队员们每天须做大量的手术和伤病员的日常护理工作，还须负责手术绷带石膏的制作、手术牵引架的维护管理等工作。队员们从进院，生活、工作全部在地下，只有陪同伤员时才能到地面透透气，而且还须注意防空，严防暴露目标。工作之艰苦，可想而知。

第二大队撤出后，唐山市仍派出由开滦医院医护人员组成的骨科队，编为第六大队，由主任寇用礼带领，奔赴延吉志愿军后方总医院，接替陈敏率队的医疗队，承担危重病人的治疗任务。第六大队进驻后，住院部已由原来200张床位，增加到400张床位，其中有100张床位作康复用，其余300张床位全由开滦医疗分队包了下来，工作更加艰苦。该队经常一天做三四个大手术，小手术不断，伤员挨个抬上手术台，医护人员常常是一站就一天，但谁也没有怨言。至该队返回时，共救治伤员1 500余名，大部分治愈后重返前线。

第三大队到达东北时，从前线转来的，有不少烧伤病患。五官科队到达驻地后，第一个星期，就集中力量建立起新病房，并检查接收各院转来的五官科患者及当地医院患者，共400多人。经过日夜奋战，他们很快便建立了5个病房，收容重病患者200多人。在入驻之后不到3周内，五官科队共做85次手术。此外，他们还成立五官科门诊部，并参加院方 40 余次的会诊。在条件极端困难的情况下，他们一个分队 10 个人做了一个医院的工作。

在东北某陆军医院二分院二十病室的休养员曾写信给《天津日报》，述说他所见的第三大队工作情形：仅仅 30 余人在这里就做了各种手术 180 余次，没有发生过一次医疗事故。他们像对待自己的亲人一样对待伤员们，稍有时间就到病室给病人剪指甲、端茶端饭、打洗脸水，还扫地、擦玻璃等，还主动地给患者洗衣服、被子、床单、枕套等物。他们白天忙碌，深夜里还要到病室里给患者盖被子、消灭蚊子，在余暇时间，还给患者读报，告诉他们前方的胜利消息和国内外新闻，使同志们精神上感到愉快。一次，武桂芳大夫抢着给杨太林同志洗枕套，杨太林同志当时感动得流下了眼泪，他说："真是比我的亲姊妹还亲。"

再如第六大队第一队和第二队，分别为大队长张之湘和副队长孙维林率领，共 24 人，被紧急抽调至野战医院第六所（即分配处）。此前，该所由来自成都、上海、广州、重庆的 4 支医疗队负责，由于人手紧张，24 个人只得把以前 4 支医疗队的活承接下来。队员们虽然经常要昼夜连轴转，但均无怨言，默默地做好各项医护工作。

在东北后方的中国红十字国际医防服务队，肩负着国际主义的崇高使命和祖国人民的重托，在极端艰苦的条件下，克服重重困难，忘我劳动，无私奉献，不分昼夜地工作，以精湛的医术和良好的服务，治愈了一批又一批伤病员，涌现出许多可歌可泣的动人故事。

于锡銮大夫、朱玉梅护士长在传染病室工作，从没有半点犹豫和退缩。他们除正确执行护理常规外，常背或抱病人晒太阳、换药、刷洗痰盂和大小便器、代他们写信、教文化，还安慰他们，鼓励他们！腿肿了，腰酸了，也不停地和无怨地工作，常有在医院或出院后的病员们来信感谢他们。在伤病员因为伤痛偶有态度不好时，李宝魁大夫不但不发火，还总是说："他是真痛苦啊，我完全体会到！"陈敏队长犯了严重的脚气病，一拐一拐地接着做工作。这个该动手术，那个该牵引，队员们从早到晚，想的、做的、说的都是伤病员的事。伤病员需要输血，陈敏队长首先卷起袖子就献血，而且把输血费买来的鸡蛋和挂面送给重伤员吃。

张传钧医生提出饭后隔一小时吃药的办法，帮助患胃病的同志克服吃药吐药的现象，减少药品浪费；每一个要照X光的患者，他都亲自抬担架、观察病情；他耐心地说服病员要吃易于消化的东西，主动拿自己的被子给伤病员盖。作为病组的主治医生，有一次需要做一个肝脏穿刺手术，他让护士做准备，结果到规定时间时手术准备还没做好。开检讨会时，他主动诚恳地说："这是我领导方法欠妥，对大家的关心也不够，应该受到责备。”使其他的护士、大夫们感到内疚与惭愧。在工作中对一些工作经验不足的同志，张传钧都耐心帮助他们。医生韩行俭感动地说：“张大夫手把手地教我们，我们才学会了各种穿刺，我们现在的成就，与他是分不开的!”全组的同志都向他学会了“胸骨”“腰椎”“肝脏”等穿刺工作。

戚荣昌护士长楼上楼下忙着做固定牵引，做完绑腿布做沙袋。沙荣恩护士长有病发热，宁可多喝水也不休息而是继续工作。刘家秀是个小胖子，可是背起伤病员总是跑到第一个。关中孚在化验室里和蔼而耐心地教同志们如何做化验。手术室里官志荣、吴绍硕、王孟烂、匡国桢 4 名护士，一直都在开动脑筋想办法，改进工作，提高效率。他们用酒精浸泡刀剪，使刀剪使用时更快，从而减少伤员的痛苦。他们用升汞水泡手套，有效减少了伤员的化脓率；此外，还利用普通盐水洗大量的血污纱布，不但省时，而且节约了水、肥皂、敷料。

伤病员大量进驻时，该队便实行突击治疗。他们各自订立计划，写决心书、挑战书，看谁更多更好地医好伤病员，并争着贴在“连的生活”壁报上，还利用班务会、小组会，开展批评和自我批评来改进工作。

第二大队第五队护士刘玉彬回忆那段与伤病员一起生活的岁月时，说：当时有许多朝鲜小学生经常组织慰问团来医院慰问。慰问团来之后，伤病员、工作人员，朝鲜人、中国人，都愉快地围在一起，看着表演中小学生们五光十色的中朝服装，聊着节目故事，相互间说着、笑着、玩着，深深地体会到“我们都是一家人”。

1952 年 3—4 月，该医疗队转至条件更为艰苦的大赉野战医院。由于放射科人员不足，接替第二大队的第六大队寇用礼队长亲自承担部分任务。由于放射设备陈旧，缺乏必要的防护设施，他双手患皮肤癌，最终不得不截掉左手食指，双手重新植皮。副队长王之桐，因同样原因，指甲全部脱落。半个世纪后，记者在采访王之桐时，发现他新长出来的指甲都是黑的。

在东北服务期间，仅国际医防服务队第二大队就完成了大小手术 1 133 次，无事故、无死亡，无菌化脓率不及百分之一，其中包括组织疗法 338 次，石膏固定 161 次。同时，队员们还创用以食盐溶液洗血污纱布的做法，省时间、省肥皂（100 克食盐溶于 3 加仑水中），又以加浓的“抗美援朝胶”（松香 100 克，95% 的酒精 100 毫升加温溶解）用作皮牵引的绊创膏，并设计了一个架子用以改正膝部最后 10 度至 15 度的屈曲畸形。第二大队还与所服务的医院交流经验，浓厚了对新治疗法的科学研究风气，严密了工作制度。队员张传钧记小功 2 次，于锡銮、黄洵杭、朱毓梅、张崇义分别记小功 1 次。

在东北服务的国际医防大队，全体队员克服种种困难，通过各种方式提高一线医护人员的技能，培养了一批医护骨干人才，并改进了医疗制度。如第二大队进驻后，成立了“病组小型化验室”，使急救患者能得到及时化验，医护人员也可更有针对性地实施求助，并培养和锻炼了实习医生；还把护士轮流值班改为两班倒，并贯彻每周一次护士长工作会议，交流经验，提高护理工作的质量。第二大队在短短的 4 个月时间里，先后治愈 3 批，八九百名伤病员，取得了巨大的成绩，受到广大伤病员和朝鲜政府及朝鲜人民的赞扬。服务期间，第二大队各队长及主治医生轮流讲课，普及血管战伤、泌尿系战伤、外科传染病（厌氧菌感染疾患）、脓胸骨折等一般基本问题的治疗方法。在此期间，副大队长陈敏还亲自设计制造各种骨骼牵引装置，挽救了数以百计伤员的生命，培养了一批技术骨干，为后来战场医疗抢救工作积累了经验。

第五大队黄孝迈、陈湘同志设计制造了人工气胸用器，使肺结核病患者除休养外还能得到简单的压缩治疗，并在驻地全面推广。冉瑞图医生设计了一套注射管，可使用于连续性脊髓麻醉，临床效果很好，还能节省麻药，尤其是经过反复摸索，提倡使用植皮术，缩短了创口愈合期。

第六大队全体队员，发挥了高度的积极性和创造性，在艰苦环境中创新了许多办法，加速恢复伤员健康。副大队长寇用礼提倡的“伤肢功能练习方法”，缩短了休养员伤肢功能恢复的时间，满足了伤员提早重返前线的愿望。医师丁履坤想出的“敏捷搬运伤员法”，只需很短的时间就可以搬运一个伤员，大大减轻了伤员们在搬运中的痛苦，减少了伤员们在搬运中的意外受伤。张传钧倡导给消化系统病患吃流质食物，得到医护人员的认可与实行，效果很好。

十七、训练与培养医护人员

由于志愿军是在比较仓促的情况下入朝参战，后勤卫生准备很不充分，加上新中国成立之初医务人员本来就比较少，护理力量就更显薄弱。据统计，1951 年，前后方医院医生、医助：伤病员为 1：91，护士：伤病员为 1：21。可见当时医护力量严重不足。

朝鲜战争时期，卫生人员减员占卫生人员总数的 5% ~20%。志愿军入朝后，连续发动五次大的战役，每次战役都十分艰苦，卫生人员减员很大。以朝鲜西北区的医院为例，西北区承担 10 000 张床位伤病员的收容与治疗工作，共 4 个医院，却只有 1 600 名工作人员，其中正式医生 99 人，平均每人分担 100 名患者。由于医护人员严重不足，实际床位数大为削减，救护力量自然减弱。其他各区情况大同小异。后方新增设的军医院或地方医院，新手比较多，其中有许多是朝鲜派来的年轻的医护人员，技术和经验严重不足，大多不具备基本的手术能力；加之前线卫生人员的减员较大，急需培养新的医护人员。

中国红十字会国际医防服务队，基本上都是骨科、内科等专科队，医务人员业务比较精湛，救护之余，培养医护人员，责无旁贷。尤其是东北后方，各方面都具有优势，更具备训练与培养医护人员的条件。

为培养和提高医护人员的技能，第二大队采取了如下措施：一是由各队长及主治医师轮流作专题报告，以介绍战伤的处理方法及其他基本理论为主，内容包括血管战伤、泌尿系统战伤、外伤传染病（厌氧菌感染疾患）、脓胸骨折等一般基本问题的治疗方法，总计报告49 次，约 104 小时。二是开展小组讨论，主要对象为实习军医，或做专案讨论，或以读书会方式进行，或临床指导，如遇有特殊病例，则召集全体军医，分析该病案的诊断、治疗以及其他理论问题。三是讲课，主要对象是护士、化验师和医助。四是创新带徒方式，主要是分级带徒，使各岗位的医护人员的医疗技术水平普遍得到一定的提高，如石膏技术，经过悉心指导，已有部分的军医能正确处理石膏，不再发生石膏褥疮或固定不合理的情况；肢体的机能运动治疗、理论已基本为医护人员掌握，并能在实践中得到普遍的重视；牵引技术已为部分军医和护士掌握；换药术有了改进，植皮术可普遍实施且成功率超过 90%；引流术也大为提高。总之，医防服务队通过讲、演、习等这些方式，比较快速地提升了医护人员的技能与理论水平，从而减少了残疾，增加了出院率，在平均35天住院日的规定里，保证了70%的伤员可以伤愈出院。

第二大队副队长陈敏，1937年毕业于北京协和医院；1947年任北京协和医院副院长兼外科主任；1948年调开滦煤矿总医院，致力于煤矿医疗事业，先后任开滦矿务局卫生处总医师，开滦煤矿总医院、唐山第二人民医院、唐山工人医院副院长等职，是国内著名的骨科、创伤外科专家之一。陈敏队长确定每周讲课一次，讲解有关四肢骨折的处理原则；脊椎、颅脑损伤的初诊急救；常用骨科牵引方法、适应症及注意事项。对骨折错位较严重的，反复研究如何进行固定牵引，个别情况用平衡牵引，使大部分骨伤伤员得到比较合理的治疗，有利于骨折的愈合。对下肢冻伤较重的伤员，为促进肢端血循环，加速创面愈合，常规采用股动脉内膜剥脱术、肾囊封闭等疗法。陈敏队长向他们推荐采用腰交感神经阻滞术，并亲自示教，取得较好的效果。伤员治疗康复暂告一段时，后期还可能会有一些伴发病，常见的有腹股沟静脉曲张、大隐静脉血管曲张等。汪俊棠就用自己2年多的临床经验，对新入伍的军医进行培训，提高他们的医疗技术水平；除临床讲解有关生理学检查、治疗要点外，还协助他们做手术。

第二大队第二队队长高继德回忆在军医院工作时的情形时说："这里不断向先进的苏联学习，不断钻研学术、技术和理论，工作余暇，就是学习，业务学习包括各种讲课、讨论、临床会诊、指导。教者循循善诱，学者诚恳虚心，物理诊断上、手术技巧上等的经验交流，都围绕一个中心：从实际出发，解决伤病员一切苦痛。提高技术与同情心的结合，迅速稳固地提高了各级军医的理论和技术水平。我在其中也学习了很多，提高了不少，深深地体会到这里是边做边学习理论、理论和实际结合的医院。"

第三大队大队长吴廷椿，1941 年华西医科大学毕业，同时获纽约州立大学授予的牙医学博士学位，并留校任教；1942 年，赴兰州开拓西北口腔医学事业；1946 年，赴美国哥伦比亚大学口腔外科学院进修，获哥伦比亚大学口腔外科学院医师资格证书；1947 年回国，被聘为天津牙科医院顾问、主任医师、代理院长；1950 年任天津口腔医院院长。他对中国颌面外科和头颈部整形外科的发展做出了突出的贡献。副大队长冯致英，河北丰润县人，1942 年毕业于协和医院，专攻公共卫生学，后攻读于美国约翰斯·霍普金斯大学医学院，对结核病有特别的研究；1950 年组建天津结核病防治医院，是中国著名的毒理学专家；1975 年被聘为世界卫生组织专家咨询团成员。第三大队入驻后，在紧张的医疗护理工作外，冯致英还负担起五官科教学工作；除在临床上对院方实习医师及护理人员进行讲解外，还有系统地做专题讲演；除了负责五官科，还得管内外科门诊会诊以及专科教学工作。

第五大队第二队在驻地开展培训班，影响很大，不仅本医院人员参加，当地卫生工作者协会、医学进修班及其他医院单位都纷纷要求参加，每次参加培训人员在80~150人，成了全市性的业务培训。第五大队第六、第七队在驻地开设护士训练班，理论与实践相结合，不仅培训护理人员，还进行化验员训练。除此之外，他们还采取各种生动的形式，为伤病员普及卫生常识，改变与提高他们的卫生观念。

第六大队大队长张之湘，1942年毕业于西北医学院，后任青岛医学院副院长、外科教授；1950年首先鉴定山东的大骨节病，在国内外影响甚大。他研制的“青医霜”以及冷海水治疗烧伤法等，备受业界推崇。1955年，他创办青岛医院骨科，对中医骨伤治疗有独到的见解。在治疗大批志愿军伤病员的同时，他率领第六大队队员为军队培训了一批医务人员。

来自开滦医院的第六大队副队长王之桐医师，是著名的放射科专家。到达东北后，被任命为东北后勤卫生部放射科专家顾问，其间创办东北后勤卫生部放射医师培训班，先后培训60余人，这些人后来大多成为东北、华北部队医院中放射科专家。由于成绩突出，王之桐荣立抗美援朝二等功。

据统计，朝鲜战争期间，东北后方医院共开办各科训练班 46 次，培训 1 529 人，其中军医训练班的人数占 50%。此外，共讲课 40 500 小时，做学术报告 365 次。中国红十字会国际医防服务队到军队授课，讲解透彻，重点明确，深受欢迎。培训提高了后方医护人员的技能，尤其是一些专科医生的技术与技能提高很快。朝鲜战争之前，东北区各医院尚不能做头、胸大手术，也无专科医院。至 1953 年，一些主要后方医院均可单独进行胸内手术，并成立了 4 个骨科医院。新的医护人员的成长，离不开中国红十字会国际医防服务队的言传身教！

十八、“中国整形外科之父”宋儒耀

中国红十字会国际医防服务队中，有不少医学专家、杏林泰斗。其中，来自四川的宋儒耀教授就是很有成就的一位，被称为“中国整形外科之父”。

宋儒耀，辽宁海城人，1914 年 11 月生；1939 年，以优异的成绩毕业于华西协和大学医牙学院，获牙医学博士学位；1943 年，赴美国罗切斯特大学医学院整形外科做住院医生；1944 年，到费城宾夕法尼亚大学医学进修学院访问美国整形外科创始人艾维教授。访问期间，艾维教授临时让宋儒耀给他做手术助手。宋儒耀才干出众，艾维教授有意栽培，于是宋儒耀转到费城进修，师从艾维教授，其间他身兼二职，任住院医生和解剖学助教，同时还撰写了学位论文。1947 年，他获医学硕士学位；1948 年，又以出色的成绩获得博士学位。毕业后，宋儒耀即返国回母校华西大学任教，因其技艺精湛、业绩显著，很快被聘为该校教授，并升任华西大学口腔医院院长。

中国红十字会总会发出组队通知后，宋儒耀积极响应号召，组织并领导由 10 人组成的成都矫形外科手术队，与来自重庆、杭州、太原、济南等地共 155 名医务工作者一道，赶赴北京，被编为中国红十字会国际医防服务队第四大队和第五大队。宋儒耀被聘为第五大队顾问。1951 年6 月28 日，两队从北京出发，奔赴朝鲜战争前线。

当时，朝鲜战场迫切需要大量的整形外科医生。据对30 余万名伤员的统计，伤类中排前两位的为炸伤和枪伤，分别占61.6% 和17.0%；其次为冻伤、烧伤和毒气伤，分别占11.1%、1.8% 和0.1%。在这些伤类中，炸伤、冻伤和烧伤，是造成广大士兵器官缺损的主要原因。士兵们被凝固汽油弹炸伤和烧伤后，面部往往会畸形，手无法继续劳动。受伤者身体畸形后，大多既不能参加正常的生产劳动，又要面对巨大的精神压力，难以融入社会。1951 年年初，先期进入东北的上海抗美援朝手术医疗队张涤生教授，经过4 个多月的艰苦筹备，把分散在全东北的颌面烧伤、冻伤以及头、面、手、足等伤残伤员集中到长春，实行重点专科治疗，并在白求恩医学院建立中国第一个整形外科治疗中心，有计划地培养各种专科人才。1951 年 7 月，张涤生他们换防，恰好宋儒耀一行赶到，该中心交由宋儒耀主持。

宋儒耀主持整形外科治疗中心后，很快就在长春第三军医大学开办一个短期整形外科训练班，迅速壮大整形外科队伍，提高战伤救治水平。不久中心迁往通化，成立志愿军后勤部颌面外科治疗中心。在东北服务期间，宋儒耀在诊疗严重伤残畸形病员的基础上，撰写了《颜面战伤治疗常规》，在全军推广应用；在广泛实践的基础上，他发明了全脸和全手的整张游离植皮术和不用胶水的“带针”鼓式取皮机，治疗了大批凝固汽油弹烧伤和炸伤伤员，减轻了伤员的痛苦。

第五大队服务期满返回北京后，宋儒耀留在北京工作。1952 年，他在北京中国协和医院开办为期 2 年的整

中国人民解放军整形外科医院

形外科进修班，正式开展整形外科专科医师的培训工作。他多次到全国各大军区巡回讲学和做疑难手术，为我国培训了第一代整形外科队伍，使整形外科在国内迅速得到发展。

十九、“高贵的生命之恩人”

1950年8月3日，中国红十字会改组完毕。8月13日，中国红十字会还派出总会副秘书长倪斐君等参加中国人民代表团赴朝访问，实地了解朝鲜的具体情况，为支援朝鲜做准备，后以中国红十字会总会的名义致电朝鲜红十字会，表示将以各种实际行动支援朝鲜的正义斗争。

1950年10月1日国庆前夕，周恩来总理在全国政协委员会举行的国庆节大会上，针对朝鲜战争，郑重声明：“中国人民热爱和平，但是为了保卫和平，从不也永不害怕反抗侵略战争。中国人民决不能容忍外国的侵略，也不能听任帝国主义者对自己的邻人肆行侵略而置之不理。”“抗美援朝、保家卫国”运动由此兴起。中国红十字会及时组织对相关时事内容的学习，并通过红十字会总会刊物转发中央卫生部《学习白求恩大夫国际主义精神——纪念白求恩同志逝世十一周年》文章，统一思想。随后中国红十字会召集北京市医联、中华医学会等医药团体，举行抗美援朝漫谈会，成立战伤救护训练委员会，训练外科医师，组织志愿手术队到前方去服务，并向市民普及急救常识，以减少可能发生的伤害。

1950 年 10 月，第 21 届国际红十字协会理事会召开。会上，中国代表团积极支持苏联代表团提出的“吁请所有会员国的红十字，要求各该国政府立即停止滥肆轰炸，并禁止把原子能用于战争”提案，力图促进与维护朝鲜半岛的和平。

正是由于这些准备工作，中国红十字会于 1951 年年初发出组织医防队赴朝时，医护人员报名参加红十字国际医防服务队才如此踊跃。

战争期间，由于联合国军狂轰滥炸，朝鲜绝大部分设施设备毁于战火，包括医疗机构的设施设备，即使标有红十字标识的医疗机构，亦难幸免，仅以被破坏、烧毁了的朝鲜制药工厂的医疗设施和医药来医治伤病员、救济人民群众，那完全是不可想象的。中国红十字会国际医防服务队携带大量的医疗用品及药品来到朝鲜，从事医疗、防疫等工作，成为朝鲜人民生命健康事业的巨大支援。他们被朝鲜人民誉为“高贵的生命之恩人”！

朝鲜战争期间，中国红十字会总会组织中国红十字会国际医防服务队，共 7 个大队、666 人，轮番奔赴朝鲜战地，从事救护、医疗、防疫等工作。国际医防服务

“抗美援朝、保家卫国”宣传画

队散处于白山黑水之间，面对恶劣的自然环境与残酷的战场条件，紧密团结地方军民，充分发挥各自的聪明才智，因陋就简，创造性地改进地方医疗体系、改善并提高医疗条件，本着“医好一个人，便等于多造了一个炮弹，为反侵略战争增加一份力量”的原则，不分昼夜，全力医治战争中受伤的志愿军战士、朝鲜军民及战俘。经过紧张而又忘我的工作，国际医防队配合中国人民志愿军和朝鲜人民军挫败了美国的绞杀战、毒气战、细菌战等，救活军民无数，彻底粉碎了美国的侵略计划。国际医防服务队全心全意为朝鲜人民及伤病员服务，做出了巨大的成绩，书写了无数的感人故事，充分发挥了高度的国际主义精神和革命的人道主义精神。第一大队归国时，第37病栋林润七（朝鲜人）在离别诗中写道：“枪林弹雨下，同志们没有屈服，疯狂的敌机轰炸下，同志们不惧怕，同志们到哪地方哪地方有了胜利，同志们的足迹都有光荣！……贵重的同志们！今天的离别，是明天的加强团结。来！举起酒杯吧，同志们！为了我们的团结，为了最后的胜利！”国际医防服务队期满返国后，朝鲜红十字会总会及国际医防服务队服务地的朝鲜红十字会分会，朝鲜内务省以及被国际医防服务队治疗过的机关、团体和个人，纷纷向中国红十字会总会及国际医防服务队发来信函，高度称赞与表扬国际医防服务队的无私奉献、博爱精神，赞扬用鲜血凝成的中朝人民的友谊。

朝鲜战争期间，全国先后共有 159 个志愿医疗队（团）（实际分为 308 个可独立的工作队），其中，入朝鲜战地服务的有 55 个队。在入朝战地服务的 55 个队中，就包括中国红十字会国际医防服务队 20 个队（目前公开资料显示，第一大队 11 个队，第四大队 5 个队，第五大队 2 个队，第七大队 2 个队。中国红十字会国际医防服务队中应该还有其他队在朝鲜服务）。正如中国人民保卫世界和平反对美国侵略委员会副主席陈叔通所言，国际医防服务队的组成，是中国人民深厚的国际主义精神的具体表现，是中国医务工作者革命的人道主义的伟大实践。《百年红十字》一书对此评论道：“他们卓越的工作鼓舞了反侵略战士的战斗意志，挽救了伤病员的生命，加强了中朝人民牢不可破的友谊，对抗美援朝运动和保卫世界和平的事业做出了巨大的贡献。”“抗美援朝的胜利是与国际医疗工作成绩分不开的。”在朝鲜战争胜利的军功章上，永远镌刻着中国红十字国际医防服务队的勋劳！

志愿入朝医疗队80%的人员在前线立了功，在后方的国际医防服务队也做出了相当大的贡献，大多受到表彰。1952年，朝鲜最高人民会议决定授予中国红十字会国际医防服务队30名队员功劳章，这是具有伟大国际意义的特殊荣誉。可见中国红十字国际医防服务队为战争的胜利所做出的贡献！

抗美援朝纪念章

尾　声

1951年1月19日，毛泽东主席对在朝鲜的广大志愿军指战员提出："一切在朝鲜的中国志愿军同志必须认真地向朝鲜同志学习，全心全意地拥护朝鲜人民，拥护朝鲜民主主义人民共和国政府，拥护朝鲜人民军，拥护朝鲜劳动党，拥护朝鲜人民领袖金日成同志。中朝两国同志要亲如兄弟般地团结在一起，休戚与共，生死相依，为战胜共同敌人而奋斗到底。中国同志必须将朝鲜的事情看作自己的事情一样，教育指挥员战斗员爱护朝鲜的一山一水一草一木，不拿朝鲜人民的一针一线，如同我们在国内的看法和做法一样，这就是胜利的政治基础。"中国红十字会国际医防服务队之所以能取得如此重大的成绩，主要是严格执行毛泽东主席的指示要求，本着人道主义精神，抱博爱胸怀，牺牲自己，实践向祖国人民所作出的"一切为了伤病员"的庄严承诺，赢得了朝鲜军民交口赞誉，取得了卓越的成绩。

曾在前沿兵站服务的吴月华在其七律《火线白衣战士》中写道：

白衣战士亦英豪，辗转沙场斗志高。
救死扶伤伸正义，捐生舍命护同袍。
魂凝大地生奇彩，血洒东疆化巨雕。
筑就神州千载业，春光随我渡金桥。

这是对全体医护人员的生动写照！中国红十字国际医防服务队被朝鲜军民誉为“高贵的生命之恩人”，当之无愧！

中国红十字运动知识丛书(第三辑)

池子华　总主编

为了非洲的旱灾灾民

——援非募捐的故事

杨红星　著

合肥工業大學出版社

总 序

中国红十字会诞生于1904年，至今已走过110多年的风雨历程，“是国内历史最悠久的人道组织”（习近平语），被称为“百年老店”。百余年来，中国红十字会秉持人道、博爱、奉献精神，救死扶伤，扶危济困，谱写出一曲曲人道赞歌，在中国近代史和中华人民共和国史上留下了闪光的足迹。正如习近平总书记所说的，“中国红十字会在重大灾害救援、保护生命健康、促进人类和平进步等方面发挥了重要作用。”

可是，对中国红十字会所建立的丰功伟绩，知道的人并不是很多。为弘扬红十字精神，“讲好红十字故事”，中国红十字基金会委托红十字运动研究中心，组织编写了这套“中国红十字运动知识丛书”。该丛书通过对重要历史人物、重大历史事件的挖掘，为读者呈现一幅幅丰富饱满、多姿多彩、跌宕起伏的红十字历史画卷。

丛书虽然是“讲故事”，但不是“编”故事，没有无中生有的猜想，没有胡编乱造的粉饰，没有“标题党”的故弄玄虚，没有添油加醋的天马行空，更没有虚构的文学情节，而是依据历史事实，用通俗易懂、朴实无华的文字娓娓道来，再配上老照片，图文并茂，客观再现历史的场景。虽然少了点舞文弄墨的精彩，但确是信史。不求梦笔生花，但求“告诉你一个真实的红十字会”！

池子华

2018 年 1 月 9 日

目　录

引　子

1983 年是世界性干旱和沙漠化非常严重的一年，其中非洲大陆就有 34 个国家、1.5 亿人深受其害，1 600 万人因旱灾颠沛流离。

到 1984 年，连续三年的旱灾和世界性的经济衰退，已使诸多南部非洲国家的经济受到沉重打击。1984 年，全非洲有 36 个国家严重缺粮，且灾情不断扩大，一些国家土地荒芜，河流干涸，瘟疫流行，哀鸿遍野。

亿万非洲老人、妇女、儿童在饥饿和死亡的困境中痛苦挣扎，他们发出求救的呼唤，期盼着全世界善良的人们来拯救他们的生命。这次非洲旱灾持续时间之长、受灾面积之广、受灾居民之众，均属历史罕见。联合国称之为“非洲近代史上最大的人类灾难”。

非洲众多国家所遭受的深重灾难引起中国红十字会的深切关注。红十字会是世界三大国际组织之一，参与国际交往与国际救援是其人道活动的重要组成部分。作为国际红十字大家庭中的重要成员，中国红十字会在改革开放的新形势下更加积极地参与国际救援行动。

面对 20 世纪 80 年代绵延非洲的罕见旱灾，中国红十字会奉行人道天职，配合政府在全国开展大规模的援非募捐活动，反映出开放格局下人道救援组织所焕发出的强大生机与活力。

援非募捐是中国红十字会自 1950 年改组以来首次大规模的全国性社会募捐活动，意义重大、影响深远，涌现出一系列感人至深的人物和事迹，描摹了一幅幅绽放人道光辉的靓丽画卷。

一、旱魃频繁出没的地方

有这样一个地方，你一旦走进去，就会发现这里有着丰富的色彩和内涵、粗犷的线条、激昂的鼓声、无拘无束栖息着的野生动物以及贫民们渴望与无奈的眼神……

这一切的一切，无时无刻不在冲击着你的感官，不仅让你震撼，也令你深思。

这，就是非洲。

有这样一首简单却富有深意的非洲民歌：

红羽毛是鹦鹉的骄傲，
绿叶是棕榈的骄傲，
白花是绿叶的骄傲，
扫净的廊子是户主的骄傲，
挺拔的树木是森林的骄傲，
飞跑的小鹿是旷野的骄傲，
彩虹是天堂的骄傲，
孩子是母亲的骄傲，

星星和月亮是太阳的骄傲，
美与吉祥在骄傲中来到。
——约鲁巴民歌《美》

短短的几行，情采缤纷，真是绝妙的美的赞歌！前九句排比，包罗万象；最后一句戛然作结，意味隽永，堪称神来之笔。它以精练、形象的语言，展示了非洲人民质朴高尚的审美情趣，唤起人们多少美的遐思！

非洲是世界第二大洲，也是一个个性鲜明、潜力无限的大洲。研究表明，这里是人类文明的发祥地，无论何种肤色的人种，都不难从这里找到自己祖先的踪迹；这里是社会进化的博物馆，原始与现代交织在一起，斑驳陆离，相映成趣；这里有着瑰丽神奇且蕴藏丰富的自然资源，各种地貌和动植物几乎依然保持着原始的状态；这里是艺术创作和心灵拷问的天堂，无论是人文景观还是自然景观，你都不难从中找到创作的灵感，发现属于自己的“灵魂之声”。

但是，在现代字典里，非洲往往与瘟疫、贫穷和战争联系在一起。

在非洲大陆，直到20世纪80年代，除了纳米比亚和南非还存在反对殖民主义和种族主义压迫的斗争外，其他非洲国家才基本上完成了民族独立的历史任务，也开始逐步把发展的目标转移到经济上。但因为缺乏经验，非洲国家的经济发展出现了一些失误，如重视工业发展而忽视农业生产、过度依赖国有化、人口增长过快等；再加上两次石油危机和严重的自然灾害，非洲经济从独立后的较快发展转为恶化停滞。

非洲是一个旱魃频繁出没的地方。非洲在历史上就是一个饱受旱灾折磨的地方，自有气象记录以来，最严重的一次干旱出现在1913年前后。20世纪后半期，从1968年起旱灾几乎连年不断。总体而言，20世纪是非洲不断与旱灾作斗争的世纪。

20世纪80年代的莫桑比克灾民

20 世纪的非洲旱灾频发的原因是复杂的，首先是气候上的原因。非洲本来就是世界上少有的干旱大陆，年平均降雨量少于 200 毫米的地区约占整个非洲的 40%，因而形成了广大的荒漠和半荒漠地带，而其外缘与面积相对不大的热带雨林之间，则有范围广阔的热带草原和疏林，所以，整个非洲将近一半的面积是属于干旱和半干旱地区。有学者认为，20 世纪以来气候发生了较大的变化，非洲在向更加干旱的方向发展。20 世纪五六十年代以来，北半球极地高压的扩大与增强，使极区海冰南移、气候带向低纬推进。特别是转冷最剧的 1963 年，冰岛低压移到了北大西洋中部，它的西南亚速尔高压也相应南移，从而导致地中海周围国家连年暴雨、撒哈拉沙漠南缘国家持续大旱。

引起大规模旱灾固然有气候方面的原因，但很多地区生态环境失去平衡，水土大量流失也是一个原因。灌木林大火烧毁大片森林，人们大量砍伐木材，加上非洲原始的刀耕火种式的耕种方式，使撒哈拉沙漠南部地区每年损失 2.02 万平方千米的森林。在缺少林木做燃料的地方，居民又千方百计地砍伐禾草，导致地面表土完全裸露，水土流失严重。此外，大批牲畜死亡，使牧民失去了赖以生存的条件，他们不得不在本来就少得可怜的饮水点附近定居，从事农业生产，这就加重了土地的负担，破坏了传统的休耕制度。在苏丹的“阿拉伯树胶带”，过去那里的居民一贯采用休耕交替耕作制，但近50年来，由于国际市场对阿拉伯树胶的需求十分旺盛，当地的休耕期日渐缩短，土地失去了肥力，逐渐变成了沙漠。

在非洲旱灾中渴死的动物

迅速扩展的沙漠加剧了非洲大旱。非洲北部的撒哈拉大沙漠面积近1 000万平方千米，非洲南部还有干燥少雨的卡拉哈里沙漠。近十几年来，干旱使两个沙漠迅速向外扩张。撒哈拉沙漠的扩张速度有些地方每年达 20 千米，萨赫勒地区、苏丹和埃及等国深受沙漠化之害，受灾面积达 1 300 多万平方千米，其中 500 多万平方千米已不同程度地沙漠化。萨赫勒地区的尼日尔有 75% 的土地沙漠化，塞内加尔北部地区有 7 500 平方千米的耕地被侵蚀为沙漠。原属热带雨林地区的科特迪瓦、几内亚、贝宁、几内亚比绍等国近几年也出现了沙漠化的预兆。与此同时，从沙漠中吹出的热风使气候更加干燥，雨量更加减少，并使许多国家的森林四处起火。从分布范围来看，受旱灾影响严重的地区绝大多数是这两个沙漠周围的国家。

此外，由于长期受殖民统治，非洲的农业生产非常落后，至今许多地方还沿用传统的农具和耕作方法，因此抵抗自然灾害、改造自然环境的能力相当孱弱。

二、“非洲近代史上最大的人类灾难”

1973 年，非洲曾经发生严重干旱，当时为期 5 年的旱灾使这一地区死亡了约 15 万人。进入 20 世纪 80 年代，旱灾又席卷非洲大陆。

1980 年，从佛得角群岛到非洲之角，沿撒哈拉沙漠南缘地带以及东南非高原部分地区的 20 多个非洲国家，不同程度地遭到比 20 世纪 70 年代更为严重的旱灾的袭击。70 年代的旱灾主要影响撒哈拉沙漠地区的 9 个国家，而 80 年代开始的旱灾却威胁着整个非洲大陆。

在吉布提，连续 2 年雨季完全没有降雨，井水枯竭，大量牲畜死亡，受干旱影响的约有 8 万人，其中近 5 000 名是 5 岁以下的儿童。在埃塞俄比亚，高原地区和畜牧区连续 2 年都未降雨，9 个省的 508.9 万人受到了干旱的严重影响。乌干达北部的旱灾使至少 400 万人受到影响。这场旱灾还威胁着苏丹和肯尼亚的一些县城。在索马里，1977—1978 年的欧加登战争导致数万索马里人外流，持续的干旱又加剧了人口外流的状况。

旱灾中非洲人民挖开河床取水

旱灾使以农牧业为主的这些国家遭到了巨大的损失，特别是产生了严重的粮食危机，但这还只是又一轮严重旱灾的序幕。1981—1984 年，非洲旱灾灾情持续加重，其中，1983 年是现代史上世界性干旱和沙漠化最严重的一年。

几年间，从非洲北部至南部有 34 个国家遭受大旱，24 个国家发生了饥荒，1.5 亿至 1.85 亿人受到饥饿的威胁。遭受灾害严重的地区河流干涸、田地龟裂、黄沙弥漫、牲畜倒毙，至少 1 000 万人背井离乡、东奔西走寻觅食物。日内瓦红十字国际委员会称，1983 年非洲有 1 600 万人死于饥饿或与营养不良有关的疾病，1984 年的死亡数字更高。旱魔和饥荒每天要夺去数千非洲兄弟的生命，另外还有大量灾民在死亡线上挣扎。联合国称，这次大旱为“非洲近代史上最大的人类灾难”。

旱灾的几年间，西非地区的降雨量是三四十年来最少的。昔日波涛汹涌的冈比亚河，上游断流；毛里塔尼亚的雨量只及常年的四分之一，牧场一片荒芜；埃塞俄比亚北部地区连续多年无雨；南部非洲也发生了50年来从未有过的大旱。

由于干旱，从沙漠中吹来的灼热的哈马丹风长驱直入，横扫西非的沿海国家，致使灌木林大火四起。科特迪瓦、加纳、贝宁和多哥的许多种植园也未能幸免。1983年年初，世界第一大可可生产国科特迪瓦有25万公顷的可可树毁于灌木野火，这年的可可产量约为37万吨，约比1982年减产8万6 000吨。据报道，加纳40%的农作物已毁于几次丛林大火，市场上粮食严重短缺，在首都阿克拉的黑市上，一个普通工人要以月工资4倍的价格才能买到一袋玉米。

肯尼亚大旱中日渐消瘦的耕牛

受灾最严重的国家是埃塞俄比亚，全国 4 200 万人中约有 900 万人受到饥馑的威胁。据报道，1984 年已饿死 30 万人。在沃洛省的一个救济站，那里食品只够分给 3 000 人，而等待救济的有 10 万人。每天死亡人数达 100 人。在一顶满是灰尘的帐篷中，形容枯槁的一个男子把面黄肌瘦的儿子放到摇篮里，然后拿起一碗粥，轻轻地送到孩子的唇边，这个骨瘦如柴的孩子只是睁着眼看，他已经不会进食了。在去救济站的沿途，人们耐心等待过往的车子发放食品。在巴提难民营，大约 1. 6 万人挤在一个相当于一个足球场的帐篷城里。1984 年 12 月，这个难民营每天死亡达 120 人，其中大多数是儿童。

苏丹的主食高粱的产量一直在减少。干旱已使苏丹西部大片牧区遭灾，达尔富尔地区的牲畜三分之一已经死亡或者被屠宰。

在乍得，由于干旱，渺无人烟的沙漠在向前推进。1975 年，沙漠边缘位于北纬 16 度线上，现在的分界线已向南推进了 200 千米，昔日的肥田沃土被沙漠吞噬，重要的牧场已无影无踪，大量的灌木正渐渐地被沙子埋没，牧民的小村庄空空荡荡。在半沙漠地带，饥饿迫使人们不得不以树上的叶子充饥，许多人因无法消化而死亡。在干旱焦枯的土地上，只要一发现水，成千上万的人就在附近搭起密密麻麻的窝棚。20 多万饥肠辘辘的人被迫寻找可能永远也找不到的食物。

在毛里塔尼亚，80%的草地变成了沙漠，城市周围都是寻找食物的流浪者的帐篷。蜷缩在帐篷里的男女老幼，个个骨瘦如柴，艰难度日。

马里的一个姑娘在一封信中说，干旱两年了，村里一滴雨也未下，她妹妹已饿死。在南部非洲，莫桑比克已有10万人因得不到食物而死亡，还有上百万人生命垂危。

非洲饥民风餐露宿，面临死亡的威胁，他们渴望得到水和食物

非洲难民的生活是悲惨的。他们成群结队涌向一些政府设立的救济站，但是那里并没有足够的食物和药品。他们终日坐在污秽不堪的地上，等待分得一点食物。白

天，阳光灼射，火日炙人，难民没有东西遮阳；夜晚，气温骤降，他们又没有足够的衣物和毯子御寒。大旱使非洲原有的500万难民队伍迅速扩大，仅苏丹的难民总数已达120万人，平均每天还有邻国的3 000名难民补充进难民队伍。联合国饥荒紧急救济中心的一份报告说，饥荒紧急状态甚至会持续到1986年。这是一场前所未有的危机，即使在下一个雨季里旱象会有所减轻，危机也没有趋向缓和的迹象。

雨量大减后，不少国家的水电站不能正常发电。位于沃尔特河中下游的加纳阿科松博水力发电站，因为该河水位下降，经常处于停工状态。为避免完全停产，加纳政府决定减少发电量，还打算每周停产3天，靠该电站供电的多哥和贝宁也受影响。科特迪瓦宣布每天停电2小时，但实际上甚至在首都阿比让，除了保证向高层建筑的电梯供电外，几乎整天停电。

旱灾的另一个直接后果是严重打击了非洲的畜牧业。1983年，塞内加尔有150多万头牲畜死亡；尼日利亚有20多万头牲畜死亡；毛里塔尼亚有40%的牛羊和15%的骆驼死亡。在萨赫勒地区，倒毙在路旁、田野中的瘦骨嶙峋的牲畜比比皆是。博茨瓦纳、津巴布韦、莫桑比克、贝宁、加纳等国的牲畜头数都有所减少。

旱灾还引起一些国家的社会动荡。灾民的流徙，导致某些部族矛盾加剧。例如，塞内加尔北方居民纷纷来到南部迪奥拉人居住的卡萨芒斯地区谋生，他们烧毁森林种花生，引起迪奥拉人的极大不满。农民因土地荒芜无以为生，纷纷流落城市，致使城市人口增加、物价上涨、失业率上升，偷盗、抢劫等犯罪活动增加，社会治安状况恶化。

三、与旱灾作坚决的斗争

旱魃肆虐！灾情告急！

非洲人民在行动。

为了同日益严重的灾荒作斗争，非洲各国人民发扬自力更生的精神，团结一致、群策群力、克服困难、共渡难关。

各国政府首先发挥引领带头作用。受灾国家的政府一方面加强对救灾组织的领导，一方面动员本国群众开展募捐和生产自救。在西部非洲地区，塞内加尔政府成立了以农村发展部长为首的支援农村委员会，负责救灾工作；同时，支援农村的募捐运动也在城镇的各行各业中展开。总统迪乌夫率先垂范，在一次内阁会议上，拿出 2 个月的工资支援农村，部长和议员们也纷纷响应，每人认捐 1 个月工资。

毛里塔尼亚政府成立“全国救灾委员会”，制订救灾计划，设立 200 多个公共食品中心，救济灾区妇幼。政府还提出了“救牲畜就是救国家救人民”的口号，要求人们改变以吃牛羊肉为主的生活习惯，多吃鱼和菜，少屠宰牲畜。

在独立以来最严重的干旱中，佛得角政府采取积极的措施抗灾，安排了32 000名灾民从事修路、种树、垒堤筑坝保持水土等工作。

马里萨赫勒的农民正在开垦干裂的土地，并准备把尼日尔河的水引导到这里灌溉

马里和喀麦隆等国广泛开展植树活动。尼日利亚北部地区1983年农作物减产45%，仅索科托州粮食减产就达124万吨。政府拨出大量救灾物资运往灾区，并采取其他措施，尽可能减少损失。

在东部非洲地区，坦桑尼亚政府为掌握全国旱情和克服旱灾带来的困难，成立了一个五人特别委员会。希尼安加地区种植的玉米 90% 因缺雨旱死，100 多万人面临饥馑。政府号召农民种植多种传统的抗旱作物。

受灾最严重的埃塞俄比亚，组成了以门格斯图主席为首的高级委员会，动员一切力量进行救灾。政府拨款 500 万比尔购买粮食，动员军用飞机、卡车运粮到灾区，并将 5 万人从重灾区安置到新的居住区。

津巴布韦发起执行“劳动粮”计划，规定凡领到救济粮的灾民都要在自己所在县的建设项目中参加劳动。

莫桑比克全国成立了抗灾协调委员会。为了实施紧急粮食生产计划，马普托省决定把严重干旱地区无法使用的大量生产工具和设备，包括拖拉机等调往其他地区，抓紧生产粮食，以减轻缺粮造成的灾荒。

为了激发广大农民的积极性，发展粮食生产，从根本上解决饥荒问题，许多非洲国家开始调整农业政策。如索马里政府实现粮食商品化，取消国家对粮食销售和分配的干预，鼓励私人发挥作用，激发农民对农业投资的积极性。政府还积极提供种子、化肥、农药，增加对小农贷款，因而粮食生产和供应状况有所改善。塞内加尔政府两次提高粮食收购价格，1984—1985 年度对各类谷物收购价分别提高了 9% ~39%。博茨瓦纳和莱索托分别免除了农民的债款，前者还向一些农民提供了 1985 年度的季节性无息贷款。

此外，许多非洲国家倡导植树造林，兴修水利，保护生态平衡，防止沙漠化，以利于粮食生产。刚果举行群众性的全国植树活动，要求每年每人种植 1 棵树。从 1984 年开始，肯尼亚几十万妇女坚持在全国开展“绿带运动”。塞内加尔执行了一项紧急计划，帮助 300 个大村庄解决人畜饮水和灌溉问题。在 3 年中，萨赫勒地区抗旱斗争常设委员会和西非经济共同体就投资打水井 8 000眼。

1984—1985 年，非洲国家召开了一系列地区性会议。如 40 多个国家在哈拉雷讨论非洲的粮食问题，推动了国际社会对这个问题的关注。一些国家在卢萨卡讨论非洲农业计划和技术合作问题，交流经验，帮助各国制定出适合本国国情的农业政策。22 个非洲国家在达喀尔举行防止沙漠化国际大会，交流了同沙漠化作斗争的经验。

1985 年 2 月，20 个非洲国家在阿比让召开加速在非洲实施粮食战略工作会议，强调非洲国家应该尽一切努力把粮食生产放到优先地位，逐步做到粮食自给。萨赫勒地区国家抗旱斗争常设委员会决定设法在短期内有效地组织本地区的粮食流通，以便缺粮区能及时得到粮食供应。

非洲地区这一系列的会议，对于非洲国家抗旱救灾、发展农业生产起到了推动和促进作用。

这次旱灾和饥荒，灾情规模大、范围广，受灾人口众多，损失巨大。非洲国家的政府和人民都认识到抗旱救灾的长期性和艰巨性。因此，许多非洲国家并不满足于眼前的紧急粮食救济，而是制订了中长期的生产、救灾计划。如尼日利亚政府决定近期向灾区提供粮食，中期在农村打井、修水坝，长期考虑是寻找办法改进灌溉系统和改良种子。塞内加尔制定长期抗旱规划，决定建立防护林带，在 25 年内植树 350 万公顷，以阻止沙漠南侵。埃及和苏丹详细商讨了利用尼罗河蓄积的地下水作为开垦荒地用水的计划。阿尔及利亚、埃及、利比亚都在执行各自的改造沙漠、利用地下水、发展农业的计划。

兄弟同心，其利断金。在抗旱救灾的斗争中，非洲国家之间以大局为重，团结互助、集体自救，体现了和衷共济的兄弟情谊。如自己还需要进口粮食的阿尔及利亚，却向塞内加尔和其他受灾国提供 5 000 吨粮食。同时，乌干达给坦桑尼亚送去 4 万吨玉米。津巴布韦自己国内严重缺粮，却向坦桑尼亚和莫桑比克伸出了友谊之手，为两国各提供了 2 500 吨粮食。刚果、科特迪瓦、利比里亚、利比亚等国也向一些受灾国支援粮款。

四、国际组织的号召与呼吁

非洲的自然环境得天独厚，天然资源极其丰富，但由于长期遭受殖民统治，非洲国家经济发展举步维艰，人民生活于水深火热之中。长期以来，造成非洲困窘的原因错综复杂，有历史和现实的原因，有外部的影响和内部的因素。正因为如此，非洲所面临的灾荒以及严重经济困难不是单靠非洲国家自己能解决的，而是需要国际社会和各种国际机构加强合作、共同努力，采取重大和紧急的救济措施。

从另一个角度来看，世界经济是相互依存的，你中有我，我中有你。国际社会必须共担责任，帮助非洲国家克服经济困难，否则，非洲经济持续恶化定会严重影响世界经济的发展。

为了应对非洲所面临的整体问题，解决严重旱灾所带来的经济危机，非洲统一组织早在 1980 年就出台了《拉各斯行动计划》，并决定接受世界银行和国际货币基

联合国总部

金组织的经济改革方案。同年 6 月，联合国世界粮食理事会一致通过了加拿大提出的一项动议，决定对非洲遭受旱灾的国家提供紧急粮食援助。

针对蔓延非洲大陆的灾荒，1983—1984 年，国际红十字组织先后十几次呼吁国际社会提供救济和支援。与此同时，联合国也对灾情给予了极大关注，号召和呼吁国际社会积极行动起来，为缓解灾情和纾解困难尽自己的一份力量。

1983 年 4 月，联合国粮食及农业组织成立特别工作组，其任务就是检查面临粮食短缺的非洲国家的粮食供应情况和主要粮食的生产情况。同年 7 月 13 日，特别工作组建议向 14 个非洲国家提供总额为 60 万吨粮食的特别援助。

红十字会与红新月会国际联合会与中国红十字会标志

灾情仍在发展和延续。

进入1984年，联合国更加密集地召开会议讨论非洲旱灾问题，并提出了一系列解决问题的具体措施。

1984年2月，联合国秘书长佩雷斯·德奎利亚尔在访问西非八国之后发表声明，他要求国际社会采取紧急和有效的措施帮助这些国家克服困难。同时，他呼吁捐赠国承担义务，推动援助计划的实施。他还谈道，联合国即将建立两个机构专门负责帮助解决非洲旱灾造成的问题，一个是在内罗毕成立的同非洲国家经常保持接触的机构，另一个是在纽约成立的同出资者联系的机构。

1984年2月23日，联合国粮食及农业组织宣布，世界粮食计划机构将向受旱灾影响的4个国家——加纳、上沃尔特、冈比亚和尼日尔的80多万人民提供价值

联合国前秘书长哈维尔·佩雷斯·德奎利亚尔（1982—1991 年任职）

1 600万美元的紧急粮食援助。

鉴于非洲的粮食形势危急，1984 年 6 月，联合国世界粮食理事会第十次部长级会议要求国际社会关注非洲粮食问题，建议在当年联合国大会召开前后举行一次关于非洲问题的特别会议。

1984 年 7 月，联合国粮食及农业组织对发展非洲农业提出建议，涉及组织自力更生协会、发掘小型水利潜力、提高农民生产技术等。报告建议把农村人口组织到自力更生协会中去，并向这些农村人口提供必要的资金和服务。报告强调妇女对粮食生产所做的贡献，应当保证让妇女参加发展农业的活动。

1984 年 12 月，在联合国粮食及农业组织第八十六届理事会会议上，联合国粮食及农业组织动员各国帮助非洲摆脱饥荒。意大利总理克拉克西建议通过一项保障各国人民“食品安全”权利的“粮食公约”，以及在世界银行设立特别基金，以解决非洲的粮食和农业发展等问题。

特别值得注意的是，1984 年第三十九届联合国大会对非洲灾荒问题给予了特别关注。

1984 年 11 月，第三十九届联合国大会集中用 3 天时间，讨论非洲经济情况，反映了国际社会对日益恶化的非洲经济情况的严重关注和不安，也彰显了联合国的责任与担当。时任联合国秘书长佩雷斯·德奎利亚尔在一份书面报告中说：“国际社会已经充分了解非洲各国人民所处的经济和社会困境的严重程度”，“我们必须采取行动，不仅阻止情况进一步恶化，还要为恢复这个区域的经济成长和发展奠定基础”。

1984 年 12 月 3 日，联合国成员国一致通过一项宣言，呼吁联合国对非洲问题给予更大的关注，并继续动用财力和物力来帮助非洲国家解决它们所面临的日益恶化的经济问题。

这项宣言要求双边和多边的捐款国以及非官方的组

织采取一切必要措施，来支持非洲国家旨在改善那里危急的经济状况的努力。宣言还要求联合国秘书长佩雷斯·德奎利亚尔继续做出努力，提请国际社会关注非洲国家的处境，增加对非洲的援助。

宣言要求对非洲国家进行大规模的紧急援救，包括增加食品援助和提供其他生活必需品，改善水的供应，改善健康和营养条件，保护国家的主要牧场，建立能营利的工程和鼓励建立新的能源工程等。

宣言认为，尤为重要的是需要采取紧急措施来加速和支持非洲国家的经济复苏和使其重新获得力量的进程。

全球范围的救援集结号已经吹响，全世界开始行动。

灾情仍像熊熊燃烧的火焰，看不到熄灭的迹象。灾害的发生，是历史根源与现实困境的叠加，是多种因素复合催化的结果。要扑灭这场灾难性的大火，仍需要付出持之以恒的努力和奋斗。

1985 年，联合国和各种国际组织纷纷聚焦非洲大陆，将缓解非洲灾荒作为最为迫切需要解决的问题。

1985 年 3 月 11 日，联合国在日内瓦的万国宫召开为期两天的非洲紧急形势会议。会议讨论了遭受严重旱灾的非洲国家的特殊需要和向 20 个灾情最严重的国家提供紧急援助的问题。

时任联合国秘书长佩雷斯·德奎利亚尔在开幕词中说，这次会议的目的是估计非洲的形势和联合国正在采取的措施的实际效果，动员必要的补充资源。他希望整个国际社会做出大大超过以往的努力。

这次会议的目的是尽快筹集15亿美元的补充基金，以便向20个非洲受灾国家提供急需的救济，这些国家包括所有萨赫勒地区国家和所有东非国家。这次会议进一步强调了国际社会对遭受旱灾和饥荒的数百万非洲人的悲惨境遇的同情和援助。

非洲难民

会议主席兼非洲紧急行动局局长布雷德福·莫尔斯在闭幕词中指出："这次会议确认了国际社会在向受干旱和饥饿之害的非洲各国政府和人民提供支持中所承担的义务。"他说，"最优先的任务是动员补充财源"，以满足受害最严重的国家的紧迫需要。在这次有148个国家参加的历时 2 天的会议上，与会代表积极认捐。

联合国粮食及农业组织继续积极行动，采取各种措施推进救灾工作。

1985 年 1 月 30 日，联合国粮食及农业组织在罗马总部召开对埃塞俄比亚等非洲国家援助的会议，呼吁各国就联合国粮食及农业组织提出的援助、恢复埃塞俄比亚和其他非洲国家农业生产的计划早日做出答复并予以具体支持。

1985 年 3 月 29 日，联合国粮食及农业组织总干事萨乌马在非洲农业恢复会议上，呼吁国际社会对一项包括 194 个项目、总开支为 1.08 亿美元的突击恢复非洲受灾国农业生产计划进行认捐，以帮助非洲国家摆脱饥荒。萨乌马说，迄今为止，非洲的饥荒没有任何缓和的迹象，当月因饥饿而死亡的情况继续无情地发生，估计有 3 000 万人仍受到饿死和营养不良的直接威胁。他强调，仅仅靠粮食援助来保证生存是不够的，要使非洲摆脱饥荒的魔爪，就必须提供持续而切合实际的援助来恢复其被摧毁殆尽的农业生产能力。

世界粮食理事会对解决非洲的粮食问题提出了更加长远的规划。

1985 年 6 月 13 日，历时 4 天的世界粮食理事会第十一届会议在法国首都巴黎闭幕。会议通过的公报指出，不对发展粮食生产作出巨大而集中的努力，饥饿和贫穷将延续到下一个世纪。只有在公正、民主的基础上，在重新调整国际经济关系和建立新的国际经济秩序的总过程中，才能找到解决世界粮食问题的办法。

公报说，成百万的非洲人在继续遭受经济和粮食危机的威胁，非洲国家需要国际社会给予特殊和持久的援助，以便振兴经济。公报说，向非洲提供紧急救济必须同帮助它加速恢复粮食生产和实行长远发展目标同时进行。公报强调，为了解决危机，非洲需要制订粮食和经济复苏计划。

不少代表认为，发展中国家解决粮食问题，不仅要调整国内政策，而且离不开国际经济环境。他们要求发达国家在改善国际经济环境方面作出新的努力，逐步消除旧的不合理的国际经济关系对发展中国家发展农业生产所造成的障碍。

联合国经济及社会理事会也同样关注了非洲灾情的严重形势。

1985 年 7 月 27 日，联合国经济及社会理事会夏季会议通过了关于非洲的严重经济形势决议以及其他有关决议和决定。会议强调指出，国际社会应该增加对非洲的具体支援，满足它紧急的和中、长期的需要，以便恢复并持续发展非洲经济。

随着灾情的持续和发酵，伴生社会问题也逐步显现出来，最为明显和紧迫的就是数以百万计的难民问题。

难民营中等待医疗检查的索马里儿童

联合国难民事务高级专员办事处是联合国机构驻内罗毕的代表处。1985 年 2 月 15 日，该机构呼吁国际社会为非洲难民提供 9 640 万美元的特别紧急援助。它的一项公报指出，上述资金中的 4 370 万美元将用来满足非洲难民对基本食品的需求，其余的将用来资助难民建设棚屋和解决供水等问题。全部款项将使留居在苏丹、中非、索马里和埃塞俄比亚的 119 万难民受益。

1985 年 6 月 20 日，联合国难民事务高级专员保罗·哈特林为纪念非洲难民日发表声明。他指出，非洲难民问题正在成为日益紧迫的问题。据统计，目前非洲逃离本国的难民有近 300 万，另有 600 多万非洲人正在靠救济生活。保罗·哈特林强调，保护和照顾好非洲灾民是一个国际性的责任。他呼吁国际社会为缓解非洲灾民问题、使他们返回家园作出新的尝试。他还呼吁向埃塞俄比亚、苏丹和索马里等五个最困难的国家提供1.045亿美元的紧急援助。

在国际组织的共同努力之下，一场全球性的救援行动即将开始。

五、国际社会的回应与援助

在联合国等国际组织的积极呼吁之下，国际社会为缓解非洲灾情做着不懈的努力。欧洲经济共同体和世界银行等机构以资金、物资、贷款等形式纷纷向非洲国家提供援助，一些国家的政府和广大民众也向非洲人民伸出援手。

除了美国政府官方的援助措施之外，45 名美国音乐家还开展了义演募捐运动，筹集到赈灾资金 5 000 万美元。

在众多欧洲国家中，西德（即德意志联邦共和国，1990 年两德统一前简称“西德”或“联邦德国”）和南斯拉夫的援非行动引人注目。

1985 年，西德 18 个慈善和救济机构把 1 月 23 日定为“非洲日”，呼吁人们为饥饿的非洲人捐献，并展开各种活动为灾民募捐。这一活动得到了联邦总统魏茨泽克的支持。他在向全国发表的电视讲话中呼吁大家踊跃捐款，电视台一再播送接受捐款的银行账号。全国的银行和邮局也都延长营业时间，以方便民众捐款。

西德的许多艺术家在城市广场举行表演，为捐献做宣传。一些拿着“募捐罐”的志愿人员则在观众中不时走动，接受大家的捐献。内阁在开会时，联邦经济合作部长瓦恩克也带了一个“募捐罐”，请与会的内阁成员当场表示爱心。

西德舆论界指出，这是该国历史上开展的最大规模的募捐活动。至23日晚间的统计显示，西德的捐款总数已达6 000万马克。在联邦议院就向非洲国家提供救济问题进行辩论时，各党一致要求政府把援助款项给予最贫穷的国家。

联邦德国运输机为埃塞俄比亚灾民运来救灾物资

截至 1985 年 5 月，西德已为 22 个发展中国家免除了债务，总共免除了大约 40 亿马克的发展援助信贷的本息。这 22 个国家中有 19 个是非洲国家。

为援助非洲受灾人民，南斯拉夫劳动人民社会主义联盟联邦会议 1984 年向全国发出了号召，成立了专门机构，在全国各地开展募捐活动。

据不完全统计，南斯拉夫红十字会 1984 年向埃塞俄比亚、苏丹、莫桑比克和坦桑尼亚等国的灾民提供了 200 多万美元的援助物资和捐款。1985 年，南斯拉夫向非洲 19 个遭受自然灾害国家的人民赠送了 64 批物品，其中包括大批食物、药品和其他援助物资。

南斯拉夫红十字会和其他社会团体积极募捐，支援非洲国家受灾人民。从 2 月到 4 月，南斯拉夫红十字会收集的募捐资金约 9 350 万第纳尔（1 美元约合 250 第纳尔）。运往埃塞俄比亚的救灾物资价值约 1 200 万第纳尔，运往苏丹的救灾物资价值约 2 000 万第纳尔，运往索马里的救灾物资价值约 5 000 万第纳尔。3 月份，南斯拉夫工会联合会又支援埃塞俄比亚救灾物资价值约 1 470 万第纳尔，支援坦桑尼亚和莫桑比克的救灾物资价值约 1 500 万第纳尔。

非洲的灾情和非洲人民的苦难牵动着世界的神经。在灾难面前，世界人民空前团结。

1984 年，英国歌手菲尔·柯林斯（Phil Collins）看到新闻中非洲多地人民长期处于饥荒与营养不良的状态，于是在圣诞节之前提出构想，由鲍伯·盖朵夫（Bob Geldof）担任召集人，由数十位当红艺人以“Band Aid”为名共同灌录单曲唱片义卖，将义卖所得全部援助非洲饥民，于是单曲《他们知道现在是圣诞节吗?》（*Do they know it's Christmas*?）诞生。这张单曲唱片推出后，立即在全世界引起反响，仅英美两地就卖出约320万张。

看到英国歌坛的此项义举，美国乐坛自然不落人后，由黑人歌手哈利·贝拉方提（Harry Belafonte）提出建议，之后获得众多大牌歌手的鼎力支持，由昆西·琼斯（Quincy Jones）担任制作人，45位当红歌星云集洛杉矶的录音室，灌录了《天下一家》（*We are the world*）这首义卖单曲唱片。唱片问世后，受到欢迎的程度难以想象，几天内销量突破100万张，短短数周便卖出800万张，更胜英国艺人的《他们知道现在是圣诞节吗?》。

同样是为了救援非洲饥荒中的难民，1985年1月28日，洛杉矶举行了规模空前的援助非洲的义演，在场的45位歌星和工作人员手挽手同声高唱这首大会的主题歌《天下一家》（*We are the World*）。这首主题歌是流行天王迈克尔·杰克逊（Michael Jackson）和巨星莱昂内尔·里奇（Lionel Richie）连夜赶写出来的。这首歌制成磁带分寄给美国几十名歌星时附上了迈克尔·杰克逊写的一段话：“如果将来你们的后代问起，他们的爸爸妈妈为人类面临饥荒做了些什么？你们可以骄傲地回答他们，你们做了应做的贡献。”这首歌推出后，很快唱响全球，歌曲筹集了超过 5 000 万美元的慈善捐款。这些善款的 90% 被用于非洲的生育控制、粮食生产等方面，剩余的 10% 被用于解决美国本土的饥饿、无家可归人民的问题。在这些善款的帮助下，非洲的 70 余个生产产业好转起来，包括农业、渔业、林业等，受到救助的国家包括莫桑比克、塞内加尔、毛里塔尼亚等。

美国群星为非洲灾民演唱 *we are the world*

这首歌是 F 大调，曲调十分流畅，音域并不宽，歌词是说理和叙述性的：“当我们听到了恳切的呼唤，世界应团结一致，有些地方的人们正逐渐死亡，是该伸出援手的时候了，对生命而言，这是最好的礼物，我们不能日复一日地伪装下去了……”演唱风格则是典型的摇滚乐的唱法，不拘一格，自由展示。迈克尔·杰克逊、莱昂内尔·里奇等著名歌星的演唱富于激情，并有即兴的发挥，特别是蒂娜·特纳（Tina Turner）与比利·乔（Billy Joel）的近乎声嘶力竭的对唱、合唱，带给听众的是无与伦比的震撼。

英美歌坛有了这两次成功的经验，认为可以为非洲灾民做更多事情，于是由英国的鲍伯·盖朵夫继续担任召集人，筹划英美两地歌星马拉松式的援非慈善演唱会。1985 年 7 月 13 日，世界 100 多位著名歌星分别在大西洋两岸的英国伦敦和美国费城举行主题为“生存援助”的国际性流行歌曲音乐会，为非洲灾民进行募捐。

7 月 13 日中午，音乐会首先在伦敦威姆布莱体育场开幕，7.2 万多名听众出席了音乐会。2 小时后，有 9 万人参加的在费城约翰·肯尼迪体育场举行的音乐会也宣布开始。音乐会持续 16 个小时，筹集善款数千万美元。演出盛况通过全球卫星网络向 140 多个国家播出。当迈克尔·杰克逊、鲍勃·盖朵夫、莱昂内尔·里奇、鲍博·迪伦（Bob Dylan）、保罗·麦卡特尼（Paul Mc Cartney）、布鲁斯·斯普林斯廷（Bruce Springsteen）、蒂娜·特纳、艾尔顿·约翰（Elton John）等世界 100 多位著名歌星在与现场 16 万多名观众齐声高唱《天下一家》（*We are the world*）时，场面感人至深。负责穿针引线的鲍伯·盖朵夫还因此获得诺贝尔和平奖的提名。

有了前例可循，后来流行音乐界主动进行义唱的例子也越来越多，包括由威利·尼尔森（Willie Nelson）召集美国乡村歌手兴办的“援助农民”（*Farm Aid*）音乐会；由布鲁斯·斯普林斯廷领军、抗议南非白人政府种族歧视的 *Sun City* 演唱计划。中国国内也有由罗大佑、张大春等作词，罗大佑作曲，陈志远编曲的《明天会更好》，郭峰作曲，陈哲、刘小林、王健、孙铭作词的《让世界充满爱》的群星义唱，也获得很好的反响。

六、中国政府参与救援行动

中国是世界上最大的发展中国家，非洲是世界上发展中国家最集中的大陆。中国和非洲虽然相距遥远，但中国人民和非洲人民的友好交往源远流长。中非关系可追溯到公元前2世纪，当时我国处于汉代，此后历经唐、宋、元、明、清代的交往，两个古老文明的交汇日益频繁。在中非相继沦为半殖民地和殖民地后，共同的苦难又把中非人民紧紧地联系在一起。随着中华人民共和国的诞生和一系列非洲国家的独立，中非关系进入了一个新纪元——相互支援、共同发展的当代时期。

在现代社会，中国和非洲都是推动国际格局多极化、国际关系民主化、建立国际政治经济新秩序的重要力量。中非合作有着广阔的前景，并且双方都有加强双边关系的强烈愿望，存在着诸多共识，中非合作有益于双方的互利共赢。半个多世纪以来，中国和非洲人民在民族解放斗争中相互支持，在国际事务中积极配合，在发展振兴道路上真诚合作，中非友谊已经深入人心。

赞比亚的孩子们在家乡迎接火车的到来

中国对非援助是中非友谊的组成部分。1955 年万隆会议后，埃及成为与中国建交的第一个非洲国家。1956 年，为了支持埃及的“苏伊士运河战争”，中国官方向埃及提供了 2 000 万法郎赠款，中国红十字会也向埃及捐款 10 万人民币，并组织医疗队援助埃及。中国对非洲国家的援助由此开始。

在非洲民族独立、国家发展的关键时期，中国在自己并不富裕的情况下，一直最大限度地给予非洲帮助。1963 年，周恩来总理访非提出的对外援助八项原则，其核心理念“平等”和“不附加政治条件”，一直是中非友谊的纽带，为非洲人民所珍视，并代代相传，谱写出可歌可泣的华章。1970—1976 年，中国耗费巨力为坦桑尼亚和赞比亚修建近 2 000 千米的坦赞铁路，不仅为非洲腹地打通了出海口，更重要的是，在种族主义和殖民主义包围之中的中南部非洲打造出一条国家自立自强的新道路。1963 年，中国第一支医疗队远赴阿尔及利亚；到 2018 年，中国援非医疗队足迹遍及非洲 40 多个国家，派出近万人次的医疗队员，数以亿计的非洲人民获得无偿医疗援助。中国技术人员在非洲大地上为贫困民众打井找水，修建农田、水库、电站、公路、铁路、学校，手把手地教非洲民众育种、施肥，实实在在地帮助非洲改善民生。

赞比亚纳布利亚托议长向李先念主席转交卡翁达总统的信（1985 年 6 月 6 日）

在整个 20 世纪 80 年代，中非经贸代表团互访频繁。国家领导人和政府高级官员的互访，巩固和发展了中非友好合作关系，促进了中非经贸的全面发展。这一时期，在对非援助方面更加务实、理性，援助方式和援助内容也更加具有针对性，更加注重双向的经济互动。

中非人民的历史渊源和深厚情谊使中非合作成为世界历史上南南合作的经典范例。面对非洲人民所面临的灾荒，中国政府没有袖手旁观，在中国自身发展仍面临困难的情形下，第一时间响应国际呼吁，第一时间动员国内力量，第一时间出手相援。

除了常规的援助项目，1983 年，中国政府有针对性地向 23 个非洲国家派出数百名农业专家和技术人员，承担了 34 个粮食和农业方面的经济技术合作项目。

1984 年，除原有的援助合作项目外，中国政府又提供了 5.6 亿元人民币的双边经济援助，并组织向埃塞俄比亚、塞内加尔、毛里塔尼亚、布基纳法索、莫桑比克、马里、尼日尔、索马里、坦桑尼亚、苏丹和安哥拉等国提供了 12 万吨救灾粮，以表达对非洲灾情和人民的关切，帮助非洲人民抗旱抗灾。

1985 年上半年，中国人民克服自身困难，向非洲提供了 5 万吨粮食援助。

此外，在中国政府的支持和带领下，1985 年 4 月，中华全国总工会向埃塞俄比亚等非洲受灾国家的人民捐赠了价值 150 万元人民币的粮食。这批粮食通过受援国的工会组织分发给受灾的工农业劳动者。

1985 年 3 月 12 日，中国代表团团长李鹿野在联合国关于非洲紧急形势会议上，真诚地表达了对非洲形势的关切。他在发言中说，许多国家以及国际组织对非洲国

1985年2月10日，国务委员姬鹏飞会见埃塞俄比亚红十字会会长达维特·扎乌德（右三）

家的紧急需要提供了双边和多边援助，为解救处于危难之中的灾民发挥了重要作用。但是，应当看到，非洲受灾国的旱情依然严重，粮食短缺使千百万非洲人民衣食无着，面临饥饿与死亡的威胁。因此，当前的紧迫任务是进一步协助受灾国摆脱困境。

李鹿野强调说，解决非洲的紧迫问题应同长远的努力结合起来进行，只有在解决非洲面临的紧急问题的同时，提高其粮食自给的水平，才能从根本上增强其预防和克服自然灾害的能力。

他指出，中国政府和人民一直怀着极大的同情，密切关注着非洲国家所遭受的旱灾，以及由此造成的严重局势。中国愿意在继续进行双边合作的同时，积极参加国际社会对非洲国家发展农业的多边长期项目，尤其愿意在提供农业专家服务、农村适用技术、综合规划考察和人员培训等方面做出贡献。

同年 3 月 29 日，联合国粮食及农业组织在罗马召开非洲农业恢复会议。中国驻联合国粮食及农业组织代表孔灿东在发言中说，中国政府愿意在原有援助的基础之上，继续捐赠并负责执行联合国粮食及农业组织所提出的这项紧急计划中的若干个项目，包括提供专家、技术服务和配备必要的小型农机具、牲畜、疫苗、种子、化肥、农药等。他还说，由于中国和许多非洲国家在农业上有着长期友好合作的历史，中国政府还愿意在其他适合的项目上同有关国际机构与捐助国进行磋商，探讨合作的可能性。

联合国粮食及农业组织标识

（联合国粮食及农业组织于 1945 年 10 月 16 日成立）

1985年7月23日，中国代表团代理团长王保流在联合国经济及社会理事会讨论非洲危急经济形势时的发言中指出，国际社会应加快步伐共同支援非洲，除需要进一步提供足够的粮食紧急援助外，目前还须抓紧解决如何更快更有效地把援粮分运到灾民手中的问题。

王保流说，当前非洲经济形势仍然十分严峻，有些地区的情况还在继续恶化。尤其令人担忧的是，非洲的粮食生产状况仍然处在严重的危机中。1984年，非洲的人均粮食产量进一步下降，遭受饥饿和营养不良的人数仍在上升，谷物进口需要量达到创纪录的水平。

面对这种危急的经济形势，非洲许多国家调整了发展战略，把优先发展农业生产、谋求粮食自给作为政策调整的重要内容。王保流指出，这说明，非洲国家和人民在解决自身面临的困难方面表现出了巨大的决心和远见。

非洲的债务问题也已成为非洲经济发展的重大障碍。据统计，非洲国家的外债总额已为其国内生产总值的40%，用于发展的资金因而所剩无几。在谈到国际援助时，王保流强调说，除了紧急援助外，帮助受灾国恢复其自身的生产能力和抵御灾害的能力是援助非洲的另一个重要方面。援助不应附加严苛的条件，援助国更不应借机推行某种特定的经济模式。处于极其困难境地的非洲国家所需要的不仅是援助，而且是真正的善意。

王保流最后表示，相信经过非洲国家的不懈努力和国际社会的大力支援，非洲形势一定能出现转机，非洲国家一定能恢复发展进程。

1985 年 11 月 7 日，在联合国大会讨论非洲危急的经济形势时，中国常驻联合国代表李鹿野指出，非洲经济形势虽然出现了一些缓和，但危机并未得到控制，紧急状态仍未消除。

李鹿野指出，非洲面临的挑战是双重的，即生存和发展。他说，长期的殖民统治，使非洲国家经济的内在结构处于严重不平衡状态；经济单一化、过分依赖外部市场、基础设施不足，使它们极易受到外部条件的不利影响。

为使非洲从其所处的困境中解脱出来，必须在解决目前紧急问题的同时，着眼于中、长期的经济和社会发展，进行结构性改革，使非洲国家逐步具备自力更生发展生产和抵御灾害的能力。

非洲面临的问题涉及面如此之广，从根本上解决危机的任务如此之重，因而国际社会应继续向受灾国家提供援助。首先应为它们创造有利的外部环境，减轻不公正的国际经济关系给它们带来的压力，这包括：稳定原料和初期产品价格，改善贸易条件，增加对最不发达国家的减让性发展援助，根据非洲国家的实际情况解决外债问题。

李鹿野表示，中国将继续为援助非洲国家克服困难、发展经济作出贡献，并表示支持非盟首脑会议关于召开一次非洲局势特别联大的建议。

可见，面对巨大灾难，中国政府不仅一如既往地对非洲国家和人民给予最切实真诚的帮助支持，而且在国际舞台上发出正义而负责任、有担当的声音，为非洲人民彻底战胜灾荒、走出困境建言献策，提供具有战略眼光的规划和策略。

中国对非洲的帮助和声援加深了中非之间的相互了解与信任，让中非之间的友谊从民族独立运动时期相互支援的革命情感升华到经济发展时期的互利共赢；紧密的政经联系有助于中非关系的稳健发展，并为新形势下中非关系的全面发展奠定坚实的基础。

七、中国红十字会在行动

红十字会是世界三大国际组织之一，参与国际交往与国际救援是其人道活动的重要组成部分。

中国红十字会是政府在人道主义领域的助手，正因为如此，在中国政府号召并积极实施对非援助的情形下，中国红十字会加入援非募捐活动并一度担纲领衔，具有一定的必然性。

中华人民共和国成立后，改组后的中国红十字会在国际主义和人道主义指引下，在共同的反帝、反殖斗争中，向非洲诸国提供了大量的援助，为中非关系友好发展注入了活力。

20 世纪六七十年代，中国红十字会总会国内工作部门和各级地方红十字会组织机构纷纷被撤销，国内工作陷于瘫痪。在这种情形下，中国红十字会虽身处逆境，却以坚忍不拔的精神，争取了政府对红十字运动中国际援助的支持，共向 138 个受灾国灾民提供了 169 次援助，款物合计1亿多元人民币。对包括非洲在内的众多国家所发生的天灾、人祸，给予了必要而恰当的赈济与帮助，充分发挥了中国红十字会的积极作用，履行了红十字人道主义这个崇高而神圣的使命，在国际红十字运动史上留下了光辉的足迹。

1978年12月18日，党的十一届三中全会的召开，开启了我国改革开放历史新时期，成为开辟有中国特色的社会主义道路的伟大起点，是中华人民共和国成立以来我党历史上具有深远意义的伟大转折。十一届三中全会以后，在改革开放的春风雨露的滋润下，中国红十字运动逐步复苏并走上了初步发展之路。

进入20世纪80年代后，在推进建立国际政治经济新秩序的过程中，非洲诸国发挥了不可小觑的作用，是中国重要的国际朋友。根据中国红十字会第四次全国会员代表大会提出的要求，中国红十字会要为密切同非洲诸国之间的友谊作出新的贡献。

在非洲国家普遍遭受严重旱灾的背景下，作为国际红十字大家庭中的重要成员，中国红十字会在改革开放的新形势下更加积极地参与了此次的救援行动。

早在1982年，中国红十字会就开始陆续向非洲受灾国家提供援助。同年2月，中国驻科摩罗大使馆将中国红十字会捐赠的5 500余千克大米转交给非洲东海岸的岛国科摩罗政府。同年5月，中国驻莫桑比克大使馆代

中国红十字会的国际救援

表中国红十字会，向莫桑比克政府捐赠人民币 5 万元。1982 年 12 月 3 日，中国驻马里大使馆临时代办申连瑞代表中国红十字会将 1 万美元的赠款交给马里内政部长阿卜杜拉赫曼·马伊加，以援助马里遭受旱灾的人民。

1983 年，中国红十字会根据灾情的发展，加大了对受灾国家和人民的援助力度。同年 4 月 1 日，中国驻埃塞俄比亚大使赵源向埃塞俄比亚红十字会递交了中国红十字会赠送的 2 万美元支票的救灾款。这笔款项是为救济埃塞俄比亚贡达尔和沃洛地区遭受干旱影响的灾民。

1983 年 6 月 20 日，中国驻冈比亚大使馆临时代办刘奋之向冈比亚副总统巴卡里·达博递交了中国红十字会赠送的 50 万元人民币支票的援款。这笔款项主要帮助冈

1983 年 7 月，钱信忠会长会见中非共和国卫生部长恩加因·迪罗并代表中国红会捐赠现款

比亚解决粮食困难。达博同刘奋之进行了热情友好的谈话，他代表冈比亚政府向中国政府和中国红十字会表示感谢。

1983 年 11 月 1 日，中国红十字会向乌干达三个县流离失所的灾民（约有 20 万人）赠送 20 吨大米。乌干达总理阿利马迪在接受这批大米时，感谢中国政府在乌干达困难时期赠送这批救济品。这批大米由中国驻乌干达大使馆代表中国红十字会向乌干达政府赠送。

1984 年以后，中国红十字会调动了更多的资源，对受灾国家进行切实的帮助。

1984 年 1 月 11 日，中国驻尼日尔大使王毓培代表中国红十字会，把 2 万美元捐款转交给了尼日尔红十字会，并代表中国红十字会和中国人民向尼日尔灾区人民表示亲切慰问。尼日尔社会发展全国委员会副主席、尼日尔红十字会主席阿里·邦迪雅尔在接受捐款时表示，感谢中国红十字会和中国人民对尼日尔灾民的支持。

1984 年 2 月 20 日，中国驻冈比亚大使梁枫以中国红十字会的名义，将一张 14 000 英镑的支票的赠款交给冈比亚副总统达博，以援助长期遭受旱灾的冈比亚居民。梁枫代表中国政府、人民和红十字会向灾民表示慰问。达博对中国人民的馈赠和体现的友好合作精神，表示感谢。

1984 年 2 月 28 日，中国驻赤道几内亚大使馆将中国红十字会向赤道几内亚政府赠送的 100 吨大米转交给赤道几内亚政府。赤道几内亚外交和合作事务部秘书长奥沃诺在交接仪式上讲话，向中国红十字会表示感谢，赞扬中国为赤道几内亚提供无私和不附带任何条件的援助。

1984 年 3 月 5 日，中国驻佛得角大使馆临时代办李琛光向佛得角合作计划国务秘书若泽·巴里托转交了中国红十字会 1 万美元的赠款，以援助遭受严重旱灾的佛

钱信忠会长会见圣多美和普林西比民主共和国总统夫人、红十字会会长阿梅莉亚，并转交了中国红十字会的一张捐款支票，帮助该会进行福利工作

得角人民。

1984年3月10日，中国驻塞内加尔大使梁枫代表中国红十字会，把5万美元的赠款交给塞内加尔农村发展部长、援助农村团结委员会主席巴托尔·迪奥普。

1984年3月14日，中国驻博茨瓦纳大使路德芳代表中国红十字会把1万美元的支票捐赠给博茨瓦纳政府以援助遭受旱灾的该国人民。

1984年3月31日，中国红十字会向索马里红新月会捐赠2万美元，以救济该国旱灾灾民。这笔赠款由中国驻索马里大使王世琨转交给索马里红新月会会长阿卜迪努尔·优素福·艾哈迈德。

1984 年 4 月 18 日，中国驻莱索托大使牟屏代表中国红十字会，把 1 万美元的捐款转交给莱索托财政大臣拉赫特拉，以救济莱索托遭受旱灾的灾民。拉赫特拉代表莱索托政府、人民和乔纳森首相对中国的捐款援助表示感谢。

1984 年 5 月 10 日，中国驻吉布提大使王昌义约见吉布提外交和合作部长穆明·巴敦·法拉赫，代表中国红十字会捐赠 1.5 万美元救济遭受旱灾的吉布提居民，并向灾民表示慰问。

1984 年 6 月 7 日，中国驻津巴布韦大使褚启元代表中国红十字会，把一张 2 万美元的支票交给津巴布韦劳动、人力计划和社会福利部代部长约翰·恩科莫，以援助遭受旱灾的津巴布韦人民。恩科莫代部长代表津巴布韦政府，感谢中国人民对津巴布韦灾区人民的援助。

据统计，中国红十字会在 1984 年共向非洲受灾国家捐赠了 68 万美元的食品、药物和现款。在此基础上，1985 年中国红十字会开始在全国进行募捐活动。

八、探访埃塞俄比亚灾情

1985年，为了深入了解旱灾灾情，以有的放矢地提供人道救援，同时也为了送去兄弟国家的人道关怀，中国红十字会准备对埃塞俄比亚进行考察访问。

埃塞俄比亚是个有着3000年文明历史的古国，也是此次受灾最严重的国家之一。全国14个行政区，有11个受灾。在1984年的主要收获季节，谷豆类作物减产25%~30%，灾民700余万，缺粮150万吨，引起了世界的关注。

1985年元旦，中国红十字会代表团乘车到埃塞俄比亚北部受灾最重的沃洛行政区慰问灾民。从亚的斯亚贝巴向北行驶，一路上看到的是干涸的河床、板结龟裂的土地、牲畜的尸骨以及一队队领取救济食品的灾民。这次，中国红十字会代表团远道而来，到达埃塞俄比亚灾区，带来了奶粉、饼干、牛肉干等救济物品。中国政府还派出了由10名医务人员组成的中国救灾医疗队，携带药品和医疗器械为灾民免费治病。

1985 年 1 月 2 日，中国红十字会代表团来到埃塞俄比亚红十字会设在受灾最严重地区之一巴蒂的救济中心。这个救济中心位于沃洛行政区的中部偏东南，是埃塞俄比亚红十字会和红十字会与红新月会国际联合会在 1984 年 10 月份联合主办的。救济中心共收容灾民 20 451 人，都是受旱灾最严重的群众，其中 13 473 人是儿童，共有大小帐篷 500 顶。灾民群体大部分是农民，持续多年的干旱已堵死了他们赖以生存的唯一出路，大批灾民携老扶幼，背井离乡，加入了逃荒的人流，寻求新的生活出路。可悲的是，在漫长的旅途中，很多老、幼、病、残还没有来到救济点就饿死了。就是这些逃出来的人，很多已经饿得奄奄一息。救济中心刚建立时，每天有100～200 人死亡，其中 80% 是儿童。后来由于红十字会的救济工作卓有成效，死亡人数已经大幅度下降。灾民收容点内设有一个 58 张床位的医院，包括一个产房，有 2 名医生、7 名护士、16 名卫生员、1 名化验员和 1 名营养师。另外，还有一个儿童精心喂养室和一个伙房。整个救济中心拥有 337 名工作人员，其中大部分为红十字会志愿工作者和少年。

了解基本情况后，中国红十字会代表团来到医院慰问灾民。代表团成员一踏进病房大门就被眼前的悲惨景象所惊呆，空气也瞬间变得令人窒息。病人大多数是儿

埃塞俄比亚儿童在等待救济粮

童和妇女，一位刚刚来到救济中心的中年母亲，怀抱着一个三四岁的男孩，严重的营养不良使得孩子身体极其消瘦，可怜的小孩，瘫卧在妈妈的怀里，两眼黯淡无光，已经没有力气留意前去慰问的陌生人了。据说，像他这样的小孩，病房里有很多，他们初降人世就要忍受这场历史上罕见的旱灾所带来的无情打击和摧残。他们是最小的抵抗者，又是最大的牺牲者。

一位埃塞俄比亚医生说，灾民中最严重的疾病是营养不良症，此外还有痢疾、疟疾、回归热、血吸虫病、肺炎和肝炎。从病房出来，代表团又来到儿童精心喂养室，这里有2 722名儿童，其中27个孩子的父母在这场灾难中离开了他们，他们成了孤儿。红十字会的工作者对他们进行精心喂养，每天进食 5 次，吃的是高级营养品。孩子们都十分瘦弱，有的可以说是瘦得皮包骨头，大大的脑袋配着瘦弱的小小躯干，显得那样不协调，实在令人目不忍睹。这些孩子一排一排地坐在地上，有的手里拿着杯子，有的手里捧着碗，静静地等待着。在这里，听不见欢笑，看不见打闹，孩子们的天真无邪在他们的身上消失得无影无踪。长时间的饥饿使得他们幼小的身体变得那样虚弱，生命的活力似乎已经枯竭，不要说没有力气玩耍，就连吃饭的动作都是那样的缓慢。正常儿童身上所特有的天性，如顽皮、活泼与可爱等在这里已经看不到了。由此可以想象，这场严重的旱灾给非洲人民所带来的灾难是多么的深重。

在访问中，代表团成员结识了在这里工作的 3 名白人护士。她们是自愿到这里工作的红十字志愿工作者，分别来自英国、挪威和冰岛。在与她们的交谈中，代表团成员了解到，许多家庭因为这场灾难而家破人亡。有一个 6 口人的家庭，在逃荒途中，丈夫和 3 个孩子相继死去，只剩下母亲和一个嗷嗷待哺的婴儿。这位母亲的心碎了，她眼中噙着泪水哀求着对救护人员说：“求求你们救活我的孩子，这是我唯一的孩子了！”还有一个家庭，只有一个老奶奶和一个小孙子幸存下来。老人的两个儿子和 1 个女儿以及他们各自的家庭成员都在这场灾难中丧生。她唯一的希望就是这个孩子，每次吃饭都将自己那一份匀给孙子吃，现在这个孩子的身体已经恢复，老人家也有了生活的希望。

最后，代表团成员来到灾民居住的帐篷区，看到经过一段时间的调养，大部分灾民的状况已经大大好转；一些儿童正在追逐嬉戏，天真、顽皮的天性又回到了他们的身上。一些妇女正坐在地上烧火做饭，炉灶很简单，在平地上挖一个直径不到1米的浅坑，上面架着一个平底锅，做的是当地人喜欢吃的一种味道很酸、类似我国煎饼的食物——英吉拉。我们同一些灾民进行了交谈，他们说，这里的生活条件虽然简陋，几家人合住一个帐篷，但是有饭吃，有水喝了。一个妇女说："现在可好了，我们不再挨饿了。"他们对埃塞俄比亚政府及红十字会的救济非常感谢。

埃塞俄比亚政府和红十字会在全力以赴地开展救济灾民的工作，并取得了很好的成效。代表团带去了中国红十字会捐赠给埃塞俄比亚红十字会的32吨食品和药品，以表达中国人民对埃塞俄比亚灾民的深切同情和关怀。随同代表团前往的还有我国河南派出的一支10人救灾医疗队，为当地灾民患者医治疾病。

中国红十字会代表团在会见埃塞俄比亚红十字会主席达维特·扎乌德时，再次表达了中国人民对埃塞俄比亚灾民的深切同情和诚挚慰问。代表团团长杨纯同志说："中国红十字会代表团这次带来的救济物品不多，但它们是中国人民的一片心意。”埃塞俄比亚红十字会执行委员阿斯法对中国红十字会代表团说，十年前，埃塞俄比亚人民遭受旱灾，中国红十字会捐赠了1万吨小麦。这次中国政府不仅援助了粮食，派来了救灾医疗队，中国红十字会还派代表团携带救济物品亲自到灾区慰问受灾人民，埃塞俄比亚人民会永远记住中国人民的深情厚谊。

九、援非大幕开启

从 1984 年开始，经过一年多的国际社会的紧急援助，部分非洲国家的灾情虽有所缓和，但就整个非洲而言，旱灾仍在发展，需要紧急援助的尚有 20 个非洲国家的 3 000 多万灾民。前文已经谈到，联合国于 1985 年 3 月中旬在日内瓦召开紧急会议，呼吁为非洲灾民再筹募 15 亿美元的捐款，用以采购 300 万吨救济粮。

于是，中国红十字会发扬“人道、博爱、奉献”的红十字精神，在全国范围内吹响了援非募捐的号角。

1985 年 3 月 5 日，国务院批转了外交部、经贸部、财政部《关于 1985 年我对非洲提供救济援助的请示》的报告，建议红十字会等民间团体可在一定范围内，在群众自愿的基础上，适当开展救灾募捐活动。这样，可以对国内人民群众进行一次国际主义教育，并可扩大我国的对外影响。根据国务院的批示，总会于 1985 年 3 月 28 日发出《关于为非洲灾民开展社会募捐的通知》（以下简称《通知》），决定在1985年4—5月开展募捐活动，主题是“为了非洲的旱灾灾民”，并要求已正式恢复组织的省、自治区、直辖市级红十字会，在4—5月与有关单位合作，在有一定群众基础的大、中城市开展活动。

为了活动的顺利开展，《通知》对募捐活动提出了要求：其一，事先务必做好红十字会会员和群众的宣传、教育工作。不搞摊派，不提指标。其二，社团和个人均可自愿捐助。捐助只收现金，暂不收实物。其三，大、中城市红十字医院和红十字团体会员医院（或诊所）在4—5月份进行一次义诊活动。其四，《通知》还建议文化部、国家体委和各地文化厅（局）等在同一时期内有重点地组织若干场募捐义演义赛。其五，请中央主要报纸、电台、电视台届时积极配合红十字会的募捐活动，对人民进行一次国际主义教育。各地红十字会也应同地方报纸、电台、电视台联系，开展这方面的宣传教育活动。其六，募捐所得，统一由省、自治区、直辖市红十字会汇总后转交总会。总会负责统一办理对外救济工作。

最后，《通知》强调，不开展活动的地方，不论社团或个人对非洲灾民的国际捐助，请地方红十字会转交或请其直接寄中国红十字会总会收，由总会负责对外联络。

可见，红十字会总会对这次活动进行了周密的安排，既体现了针对性，也考虑到各部门的协同配合、整体推进。总会的部署为募捐活动推进指明了方向，规划了路径。

就这样，募捐活动在全国有条不紊地开始了。大江南北、城市乡村的人民把目光投注到遥远非洲的土地和人群。

“众人拾柴火焰高。”募捐活动在中央和地方各级政府部门和群众团体的积极支援和密切配合下，开展得轰轰烈烈、有声有色。文化部门组织义演、义卖，体育部门举办义赛，卫生医疗单位开展义诊……6月初，援助非洲旱灾灾民的募捐活动已在全国近百个大、中城市展开，社会各界反响热烈。

据不完全统计，举行义诊的医院有上千所，许多著名医学专家、教授、主任医师参加了义诊活动。各省、自治区和直辖市的文艺、体育工作者纷纷组织各种义演、义赛。参加募捐活动的除机关团体、工矿企事业单位的广大干部、工人、知识分子外，还有各阶层人民群众，有退休工人、解放军战士、个体从业者、农民、寺院僧侣，甚至连监狱的犯人也参加了捐助，他们把捐助活动当成净化心灵的行动。感人故事比比皆是。

第一个寄钱到中国红十字会的是武警黑龙江部队三支队的战士们，他们集体捐款2 000元，托红十字会转寄非洲人民。北京旅店服务公司退休职工谢水顺把清晨修车积攒的40元钱捐给灾民，他说：“钱虽不多，但买了大米能救活几个儿童。”北京国家体委幼儿园的小朋友写信给非洲小朋友说：“我们把爸爸、妈妈给我们平时买冰棍、酸奶的钱节省下来，捐献给你们。”北京对外经济贸易大学的外籍教师威廉·赫文克将自己 5 月份的工资 950 元全部捐给非洲灾民。

值得一提的是，中国红十字会名誉会长赵朴初为这次募捐活动献出 2 万元。他对遭受灾难的非洲人民深表同情，是这次募捐活动中捐钱最多的个人。

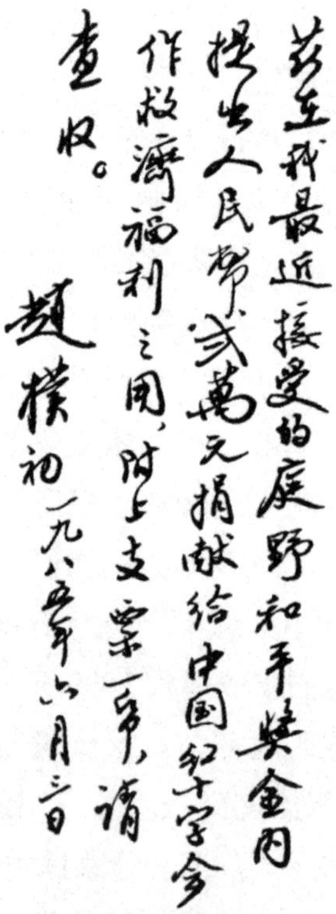
茲送我最近接受的庭野和平奖金内
提出人民币贰万元捐献给中国红十字会
作救济福利之用，附上支票一纸，请
查收。
赵朴初 一九八五年六月三日

中国红十字会名誉会长赵朴初的亲笔捐款条

河北省基督教信徒得知中国红十字会总会开展为非洲旱灾灾民募捐的消息后，纷纷自愿捐款。河北省基督教三自爱国运动委员会将各地基督教信徒募捐的现款3 400多元汇总后，经省红十字会上交中国红十字会总会，支援灾民。

山西省红十字会于5月18日发出《为援助非洲旱灾难民开展募捐活动告各界人士书》，号召全省各单位积极行动起来，发扬人道主义精神，积极参与募捐。倡议书得到了社会各界的广泛支持，各医疗机构纷纷组织义诊，募集捐款。此外，太原市工商联、中国民主建国会太原市委员会、市天主教爱国会、省基督教三自爱国运动委员会、市清真寺理事会、省佛教协会也分别为非洲旱灾难民慷慨解囊，并将捐款送到省红十字会。迅速而有效的募捐活动，生动展现了山西省各界群众的人道主义精神。

在整个活动开展中，可以说，爱心源自天南海北，奉献汇聚四面八方。

江西省新余市红十字会工作刚恢复不久，就在全市开展了募捐活动。他们利用标语、录音广播、宣传栏、简报和放映幻灯片等形式广泛宣传，并组织了36个小分队，派出宣传车40余辆次，前往城镇街道、厂矿单位进行募捐宣传，动员社会各界人士踊跃捐款。截至6月26日，共收到捐款5万余元，其中新余钢铁厂和江西钢厂分别捐款1万余元。

西安市新城区红十字会积极响应省、市红会的号召，动员全区广大群众开展“救非洲灾民募捐”活动，截至7月10日，共筹募现金3.3万余元。

四川邻水县红会从5月份以来，经过广泛宣传动员，城区的40多个机关、厂矿、街道和1万多人积极参加了募捐活动，获得捐款1.235万元，充分彰显了他们对非洲灾民的深切关注和同情。

浙江大学响应中国红十字会发出的呼吁，于5月27日开始，在全校师生员工中开展募捐活动。据不完全统计，截至6月5日，全校共募得捐款8 100余元。

四川省泸州市天然气化工厂配合泸州市红十字会开展活动，厂党委、总工会、团委、医院、学校及幼儿园都积极开展了援非捐款活动。总工会、团委联合举办了两次舞会，收入全部捐了出去；职工医院20名医务人员上街义诊；团支部、少先队也走向街头巷尾宣传，小学生、幼儿园的孩子们节省了冰棒钱纷纷捐款。此次活动，职工个人及单位共为非洲灾民捐款3.0519万元。

当听到非洲灾民正在饥饿的死亡线上挣扎的消息后，辽河油田的上万名职工积极投入为非洲灾民募捐的活动，短短的1个月，油田职工就义捐了13万元。

徐州市贾汪区新新小学红十字卫生站积极响应总会的号召，于4月22日向全校千余名师生及红十字会员进

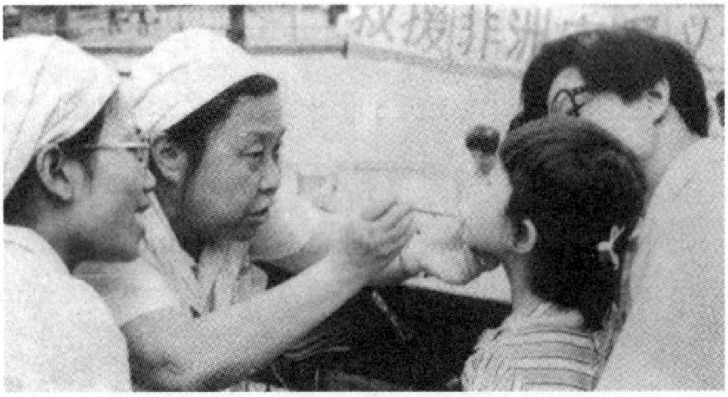

泸州市天然气化工厂职工医院医护人员上街义诊

行了捐款动员，并要求学生们在这次捐献时用自己的双手去创造财富，不要伸手向家长要钱，如利用课余时间收集废纸废铁去出售，节省零花钱以及少吃一根冰棒等，把三分钱、五分钱聚积起来，支援非洲灾区人民。动员大会以后，各班立即行动。三天内，全校就捐款人民币70元，其中五（4）班孟娟同学一个人就捐1.15元。有的会员说："我们这次捐款虽少，但表达了我们中国少年儿童关怀与救援非洲灾民的一点心意。"

5月18日，长沙市红十字会办公室收到署名为"两学生"的一封来信，信中写道："我俩都是小学生，不可能给非洲人民以很大的支援，现将春节时爷爷奶奶给我们的10元压岁钱寄来，请转交非洲灾民，以表寸心。"通过反复了解，才知道这钱是溁湾路小学六年级学生吴学锋和一年级学生吴榕兄妹俩捐献的。

募捐现场出现了一个个感人的场面。一首《写在募捐现场》的诗生动地反映了此情此景：

鬓发斑白的老教授，
满脸稚气的少先队员，
慷慨解囊的机关干部，
满身油腻的工人会员，
一元，两元，
十元，百元，
陌生的面孔，
滚烫的话语：
哪怕献上一分钱，
也是对非洲灾民的支援。

慷慨激昂的演讲，
感人肺腑的宣传，
援助非洲义不容辞，
拯救灾民刻不容缓，
义赛，义卖，
义诊，义演，
满怀深情，
通宵达旦。
国际精神的彩带呀，
把中国和非洲相连。

十、首都人民伸援手

1985年4月13日，北京市红十字会在中山公园召开为非洲灾民募捐动员会。总会副会长杨纯作了视察埃塞俄比亚灾情的报告，号召北京市红十字会会员为灾民伸出救援之手。北京市红十字会白介夫会长作了热情洋溢的动员。

动员会开得恰逢其时，它像一粒火种，把首都市民对非洲人民的人道情谊瞬时点燃。北京城沸腾了，“人道、博爱、奉献”的红十字精神充溢大街小巷。

会议开始前，有的同志看了“宣传提纲”就当场捐献，西城区阜外办事处干部李玲捐款50元，西黄城根小学卫生老师田翠云捐款10元。当动员会的消息传到正在集训的工厂救护队时，队员们豪情满怀，当场捐了100多元。北京晚报社、北京电台、北京电视台报道了市红十字会为非洲灾民开展募捐的消息后，有的单位和个人主动和市红十字会联系，表示要为非洲灾民尽义务。

首都人民为非洲灾民捐款漫画

会后，各区雷厉风行。西城区红十字会行动最快，当天下午就召开了各街道红十字会会长会议，做了具体部署。区卫生局决定，4 月 21 日全区所有医院用半天时间开展募捐义诊。宣武、海淀、东城相继召开了理事扩大会，研究了募捐的计划，朝阳、宣武、海淀还布置了义诊活动。

一些基层红十字会也紧锣密鼓地行动起来，在红十字精神的旗帜下抒发和表达着中国人民的深情和关切。

星期六下午，北京西砖胡同小学、铁路第十小学的学生，到街头进行为非洲灾民募捐活动的宣传，并设置了捐献箱，不少市民解囊相助。铁路十小还召开援助非洲小朋友讨论会，不少同学谈道，非洲现在受了旱灾，很多小朋友没饭吃，我们应该支援，我们不从家里要钱，要想办法用劳动报酬捐助。全校学生用了一节课时间，到校办工厂糊信封近万个，得到劳务费 20 多元，全部捐献。

北京铁路第十小学捐款现场

解放军总后勤部卫生部医务处，准备发动驻京部队医疗单位开展募捐义诊。国防科委门诊部得到消息后，全体医务人员怀着对非洲灾民的同情，开展了 3 天义诊，门诊部副主任带着全体医务人员对非洲灾民的深情厚谊，将 500 元义诊收入送到市红十字会。

北京居士林理事会对救援非洲灾民十分重视，理事长吕香光召开了常务理事会，决定用7天时间开展募捐，给每位林员发了募捐号召书，林员们积极响应，共捐款1 725元。

北京玉器厂也召开了车间领导、卫生站站长会议，深入发动，两天时间捐款300多元。

市红会荣誉会员金托晨，得到开展募捐活动消息后，来到市红会捐款100元。中共中央对外联络部的舒展、刘萍夫妇曾访问过非洲，对非洲人民有着特殊感情，活动刚开始即义无反顾地捐献150元。北京金属结构厂潘德全同志，曾多次向红十字会捐款，听到募捐消息后，马上到市红会捐款50元。

截至4月15日，市红十字会已收到捐款5 000多元。

绝大多数驻地机关团体、企事业单位及各界人士都行动起来了。从楼群大院到街头巷尾，从机关单位到工厂车间，从小学到大学，到处可以听到首都人民对非洲灾民发自内心的同情语言，看到首都人民纷纷解囊相助的生动感人场面。

许多家庭出现了老少三代争相捐款的动人情景。一封封洋溢着对非洲灾民深切关怀的慰问信和一张张凝聚爱心的汇款单，像一片片纯洁无瑕的雪花飞到市红十字会，场景感人，让人难忘。

也有不少同志从丰台区、海淀区风尘仆仆地找到市红会进行捐款，而且诚恳地表示捐献不要留名，不要收据。牛街地区聚居的穆斯林、雍和宫的喇嘛都纷纷进行捐献，他们认为援助非洲灾区是实行人道主义的好事，是乐善好施的行为。

还有许多机关团体、企事业单位都积极行动起来。新华通讯社不仅单位捐了 2 万元，职工们还自愿捐款 1 600多元，就连在新华通讯社工作的外国专家也主动捐献。

这次捐献活动，医疗单位发动得非常广泛，各级医疗单位共 130 多家、500 多个街道红十字卫生站开展了义诊活动。北京市卫生局局长孙衍庆不仅积极参加友谊医院、红十字朝阳医院的义诊，而且在市卫生局带头捐款。80 多岁高龄的张孝骞、钟惠澜教授分别在协和医院及友谊医院参加义诊。他们说，我们参加义诊活动是履行国际主义义务的好机会。市政协办公厅对这次募捐活动非常重视，组织了 6 个民主党派的 50 多位著名老中医举办了义诊活动。

文化体育等单位争相组织义赛、义演。国家体委、市体委、文化部、中央音乐学院等机关学校分别举办了为援助非洲灾民的义赛、义演活动，国家女排、国家男篮、国家足球队都参加了表演赛。国家体委副主任袁伟民，亲临义赛现场指导，要求每位运动员要以精湛的球艺和奋力拼搏的精神，搞好义赛活动。中国共产党中央顾问委员会秘书长荣高棠、国家体委主任李梦华和几位

1985 年 2 月，埃塞俄比亚红十字会主席达维特·扎乌德为援非义诊题词

副主任以及许多教练员、运动员都踊跃参加捐献。市体委还组织了精彩纷呈的散打、摔跤、拳击表演，收到了很好的效果。

在京的近 30 位画家、书法家主动组织了笔会，精心绘制、书写的一幅幅作品表达了他们援助非洲灾民的一片爱心。著名书法家溥杰，在献字的同时，还在街道上自愿捐款。

不能忘记的是，在这次活动中，全市近千所大、中、小学校的红十字青少年，以极大的国际主义热情，积极投身到募捐活动中来。他们在公园、车站、繁华地带进行宣传，设立募捐箱，以实际行动向社会播撒人道主义的光辉。黑龙江省密山县农民高盛林，在北京火车站见到定安里小学的红十字少年开展募捐宣传，慷慨解囊捐款 175 元。他说："十一届三中全会以后，我家富裕起来了。非洲人民受了灾，我们应该尽点义务。"

由于宣传工作做得深入细致，强调"不定指标，不搞摊派，不争名次，不搞攀比，坚持自愿，量力而行"的原则，保证了募捐活动健康地进行，仅半个月的时间就募捐了 110 多万元。

经过大家的共同努力，红十字的精神之花绚烂绽放。总体来说，这次活动行动快、范围广、人数多、影响深，成为北京市红十字会历史上开展募捐救灾活动中比较广泛、深入的一次。全市有近 80 个街道红会采取层层发动、步步为营的办法，广大市民深受人道主义精神的洗礼。

这次活动之所以能获得成功，是与各级政府及各单位领导的支持分不开的。值得提出的是，从中央到地方的十几家新闻单位，在活动中给予了大力支持，共宣传报道了 30 多次，有力地推动了募捐活动的开展。

十一、募捐活动在山东

为响应总会关于在全国城市开展援非募捐活动的号召，山东省红十字会经省政府批准，于5月、6月份在济南、青岛、淄博、烟台、潍坊、枣庄、济宁、东营8城市及胜利油田、济南铁路局、齐鲁石化总公司开展了募捐活动。

这些城市和企业的党政领导都十分重视此次援非募捐活动，迅速作出了具体安排。一些城市的领导同志还发表了电视或广播讲话，亲自上阵宣传发动。驻山东的陆、海、空三军都向所属部队发出通知。各地市报纸、电台、电视台等新闻单位，积极组织宣传报道。很多影院制作放映了宣传募捐的幻灯片。广大红十字青少年以及文艺团体、工厂、街道居民等组织了宣传队，设立募捐站，广泛进行募捐宣传，使这一活动家喻户晓、妇孺皆知、深得人心。

这次募捐在各级党委和政府的重视、各有关部门的密切配合、全省人民的大力支持下取得了圆满成功。参加募捐人数达400万，共捐款3 893 724. 58元。募捐中，从干部到职工群众，从将军到普通士兵，从垂髫儿童到耄耋老人，无一不对非洲灾民表现出高度的同情心和助人为乐的博爱精神。

这次募捐活动牵动了各行各业、千家万户男女老少的神经，汇聚成了澎湃汹涌的爱心河流。在募捐形式上，有医务界的义诊（全省共组织2 000多场），有书画家的义卖，有大中学校学生开展的义务劳动，这些活动的收入全部予以捐献。在这次活动中，山东省多数专家教授、演员、书法家都亲自参加，起了很好的带头作用。有的企业单位不但个人踊跃捐献，集体捐献也很踊跃，全省集体单位共捐献55万多元。

在援非募捐活动中，全省人民发扬了中华民族扶危济困、助人为乐的传统美德和共产主义风格，自愿为非洲难民解囊相助，涌现了许多感人事迹。广大白衣战士把援非募捐作为义不容辞的职责，一些年逾花甲的老教授、老专家带头参加义诊活动。很多单位的团员、青年还组织和参加了义务服务，为非洲灾民筹款。广大文艺、体育工作者，不顾天气炎热，为援非募捐进行了多次义演、义赛，受到社会各界的好评。广大宗教界人士，乐善好施，也积极参加捐助。正在山东的外国朋友，得知非洲灾情后，也主动进行了捐助。

山东红十字会援非募捐活动现场

在车站、广场、集市、街头，在每一个募捐站、每一个募捐箱前，当一些来去匆匆的旅客，许多忙于上班的干部、工人听到为非洲募捐的呼吁后，停下脚步，主动走向募捐箱投钱。

淄博市一位 83 岁的老奶奶听了广播，亲自跑了四五里路奉献爱心；当再一次听到呼吁后，又返回家，走街串巷进行宣传动员，再次捐献 27 元。济南市家庭妇女常树馨平时只靠做零活勉强度日，却也挺身而出慷慨捐献 300 元，对于她而言，这是一笔大数目。青岛市太平路小学四年级少先队员倪燕将她积攒多年的压岁钱、零用钱 20 元全部用于捐献。山东工业大学离休干部郭川及其爱人张峰每人捐献 100 元。

山东省红十字会、山东各地市红十字会每天都会收到一批汇款单、接待一批捐款者，这些人大多数不愿留名。如济南市一位60多岁的老人送到市政府100元钱，要求转给非洲灾民，之后便悄然离去，经再三询问才得知她叫刘孟浩。一些部队战士不但自己捐款，还主动动员家人捐款。全省捐款50元以上的有499人，其中12人分别捐了500~1000元。

这次募捐活动由红十字会全面动员和组织，符合红十字会宗旨和性质。通过这次活动，一些过去对红十字会缺乏认知的人都知道了红十字会是怎样的组织，开始走近红十字会、亲近红十字会，红十字会的影响扩大了、威信提高了、工作促进了。许多人要求参加红十字会，许多没建立红十字会的单位要求建立红十字组织，推动了山东省红十字会工作的深入开展。这次活动，不但从经济上支援了受灾国家，也在全省进行了一次深刻的爱国主义、国际主义和人道主义教育，成为社会主义精神文明建设的组成部分。

十二、募捐活动在江苏

根据总会的通知精神，江苏省红十字会与省文化、教育、卫生、体育等有关部门协商并经省人民政府批准，决定于1985年5月份在全省开展一次社会募捐，援助非洲难民。4月25日至26日，省红十字会在南京召开全省11个省辖市红十字会副会长和秘书长紧急会议，具体讨论并部署募捐活动。省红十字会朱朱副会长主持会议并作总结，他强调，募捐组织形式可以灵活多样，各市可根据当地情况自行安排，但各市红十字会要主动承担这次国际性的救灾募捐工作。

5月6日，江苏省人民政府办公厅转发了省红十字会《关于为非洲灾民开展社会募捐活动的报告》（以下简称《报告》），要求各地、各部门加强领导，把这次募捐救灾活动搞好。为推动活动顺利开展，《报告》提出，募捐活动仅限在11个省辖市市区内进行；省及各市报社、电台、电视台要积极予以配合，开展募捐宣传活动，对广大红十字会员及群众进行一次生动的爱国主义、国际主义和社会主义人道主义的宣传教育；社会团体、工厂、机关与个人均可自愿捐助，不搞摊派，不提指标，只收现金，不收实物。城市红十字医院和红十字团体会员医院在5月份可适当组织开展一次或几次义诊；建议各地文化局、体委在5月份有重点地组织一场或几场义演、义赛；建议各地可组织中小学、大学红十字青少年上街（车站、码头、公园）宣传和开展一次或几次募捐活动；募捐所得款项，属专用对外救济款，不得挪作他用。募捐活动由省及各市红十字会负责，不另建组织。

江苏红会的援非募捐活动由此拉开帷幕。

各地红十字会响应省红十字会号召，广泛宣传、积极行动，谱写出一曲曲人道主义的赞歌。

南京市红十字会在五一劳动节期间开展募捐活动，在第一天就硕果累累；市、区红十字团体会员单位和部分高校红十字会在闹市区和公园设置了15个募捐站，当天即有2 100多人现场募捐，共募得人民币77 252元。参加活动的各单位都对活动给予了足够重视。南京鼓楼医院、南京医学院、南京药学院、南京林学院、南京中医学院、通信工程学院、莫愁湖公园、第二十七中学等单位领导，都亲自或指定专人负责活动的组织工作，通信工程学院更是由领导带头捐款，院内的个人捐款达242.49元。

中国人民解放军南京疗养院为非洲灾民募捐

淮阴市的援非募捐活动开始于5月15日，到5月30日的16天里，全市有597个单位和104 789人参加，捐款总额为153 135.78元。按市区人口平均每人捐款0.79元（市区人口为19.3万），位居全国200多个大、中城市人均捐款额之首，这样的成绩对于20世纪80年代中期地处苏北平原的淮阴市来说是相当可观的。

在整个募捐过程中，淮阴市红十字会自始至终坚持了“重在教育，贵在教育”的原则，不搞摊派，不搞攀比，自愿量力，多少不限，在自觉自愿的基础上捐款。领导的重视与支持是淮阴红十字会取得成绩的秘诀。4月27日，市红十字会胡伟琏副会长和方应登副秘书长在参加省红会紧急会议回来后，第二天就会同市红会和卫生局有关领导专程向市政府顾问、市红会会长陈耀作专题报告。陈会长当即表态，这次募捐活动意义重大，必须抓紧时间办，有关材料速送市政府办公室。之后，市红会先后向文化局、教育局、广播事业局传达了援非救灾募捐的有关内容，取得了他们的支持和配合。

在苏州市红会的活动中，红十字青少年扮演着重要角色。复会以来，红十字青少年一直活跃在苏州的红十字舞台上，曾多次受到中国红十字会总会和省红十字会的表彰。募捐活动中，他们热情高、行动快，率先走向社会开展募捐宣传活动。5 月 12 日，带城中心小学、金阊区实验小学等 12 所小学的 300 多名青少年，在学校负责人带领下，在车站、码头、园林和闹市区设立了 12 个救援非洲灾民募捐站，热情向社会各界宣传灾情，过往行人和各界人士以及部分归国华侨、日本“西铁城”旅行团、日本和平观光团等，都纷纷解囊捐助，一天就募集近千元，在社会上引起强烈反响。红十字青少年不仅为募捐活动拉开了帷幕，而且在整个活动中担纲领衔。三多小学 41 名小朋友排练了“救救非洲小伙伴”等节目，上街募捐演出。许多青少年省下乘车钱，拿出小储蓄罐，一点一滴见真情。市级机关幼儿园、丁家巷幼儿园的小朋友节省零用钱，捐助非洲小朋友，体现了孩子们的人道情怀。苏州技工学校某班全体师生自发募捐，在全市中学中第一个向非洲灾民伸出援助之手。他们说：救援非洲灾民也是我们学生的义务。通过参加募捐活动，广大青少年受到了一次深刻的思想政治教育。

镇江市红会在市政府的大力支持下，于5月18日召开了有100多个县以上单位领导参加的动员大会。会后，全市立即行动，市报社、市电台、市电视台等媒体广泛参与，热烈宣传。虽然镇江市的活动开展得相对较晚，但由于大范围的成功宣传，至6月7日已募得捐款15.5万多元。

5月以来，江苏各市人民继承中华民族扶危济困、乐善好施的传统美德，发扬国际主义和社会主义人道主义精神，纷纷解囊捐献，向非洲兄弟姊妹伸出了援助之手。到6月20日，据不完全统计，南京市已募集到25万多元，南通市募集善款10万多元，无锡市22万多元。由此，全省人民的人道热情可见一斑。

基层组织是红十字会最基本的组织细胞，是红十字会生机和活力的体现。在募捐活动中，涌现出一批表现出色的基层组织。常州市红十字医院早在4月30日就开展了义诊与募捐相结合的活动，据统计，共义诊320人次，收入808.36元，募捐现金51.97元，总计860.33元。扬州市机械厂红十字会是该市的红十字先进集体，在活动中做到了早捐、多捐，全厂有85%的职工参加了募捐，个人与集体共捐款1 169.79元。南京市下关区红会从5月起在全区范围内发起募捐活动，截至7月，全区工厂、商业、机关、学校、街道居民共有1.6万多人慷慨解囊，为遭受旱灾折磨的非洲人民捐款34 710.07元。由此看来，只要依靠与发动群众，红十字会的工作是可以得到支持并做出成绩的。

江苏红十字会开展的援非募捐活动从1985年5月上旬开始，到7月25日圆满结束。由于各地党、政领导重视和社会各界的积极支持与参与，取得了显著成效，全省共收到捐款2 078 668.11元。

不难看出，各地红会中的募捐款额较多者为南京、常州、苏州、徐州、镇江等地，反映出上述诸地红会工作在全省处于领先地位。江苏红会的募捐款额总数为2 078 668.11元，对于复会不久的红十字组织来说已是相当可观；而且整体成绩居于全国第二位，仅次于山东的3 728 724.58元，更加说明江苏红会在募捐活动中表现不凡，这正是改革开放以来江苏红十字会复会后工作成果的综合体现。

这次募捐活动得到了各级政府部门、群众团体的积极支持和紧密配合，活动形式呈现出多样性的特点，有力推动了活动的进程。文化部门组织了各种形式的义演、义卖，体育部门举办了形式多样的义赛，卫生部门则号召中、西医疗单位和研究机构开展义诊活动。

南京市体育馆与上海乐团于5月5日为救济非洲灾

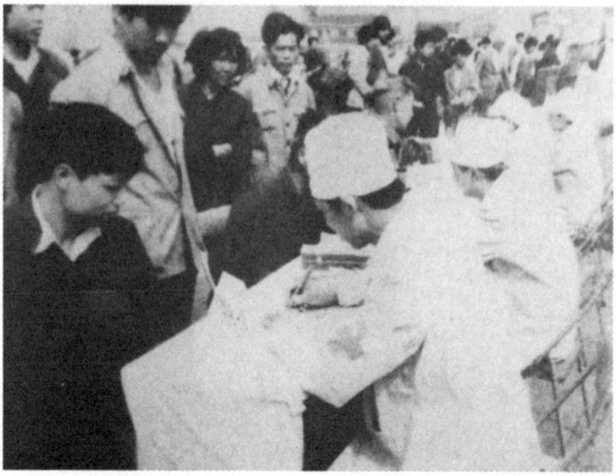

常州市红十字医院开展援非义诊活动

民举行义演，相关部门同心协力、相互配合支持义演。乐团特邀演出的新加坡归侨舞蹈家梁景林与著名滑稽演员俞荣康、谭义存等不要分文报酬；体育馆也免收场租，并派人冒雨外出推销入场券；南京日报社则免收广告费进行宣传。众擎易举，这场义演共募捐款1 500余元。另外，淮阴市著名演员宋长荣、杨秀英、陈玉华也组织3个剧团，进行5场义演。

5月18日—19日，苏州市医务界15个单位的350多名医务人员走上街头，举行义诊募捐活动。年逾古稀的著名老中医黄一峰先生，病休在家已有月余，听到义诊消息冒雨赶到现场参加活动。

无锡市湖滨中学的“湖滨刻印社”开展义刻义写活动，至5月中旬该校捐款180多元。苏州针织总厂、半导体总厂的募捐形式更具特色，他们在饮马桥设立了裁剪、拷边、理发、缝补、修自行车、测血压、量身高体重 7 个服务点，既方便了群众，又支援了非洲人民。

募捐活动体现了参加主体的广泛性。除机关团体、工矿企事业单位的广大干部、工人、知识分子外，还有各阶层的人民群众，有退休老人、解放军战士、个体从业者、农民、寺院僧侣、学生等，体现出红十字活动的群众性和社会性。

5 月 18 日，南京药学院副院长戴昭将离休后教授气功所得的 238 元捐给院红十字会，作为援助非洲灾民之用。

5 月 29 日，全国著名书法家费新我亲自到苏州市红会捐款 100 元，并要求转达他对非洲灾民的同情和关心。在其带动和影响下，许多知名书画名人纷纷解囊相助。

5 月 27 日，徐州矿务局退休职工、志愿军三等一级伤残军人万同道向淮阴市红会捐款 100 元。这位老人自 1976 年唐山大地震始多次向灾区捐款。在这次援非募捐之前，他已向徐州矿务局捐款 100 元。他家境并不富裕，一家 8 口，4 个孩子中有 3 个正在上学，他的退休费连各种补贴在内每月才 78 元多。在老人身上，我们尤其能感受到红十字的人道力量和老人金子般的助人精神。

苏州的募捐活动中，一些个体工商户也踊跃捐款，受到了广大群众的称赞。在平江区个体工商户的捐款名单上记载着：自行车修理个体户陈蕴贤捐款50元，钟表修理个体户缪钧捐款40元，鞋匠申根荣捐款10元……这些人所从事的行业收入并不高，但依然在活动中慷慨解囊。他们还说，急人之难是中国人的传统美德，我们虽然不是万元户，但靠党的富民政策也已慢慢富裕起来，这时候更要关心受苦难的人。话语朴素而真挚，蕴藏着伟大的力量。

苏州金阊区实验小学一年级学生陈钟山小朋友在父母陪同下，把几年来攒的30元压岁钱用红纸包好交给募捐站。此种事例不胜枚举。

募捐活动中，全省各地都涌现出一批捐款不留名者，如6月4日，无锡市红十字会收到一笔匿名捐款，几经辗转，得知捐款者是南京大学数学系毕业生、油泵技校教师丁宏昌。问起此事时，他意味深长地说，支援非洲灾民是每个人应尽的国际主义义务，不必留名。

十三、募捐活动在大连

大连市红十字会根据中国红十字会和辽宁省红十字会的要求，于1985年5月8日发出了《关于为非洲灾民开展社会募捐的紧急通知》。5月14日召开了各区红十字会、市直各局、市直各公司、中央直属厂矿企业负责人紧急会议，市红十字会副会长部梅做了动员部署。

会后，红会印发了1万份《宣传提纲》分发给各单位和广大市民。《宣传提纲》指出：扶危济困是我们中华民族的传统美德。在建设社会主义精神文明的今天，这种美德更应该得到发扬。我国人口众多，一人出一点钱，汇集起来就是一笔数目相当可观的资金，这对于陷于水深火热之中的非洲灾民将是一个很大的援助。而且，募集救济金的活动，对于我们也是一次生动的爱国主义、国际主义和人道主义的教育，是发扬人道主义精神的高尚行为。在旧社会，我国人民也曾亲身经历过同样不幸的遭遇，今天，说到非洲人民的苦难，必然唤起如同己饥己溺的同情心，从而由衷地乐意捐助。

在市委、市政府的关怀下，在各界人士的广泛参与之下，市红十字会与市卫生局、文化局、财政局、外经贸委、体委、外办等有关部门通力配合，全市援非募捐热潮很快形成。自5月14日开始至6月20日圆满结束，36天时间里，社会各界秉持人道主义精神，纷纷慷慨解囊。共有1 184个单位，50多万人参加了募捐活动，捐款总额达517 315.03元。其中团体捐款191 025.71元，个人捐款326 289.32元，大连捐款总额约占辽宁省捐款总额的一半，受到省红十字会的赞扬。

在这次募捐活动中，各级红十字会积极走在前头。各区红会不仅要组织基层红会开展募捐活动，还要夜以继日地受理区辖各单位的捐款。大连市及各区的厂矿、部队的35个医疗卫生单位，2 300余名医护人员，臂戴红十字标识，在街头开展了义诊、义检和医疗咨询服务活动110余次。

大连市红十字会医院、市第一人民医院（市中心医院）是红十字团体会员单位，在活动中起到了模范带头作用，分别捐款2 000多元，是全市行动最早最快的单位。市中心血站（现市红十字血液中心）除团体捐款1 000元外，还有19名红十字会员坚决要求无偿献血，并将按规定发给个人的营养补助费608元全部捐献出来。各大、中、小学的红十字青少年将平日积攒的零用钱也捐献出来，他们要为拯救受难的非洲小朋友奉献自己微薄的力量。文艺界开展了多种形式的义演活动。体育界组织了足球义赛，把 2 000 元门票收入全部捐出。

厂矿企业是这次募捐的中坚力量。大连港务管理局建港指挥部、大连石油化工公司团体捐款各 10 000 元，是当时的捐款大户。大连重型机器厂、大连耐酸泵厂、大连船舶工业公司、市机械总公司、二轻总公司、大连油漆厂和大连水泥厂等单位的党政工团领导人，带动全厂职工积极捐助。在社会各界人士中还涌现出许多踊跃捐款的个人典型，全国人大代表、省劳动模范马殿峰，辽宁财经学院讲师、市珠算学会副会长张利源，大连建筑设计院助理工程师牟林和旅顺口区个体户孙宝英等人都各捐款1 000 元以上。西岗区文化个体户卞松把一天收入的 123. 26 元全部捐出。在大连海运学院执教的英国教授梦克雷先生、日本客商驻大连油脂总厂代表菊池广光先生也自愿捐款。在辽宁省大连劳改支队和市劳动教养院被劳改劳教的 1 546 人，也自愿捐款 2 829. 65 元，大连日报社、大连人民广播电台、大连电视台的记者们，冒雨到义诊、募捐现场采访，及时报道和播发了募捐活动的消息和录像，促进了群众性募捐活动的开展。

1985 年 6 月 29 日，大连市红十字会在市人民文化俱乐部隆重召开了援非募捐总结大会。副会长杜力群作了总结报告，向全市各界人士表达了由衷的感激之情，对积极捐助的单位和个人颁发了锦旗和荣誉证书，并在《大连日报》上张榜公布。市红十字会还把这次捐款的单位和个人，载入了《大连市援助非洲灾民募捐名册》。

十四、不拘一格献爱心

募捐活动中，全国上下，地不分南北，人不分老幼，都以力所能及的方式表达爱心，为万里之遥的非洲人民送去温暖和关怀。

在北京，红十字朝阳医院先人一步，2 月 10 日组织了义诊捐助活动。这次活动在中央电视台《新闻联播》报道后，医院收到了署名“南京工人吴昌哲”寄来的人民币 100 元整，他在来信中写道：“我虽千里之隔不能前往现场，但关怀非洲兄弟的心情和你们是一致的”，“你们开展义捐门诊，给想直接为非洲兄弟出点力的人们提供了一个良好的机会，我也就在千里之外响应了你们……”

红十字朝阳医院按汇款地址和署名寄去了感谢信，但邮局查无此人，原件退回。“南京工人吴昌哲”同志所表现出的助人为乐的崇高人道主义精神和国际主义精神以及做好事不留名的动人事迹，展现了中国人民对非洲人民火热真挚的心愿。

北京市红会的动员报告会结束仅 10 天，各机关、团体、企事业单位、驻京部队、各界人士、广大红十字会会员就纷纷行动，动人事迹层出不穷。

正阳门东边的十字路口，马路北边的高台阶下，每天都会见到一个戴着老花镜的老人忙碌在修车摊上，谁的车出了毛病，只需很短的时间，他就会修理好。从 1982 年以来，这位老人几乎每天早晨 6 点至 8 点，都骑平板车来到这里为行人修车，共修了 1.6 万多辆，只收少许零件费。3 年来，他先后 4 次将修车所得全部捐给当地儿童福利基金会。当他得知非洲灾情严重的消息后，亲自来到北京市红会，把他从 1984 年 10 月至 1985 年 4 月 23 日的全部收入都捐给非洲灾区。他说："我利用每天早晨修车，不是为钱，一是为方便行人，二是为社会福利事业尽点力量。我捐的钱虽不多，但买了大米能救活几个儿童。"

这位品德高尚的老人就是从北京旅店服务公司退休的谢永顺同志。

非洲遭受严重旱灾的消息通过报纸、电视传到了北京市第一监狱，在犯人中也引起了极大震动。这些人过去有的鸡鸣狗盗，有的打架斗殴……在政策的感召下，在干部的长期教育、帮助下，许多人决心浪子回头、弃旧图新，走向人生的新岸。

三中队的犯人大部分在监狱塑料厂劳动。他们看了反映灾情的电视节目后，许多人流下了同情的泪水。当向犯人发出“募集捐款，支援非洲灾民”的倡议后，立即得到了犯人的响应。一小队的犯人抢先报名，捐献自己的劳动报酬，二、三、四小队也不甘落后，纷纷解囊相助。一名年轻的犯人说：“我虽犯了罪，但对非洲的灾情不能视而不见，听而不闻。我把劳动所得的 30 元捐给非洲灾区，用实际行动来救赎我的罪，以表达我们对非洲灾民的友好与同情。”

在短短的两天内，三中队 168 名犯人共捐款 400 多元，北京市红会为了鼓励他们改过自新，向每个捐款的犯人赠送了红十字纪念章。

4 月 20 日，一位五十来岁的男同志来到宣武区红十字会，交给区红会 200 元钱，他说：“现在我的生意正处在淡季，这钱虽不多，但可表达我这个个体户对非洲灾民的关心和惦念。”他原是远近闻名的“李记白水羊头店”的经理李庆芝。

老李退休后，经营个买卖，他说：“我做生意不是为赚钱，不为儿女，只是想为社会福利事业做点实事。”本着这个宗旨，他为儿童福利基金会、为修复长城多次捐款。当听到市红会开展为非洲募捐的消息后，他主动到天桥街道红十字会捐款 30 元，后又到工商联捐款 10 元，先后 3 次共为非洲捐款 240 元。

在北京市红会捐款办公室可以看到，许多机关、厂矿也捐了款。红都服装公司、北京医院工会、北京市工业卫生职业病研究所、铁路文工团等几十个单位捐款数目都在百元以上。

北京玻璃钢研究所的广大职工积极踊跃为非洲灾民募捐，就连离休、退休的职工，子弟学校的学生、职工家属也积极参与。

北京市汽车配件厂的残疾人，听到非洲人民面临着严重饥荒的广播和报道，十分忧虑和焦急。他们共同把钱寄到中国红十字会，他们说："虽然我们是残疾人，但也要为非洲灾民捐献一点，以表达我们慰问的心情。"

活动中，北京市农工民主党成员中的书画家们将他们创作的59幅字画义捐中国红十字会，表达他们对非洲灾民的深切关心和同情。

北京之外，西安、青岛、无锡、潍坊等城市在红十字会的引领下，都以火热的激情投入募捐活动中。

西安市红十字会收到的第一张100元的汇款单是西安音乐学院葛蔓同志寄来的。当问起她为什么捐款时，她由衷地感慨："在电视里看到非洲灾民正处在水深火热之中，内心很不安，我应该尽到个人的力量，帮助他们渡过难关。"音乐学院办公室的同志说："葛蔓同志虽是一般干部，但对社会活动都能积极参加，其精神值得大家学习。"

5 月 14 日，西安市解放路银行储蓄所干部王宏同志路遇歹徒白天抢钱，他置个人安危于度外，勇擒歹徒，得到新城公安分局奖励 100 元。他想，维护国家利益、保护人民财产是国家银行干部应做的事。于是，他以一个 20 世纪 80 年代的中国青年、共青团员的名义，向市红十字会和中华儿童福利基金会各捐款 50 元，以表达他援助非洲灾民之情和关心中国少年儿童健康成长之意。

青岛沧口冷食厂领导对募捐活动十分重视，并以此对广大职工进行国际主义和革命人道主义的教育。他们专门开会进行研究，并召开职工大会进行宣传。厂长孙成仁带头募捐，一人就捐款 1 000 元。在他的带动下，全厂职工都踊跃参与，很快数额达到 1 800 余元。

无锡市红会收到的一个不具名（化名“莫其名”）的募捐者由无锡市邮政局汇来的 200 元钱捐款。经过调查，终于得知，这位捐款不署名者，是无锡油泵厂技校的教师丁宏昌。

5 月 21 日下午，无锡市灵通服装公司经理张元江到无锡市红会募捐现金 2 000 元。他曾在 1983 年 10 月 1 日到 1984 年 6 月从事个体经营，1984 年 6 月以后在灵通服装公司当经理。这 2 000 元钱是他在这段时间内的积累，他说：“为人在世赚了钱就应该为人类多做好事。”

潍坊市潍城区民政局所属的福利印刷厂、福利纸箱厂、福利日用化工厂、福利图纸复印厂，是安置残疾人的福利单位，残疾人占工厂人数的40% ~60%。他们听了援助非洲灾民的动员大会以后，回忆过去亲身经历过的不幸，推己及人，积极响应红会的号召。为拯救非洲灾民，残疾人纷纷从微薄的收入中，节省出一点辛苦钱，踊跃捐助。几天来，自愿捐款总额达到436.7元。

在驰名中外的河南嵩山少林寺，有位行正法师，已六十岁有余，他为非洲灾民慷慨解囊，捐出1 500元钱。少林寺的妙禅和尚，为了表示他对非洲灾民的同情和支持，也捐款1 000元。惟因法师，是佛教协会理事、广东曲江县南华禅寺住持，也捐款1000元。佛教界人士关心非洲灾民的义举可敬可赞。

滴水成河，粒米成箩。“只要人人都献出一点爱，世界将变成美好的人间。”一个人的力量虽有限，但每个人捐出一点钱，汇集起来，就是一笔相当可观的资金，就是一股绵延不绝的力量。在各级红十字会的努力下，募捐活动已影响全国，千千万万颗心灵都为非洲旱灾所牵动。为了人类的幸福、社会的进步，让我们尽自己应有的力量，去帮助非洲人民吧！

十五、风格高尚的青少年

这次募捐活动中，小学生、中学生是募捐的先锋，他们站在队伍的前列，成为活动的生力军。让我们看看这次募捐活动中，在青少年学生身上迸发出的闪光的思想和闪光的行动吧。

在首都北京，当你走过街头巷尾，时常会看到“为非洲灾民募捐”的标语和介绍非洲灾情的宣传材料；时常会看到在繁华的大街上，佩戴红十字证章的青少年捧着画有红十字标识的募捐箱，在向行人劝募。

“叔叔阿姨们，现在非洲，每天都有像我们这样大的儿童饿死、病死，请帮助帮助他们吧。”

“捐一点钱吧！为了救救非洲灾民，大家都来尽一点力。”

看着这些天真善良的孩子们，想到还在挨饿并受到疾病折磨的非洲儿童，行人们都不由自主地停下脚步，把自己节省下来的一角、二角、一元、二元人民币投入

北京铁路第十小学：一分一厘援非洲

募捐箱内。

北京市南菜园中学的学生在给红十字会的信件中写道："我们在幸福中不能忘了挨饿的非洲人民，为了给非洲人民一点帮助，我们决定节省一次早餐钱，支援非洲人民。"

北京市有上百所学校的师生参加了这次募捐活动。北京六一幼儿园的小朋友徐强来信说："我妈妈今天在医院为非洲人民义诊，我也省下今天在公园游戏的钱，表示我的一点心意。"

北京国家体委幼儿园的全体小朋友写信给非洲小朋友说："我们把爸爸、妈妈给我们平时买冰棍、酸奶的钱节省下来，捐献给你们。"

在杭州，池塘巷小学有的同学把平时的零用钱省下来，有的同学把储蓄罐里的钱拿出来，还有的把班里的废纸收集起来，卖了钱捐助非洲灾民。

许多红十字青少年扛着红十字会的旗子到车站、旅游点劝募，不仅为非洲灾民募集到了捐款，还宣传了红十字的人道主义精神。

在西安，仁厚庄小学的红十字青少年写信给红十字会："我们从电视里、报纸上看到非洲的儿童已经死了十几万，现在还有几十万儿童面临着饥饿的威胁，大家心里非常难过，我们希望非洲的那些儿童可以和我一样坐在明亮的教室里认真地学习，过愉快平安的生活。"

小小信封寄深情

多么可爱的孩子啊，从他们的来信中，我们看到了我国儿童对非洲小朋友的深情厚谊，看到了我国儿童水晶般的心。

非洲旱灾也牵动着中国青年的心。中国红十字会陆续收到一些青年的捐款。

河北医学院邯郸分院的郭儿立寄40元钱到中国红十字会，湖南的残疾青年李建平寄20元到中国红十字会，他们都要求中国红十字会将他们的捐款转交给埃塞俄比亚人民。广州的一名青年捐款100元却不愿留下自己的姓名，他在信中说："我所捐献的钱是不足道的，但我是一个中国青年，为世界人民分忧解苦是我们青年人的光荣职责。"深圳市的陈少翔在信中写道："今年是国际青年年，作为80年代的青年，要促进人类社会的共同进步，现寄上40元，请捐献给非洲受灾最严重的国家——埃塞俄比亚。"

看！这就是20世纪80年代的青年。

福建省福州市卫生局青年医师王茂志，积极响应中国红十字会号召，热切地向非洲旱灾难民伸出援助之手，最近一次的慷慨捐献是人民币110元，受到人们的赞扬。小王谦虚地说："我是80年代中国青年，理应为非洲旱灾难民尽一点微薄之力。"在小王的影响下，大家纷纷伸出援手。

江西省吉安市的青年医生王江南拿出自己准备结婚

用的 100 元捐给非洲灾民。王江南是一名共青团员，他说：“我不忍看到非洲人民在挨饿，我要贡献我微薄的力量给他们。”

河北煤炭建筑工程学院第 83 班的同学们捐钱后，在信中写道：“我们是当代的大学生，有责任有义务积极参加这一活动。”

江苏省丰县 19 岁的小伙子吴勇从报上看到非洲儿童正在忍饥挨饿的文章后，立即写信给有关部门，请求组织募捐活动支援非洲。当他得知中国红十字会开展募捐活动时，十分高兴，马上寄来 30 元钱。

北京市的红十字青年会员李玲在北京市召开的募捐动员大会上，当场捐出 50 元。李玲家上有老，下有小，她和爱人的工资都不高，可她说：“我是个红十字青年，我自己能拿出一点钱支援，心里由衷地感到高兴。”

北京市乐器总厂的张革是新提拔的年轻科长，他给北京市红会寄了 200 元，作为援助非洲灾民的捐款。

十六、在义诊活动中

新中国成立以来，卫生系统与红十字组织保持着亲密的姊妹关系。在援非募捐活动中，卫生系统广泛参与、全情投入，注重发挥专业特长，在义诊活动中彰显了人道主义风采。

自扬州市红会发出为援助非洲灾民开展募捐的通知后，扬州市卫生系统的全体会员单位积极响应，率先开展了形式多样的募捐活动，几天中成绩显著，截至5月7日，募得捐款6 500多元，其中除部分是个人认捐外，主要是义诊的收入。扬州市卫生系统广大职工的募捐活动，为在全市进一步开展好这次募捐活动开了个好头。

北京红十字朝阳医院和北京天坛医院不约而同地在一个晴朗的星期日，举办了支援非洲灾区人民义捐门诊。朝阳医院的门诊大厅中央悬挂着大幅红色横幅：支援非洲灾区人民义捐门诊。横幅下面陈列着中国红十字会慰问团到非洲灾区视察慰问和反映非洲灾情的照片。大厅里贴着市卫生局局长孙衍庆、副局长高寿征、知名教授翁心植以及林荣东、陈裕信、王淑兰等 176 名主任医师及科主任以上人员参加义诊的名单，同时护理部在大厅里设立了内、外、妇、儿科护理咨询台，帮助解答各科护理保健问题，并免费放映新生儿护理幻灯片，义务测血压、量体重。全院 12 个临床科室和 8 个辅助科室 600 多名医务人员放弃休息，热情高涨地站在各自的岗位上。他们穿着整洁的白衣，胸前佩戴红十字会员证章和写有姓名、职称的名牌，和蔼接待和认真诊治每一个病人。

不少病人得知有知名专家义诊的消息，纷纷慕名而来。孙衍庆局长和高寿征副局长在百忙中，应邀在外科和内科门诊检查诊断一个个疑难病人。在翁心植教授的诊室里，找他看病的病人更多，翁教授对待每一位病人都是那么认真负责、一丝不苟。中午时，劳累了一上午的翁教授感慨地说："我们红十字朝阳医院，对非洲地区发生严重旱灾表示十分同情和关心，我们今天举办义捐门诊，就是用实际行动表示对他们的援助，我心情十分愉快。"

中国红十字会副会长杨纯、北京市红十字会副会长谭壮陪同专程去红十字朝阳医院的埃塞俄比亚红十字会会长达维特·扎乌德和埃塞俄比亚驻华代办阿贝贝·泽乌吉看望了参加义诊的工作人员，参观了内科、外科、针灸科及中药房，对参加义诊的医务人员表示感谢。

1985 年 2 月，埃塞俄比亚红会主席达维特·扎乌德与义诊人员亲切交谈

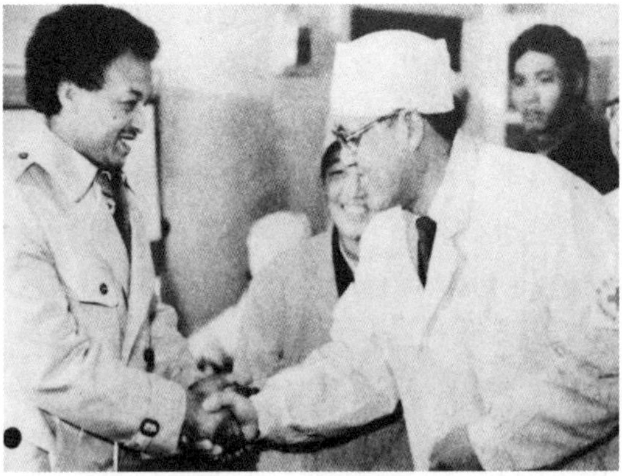

1985 年 2 月，埃塞俄比亚驻华使馆代办阿贝贝·泽乌吉到医院看望参加义诊的医务人员

这次义诊活动不仅局限在医院内，而且还组织了一个有内、外、妇、儿、中医5个科室22名副教授及主治医师参加的巡回义诊队，用了3天时间分别深入京棉三厂、合成纤维厂、开关厂和制药总厂送医送药，深受职工们的欢迎。四个厂的领导表示，不仅欢迎医院举办义捐门诊，还将在厂内开展一次支援非洲灾区人民的义捐活动。

活动结束以后，刘福源副院长说："我们红十字朝阳医院这次义诊和四个工厂义捐的近万元，将呈请中国红十字会，代表我们的心意，全部转交给非洲受灾国家。"

5月18日，山西省红十字会发出"为援助非洲旱灾难民开展募捐活动告各界人士书"，号召全省各单位积极行动起来，发扬人道主义精神，积极参与募捐。倡议书得到了社会各界的广泛支持，各医疗机构纷纷组织义诊，募集捐款。

山西医科大学第二医院于5月26日在医院门诊部及五一路、车站广场开展了主题为"援助非洲旱灾难民"的义诊活动。年逾八旬的老中医顾兆农及包淑和、刘世民教授等60名医务人员参加了这次活动，募得捐款1 300元。

当日，山西医科大学第一医院也开展了义诊，188名医务人员参加，其中12名为副教授、副主任医师，院领导亲临门诊，各科主任带头参加。

山西省肿瘤医院接到呼吁书后，全院职工即踊跃捐款400余元。5月27日，院领导代光寿、张健民、刘清俊等40余名医务人员又为患者开设义诊。

6月2日，山西省人民医院在医院门诊部、火车站、广场等地开展义诊活动，有100余名医务人员参加了活动，其中55名为主任医师，义诊收入1 300元。

中华医学会太原分会专家门诊部开展了为期1周的义诊活动。

山西省眼科医院在6月9日开展了义诊，眼科专家范雪定、沙洛、王尔光等医师参加了义诊活动。

此外，山西省卫生厅、药检所、地方病防治所、防疫站、汾阳医院、忻州地区医院、阳泉市第三人民医院等医疗卫生单位或义诊或自愿捐款，都积极参与了这次活动。

大同市卫生系统在此次募捐活动中尤其声势大、行动快。市卫生局接到呼吁书后，立即召开了动员大会，局长付杰让、副局长陈国芬及各单位领导积极带头参加，市级各医疗单位都参加了募捐活动。大同柴油机厂医院、铁路医院、商业医院、解放军三二二医院等30多个医疗单位，分别在本院及市区设点进行义诊，参加义诊人数有1 000余人，共诊治病人2 600余人，募得捐款4 116元。

常州市红十字医院响应中国红十字会总会的号召，于4月30日举行义诊、募捐活动。为搞好这次义诊、募捐活动，医院事先做了动员和准备工作。义诊活动分三个点进行，一个点全天设在院本部，其他两个点分上午、下午轮流设在火车站和闹市区。由该院两位副院长具体负责，院长和书记也亲自带领25位医护人员上街活动。各活动点都挂上横幅，竖起彩旗，播放事先录制好的宣传讲话，并设立了募捐箱。

群众听说非洲受灾兄弟姐妹的情况后，纷纷解囊。有的人本来没生病，也挂个号检查一下。有一位骨折病人托着包扎着的伤手向募捐箱里投入5元钱，一个七八岁的孩子，将家长给他的1元零花钱投入箱内。市前进贸易公司两位经理分别投了20元和10元。镇江医学院来常州参加勤工俭学的三名学生，刚刚下车，听说义诊活动，不先找住处却先到活动站每人捐了1元，他们说："救人于危难中是我们红十字会会员的天职。"

据义诊结束时的统计，就诊人数共320人次，收入808.36元，募捐现金51.97元，总共860.33元。

十七、卓有成效的动员宣传

做好红会工作，必须宣传先行。开展广泛而深入的宣传教育，搞好思想发动，使广大群众了解非洲灾情，提高对活动意义的认识，才能使募捐工作有坚实的思想基础。

在整个募捐过程中，总会和地方各级红十字会，在中央和地方报纸、电台、电视台、广播站等新闻媒体的积极配合下，对人民群众做了大量的爱国主义和国际主义宣传教育工作，动员他们积极为非洲灾民捐款，一些城市确实做到了家喻户晓、人人皆知。新闻界的同志特别关注这次募捐活动，经常主动上门，采访好人好事，迅速报道，有效地配合了募捐活动。各地红十字会，也根据本地区的特点，制订了自己的宣传教育计划，运用横幅、宣传栏、黑板报、广播、呼吁书、简报、通讯、感谢信、宣传画、标语、口号等各种形式的宣传，讲清募捐的意义、原则和方式方法，对提高人民群众的认识和觉悟，起到了有益的作用。

北京铁路第十小学：上街宣传热情高

地方红会的动员宣传中，江苏和山东做出了表率。

募捐活动之初，江苏省红会与南京市红会联合发布了《为救济非洲灾民募捐的信》，在介绍了非洲灾情的基础上，发出热情号召：同志们、朋友们！扶危济困是中华民族的优良传统，救灾捐助是助人为乐的高尚行为。让我们立即行动起来，为拯救非洲灾民自愿捐款……

在宣传方面，江苏各地红会都不甘落后，因地制宜地运用了多种宣传手段及丰富多彩的宣传形式，不失时机地向民众宣传此次活动，在当地营造了一个良好的社会氛围。南京市设置的 15 个募捐站，在开展募捐活动的同时，注重其宣传功效的发挥，使成千上万的人接受了募捐站的宣传教育。为使全市的宣传工作整齐划一、具有规范性，以强化宣传效果，南京市红十字会对每个募捐站都做了统一的要求，包括：①都挂有横幅，上有红十字标识，有为非洲灾民募捐的字样；②有一幅 50cm×71cm 的宣传画，并附有文字说明；③有一台录放机可播放相关宣传材料；④设有市红十字会发的加锁的募捐箱。

重视宣传教育工作也是淮阴市做好募捐工作的成功经验，这一经验在总会于 10 月下旬召开的全国宣传工作会议上受到表彰。在募捐活动开始前夕，市政府专门召开各有关部门人员会议，部署宣传发动工作，提出要将这次募捐活动作为一次生动、实际的国际主义和人道主义教育。市委书记、市长率先捐助，影响巨大。市红十字会筹备了宣传车，从 5 月 15 日到 30 日，行程有 3 000 多千米，跑遍了市区大街小巷、工厂企业。各报社、电台、广播站积极配合宣传，及时报道好人好事，15 天内共计播发稿件 90 篇。市广播电视局负责人放弃星期天休息，带领电视摄像组上街到各捐款点抢拍镜头。由于宣传教育工作的深入普及，这次活动在全市做到了家喻户晓，市区有 10.4 万多人捐款，占市区居民总数的 54%。这种宣传的热情和干劲让人由衷钦佩。

苏州市红十字会的宣传活动也开展得有声有色。活动中他们坚持将宣传发动、大造舆论贯彻始终，印发了宣传提纲 3 万份，印发了活动简况 10 期，组织了宣传站、黑板报联展等各种宣传活动。

由于苏州红十字会坚持了深入的宣传教育，一批批单位络绎不绝地来捐款，一张张不留姓名的汇款单邮寄而来，一个个感人的场面充分表达了苏州人民对非洲灾民的深情厚谊。

一定程度上可以说，宣传工作决定着活动的成效。宣传工作的有效开展离不开各有关部门的密切配合。这里尤其要指出的是，南京市卫生局印刷厂为赶印省红十字会及南京市红十字会的《援助非洲灾民募捐宣传提纲》，接到任务后立即拣字排版，8 个小时就拣齐全部铅字，并经两次校对，很快印好 4 000 份宣传提纲。接着省红十字会又要再加印 2 万份，工人们连续工作 16 个小时，全部赶印完成。而且，该厂把这次突击任务作为一次尽国际主义的义务，只收成本费。这些工人紧张工作的情形从另一侧面说明了江苏省红十字会对活动宣传的重视程度和投入力度。

十八、活动圆满结束

此次援非募捐活动原计划5月底结束，但因各地募捐工作起步时间有先后，8月中旬才相继结束，比原定时间推迟了两个半月。

1985年9月25日，总会在京举行新闻发布会，宣布援非募捐活动圆满结束。名誉会长朱学范、赵朴初、钱信忠，会长崔月犁，副会长谭云鹤出席大会。在新闻发布会上，总会副秘书长曲折讲话："今年4月中国红十字会发起的援助非洲旱灾灾民的募捐活动已圆满结束。各地群众发扬国际主义和人道主义精神踊跃捐助，共募集到人民币13 870 146.33元，这笔捐款将全部用于救济非洲灾民。在此，我代表中国红十字会向捐款救助非洲旱灾灾民的社会各界人士，向支持这次募捐活动的各级政府和有关部门以及工作人员致以诚挚的感谢和崇高的敬意。"

从全国来看，此次活动中募捐款最多的是山东省红

总会副秘书长曲折在《中国红十字》杂志创刊35周年纪念会上发布援非募捐结束的新闻

十字会，其次是江苏、辽宁、四川、上海、北京等省市红十字会，均在百万元以上；十万元以上的依次是浙江、湖北、福建、安徽、广西、黑龙江、广东等省、自治区。

应该说，募捐活动取得了意想不到的良好效果。这是中国红十字会自1950年改组以来第一次在国内开展的规模较大的全国性社会募捐活动。一开始就得到社会各阶层人民群众、厂矿企业、机关团体、宗教界等社会各界的热烈响应，工作进行得顺利，未出现大的偏差，既取得募捐的经济实效，也对我国人民进行了一次生动的国际主义教育。

参加这次募捐活动的，除机关团体、工矿企事业单位的广大干部、工人外，还有社会各阶层人民群众，有退休老人、解放军战士、城市居民、个体从业青年、农民、寺院僧侣、大中小学校学生、幼儿园小朋友，甚至一些监狱的犯人也参加了捐助。他们踊跃捐献的情景，谱写了一首首生动感人的诗篇。例如，有的退休老人捐献出多年的积蓄；小朋友省下爸爸、妈妈发给的糖果、冰棍钱，捐献给非洲灾民；北京米市大街个体经营的华都餐厅，专为非洲灾民募捐义卖 3 天；很多人向红十字会捐款时不愿留下自己的姓名；等等。凡此种种，都生动地体现了我国人民传统的扶危济困、助人为乐的高尚道德品德。另外，也有一些外国朋友解囊相助。

小朋友积极参与援非募捐

这次募捐活动也存在一些问题，如时间比较仓促，事前的酝酿准备工作很不充分；由于缺乏经验，总会未及时成立专门小组，进行指导，对整个活动的领导不力，运动进展不平衡，比原计划多用了两个半月时间；个别城市，一段时间曾有摊派现象，虽及时做了改正，仍产生了一些负面影响；北京和江苏两地，少数非洲留学生对红会活动的某些宣传形式曾提出异议，经有关部门协助解释说明，得到谅解。此次活动虽有不足，但其价值仍不容低估，其意义影响深远。

十九、红十字之光耀四方

虽然中国红十字会号召和组织的援非募捐活动告一段落，但这并不是一个终结，而是另外一场声势浩大的全国范围的援助非洲募捐活动的开始。某种程度上，红十字会所组织的这一次援非募捐活动，更像是一粒石子，在人民群众的海洋中激起一层层人道主义的涟漪。在接下来的募捐活动中，除了红十字会，更多的社会组织和群众团体参与进来。

1986 年5 月 17 日，中国体操选手楼云和技巧运动员黄瑞芬参加了在伯明翰国家表演中心举行的援助非洲灾民的集资义演，这场义演共集资5 000 万英镑。当时，有6 000 人现场观看了这场义演，世界上有成千上万的电视观众观看了这场义演的电视现场直播。7 月 17 日，中国体操协会收到英国体操协会发来的感谢信，对这一义举表示赞扬。

5 月 23 日，响应有关国际组织联合发起的拯救非洲饥民的“体育募捐”倡议，我国外汇专业银行——中国银行决定捐款1万美元，以表达中国人民对非洲饥民的同情。

6月20日是“非洲难民日”。6月19日，中国红十字会为纪念“非洲难民日”，决定通过非洲统一组织向非洲难民赠送价值50万元人民币的救济物资。这批物资包括日常用品和医药物品。

更大范围的募捐活动由全国学联、全国青联发起和组织，这一活动主题为“行动起来，向受灾的非洲兄弟姐妹献上我们的一片情意”，自7月下旬开始，在全国范围内全面展开。

这次募捐活动的规模之大、涉及范围之广和持续时间之长，是前所未有的。北京、天津、上海三个城市开展这一活动最早，在7月底的短短几天内，直接参加募捐的大学和中小学的学生就达10多万人。8月1日，在北京的王府井、东单、北京站等18个主要闹市区，设立了募捐点700多个，几十万学生、青年工人和机关干部以实际行动支援非洲灾民。9月7日，这一活动达到高潮，全国近百万青年学生以极大的热情参加了义务募捐劳动。

踊跃参加募捐和捐赠活动的人群来自各行各业和不同社会阶层，包括学生、教师、职工、军人和在华的外国朋友，既有少年儿童，也有耄耋老人。全国政协常委、

78 岁的北京医科大学一级教授叶恭绍，不顾年迈体衰坚持参加义诊，行动感人。她说："非洲的自然灾害是个世界性的问题，各国都应援助，我们也义不容辞。"曾获 1985 年少数民族声乐比赛"金凤奖"和 1986 年电视大奖赛民族唱法专业组优秀歌手奖的中央民族学院歌手肖玫，刚从贵州老家返京，风尘未除，就投入募捐活动中。她表示，要用自己的歌声唱出对非洲姐妹的心意。

红十字青少年捐出零用钱支援灾区

一些来自亚洲、非洲和拉丁美洲的留学生也参加募捐活动，反映了第三世界各国人民情同手足、患难与共的情谊。

形式多样、生动活泼，是这次募捐活动的一大特点。

募捐者开展了义卖、义诊、义务咨询、义务裁剪、义务维修等活动。不少学校的师生连夜筹备图片展览，出黑板报，录制宣传材料。许多工矿企业的青年还以义务劳动、义务加班等形式贡献自己的力量。

天津人民艺术学院院长孔祥玉亲自带领文艺小分队巡回义演，为灾民募捐。上海大中学校学生组织了“自行车宣传队”，身穿绘有非洲地图的衣服，在市区进行募捐宣传。上海市学联向青年们发出了为非洲兄弟募集“一千件手作农具和1万件儿童体育用品”的号召。大连市的一万多名学生举行了“把温暖送给非洲兄弟姐妹”的象征性火炬接力赛。参加募捐活动的上海万余名少先队员还用4万条红领巾，沿南京路、淮海路等主要交通干线连接成绵延1.5千米的“红领巾援非友谊带”，场面极为壮观。

青年学生们普遍感到，这次援非募捐活动，既支援了非洲灾民，增进了中国人民同非洲人民的团结和友谊，自己也受到了一次很好的国际主义教育。有的学生在向群众演讲时声泪俱下；有的青年看到群众踊跃捐款的场面，感动得从募捐队伍里跑出来，和群众一起捐款。北大的一名同学说得好：“群众的踊跃捐赠出乎我的意料，他们无私的举动震动了我的心灵。”

1986年是国际和平年。在这一年的暑假，广大青少年通过这次援非募捐活动度过了一个有意义的假期，更加认识到“人类的团结和友爱是二十一世纪的希望。”

下面，我们撷取几个镜头，让大家感受一下活动的盛况。

镜头1：北京，首都体育馆

7月28日晚上，暑气蒸腾。

天气虽闷热异常，但首都体育馆里歌声嘹亮，座无虚席。主席台对面悬挂的“支援非洲灾民义演”八个大字赫然夺目，1.8万名兴致勃勃的观众，对演员们的精湛技艺报以阵阵热烈的掌声。

这次义演由中国人民对外友好协会、中华全国体育总会、中国对外文化交流协会、中华全国青年联合会、中华全国学生联合会、中国红十字总会、中国非洲人民友好协会联合举办。

东方歌舞团、国家体操队等11个文艺和体育团体在演出会上呈珠献玉，节目精彩，引人入胜。李谷一、成方圆的歌声甜美动人，吴国松、李光羲的独唱音韵浑厚，盛中国的小提琴独奏如泉水击石，李宁、楼云的体操扣人心弦，北京武术队的表演饶有情趣。民乐合奏《非洲的鼓声》和非洲舞蹈《乌卡拉》更把晚会的热烈气氛推向了高潮。演员们矫健的舞姿和爽朗的歌声，仿佛把观众带到了非洲大地，使他们亲眼看见了非洲人民克服困难、战胜自然灾害的希望之光，感受到非洲就在自己心中。观看演出的非洲朋友对中国艺术家们如此成功地表演非洲音乐舞蹈感到惊喜，不时发出赞叹声。

前来观看演出的团中央第一书记宋德福告诉记者：我们支援非洲人民，非洲人民也支援了我们。这些活动将增进中国人民同非洲人民的团结和友谊，并使我国的青年学生受到国际主义的教育。

非洲舞蹈演员热舞

著名歌唱家李谷一对记者说，义务募捐的钱，实在是微不足道的，但表达了我们对非洲人民的一片心意。

北京一五四中学的女学生对记者说：“我和全家都很关心非洲的灾情。当在电视上看到一个个骨瘦如柴的孩子时我感到很伤心。”为了将来能更直接地为非洲人民出一把力，她打算毕业后报考外语院校。

在演出中，艺术家们和体育健儿倾注了对非洲人民的深厚情谊。

“人与人之间需要互相关心、互相尊重、互相支援。这是跨越国界的。非洲兄弟遭到了自然灾害，全世界各国人民都应帮助他们。”著名小提琴家盛中国把这种关切与同情倾注在琴弦上。

著名歌唱家成方圆刚从外地演出回来，第二天便参加了这次义演。她对记者说：“我一直关心非洲的大旱，也早想发起义演，支援非洲灾民。今天自己的愿望终于实现了。”她还向记者追述了1983年赴非洲演出时与非洲人民结下友谊的难忘情景。

观看演出的非洲朋友高度评价这次义演活动。“这次义演活动具有重大意义，它体现了中国人民和非洲人民与日俱增的友谊，这种友谊是建立在坚实的基础之上的。”毛里塔尼亚驻华大使迪·优素福先生向记者畅谈自己的观感。扎伊尔驻华大使芒加芒加先生在展望中国和非洲友好关系的前景时说：“中国和非洲的关系不论从政治上还是从经济合作上看都是很好的。这种友好合作关系今后会在各个领域更加健康地发展。”

演出在热烈欢快的气氛中进行。中国人民和非洲人民团结友好的情谊，洋溢在宏伟的首都体育馆里，也荡漾在每个观众的心中。

镜头 2：上海，闹市街头

7 月 26 日，京津沪十六所大中学校的学生发表向非洲灾民捐款的倡议后，上海数百万青少年群起响应，表示要为中非友谊的大厦添砖加瓦。应上海市广大青少年的要求，市学联、市青联和对外友协上海分会决定把 7 月 30 日定为“非洲兄弟在我心中”募捐活动日。

7 月 30 日上午 9 时，上海市万名少先队员走上闹市街头，用数万条红领巾拉起一条长 1.5 千米的“红领巾援非友谊带”，把上海青少年向非洲灾民捐款活动推向高潮。

这一天的募捐活动，以人民公园为中心，通过“红领巾援非友谊带”扩展到南京路、淮海路、四川路、十六铺码头和民航上海售票处。沿途到处悬挂着“向非洲的兄弟姐妹献上中国青年的一份情谊”和“中非友谊万古长青”等横幅标语。少先队员、青年工人和青年文艺工作者在各闹市路口搭台义演。市青联的文艺界青年、上海“青年艺术十佳”和中国福利会少年宫“小伙伴艺术团”等分别举行了专场义演。

镜头 3：天津，闹市街头

7 月 31 日，天津市近千名大中小学的学生走上街头，为支援非洲灾民募捐。

在天津市滨江道商业区，大学生们用扩音喇叭向来往行人宣传中国人民和非洲人民相互支持的深厚友谊，介绍一些非洲国家的灾情，呼吁人们对非洲灾民解囊相助。路人都踊跃捐款。

天津大学学生会主席冯立杰对记者说，向非洲的兄弟姐妹献上我们中国青年的一份情谊，是我们光荣的国际主义义务。

镜头4：北京，闹市街头

8月1日上午，北京万名青少年冒着盛夏炎日，纷纷走上街头，为援救非洲灾民开展义卖、义诊、义画以及社会服务和专业咨询等募捐活动。参加者有学生、售货员、宾馆服务员和个体户等。他们八仙过海，各显其长，将片片情谊献给非洲人民。

孩子的意愿

熙熙攘攘的北京火车站广场，热闹异常。北京铁路一小的少先队员们正在一遍遍地广播一份倡议书，呼吁过往行人向非洲的小朋友伸出救援之手。他们稚嫩的嗓音、稚气的面容和真挚的情感，打动了许多人的心。孩子们向每个捐赠者热情道谢，一个个忙得大汗淋漓。

为了参加这次募捐活动，小同学们很早便起床，赶在了大哥哥大姐姐们的前面，在这里挂好了横幅，摆好了募捐小箱。

在清华大学设的募捐点上，两个身穿漂亮衣裙的小女孩吸引了人们的注意。大的有七八岁，小的只有四五岁。姐姐拿着1元钱走到钱箱跟前，妹妹却要亲手投进

生机勃勃的红十字青少年

去。当她被姐姐抱起来，将钱放进比自己还高的钱箱时，神情是那样专注，这感人的场面，使有的在场者的眼圈都润湿了……

缕缕深情

一个气喘吁吁的姑娘来到北京大学募捐箱的前面。她叫张党生，唐山化工机械厂工人，今年22岁，正忙着去北京站赶火车。她从口袋里掏出一张崭新的10元的人民币，毫不犹豫地投进了箱子里。当记者让她谈谈感想时，她腼腆地迟疑了一会说："唐山地震时，正是由于八方的支援，我才幸存下来。现在非洲人民遭了灾，我们不能袖手旁观。"一位中年妇女把要给孩子买鞋的10元钱捐了出来。她说："鞋子虽没有买成，但孩子知道了定会很高兴，因为这样做更有意义。"

在捐赠者中，有鬓发斑白的老者，也有牙牙学语的孩子。一个青年工人说得好：“中国人民是富有同情心的民族。这种美德，我们这一代要继承发扬。”他还说，非洲的困难，就是我们的困难。自己能为非洲兄弟尽一点力“感到无比的荣幸”。

是的，正是这种精神，使中国人民和非洲人民苦乐与共、心心相印。

四组镜头，三座城市，勾勒了此次募捐活动的轮廓，彰显了中国青少年的人道主义情怀。

二十、明天会更好

这次非洲大旱和饥荒，是“非洲近代史上最大的人类灾难”，影响36个国家，危及1.5亿人的生命，有100多万人饿死，还有上千万人背井离乡去逃荒。

经过非洲人民坚持不懈的努力与抗争，经过联合国等国际组织的奔走呼吁，经过包括中国在内的众多友好国家的出手相援，经过全世界爱心人士的慷慨解囊和热心相助，再加之气象条件的回归与改善，非洲大陆开始慢慢走出饥荒的泥沼。

联合国粮食及农业组织1985年12月发表的“特别报告”说，非洲旱情已缓解，大部分地区普降喜雨，农业收成较好。中非地区很多国家取得了好收成，西非七国的粮食生产获得创纪录的丰收，非洲南部与东部地区也获得了较好收成。1985年，非洲国家农业总的增长率达到2.5%，而1980年至1984年，非洲国家的农业增长率仅仅是0.1%。

非洲农民耕作中

同时，非洲经济的增长率亦略有回升。从 1980 年至 1984 年，非洲经济的增长率为 0.5%，1985 年在 2% 以上。一些低收入国家控制住了经济恶化的趋势，国民生产总值的增长由负数变为正数，一些中等收入国家，经济已基本恢复。非洲的石油产量 1984 年增长 6%，矿产品也有增加，非石油出口国的出口额连续 3 年下降之后，1984 年增加了 3.8%，通货膨胀率也开始下降。

更让人欣喜的消息是，曾经最为干旱也是灾害丛生的萨赫勒地区谷物喜获丰收。1986 年 4 月 22 日，联合国粮食及农业组织发表的关于“非洲萨赫勒地区粮食供应形势和农作物收获展望”4 月刊特别报告谈到，1985—1986 年生产年度，萨赫勒地区 45 个发展中国家共收获 5 450万吨谷物，比前一个年度的产量高出 36%。报告说，据初步统计，贝宁、科特迪瓦、肯尼亚、马拉维、多哥和津巴布韦共可提供出口剩余粮食 270 万吨，其中 68.2 万吨已出口，余下的 200 多万吨将出口到其他非洲缺粮国家。

到 1986 年年底，好消息再次传来。12 月 15 日，联合国粮食及农业组织在达喀尔发表的 1986 年世界粮食形势报告中指出，非洲大陆缺粮现象有所缓和，缺粮国已从 1984 年的 21 个减少为 6 个。报告说，非洲撒哈拉以南的粮食形势有了明显好转，1985 年粮食产量增加了 35% 左右。1986 年萨赫勒地区国家粮食总产量为 700 万吨。1985 年，21 个缺粮国共得到粮食援助 700 万吨，1986 年需要 270 万吨的粮食援助。6 个缺粮国是：安哥拉、博茨瓦纳、佛得角、埃塞俄比亚、莫桑比克和苏丹。

但问题是长期形成的，不可能一下子就解决了。灾荒也有着深层次的复杂原因，不能在短时间完全根除。联合国粮食及农业组织总干事爱德华·萨乌马在与“特别报告”同时发表的一项新闻声明中指出，尽管非洲大部分地区在 1984—1985 年遭受严重干旱后粮食生产得到了恢复，但是，粮食仍然是“粮食政策制定者们主要关心”的问题。

非洲具有丰富的自然资源，但由于殖民主义的长期统治，生产发展受到严重阻碍，经济基础十分薄弱。非洲国家独立之后，面临着发展经济的艰巨任务。但独立时间毕竟不长，发展本国民族经济不得不在摸索中前进，缺乏经验，难免发生这样或那样的偏差和失误。非洲国家需要总结实践中的经验教训，探索适合本国情况的发展道路，调整经济发展战略，加强农业，为发展民族经济和改善人民生活作出不懈的努力。应该说，有些国家已开始尝试并初见成效。这是令人鼓舞的。

非洲草原美景

不可否认，在 20 世纪 80 年代，非洲经济还受到外部干扰和阻挠，特别是深受不合理、不公正国际经济秩序之害。非洲原料和初级产品价格一再下跌，收入锐减，信贷条件恶化，援助和资金流入减少，债务负担越来越重。面对如此严峻的国际环境，非洲国家除了依靠内部合作，通过集体自力更生发展经济外，也需要争取国际社会的积极支持和援助。

在当今世界，各国的经济发展是密切相关的。如果像非洲这样多的第三世界国家的经济长期得不到发展，必将对世界经济发展带来有害的影响，发达国家经济的继续发展也不能不受到限制。因此，非洲的生存和发展问题，不仅是非洲的问题，也是全球性的问题。国际社会，特别是发达国家有义不容辞的责任，帮助非洲国家缓和危机和发展经济，争取建立有利于共同发展的国际经济新秩序，这是解决问题的积极途径。在这次旱灾救援中，非洲国家已提出了一些方案。

应该说，非洲国家在经济发展阶段中面临的困难，是前进中的困难，非洲人民是有希望的。非洲国家的独立对人类社会进步曾经起过巨大作用，非洲国家今后的发展和繁荣也必将为世界和平和人类进步作出更大贡献。

总之，非洲大陆的前景无限光明，但要想真正重塑一个崭新的非洲，任重而道远。在非洲人民与灾荒抗争的岁月里，国际社会和国际组织曾殚精竭虑，扶危济困；在非洲大陆和非洲人民面向未来、走向可持续发展的道路上，国际社会和国际组织仍然需要携手同心、共同奋进，为建立公平合理的国际新秩序而努力，为播撒人道主义的正义阳光而奋斗。在这条道路上，红十字会任重道远，也大有可为。中国红十字会，必将成为红十字大家庭中澎湃跃动的一抹亮色。

尾声

自然灾害无论过去、现在还是将来，都会对人类产生灾难性的影响。为了使人类避免因自然灾害而受到的生命威胁，各国政府和人道主义救援组织应该也必须“团结起来，共御灾害”。这是红十字运动史留给我们的宝贵经验。

中非人民在反殖反帝、争取民族独立和解放的斗争中，在发展振兴道路上，相互支持、真诚合作，结下了同呼吸、共命运、心连心的兄弟情谊。援非募捐活动是中国红十字会自 1950 年改组以来首次开展的大规模的全国性社会募捐活动。

与以前的国际救援活动相比，援非募捐体现出鲜明的民间性和社会性，这首先得益于国家对外开放政策的逐步推进。到 1984 年，我国对外开放形成了经济特区—沿海开放城市的新格局，特别是 14 个沿海港口城市的开放，被国际舆论认为是新中国 35 年来采取的最大胆的行动，是中国从明朝以后的第一次开放。

中国融入世界，世界走近中国，日益开放的沟通与交流为红十字人道主义的舒张伸缩提供了更为广阔的舞台。可以说，援非募捐活动在某种意义上可以看作是在全社会进行的一次红十字大宣传，红十字人道主义思想又一次在全社会焕发光芒。同时，此次活动所取得的巨大成就也预示着中国红十字会将迎来一个全面发展的重要历史时期。

图书在版编目(CIP)数据

为了非洲的旱灾灾民:援非募捐的故事/杨红星著. —合肥:合肥工业大学出版社,2022.5

(中国红十字运动知识丛书. 第三辑)

ISBN 978-7-5650-5416-7

Ⅰ. ①为… Ⅱ. ①杨… Ⅲ. ①中外关系—对外援助—非洲 Ⅳ. ①D822.24

中国版本图书馆 CIP 数据核字(2021)第 179414 号

为了非洲的旱灾灾民

——援非募捐的故事

杨红星 著

责任编辑	孙南洋
出版发行	合肥工业大学出版社
地　　址	(230009)合肥市屯溪路 193 号
网　　址	www.hfutpress.com.cn
电　　话	人文社科出版中心:0551-62903200 营销与储运管理中心:0551-62903198
开　　本	889 毫米×1194 毫米 1/32
总 印 张	21.875　　**总 字 数** 386 千字
版　　次	2022 年 5 月第 1 版
印　　次	2022 年 5 月第 1 次印刷
印　　刷	安徽联众印刷有限公司
书　　号	ISBN 978-7-5650-5416-7
总 定 价	120.00 元(共 5 册)